Max Otte/Jens Castner

Erfolgreiches Value-Investieren

Max Otte | Jens Castner

ERFOLGREICHES VALUE-INVESTIEREN

Geniale Investmentstrategien in Zeiten globaler Veränderungen

FinanzBuch Verlag

Bibliografische Information der Deutschen Nationalbibliothek
Die Deutsche Nationalbibliothek verzeichnet diese Publikation in der Deutschen Nationalbibliografie; detaillierte bibliografische Daten sind im Internet über **http://d-nb.de** abrufbar.

Für Fragen und Anregungen:
otte@finanzbuchverlag.de
castner@finanzbuchverlag.de

2. Auflage 2011

Nymphenburger Straße 86
D-80636 München
Tel.: 089 651285-0
Fax: 089 652096

Lektorat: Fabienne Fontaine
Satz: Manfred Zech, Landsberg am Lech
Druck: CPI Ebner & Spiegel, Ulm

ISBN 978-3-89879-505-0

Inhalt

Einleitung **11**

Geleitwort **15**

1. Was ist Value-Investing? **21**
Anteile an Unternehmen kaufen 30
Preis und Wert 36
Verluste vermeiden: die Sicherheitsmarge 37
Früh kaufen, früh verkaufen 40
Andere Investmentstile 41
Franchise oder Katalysator; Wachstum oder Value 47
Glaubensbekenntnisse zweier Value-Investoren 51

2. Warum Value-Investing funktioniert **57**
Unterperformance von Privatanlegern und Institutionellen 62
Behavioral Finance 66
Irrationale Märkte: ein einfaches Modell 71
Momentum und Mean Reversion 75
Selbstüberschätzung und kognitive Dissonanz 77
Nutzenfunktion: Verluste aussitzen, Gewinne begrenzen 79
Überreaktion auf aktuelle Ereignisse 80
Kontraproduktive Anreize (Incentives) für Fondsmanager 82
Berufsoptimismus von Analysten 84
Das Momentum-Lebenszyklusmodell 86

3. Der Value-Investment-Prozess ... 91
Schritt 1: Die Suchstrategie ... 93
Schritt 2: Robuste Bewertungsverfahren ... 119
Schritt 3: Disziplinierte Portfoliozusammenstellung sowie Kauf- und Verkaufsstrategie ... 128

4. Die Quellen des Unternehmenswerts und die Ermittlung des Substanzwerts ... 133
Die Bestimmung des Substanzwerts ... 137
Der Zerschlagungswert ... 139
Das Net-Net-Prinzip ... 145
Versteckte Werte in der Bilanz ... 150
Der Fortführungswert am Beispiel der BWM AG ... 153
Anpassungen beim Umlaufvermögen ... 155
Anpassungen beim Anlagevermögen ... 157
Der Fortführungswert am Beispiel Pfizer ... 161
Vor- und Nachteile der verschiedenen Methoden zur Ermittlung des Vermögens ... 163

5. Ertragswert, Branchenstruktur und Marktstrategie ... 167
Dauerhafte Wettbewerbsvorteile: das Franchise ... 170
Die Bewertung des Ertrags – etwas Arithmetik ... 182
Die Bewertung des Ertrags – tiefer gehende Fragen, die sich ein Value-Investor stellt ... 196
1. Wettbewerbs- und Branchenanalyse: Besteht ein Franchise? ... 203
2. Bereinigung der Zahlen aus der Buchhaltung ... 207
3. Bestimmung der Kapitalkosten ... 210
4. Bewertung des Unternehmens ... 210
5. Bewertung des Franchise ... 211
6. Katalysatoren für eine Wertsteigerung ... 212

6. Wachstumsunternehmen im Value-Portfolio ... 219
Gutes und schlechtes Wachstum ... 227
Etwas Wachstumsarithmetik ... 230
Die Verzinsung der einbehaltenen Gewinne als entscheidende Größe ... 235

Die Problematik zweistufiger Bewertungsmodelle ... 240
Hyperdynamische Unternehmen ... 242
Bruce Greenwald: Die Renditeperspektiven von Wachstumsunternehmen ... 247
Weitere Beispiele ... 250

7. **Fallstudie Salzgitter AG ... 255**
Markt, Unternehmen und Geschäftsbereiche ... 257
Suchstrategie und Bewertungsmetriken ... 259
Anzuwendende Methoden ... 261
Bewertung der Substanz ... 262
Bewertung des Ertrags ... 265
Normalisierungen und Berichtigung des Geschäftszyklus sowie außerordentlicher Vorfälle ... 268
Ergebnis ... 270
Wann verkaufen? ... 270

8. **Fallstudie Bijou Brigitte modische Accessoires AG . 275**
Suchstrategie und Bewertungsmetriken ... 276
Anzuwendende Methoden ... 281
Bewertung des Ertrags ... 282
Bewertung des Wachstums ... 285
Die Grenzen des Wachstums ... 289
Wann kaufen? Wann aussteigen? ... 294

9. **Verzinsung, Abzinsung, Zinseszins und die Bestimmung von Barwerten ... 299**
Verzinsung (Aufzinsung, Compounding) und Zinseszins ... 299
Abzinsung (Diskontierung, Discounting) ... 302
Barwerte von Zahlungsreihen und Bewertungen von Investitionen ... 304
Anleihen ... 305
Ewige Renten ... 307
Barwert einer endlichen Rente ... 309
Der Barwert einer ewigen Rente mit konstanter Wachstumsrate ... 310

Das übliche (Ertragswert-)Verfahren zur Bestimmung des Werts von Unternehmen und Aktien 311

10. Das Problem der Kapitalkosten 315
Probleme bei der Ermittlung von Kapitalkosten 316
Möglichkeiten der Ermittlung von Kapitalkosten 318
Praktiker-Methoden zur Bestimmung von Kapitalkosten 324
Sicherheitsmargen (= Risikoprämien) für Aktien nach Ben Graham 326

Literaturverzeichnis 329

Personenverzeichnis 343

Firmenverzeichnis 345

Stichwortverzeichnis 347

Inhaltsübersicht zu Buch II
»Erfolgreiche Value-Investoren«

Einleitung 11

I. Der Systematische: Dr. Hendrik Leber und Acatis .. 21

II. Die Konsequenten: Braun, von Wyss & Müller 39

III. Der Monetarist: Dr. Jens Ehrhardt und die DJE Kapital AG 55

IV. Der Pragmatische: Hans-Peter Schupp und die Fidecum AG 73

V. Die Trendforscher: Andreas Grünewald, Alexander Kapfer und die FIVV AG 91

VI. Der Fokussierte: Martin Wirth und Frankfurt Performance Management AG 109

VII. Der Akribische: Frank Lingohr 125

VIII. Der Königsweg: Max Otte und die Privatinvestor Verwaltungs AG 143

IX. Der Privatinvestor: Norman Rentrop 161

X. Der Antizykliker: Peter E. Huber und die StarCapital AG 175

XI. Gründung des Zentrums für Value-Investing e.V. ... 193

XII. Protokoll der Gründungsversammlung für das Zentrum für Value-Investing e.V. am 08.09.2006 in Kranichstein bei Darmstadt 203

Stichwortverzeichnis 207

Einleitung

Erfreulicherweise erleben die klaren und erfolgreichen Prinzipien des Value-Investing (wertorientiertes Investieren) eine Wiedergeburt.

Vielen Anlegern ist es klar geworden, dass »Zertifikate«, »Private Equity« und viele komplexe Finanzprodukte oftmals nur einen Zweck haben: die Anbieter dieser Produkte auf Kosten der Anleger zu bereichern. Sogar hinter den zwischenzeitlich als finanzielle Wunderwaffen angepriesenen Exchange Trade Funds (ETFs) verstecken sich Mogelpackungen: Viele dieser Fonds halten gar nicht die Aktien der Indizes, welche sie nachbilden, sondern beliebige Aktienpakete. Diese verpfänden Sie im Gegenzug für die versprochene Rendite an Dritte.

Da ist es doch besser, sich auf die klaren Prinzipien des Value-Investierens zu besinnen.

Im Sommer 2007 veröffentlichten wir die erste Ausgabe dieses Werks, die erfreulicherweise schnell vergriffen war. Dann setzte die Finanzkrise ein und Max Otte, der die Krise bereits 2006 detailliert vorausgesagt hatte, war eine Zeit lang sehr durch die Medien beschäftigt. Wikipedia bezeichnet Max Otte gar als »Guru der Krise«.[1] Gegen diese Bezeichung hat Max Otte sich immer gewehrt.[2]

Nun liegt die zweite, vollständig überarbeitete Fassung vor, die diesmal in zwei Bänden erscheint. Im ersten Buch *Erfolgreiches Value-Investieren* beschreibt Max Otte die Grundzüge des Investierens nach der Value-Methode und liefert zwei detaillierte Fallstudien zur

[1] http://de.wikipedia.org/wiki/Max_Otte
[2] Interview mit Erfolgsautor Max Otte: »Ich bin kein Crash-Prophet«, Börse Online, 26.3.2009

Value-Technik. Im zweiten Buch *Erfolgreiche Value-Investoren* stellt Jens Castner deutschsprachige Value-Investoren und ihre Erfolgsstrategien vor. Beide Bücher gehören zusammen. Max Otte und Jens Castner haben sich bei ihrer Arbeit eng miteinander abgestimmt.

Value-Investieren heißt: Qualität, Wert und Preis (Börsenkurs) von Wertpapieren und Vermögensgegenständen einzuschätzen und zu kaufen, wenn diese billig sind sowie zu verkaufen, wenn sie teuer sind. Was sich einfach anhört, ist in der Realität oftmals alles andere als einfach. Wann ist eine Aktie billig, wann ist sie teuer? Das Kurs-Gewinn-Verhältnis ist hier nur eine sehr unzuverlässige Größe, wie wir gerade wieder erfahren mussten, denn im Zuge der Wirtschaftskrise brachen die Gewinne ein. Dann sind auf einmal Aktien, die »billig« aussahen, sehr teuer.

Um erfolgreich nach der Value-Methode zu investieren, müssen Sie also einen etwas größeren Werkzeugkasten haben, mit dem Sie einigermaßen zuverlässig bestimmen können, ob Aktien billig oder teuer sind. Diesen Werkzeugkasten liefern wir Ihnen hier. Aber noch etwas müssen Sie schaffen: sich weitgehend von der Masse abzusetzen. Wenn eine Aktie billig ist, dann kaufen Sie, egal, was »die Märkte« gerade sagen. Value-Investing ist antizyklisch, oder sogar azyklisch. Benjamin Graham, der Begründer des Value-Investing sagte einmal: Ein Investment ist nicht dann richtig, wenn Sie mit der Masse investieren (Trendfolge). Es ist aber auch nicht dann richtig, wenn Sie gegen die Masse investieren. Es kommt einzig und alleine darauf an, dass Sie im Einklang mit den Fakten investieren.

Es ist schwer, auf Basis solider betriebswirtschaftlicher Fakten und einer eigenen Meinung zu investieren. Im Kapitel »Warum Value-Investing funktioniert« stellt Max Otte die Ergebnisse der verhaltenswissenschaftlichen Finanzforschung dar. Die Kräfte, die dafür sorgen, dass wir mit der Masse schwimmen, sind sehr stark.

Erstens mobilisieren Geldentscheidungen evolutionsgeschichtlich sehr alte Bereiche des Gehirns, in dem es um Angriff und Flucht, Fressen und Gefressenwerden geht. Diese Kräfte müssen überwunden werden. Dazu muss man seinen eigenen Investmententscheidungen vertrauen. Als Max Otte im März 2009 dezidiert in mehreren Interviews empfahl, massiv in Aktien einzusteigen, wurde dies zunächst mit einer gewissen Skepsis aufgenommen, denn die Panik an den Börsen hatte gerade noch einmal einen Höhepunkt erreicht.[1]

Zweitens ist es für Fondsmanager, Analysten und Volkswirte weniger riskant, mit der Masse zu schwimmen, als eine eigene Meinung zu haben. Warren Buffett pflegt zu sagen, dass Lemminge als Gruppe zwar einen schlechten Ruf hätten, dass aber kein einzelner Lemming je zur Rechenschaft gezogen worden sei. Es ist eben sicherer, sich in der Masse zu irren, als zu versuchen, als Einzelner gegen die Masse recht zu haben.

Drittens benötigen Sie oftmals ein halbes, ein, zwei oder mehr Jahre Zeit, bis sich Ihre Investmentthese bewahrheitet, denn wenn Sie billige Aktien kaufen, dann kaufen Sie auch meistens Titel, die gerade nicht in Mode sind. Ihr Zeithorizont muss also länger als ein Jahr sein.

Es kann schon sehr an den Nerven zerren, wenn alle Aktien anfangen, sich zu bewegen, nur »ihre« Titel nicht. Da müssen Sie sich Ihrer Sache schon sehr sicher sein. Wenn Sie es aber durchhalten, dann winken hohe Gewinne bei begrenztem Risiko.

Köln und Frankfurt, im Frühjahr 2010

Max Otte/Jens Castner

1 Interview mit Erfolgsautor Max Otte: »Ich bin kein Crash-Prophet«, Börse Online, 26.3.2009, http://www.boerse-online.de/aktien/deutschland_europa/508045.html?nv=nv-suche; Crash-Prophet: Die »Zeit für Käufe ist günstig«, Handelsblatt, 31.03.2009, http://www.handelsblatt.com/finanzen/boerse-inside/crashprophet-die-zeit-fuer-kaeufe-ist-guenstig;2219833

Geleitwort

Es gibt überwältigende Belege für die Überlegenheit des wertorientierten Investmentansatzes (Value-Investing) gegenüber anderen Investmentansätzen. Nach dem Value-Ansatz zusammengestellte Aktienportfolios haben in statistischen Untersuchungen die breiten Marktindizes in jedem Jahrzehnt der US-Finanzgeschichte seit 1920 um drei bis fünf Prozent geschlagen – und ebenso in fast jedem anderen nationalen Markt, in dem solche Vergleiche bislang durchgeführt wurden. Unter den großen institutionellen Investmentgesellschaften erzielen wertorientierte Investmenthäuser wie Sanford Bernstein, Oppenheimer, Lazard Asset Management, Tweedy, Browne Company und Brandes regelmäßig vergleichbare Überrenditen gegenüber ihren Kollegen in anderen Häusern. Und die Reihen der wirklich herausragenden Einzelinvestoren werden von Value-Praktikern wie Warren Buffett dominiert.

Dennoch hat Value-Investing selbst in den Vereinigten Staaten von Amerika, wo es von Benjamin Graham in den späten 1920er und frühen 1930er Jahren entwickelt wurde, eine wechselhafte Geschichte hinter sich. Vor den 1960er Jahren war der Value-Ansatz auf eine kleine, aber sehr erfolgreiche Gruppe von Investoren beschränkt, die sich um Benjamin Graham an der Columbia University scharten, wo Graham und sein Partner David Dodd unterrichteten. In den späten 1960er und 1970er Jahren war sogar diese kleine Gemeinschaft durch die Ausbreitung der Theorie der effizienten Kapitalmärkte bedroht. Eine Wiederbelebung in den 1980er und frühen 1990er Jahren wurde durch die Technologieblase der späten 1990er Jahre hinweggefegt. Erst in den letzten Jahren hat sich Value-Investing einen festen Platz in der US-Investmentbranche gesichert, ist aber immer noch eine Minderheitsposition.

In Europa hat Value-Investing so gut wie gar keine Geschichte. Value-Praktiker sind erst in den letzten Jahren in Europa hervorgetreten, weil sowohl Investmentmanager als auch akademische Finanzmarkttheoretiker sich mit den langfristigen Nachweisen der Überlegenheit des Value-Ansatzes vertraut gemacht haben. In den Vereinigten Staaten von Amerika konnten Value-Investoren von den Werken Grahams und Dodds, dem jährlichen Brief Warren Buffetts an die Aktionäre von Berkshire Hathaway und einigen neueren Büchern profitieren. In Europa gibt es noch keine vergleichbaren Werke.

Zudem existiert in den Vereinigten Staaten eine aktive Gemeinschaft von Value-Investoren, die über Newsletter, Konferenzen und Websites miteinander verbunden sind. In Europa ist das nicht der Fall. Deswegen ist das Erscheinen dieses Buchs, das der bekannte Finanzprofessor Max Otte in Zusammenarbeit mit einem anerkannten Finanzjournalisten wie Jens Castner geschrieben hat, ein bedeutendes Ereignis mit Signalwirkung für das Value-Investing in Europa. Das Erscheinen des Buchs sowie andere Entwicklungen, wie zum Beispiel die Gründung des Zentrums für Value-Investing e. V. an der FH Worms University of Applied Sciences sollte den Beginn der Entwicklung einer aktiven Gemeinschaft europäischer Value-Investoren bezeichnen.

Die herausragenden Value-Investoren, die im zweiten Teil dieses Buchs porträtiert werden, sind ein Beleg dafür, dass diese Entwicklung mittlerweile in vollem Gange ist. Vor zehn Jahren wäre es noch unmöglich gewesen, eine solche Gruppe von Investmentgesellschaften und Individuen in deutschsprachigen Ländern zusammenzustellen, heute fallen einem schnell mehr als ein halbes Dutzend davon ein.

Wenn man sich die überlegenen Renditen vor Augen führt, die in der Vergangenheit mit dem Value-Ansatz in Europa erzielt werden konnten, und wenn man sich zugleich die Verhaltensmuster vergegenwärtigt, die diesen Erfolg ermöglichten (und die sich wahrscheinlich auch in der Zukunft fortsetzen werden), ist das Entstehen einer Value-Gemeinschaft ein wichtiger Meilenstein nicht nur für den deutschsprachigen Raum, sondern für europäische Investoren insgesamt.

Dies ist daher ein Buch, das eine breite Leserschaft verdient.

New York, im Oktober 2006

Bruce Greenwald

Robert Heilbrunn Professor of Finance and Asset Management und *Director of the Heilbrunn Center for Graham and Dodd Investing, Columbia University*

Teil I:
Grundlagen des Value-Investing

Ich finde es bemerkenswert, dass die Idee, Dollarscheine für 40 Cents zu kaufen, einigen Menschen sofort einleuchtet, anderen jedoch nie.

Warren Buffett[1]

1. Was ist Value-Investing?

Value-Investoren versuchen, Aktien oder andere Vermögensgegenstände zu finden, die sie deutlich unter ihrem eigentlichen, »wahren« oder »intrinsischen« Wert erwerben können. Wenn sie solche Kaufgelegenheiten finden, kaufen sie, wenn sie keine unterbewerteten Aktien finden, lassen sie es. Das ist alles, was sie tun: Sie vermeiden es, den Schlagworten der jeweiligen Ära Beachtung zu schenken. »Hedgefonds«, »Private Equity« und »Rohstoffe« lassen sie genauso kalt wie von 1995 bis 2000 die »New Economy«, »Internet« und »Technologie« oder in den sechziger Jahren die »Nifty Fifty«[2]. Stattdessen konzentrieren sie sich Tag für Tag darauf, unterbewertete Aktien oder andere Vermögensgegenstände zu finden und den sprichwörtlichen Dollar für 40 Cents zu erwerben.

Value-Investoren kaufen Aktien guter Unternehmen für sich oder ihre Mandanten und verkaufen diese dann zu einem höheren Preis an andere. Sie gehen davon aus, dass sie eine gute Rendite mit angemessener Sicherheit erwirtschaften können, wenn sie solche Anteile an einem guten Unternehmen zu einem sehr günstigen Preis bekommen können.

Die Grundannahme des Value-Investing

Gutes Unternehmen + sehr günstiger Preis =>
angemessene bis hervorragende Rendite bei überschaubarem Risiko
bzw.
Sicherheit des eingesetzten Kapitals und angemessene Rendite[3]

Eine zweite, etwas schwierigere Form des Value-Investing besteht darin, Anteile an Unternehmen, die sich in Schwierigkeiten befinden, zu kaufen, also an schlechten Unternehmen, die keiner haben will. Hier muss der Preis natürlich extrem günstig sein, um das erhöhte Risiko zu rechtfertigen. Und Sie müssen schon sehr genau wissen, was Sie tun, wenn Sie diesen zweiten Ansatz wählen.

Value-Investoren interessieren sich normalerweise nicht für »den Markt« oder »die Konjunktur«, zumindest beruhen ihre Investmententscheidungen nicht darauf. Sie »managen« keine Portfolios, sondern sehen jedes Investment als einzigartig an. Und sie sind mit dieser »altmodischen« Auffassung extrem erfolgreich.

Im Hinblick auf die USA fallen einem Namen wie Warren Buffett und Charlie Munger, Schloss Associates, Tweedy, Browne, Brandes Partners, Martin Whitman und Third Avenue, Joel Greenblatt oder Bill Miller von Legg Mason ein. Aber auch in Deutschland, Österreich und der Schweiz praktiziert eine wachsende Schar von größtenteils unabhängigen Fondsgesellschaften das Value-Investing. Im zweiten Teil dieses Buchs stellt Jens Castner acht davon vor, darunter die Pioniere des Value-Investing hierzulande. Der intellektuelle Vater aller Value-Investoren ist Benjamin Graham: Mit seinem zusammen mit David Dodd geschriebenen und 1934 erstmals erschienenen Buch »Security Analysis« sowie seinen Kursen an der Columbia University legte er den Grundstein für die moderne Value- und Wertpapieranalyse.[4] Alle Value-Investoren bauen auf ihre Art auf Graham und Dodd auf, obwohl die meisten von ihnen ihren eigenen Investmentstil entwickelt haben.

Der Erfolg gibt den Value-Investoren recht: Seit mehr als sechs Jahrzehnten erzielt Value-Superstar Warren Buffett systematisch weitaus höhere Renditen als der Aktienmarkt.[5] Seine oftmals »langweiligen« Investments – wie zum Beispiel Aktien von Coca-Cola – haben ihm ein Vermögen von über 40 Milliarden Dollar eingebracht und ihn zum zweitreichsten, zeitweise auch reichsten Mann der Vereinigten Staaten gemacht. Allein in den dreißig Jahren, für die Daten über Buffetts Investmentholding Berkshire Hathaway verfügbar sind, erzielte er eine durchschnittliche Jahresrendite von 21,5 Prozent für seine Aktionäre, der Aktienmarkt durchschnittlich »nur« 10,3 Prozent pro Jahr.[6] Von 1957 bis 1965 erreichte er sogar eine jährliche Verzinsung des eingesetzten Kapitals von durchschnittlich 32,4 Prozent.[7]

Eine Rendite von 21,5 Prozent über einen solch langen Zeitraum ist Weltspitze. Wenn Sie im Jahr 1965 den Gegenwert von 1.000 Euro bei Berkshire Hathaway angelegt hätten, wäre Ihr Kapital im Jahr 2005 (40 Jahre später) auf

2.415.745 Euro

angewachsen. Wenn Sie bereits im Jahre 1957 bei Buffett investiert hätten – und einige haben bereits seit Anfang der fünfziger Jahre bei ihm investiert – wäre aus Ihrem Investment im Gegenwert von 1.000 Euro im Jahr 1957 bis zum Jahr 2005 eine Summe von

27.716.046 Euro

geworden. Diese erstaunliche Kapitalvermehrung erfolgt durch ein Phänomen, das ich an einer anderen Stelle als das »Wunder des Zinseszins« bezeichnet habe.[8] Zunächst geht die Kapitalvermehrung langsam vonstatten, später aber immer schneller, da die Summe, die verzinst wird, sich immer weiter erhöht. Im ersten Jahr wächst die Summe von 1.000 Euro auf 1.215 Euro an, im zweiten auf 1.476 Euro, im dritten auf 1.794 Euro. Vom Jahr 29 zum Jahr 30 wächst das Kapital bereits von 284.000 Euro auf 345.000 Euro.[9] Und zwischen dem Jahr 32 und 33 werden aus 1.000 Euro Startkapital 500.000 Euro.

Abb. 1.1: So vermehren sich 1.000 Euro bei 21,5 % Rendite

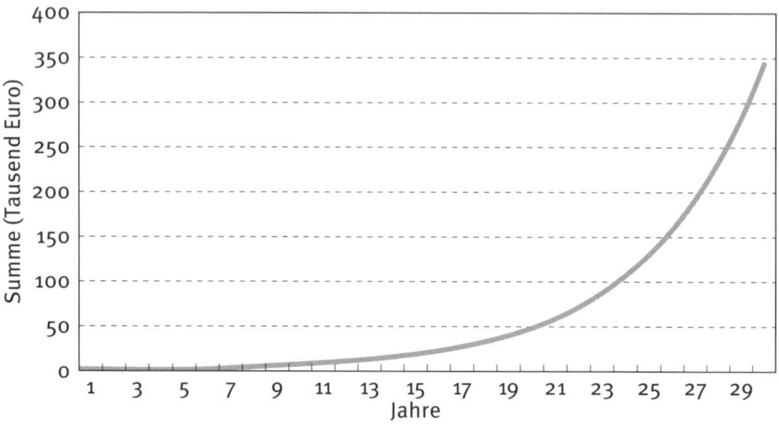

Quelle: eigene Darstellung

Warren Buffett ist zweifellos ein Ausnahmetalent. Bei Buffett kommen zwei Dinge zusammen: ein auf Value trainiertes Computergehirn, mit dem er blitzschnell die wesentlichen Tatsachen erkennt und seine Berechnungen im Kopf durchführt, sowie eine unglaubliche Fokussierung. Buffett hat sein Leben lang nichts anderes gemacht als Value-Investing. Für die deutschsprachigen Value-Investoren, die im zweiten Teil dieses Buchs zur Sprache kommen, ist er eindeutig »der Beste«.

Aber auch wenn Sie nicht hoffen können, dieselben Resultate wie Warren Buffett zu erzielen: Value-Investing lässt sich erlernen. Zwar schafft es nur eine Handvoll Investoren – es sind weltweit definitiv deutlich weniger als zehn –, die Märkte über einen langen Zeitraum um durchschnittlich mehr als 10 Prozent zu überflügeln, doch von diesen hat Buffett am längsten durchgehalten. Viele Value-orientierte Investoren und Fondsgesellschaften erzielen durch methodisches Vorgehen und systematische Aktienauswahl immerhin ca. vier Prozent mehr als der Markt. Und einige schaffen es, dauerhaft sechs bis sieben Prozent höhere Renditen als die Märkte zu erreichen, indem sie Unternehmen und ihr Branchenumfeld analysieren und sich ein genaues Bild über deren wahrscheinliche Entwicklungen machen sowie eine disziplinierte Kauf- und Verkaufsstrategie verfolgen.

Dabei sind auch schon die normalen Renditen der Aktienmärkte beträchtlich und übertreffen langfristig jede andere Form der Kapitalanlage.[10] Von 1948 bis 2005 hätte zum Beispiel ein Investment in DAX-Werte durchschnittlich 12,2 Prozent pro Jahr gebracht.[11] Mit amerikanischen Standardwerten des S&P-500-Index hätten Sie über den langen Zeitraum von 1926 bis 2000 13,0 Prozent erzielt.[12] Allerdings beinhalten diese Zahlen die außerordentlich guten Renditen für DAX-Unternehmen von 1948 bis 1960 sowie die lange Börsenhausse von 1982 bis 2000. Eine Annahme von acht bis zehn Prozent als langfristige durchschnittliche Rendite für die Aktienmärkte ist daher realistischer.[13] Bei zwölf Prozent Verzinsung werden aus 1.000 Euro nach 30 Jahren noch 30.000 Euro, bei zehn Prozent immerhin noch 17.000 Euro. Die Aktienanlage ist also eine gute Säule für die Altersvorsorge und für den Vermögensaufbau sowie eine wesentlich bessere Alternative als die staatliche Alterssicherung, deren Rendite ungewiss ist und wahrscheinlich sogar deutlich negativ sein wird. Die Renditen der Kapitallebensversicherungen sind ebenfalls ungewiss und belaufen sich bei schlechten Versicherungen auf nicht mehr als magere zwei Prozent, bei besseren vielleicht auf fünf Prozent.[14]

Auch Privatanleger können lernen, die Aktienmärkte um zwei bis vier Prozent zu schlagen (das heißt, eine Outperformance gegenüber dem Index zu erzielen), wenn sie systematisch und methodisch vorgehen. Damit könnten Sie mit einer fantastischen Rendite von langfristig zwölf bis 15 Prozent rechnen. Im Jahr 2001 haben Max Otte und Stefan Kotkamp nachgewiesen, dass zum Beispiel einfachste Dividendenstrategien, die nicht mehr als eine Stunde Arbeit pro Jahr erfordern, im Durchschnitt den Aktienmarkt um drei bis vier Prozent schlagen.[15] Es gibt weitere, ähnlich einfach gestrickte »mechanische« Strategien, mit denen Sie deutliche Überrenditen von zwei bis vier Prozent erzielen können. Allerdings erfordern gerade die einfachen Strategien eine ungeheuere Selbstdisziplin und eine sehr große Erfahrung als Investor. Es ist sehr schwer, eine solche mechanische Strategie angesichts der Stimmungsschwankungen des Markts durchzuhalten. Auch ist die Tatsache, dass diese Strategien seit immerhin ca. 80 Jahren funktionieren, nicht unbedingt eine Garantie dafür, dass sie in der Zukunft weiterhin funktionieren werden.

Es macht durchaus einen gewaltigen Unterschied, ob Sie zwei Prozent besser oder schlechter als der Markt abschneiden. Bei zehn Prozent (der langfristigen Rendite der Aktienmärkte) würden aus 1.000 Euro nach 40 Jahren 45.000 Euro, bei acht Prozent nur 21.700 Euro. Wenn Sie zwölf Prozent schaffen, sind es bereits 93.000 Euro, bei 16 Prozent schon 379.000 Euro.

Tab. 1.1: **Kleine Abweichungen von der Marktrendite wirken sich langfristig sehr stark auf das Vermögen aus**

	1 Jahr	5 Jahre	10 Jahre	20 Jahre	40 Jahre
2 %	1.020	1.100	1.220	1.500	2.200
4 %	1.040	1.200	1.480	2.200	4.800
8 %	1.080	1.500	2.160	4.700	21.700
10 %	1.100	1.600	2.600	6.700	45.000
12 %	1.120	1.800	3.100	9.600	93.000
16 %	1.160	2.100	4.400	19.500	379.000
20 %	1.200	2.500	6.200	38.300	1.500.000

Quelle: eigene Berechnung

Überrenditen von zwei bis vier Prozent sind also für disziplinierte und erfahrene Privatinvestoren möglich. Langfristige Überrenditen von mehr als fünf Prozent sind allerdings den wirklichen Könnern der Value-Analyse vorbehalten, solche von mehr als zehn Prozent den Superstars.

Value-Investing ist nicht einfach: Benjamin Graham schrieb, dass sogar Laien mit einem Minimum an Anstrengung eine ordentliche Performance erzielen können; dass es aber mehr als eines kleinen Quäntchens an Weisheit und Erfahrung bedarf, diese Performance zu verbessern. »Wenn Sie nur etwas mehr Wissen und Intelligenz mitbringen und auf dieser Basis investieren, kann es sogar gut sein, dass Sie schlechtere Resultate als der Durchschnitt erzielen.«[16] Das liegt darin, dass Anleger mit Halbwissen sich mehr zutrauen, als sie sich zutrauen sollten, und sich dann doch wieder unbewusst stark von den Schwankungen des Markts beeinflussen lassen.[17] Für Graham ist es daher eher eine Frage des Temperaments als des Intellekts, ob Sie Value-Investor werden können.

Damit Value-Investing funktionieren kann, muss es gelegentlich massive Abweichungen zwischen dem Börsenkurs einer Aktie und dem inneren (»fairen«) Wert dieser Aktie geben. Die Aktienkurse müssen zum Beispiel durch irrationale Erwartungshaltungen, seien es nun Euphorie oder Panik, Gier oder Furcht, getrieben werden. Diese durch Emotionen getriebenen Abweichungen können Value-Investoren ausnutzen. Genau das hat Warren Buffett gemeint, wenn er davon sprach, dass Sie gelegentlich einen Dollar für 40 Cents kaufen können. Und genau hier spaltet sich die Schar der Investoren, Finanzmanager und Akademiker.

Die einen – bis heute zum Beispiel die Mehrheit der akademischen Finanzmarkttheoretiker – glauben, dass es für Anleger nicht möglich ist, systematisch über einen längeren Zeitraum besser zu sein als der Aktienmarkt. Diese Auffassung ist in der Finanzmarkttheorie als »Markteffizienzhypothese« bekannt.[18] Wenn Märkte effizient sind, verarbeiten sie alle Informationen schnell und rational. Der Mechanismus von Angebot und Nachfrage sorgt dafür, dass Unter- und Überbewertungen von Aktien erst gar nicht entstehen können oder sehr schnell abgebaut werden. Ein großer Teil meiner Professorenkollegen ist noch heute davon überzeugt, dass es kaum Situationen gibt, in denen Sie nur 40 (oder 50, 60, 70) Cents für den Dollar bezahlen. Der folgende Witz, der unter Ökonomen kursiert, bringt die Markteffizienzhypothese auf den Punkt: Zwei Volkswirte gehen über die Straße. Sagt der eine: »Schau mal, dort liegt ein 100-Euro-Schein!« Darauf der andere: »Das kann gar nicht sein, denn wenn er dort liegen würde, hätte ihn schon längst jemand aufgehoben.«

Es gibt also für den rationalen Investor gemäß dieser Auffassung so gut wie keine Möglichkeiten, unterbewertete Aktien zu finden. Am besten kauft er den gesamten Markt. Eine solche Strategie lässt sich heute relativ einfach realisieren, zum Beispiel mit Hilfe von Indexfonds und Indexzertifikaten. Dies spart viel Gebühren, die sonst an der Performance nagen würden.

Je nachdem welche Form man vertritt, besagt die Hypothese der effizienten Märkte, dass entweder nur alle öffentlich verfügbaren Informationen (Kurse, ggf. noch Unternehmenszahlen und Branchenentwicklung) oder sogar alle verfügbaren Informationen (also auch Insiderinformationen) im Börsenkurs einer Aktie enthalten sind. Der Markt weiß es am besten. Seit den sechziger Jahren haben Tausende Forscher sich bemüht, zu beweisen, dass die Kapitalmärkte effizient sind und dass Value-Investing nicht funktionieren kann. Michael Jensen ist in den siebziger Jahren sogar so weit gegangen, die Markteffizienzhypothese also eine »der am besten belegten Tatsachen in den Sozialwissenschaften« zu bezeichnen.[19]

Vordergründig leuchtet die Markteffizienzhypothese ein: Wenn es überhaupt funktionierende Märkte gibt, dann doch sicher die Kapitalmärkte? Diese Märkte sind hochliquide. Sie werden von vielen Spezialisten beobachtet. Die Teilnehmer können in Sekunden Milliardenvermögen verschieben. Die moderne Informationstechnologie sorgt dafür, dass sich wichtige Informationen in Sekundenbruchteilen verbreiten. Da wäre es vordergründig betrachtet doch angebracht, davon auszugehen, dass der Mechanismus von Angebot und Nachfrage weitestgehend funktioniert.

Dennoch ist eine zweite Gruppe – bis heute eine Minderheit – anderer Auffassung. Diese Gruppe glaubt, dass der Markt immer wieder Möglichkeiten für Value-Investoren bietet, Aktien oder Investments im Wert von einem Dollar für 40 (50, 60, 70) Cents zu erwerben. Das geht nur, wenn der Markt des Öfteren irrationale und emotionale Züge aufweist, etwas, das die Vertreter der Effizienzhypothese vehement verneinen würden. Benjamin Graham hat den Markt einmal dahingehend beschrieben, dass er kurzfristig ein Abstimmungsmechanismus, langfristig jedoch ein Wiegemechanismus ist. Im ersten Fall werden Meinungen gezählt, im zweiten Fall jedoch objektive Größen gemessen.

Die meisten Vertreter des Value-Investing sind Praktiker. Viele sind reich geworden, indem sie ihre Erkenntnisse konsequent anwendeten. Zudem hinterfragt eine wachsende Zahl von Finanzmarkttheoretikern die Effizienz und Rationalität der Kapitalmärkte. Hier hat sich das Forschungsgebiet der Behavioral Finance gebildet, auf das ich im zweiten Kapitel tiefer eingehen werde.[20] Die Behavioral Finance versucht, die Motive und Handlungsroutinen von Anlegern zu durchleuchten (»effiziente Märkte«) und damit ein realistischeres Bild des Anlegerverhaltens zu gewinnen.

Value-Investing selber wird hingegen an Hochschulen kaum gelehrt. Bislang gibt es nur ein einziges Zentrum an einer großen Universität, welches sich ausdrücklich mit Value-Investing beschäftigt, das von Professor Bruce Greenwald geleitete Heilbrunn Center for Graham and Dodd Investing an der Columbia University.[21] In Deutschland macht mein Kollege Ekkehard Wenger von der Universität Würzburg gelegentlich von sich reden, wenn er die unseriösen Praktiken von Managementteams offenlegt, die ihre Aktionäre übervorteilen. Wenger ist nicht nur öffentlicher Aktionärsvertreter, sondern auch ein hervorragender Value-Investor.[22] In Worms baue ich ein Zentrum für Value-Investing auf. Einige Kollegen interessieren sich durchaus für Value-Investing, konzentrieren sich aber in ihrer akademischen Forschung größtenteils darauf, ob Märkte effizient sind (oder nicht) und warum sie es sind (oder nicht).

Ein Grund hierfür mag darin liegen, dass Value-Investing zwar eine intellektuell sehr anspruchsvolle Aufgabe ist, für den reinen theoretischen Diskurs aber weniger Neuland bietet. Wissenschaftliche Meriten lassen sich damit nicht verdienen. Value-Investing besteht aus angewandter Betriebswirtschaftslehre, Branchenwissen, Fakten, viel Kreativität und gesundem Menschenverstand. Die Prinzipien des Value-Investing sind bekannt. Man muss diese nur kontinuierlich anwenden. Da aber die Realität sehr komplex ist und sich permanent verändert, ist diese Anwendung oftmals sehr schwer. Man muss in komplexen Situationen die wesentlichen Fakten erkennen, Arbeitshypothesen zum Wachstum und Verhalten bestimmter Größen, zum Beispiel des Cashflows, aufstellen und diese mit Intuition und vielen Zahlen überprüfen. Das ist harte Arbeit.

Sie können das Value-Investing auch mit dem Beherrschen eines Instruments, zum Beispiel einer Geige, vergleichen. Theoretisch ist die Beherrschung einer Geige sehr einfach: Sie müssen nur den richtigen Ton zum richtigen Zeitpunkt treffen und den Ton mit der richtigen Intensität spielen. Wer allerdings schon einmal eine Geige in der Hand gehabt hat weiß, dass es in der Praxis ganz anders aussieht.

Warren Buffett verwendet als Analogie für das Value-Investing gerne die Sportart Baseball. Als Schläger (Hitter) müssen Sie sehr gut sein, um einen Ball richtig zu treffen. Der Werfer des Balls (Pitcher) ist dem Hitter zumeist überlegen. Baseball ist auch deswegen eine gute Analogie, weil Sie auch beim Value-Investing versuchen, eine Aktie, deren Kurs sich bewegt, zum richtigen Zeitpunkt zu »treffen«. Anders als beim Baseball haben Sie allerdings beliebig viele Versuche und müssen nicht nach einer bestimmten Anzahl Bälle schlagen. Letztlich können also auch mittelmäßige Hitter Erfolg haben, wenn sie die erforderliche Geduld mitbringen, auf eine gute Gelegenheit zu warten.

Anteile an Unternehmen kaufen

Mit dem Erwerb einer Aktie erwerben Sie einen Teil des Eigenkapitals eines Unternehmens. Sie werden (Teil)eigentümer und »Kapitalist«. Der Aktienkurs ist der *Preis*, den Sie bezahlen, ihr Unternehmensanteil der *Wert*, den Sie für den gezahlten Preis bekommen. Sie müssen sich also ein Bild vom Wert des Gesamtunternehmens verschaffen, um daraus den Wert Ihres Anteils ableiten und bestimmen zu können.

Zunächst einmal werden Sie also prüfen, ob Sie sich an einem guten oder hervorragenden Geschäft beteiligen. Als erster Ansatzpunkt hierfür ist die Eigenkapitalrendite (absolut oder im Branchenvergleich) sehr gut geeignet: Sie setzt den Gewinn des Unternehmens in Relation zum bilanziellen Eigenkapital des Unternehmens. Es gibt Unternehmen, die Renditen von 20, ja 50 Prozent und mehr auf das eingesetzte Eigenkapital erwirtschaften. Von Interesse ist auch die Frage, ob das Unternehmen und die Branche insgesamt eine Zukunft haben, wie das Unternehmen am Markt positioniert ist und wie die Zukunft für seine Produkte und Dienstleistungen aussieht. Zudem können Sie überprüfen, wie stabil die Erträge, Marktanteile und sonstigen Kennzahlen des Unternehmens sind oder ob sich dieses Unternehmen vielleicht in einer abnormal guten oder schlechten Geschäftslage befindet, die sich bald ändern könnte.

Jede Aktie verbrieft ein Stimmrecht. In Deutschland ist die Emission von Mehrstimmrechtsaktien grundsätzlich gemäß § 12 (2) AktG unzulässig.

Unternehmen können bis zur Höhe des Stammkapitals auch stimmrechtslose Vorzugsaktien ausgeben.[23] Der Besitz von Aktien berechtigt Sie, auf der Hauptversammlung

- den Aufsichtsrat zu wählen,
- über die Entlastung von Vorstand und Aufsichtsrat abzustimmen,
- Gegenvorschläge einzubringen,
- Fragen zu stellen,
- über einige wichtige Entscheidungen abzustimmen, zum Beispiel über die Verwendung des Bilanzgewinns, Kapitalerhöhungen, -herabsetzungen, Fusionen und Dividendenzahlungen zu beziehen, wenn die Hauptversammlung eine Ausschüttung beschließen sollte.[24]

Als Value-Investor verstehen Sie sich auch dann als Eigentümer, wenn Sie nur wenige Anteile an einem Unternehmen halten. Von der Aktie der **DaimlerChrysler AG** (ISIN: DE0007100000) waren zum Beispiel im August 2006 gut eine Milliarde Aktien, genau gesagt: 1.018.172.696 Stück, im Umlauf. Als Besitzer von 100 Aktien würden Sie also über den zehnmillionsten Teil des Grundkapitals verfügen.

Natürlich können Sie als kleiner Value-Investor keinen maßgeblichen Einfluss auf »Ihr« Unternehmen ausüben. Sie können aber überprüfen, ob das Management sich den Interessen der Aktionäre – der Eigentümer – verpflichtet fühlt oder primär eigene Interessen verfolgt. Diese Eigeninteressen können zum Beispiel sein: Expansionsstreben, Erweiterung des Machtbereichs und unangemessen hohe Vorstandsbezüge. In diesem Zusammenhang ist auch wichtig, ob das System der Corporate Governance sicherstellt, dass die Unternehmensleitung im Sinne der Eigentümer agiert.[25]

Gerade DaimlerChrysler ist ein Paradebeispiel dafür, wie ein hervorragendes Unternehmen durch ein machthungriges Management jahrzehntelang Geld vernichtet hat. Mercedes-Benz ist sicherlich eine der prestigeträchtigsten und wertvollsten Marken der Welt.[26] Die Autos aus dem Haus Mercedes standen in ihrem Segment jahrzehntelang unangefochten auf Platz eins. Dennoch war das – aus heutiger Sicht größenwahnsinnige – Management damit nicht zufrieden. Edzard Reuter wollte einen »integrierten Technologiekonzern« aufbauen und kaufte wahllos Unternehmen aus anderen Bereichen zusammen, von denen er nichts verstand, Jürgen Schrempp machte dies teilweise wieder rückgängig, belastete aber das Unternehmen mit seiner Vision der »Welt AG«, indem er den Sanierungsfall Chrysler teuer einkaufte und sich bei Mitsubishi beteiligte. In Schrempps Fall spielte wohl auch die ungefähre Verzehnfachung der Bezüge eine Rolle: Nach der Fusion mit Chrysler wurden alle Mitarbeiter weiterhin nach nationalen Maßstäben bezahlt, nur für die 400 obersten Führungskräfte wurden die absurd hohen amerikanischen oder »internationalen« Maßstäbe angesetzt.

Aktionärsorientiert wäre Daimler-Benz gewesen, wenn man sich auf sein Kerngeschäft konzentriert und dort die absolute Führungsposition ausgebaut und verteidigt hätte. Das hätte viel weniger Kapital erfordert als die missglückten und größenwahnsinnigen Strategien der letzten zwanzig Jahre. Und die Rendite für die Eigentümer wäre wesentlich höher gewesen, da das Unternehmen deutlich höhere Dividenden hätte zahlen können. Die Aktie von Daimler stand im Oktober 1996 genau da, wo sie knapp zehn Jahre später im August 2006 nach einer langen Achterbahnfahrt wieder anlangte: bei vierzig Euro. Der Aktionär hat in dieser Zeit nur die Dividendenrendite – zwischen zwei und vier Prozent auf sein eingesetztes Kapital – erzielt. Und diese magere Rendite musste auch noch versteuert werden.

Abb. 1.2: **Kursverlauf der Aktie der Daimler-Benz bzw. DaimlerChrysler AG**

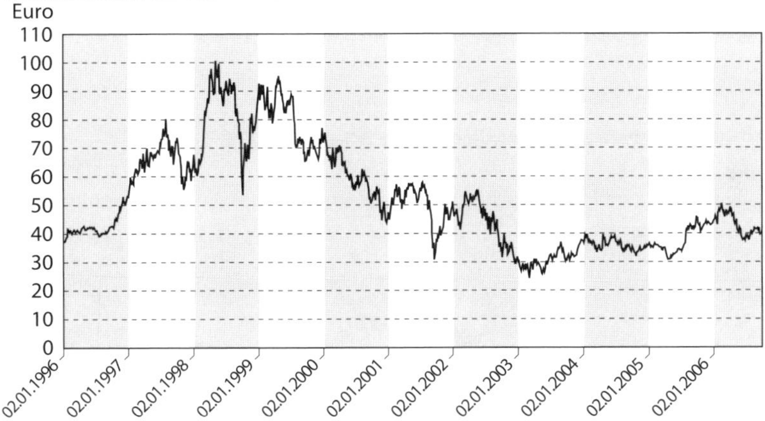

Quelle: www.daimlerchrysler.com

Auch die »Volksaktie« **Deutsche Telekom AG** (ISIN: DE0005557508) notierte im August 2005 – nach einer Berg- und Talfahrt mit Kursen von kurzfristig über 100 Euro (2000) und unter acht Euro (2003) – wieder unter ihrem Ausgabepreis von umgerechnet 14,57 Euro vom Börsengang aus dem Jahr 1996. Auch hier hat ein größenwahnsinniges Management in den Jahren der Technologieblase viel Geld für sinnlose Investitionen verbrannt. Und auch hier haben sich die Aktionäre mit der Dividendenrendite von durchschnittlich zwei bis vier Prozent abzüglich langfristigen Kursverlusts zufriedengeben müssen. Im August 2005 war der Preis der Aktie allerdings so stark gefallen, dass die Dividendenrendite auf fast sieben Prozent anstieg. Das war zumindest ein Signal, welches Value-Investoren zu einer weiteren Analyse dieser Aktie veranlassen könnte, da es zunächst einmal eine niedrige Bewertung signalisiert.

Demgegenüber stieg der Kurs der Aktie der **BASF AG** (ISIN: DE0005151005) – des nach wie vor größten Chemiekonzerns der Welt – zwischen 1996 und 2006 von 20 Euro auf 61 Euro, das entspricht einem durchschnittlichen jährlichen Kursanstieg von 8,3 Prozent – und das trotz des Einbruchs des DAX. Die Kursentwicklung war zudem wesentlich stetiger als die des DAX. Rechnet man durchschnittlich zwei bis drei Prozent Dividende hinzu, dann beträgt die Rendite für die Aktionäre (Total Shareholder Return) über zehn Prozent. Das kann sich sehen lassen.

Abb. 1.3: Kursverlauf der Aktie der BASF AG 1996 – 2006

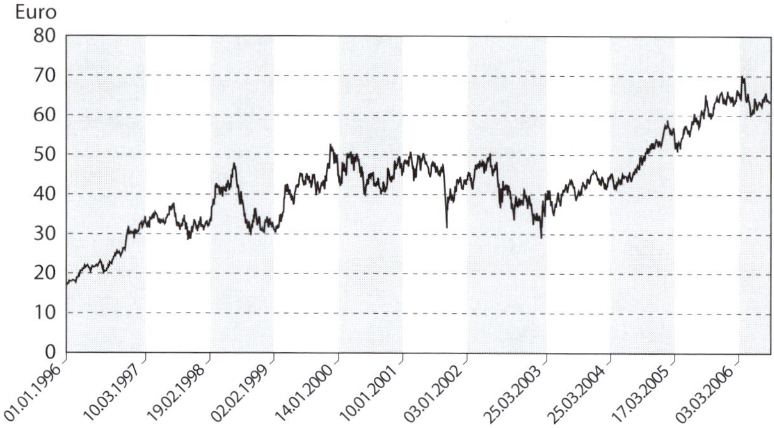

Quelle: Yahoo! Finance

Anders als »beim Daimler« oder bei der Telekom hat sich das Management der BASF nie zu großen, »visionären« Investitionen hinreißen lassen, sondern kontinuierlich daran gearbeitet, das Geschäft zu verbessern und hierbei nüchtern und kaufmännisch gerechnet. Dabei hängt ein solches Vorgehen nicht von der Branche ab, sondern ausschließlich von den Einstellungen des Managements.[27] Dass selbst Konzerne aus »alten Branchen« auf sehr komische Ideen kommen können, zeigt der Fall der Preussag AG, die ihr Stahlgeschäft unter dem Namen **Salzgitter AG** (ISIN: DE0006202005) abspaltete und sich in einen Touristikkonzern, die **TUI AG**, umwandelte (DE000TUAG000). Während die Aktie der TUI AG (die ehemalige Muttergesellschaft) einen Leidensweg ohne abzusehendes Ende beschreitet, hat sich die Salzgitter AG, die wir uns später in einer Fallstudie ansehen werden, hervorragend entwickelt und ihren Börsenwert um fast das Siebenfache gesteigert.

Für Warren Buffett ist deshalb – jenseits aller Marktstrategien – die wichtigste Frage bei der Beurteilung eines Investments: »Wird das

Unternehmen von ehrlichen und kompetenten Menschen geleitet, die im Sinne der Eigentümer, also der Aktionäre handeln?«[28] Buffett würde daher lieber ein mittelmäßiges Geschäft mit einem hervorragenden Management als ein hervorragendes Geschäft mit einem mittelmäßigen Management kaufen.

Leider ist dieses Kriterium, das eigentlich offensichtlich und einleuchtend ist, oftmals nicht auf Anhieb zu überprüfen. Immer wieder gelingt es Topmanagern, die Öffentlichkeit über einen längeren Zeitraum zu blenden. In den Fällen, wo die aktionärsunfreundliche Einstellung des Managements nicht geradezu offensichtlich, aber dennoch vorhanden ist, müssen Sie schon mit der Geschichte eines Unternehmens, der Branche und den Zahlen vertraut sein. Noch besser ist es natürlich, das Management zu kennen, aber dieses Privileg bleibt nur bestimmten Analysten und Insidern vorbehalten. Aber schon Geschäftsberichte sagen viel über ein Management aus, wenn man sie sorgfältig liest.

Eine wichtige Kennzahl zur Beurteilung der Leistung eines Managements ist die Rendite der einbehaltenen Gewinne: Wenn ein Management Gewinne nicht ausschüttet, sondern wieder in das Unternehmen investiert, sollten diese Investments eine vernünftige Rendite von deutlich über zehn Prozent, je nach Branche sogar wesentlich höhere Renditen, erbringen. Was viele Hobbyaktionäre vergessen: In einem normalen und nicht mehr wachsenden Unternehmen sollten sich ja die Ersatzinvestitionen durch die Abschreibungen bezahlen lassen und bereits vom Gewinn abgezogen sein. (Natürlich muss der Cashflow ausreichend sein, um die Investitionen zu tätigen.) Es gäbe also in einem solchen Unternehmen gar keinen Grund, Gewinne einzubehalten, es sei denn, das Management identifiziert für dieses Kapital Investitionschancen, deren Renditen deutlich über den Marktrenditen für Aktien (also über zehn Prozent) liegen.

Value-Investoren stehen Wachstum nicht grundsätzlich kritisch gegenüber. Manchmal ergeben sich durch das Wachstum in Marktnischen oder in Bereichen, in denen das Unternehmen Wettbewerbsvorteile hat, fantastische Renditechancen. Aber Value-Investoren prüfen die Wachstumsinitiativen von Unternehmen sehr kritisch.

Sie gehen zunächst einmal davon aus, dass starkes und profitables Wachstum die Ausnahme und nicht der Normalfall ist.

Preis und Wert

Schlagen Sie den Börsenteil einer beliebigen Wirtschaftszeitung auf. Dort finden sich normalerweise bei den einzelnen Aktien auch die Höchst- und Tiefstkurse der vergangenen 52 Wochen. Selbst die Aktienkurse großer Unternehmen weisen erhebliche Bewegungen auf: So schwankte zum Beispiel im Jahr 2005 die Aktie der **DaimlerChrysler** zwischen einem Tief von 31 Euro und einem Hoch von 44 Euro. Das ist vom Tiefststand aus gerechnet eine Schwankung von 42 Prozent. Die Aktie der **Allianz** (ISIN: DE0008404005) bewegte sich zwischen einem Tief von 90 Euro und einem Hoch von 136 Euro (51 Prozent), **Siemens** (ISIN: DE0007236101) zwischen 57 Euro und 75 Euro (32 Prozent).

Allianz, DaimlerChrysler und Siemens sind globale Großkonzerne mit Hunderten von Geschäftsbereichen, Joint Ventures und Tochtergesellschaften. DaimlerChrysler beschäftigte Ende 2005 382.724 Mitarbeiter[29], Siemens 461.000[30] und die Allianz 177.000 Mitarbeiter[31]. Nun war 2005 kein Jahr mit besonders großen Überraschungen in der Weltwirtschaft. Bei Großkonzernen wie den oben genannten dürfte sich zudem die Geschäftsentwicklung in einzelnen Produktbereichen und Regionen zumindest teilweise ausgleichen und so zu einer stetigeren Geschäftsentwicklung führen. Dennoch schwanken die Aktienkurse dieser Konzerne in einem »normalen« Jahr um 30, 40 oder 50 Prozent. Ganz absurd wird es, wenn man sich bei der Allianz AG den Zeitraum von 2000 bis 2006 anschaut: Von einem Hoch von fast 430 Euro im März 2000 ging es bis auf ca. 47 Euro Anfang April 2003 herunter – das ist ein Minus von fast neunzig Prozent. Seitdem ist die Aktie wieder um mehr als 200 Prozent auf ca. 130 Euro im August 2006 gestiegen.

Der gesunde Menschenverstand legt die Schlussfolgerung nahe, dass diese Schwankungen nicht rational sein können oder zumindest nicht den Wert des Unternehmens »Allianz« reflektieren. Dennoch versuchen seit den sechziger Jahren unzählige Finanzprofessoren zu beweisen, dass der Markt rational ist und dass Marktpreise den Wert einer Aktie angemessen wiedergeben.

Wenn nun der Preis für Aktien derartig schwankt, kann derjenige, der ein realistisches Bild vom Wert des entsprechenden Unternehmens hat, hohe Gewinne erzielen. Zur Bestimmung des Werts von Unternehmen stehen prinzipiell die Substanz- und die Ertragswertmethode zur Verfügung, die jedem Studenten der Betriebswirtschaftslehre geläufig sind. Zum einen kann der Unternehmenswert als Summe aller Vermögensgegenstände bestimmt werden – das ist der Substanzwert. Zum anderen kann der Unternehmenswert als Summe der jetzigen und der abgezinsten zukünftigen Gewinne oder Cashflows bestimmt werden – das ist der Ertragswert.

Dieselben Methoden werden letztlich auch von den Analysten der Banken, Wirtschaftsprüfern und Venture-Kapitalisten verwendet, da sich die Grundregeln der Betriebswirtschaft nicht ändern, egal welchem Berufsstand man angehört. Value-Analysten haben allerdings besondere Vorgehensweisen entwickelt, die helfen, die Bestimmung der Werte mit einer größeren Sicherheit durchführen zu können. Damit werden wir uns vor allem in den Kapiteln vier bis sechs näher beschäftigen.

Verluste vermeiden: die Sicherheitsmarge

Wie für den Boxer ist die Defensive auch für den Value-Investor erste Pflicht – eine Tatsache, die viele Hobbyspekulanten an der Börse gerne vergessen. Wenn Sie Ihre Defensive nicht beherrschen, haut der erste Schlag Sie um. Die Defensive des Value-Investors wurde zuerst explizit von Benjamin Graham beschrieben und heißt »Sicherheitsmarge« (Margin of Safety).[32]

Im Sommer des Jahres 2005 führte die Bayerische Landesbank ein für den deutschen Raum Maßstäbe setzendes Investmentseminar durch. An zwei Tagen referierten führende amerikanische und deutsche Experten über Geldanlagen, die Fundamental- und Value-Analyse von Aktien sowie über die Entwicklung einzelner Branchen. Der erste Referent war Charles Ellis, Gründer von Greenwich Associates und seit weit über dreißig Jahren ein angesehener Investmentberater für Banken und Finanzinstitutionen. Nebenbei ist er Professor an der Harvard Business School, Yale und anderen angesehenen Universitäten gewesen. Ein Ausspruch von ihm ist mir besonders in Erinnerung geblieben: »Don't lose!«

Charles Ellis erzählte vom Beginn seiner Karriere als er, gerade frisch von der Harvard Business School kommend, für ein Unternehmen zu arbeiten begann, das die Gelder der Rockefeller-Familie verwaltete. Nach seinem ersten Aktienreport rief ihn sein Chef zu sich und sandte ihn mit den Worten »Charlie, die Rockefellers sind eine reiche Familie, aber sie sind nicht so reich, dass sie sich *dich* leisten könnten« zu einem weiteren Fortbildungsprogramm an der Wall Street.

Dort sprachen auch erfahrene Referenten aus der Praxis. An einem Tag referierte der Eigentümer eines Unternehmens, ein stattlicher, eleganter und sehr reicher Mann. Am Ende stellte ein Freund eines Klassenkameraden von Charles Ellis eine Frage: »Ich möchte so reich sein wie Sie! Sagen Sie mir doch, wie ich das anstellen soll.« Der Firmenchef stand lange da. Ellis dachte zuerst, dass er sich vielleicht über die respektlose Frage ärgern würde, dann merkte er, dass der Referent intensiv nachdachte. Schließlich fixierte er den Fragesteller lange und eindringlich und sagte mit Nachdruck nur zwei Worte: »Don't lose!«

»Wenn man eine dumme Frage stellt, bekommt man auch eine dumme Antwort«, war die erste Reaktion des Trainees Charles Ellis. Im Laufe eines mehr als vierzigjährigen Berufslebens erschloss sich die Tiefe dieser einfachen Wahrheit für Ellis jedoch immer mehr. Auch ich habe in den letzten Jahren die Weisheit dieses kurzen Statements immer mehr schätzen gelernt.

Verluste sind aus einem sehr einfachen Grund schmerzhaft: Wenn eine Kapitalanlage um einen bestimmten Prozentsatz fällt, muss sie nachher immer um einen höheren Prozentsatz steigen, um wieder ihr Ausgangsniveau zu erreichen. Fällt Ihre Aktie zum Beispiel um 50 Prozent, muss sie nachher wieder um 100 Prozent steigen.

Tab. 1.2: Anstieg, der nach einem Verlust von x Prozenten notwendig ist, um das Ausgangsniveau wieder zu erreichen

Verlust	Von 100 € bleiben	notwendiger Anstieg
10 %	90	11 %
25 %	75	33 %
50 %	50	100 %
75 %	25	300 %
90 %	10	900 %
95 %	5	1.900 %

Quelle: eigene Darstellung

Buffetts phänomenale Performance im letzten Bärenmarkt ist zu einem großen Teil darauf zurückzuführen, dass er kein einziges Verlustjahr hinnehmen musste, während der Aktienmarkt (S&P 500) insgesamt fünfmal ein Minus aufwies. »Don't lose!« ist eine Weisheit von fundamentaler Bedeutung. Sie besagt nichts anderes, als dass Sie zuallererst immer darauf bedacht sein müssen, Verluste zu vermeiden! Denken Sie an die Zeit des Neuen Markts zurück und versuchen Sie, sich an Ihr eigenes Portfolio zu erinnern. Waren es letztlich Ihre Gewinne oder Ihre Verluste, die die Gesamtperformance Ihres Portfolios bestimmt haben?

Value-Investoren wissen, dass jeder auch bei der sorgfältigsten Analyse Fehler macht. Der beste Schutz dagegen besteht darin, Aktien deutlich unterhalb ihres fairen Werts zu erwerben. Deshalb achten Value-Investoren darauf, nur mit einer hohen Sicherheitsmarge zu kaufen und nie zu viel für eine Aktie zu bezahlen, so aufregend und interessant die Story auch sein mag. Nicht immer mag die Sicherheitsmarge so hoch sein, dass Sie ein Investment im Wert von einem Dollar für 40 Cents erwerben können, wie das Zitat Warren Buffetts zum Eingang des Kapitels suggeriert. Charles Brandes ist zufrieden, wenn er ein Investment im Wert von einem Dollar für 70 Cents erhält.[33] Auf jeden Fall aber sollte die Sicherheitsmarge erheblich sein –30 Prozent Abschlag vom inneren Wert erscheinen da schon fast als Minimum.

Früh kaufen, früh verkaufen

Benjamin Graham sprach davon, dass Value-Investoren vor allem auf den Preis achten (Price), nicht auf den Zeitpunkt des Kaufs (Timing).[34] Wenn sie billig genug einkaufen und eine Sicherheitsmarge einkalkulieren, wird sich früher oder später eine angemessene Rendite (Adequate Return) bei Sicherheit des Kapitals (Safety of Capital) einstellen.

Logische Konsequenz dieser Einstellung ist, dass Value-Investoren fast immer zu früh kaufen und zu früh verkaufen! Stellen Sie sich ein normal wachsendes Unternehmen vor: Wenn es seine Umsätze und Erträge kontinuierlich steigert, steigt auch der intrinsische Wert dieses Unternehmens stetig. Die Aktienkurse schwanken nun um diesen intrinsischen Wert. Wenn der Kurs nun deutlich gefallen ist, wird irgendwann eine angemessene Sicherheitsmarge zum intrinsischen Wert erreicht. Nun würde ein Value-Investor kaufen. Der Markt kann allerdings in einer psychologisch sehr schlechten Verfassung sein, sodass die Aktie zunächst einmal weiter fällt.

Abb. 1.4: Das Los des Value-Investors: zu früh kaufen, zu früh verkaufen

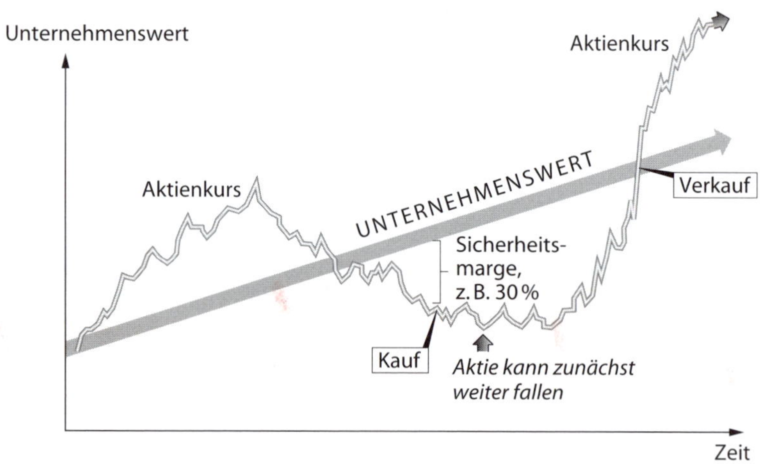

Quelle: eigene Darstellung

Auf der Konferenz der Bayerischen Landesbank im Juli 2006 sprach Amit Wadwaney, Internationaler Fondsmanager von Third Avenue, etwas scherzhaft davon, dass er völlig verwirrt gewesen sei, als eine Aktie, die er für seinen Fonds gekauft hatte, unmittelbar anfing, zu steigen. Normalerweise würden alle Aktien, die er kaufte, zunächst munter weiter fallen.

Umgekehrt ist es beim Verkauf: Value-Investoren machen Euphorie-Phasen nicht mit. Viele, wie zum Beispiel Braun, von Wyss und Müller, verkaufen strikt zum intrinsischen Wert, andere lassen einen gewissen Spielraum von 10 oder 20 Prozent nach oben. Auch Warren Buffett hält seine Aktien manchmal länger, als es eine strikte Kalkulation des intrinsischen Werts nahelegen würde. Nach amerikanischem Steuerrecht müsste er aber die Kursgewinne versteuern und bekäme beim Verkauf oftmals 20 bis 30 Prozent seines Verkaufserlöses abgezogen, denn viele seiner Aktienpakete bestehen mittlerweile fast ausschließlich aus Kursgewinnen.

Die Antwort auf die Frage, warum Value-Investoren die »Spitzen« des Markts nicht mitnehmen, ist einfach: Sie sind davon überzeugt, dass es nicht möglich ist, in irgendeiner Weise zu prognostizieren, wie weit die Aktienkurse in der Hausse in die Höhe gehen und in der Baisse in den Keller sinken können. Es ist lediglich möglich, sich ein ungefähres Bild vom intrinsischen Wert eines Vermögensgegenstands zu machen und zu kaufen, wenn dieser sehr billig ist, sowie zu verkaufen, wenn er fair bewertet ist.

Andere Investmentstile

Value-Investing bewegt sich nicht in einem Vakuum, sondern ist – fast müsste man sagen »zum Glück« – nur einer von vielen Investmentstilen, die praktiziert werden. Würden alle Marktteilnehmer nach der Methode der Value-Analyse vorgehen, gäbe es kaum unterbewertete Unternehmen. Die Möglichkeit, »Schnäppchen« zu machen, wäre minimal. Überrenditen wären eine Sache der Vergangenheit.

Sie müssen sich aber keine Sorge machen, dass dies irgendwann in naher Zukunft der Fall sein wird – Value-Investoren werden auch in Zukunft eine Minderheit bleiben, oder wie Warren Buffett es sagte:

»Diejenigen, die ihren Graham und Dodd lesen, werden weiterhin zu Wohlstand kommen.«[35]

Die Value-Analyse beruht auf den Methoden der langfristigen Fundamentalanalyse. Value-Investoren fragen sich, was ein Unternehmen unter normalen und durchschnittlichen Bedingungen wert sein sollte. Ben Graham nannte dies die »average future conditions«.[36] Hierzu werden Marktstrategien, Produkte und Kennzahlen von Unternehmen, Wettbewerbern und der Branche auf das Genaueste analysiert. Auch Einflussfaktoren auf die Branche und mögliche Veränderungen der Branche werden erfasst. Hingegen interessieren sich Value-Investoren kaum für die Entwicklung der Wirtschaft insgesamt oder volkswirtschaftliche Größen. Es gibt allerdings zwei Ausnahmen: Zum einen ist der Abzinsungsfaktor natürlich von enormer Bedeutung[37], zum anderen sind Inflation und Deflation, obwohl derzeit nicht so aktuell, Größen, die ein Value-Kalkül erheblich verändern und die jederzeit wieder auftreten können. In beiden Fällen wird sich der Value-Investor normalerweise damit begnügen, langfristige Durchschnittswerte zu nehmen und sich ein ungefähres Bild über die zukünftige Richtung zu machen.

Das Konzept der »Average Future Conditions« ist einfach zu verstehen, aber manchmal schwer anzuwenden. Im Rückblick ist zum Beispiel klar zu erkennen, dass die außerordentlichen Gewinne, die viele Unternehmen im Technologieboom Ende der neunziger Jahre einfuhren, nicht auf »normalen« oder »durchschnittlichen« Bedingungen beruhten. Während des Technologiebooms wollte das allerdings kaum einer hören. Warren Buffett wurde sogar gelegentlich als »Oldtimer« hingestellt, weil er die Technologieblase nicht mitmachte.

Umgekehrt war die Stimmung an der Börse im Frühjahr 2003 so gedrückt, dass fast alle soliden deutschen Aktien zu Schnäppchenpreisen zu haben waren. Da griff aber kaum jemand außer den hartgesottensten Value-Investoren zu. Erst ab 2005 hellte sich die Stimmung bei den Privatanlegern wieder auf.

Es ist nicht wahrscheinlich, dass diese Stimmungsschwankungen auf einzelnen Märkten oder dem Gesamtmarkt aufhören. Im Gegenteil, es ist sogar sehr wahrscheinlich, dass sie an Ausmaß und Intensität

Tab. 1.3: **Klassifizierung der Anlagestile**

Fundamentalanalyse			Technische Analyse	Effiziente Märkte
Langfristige Analyse		Kurzfristige Analyse		
Value-Investing: Marktpreis im Vergleich zum inneren Wert, Fokus auf Unternehmen und Branche	**Growth-Investing:** Zukünftiger Marktpreis im Vergleich zum inneren Wert / Wachstumspotenziale	**Prognostizierte Preisveränderungen** aufgrund von Veränderungen im wirtschaftlichen Umfeld oder im Unternehmen, Fokus auf mikro- **oder** makroökonomischen Größen	**Momentum-Investing** Preis-Volumen-Muster, Chart-»Analyse«[39]	**Asset Allocation** (= optimale Vermögensaufteilung) Kostenminimierung
Graham/Dodd Buffett/Munger Whitman Greenblatt Price Brandes Deutsche Value-Investoren Wenige Privatinvestoren	Buffett Lynch Miller	Soros Hedgefonds Hobbyspekulanten Fonds/Banken	O'Neil Hobbyspekulanten Hedgefonds Fonds/Banken Trendfolge-Modelle	»Moderne« Finanzmarkttheorie Bogle (Vanguard) Malkiel Privatinvestoren (Indexinvestoren) Fonds/Banken

Quelle: eigene Darstellung

noch zunehmen werden. Wenn sich immer mehr Privatinvestoren mit Halbwissen an den Märkten engagieren, kann dies nicht zur Stabilität der Märkte beitragen. Wenn durch die Dynamik der Massenmedien Trends im Positiven wie im Negativen überzeichnet werden, verstärkt dies Stimmungsschwankungen. Wenn die Fondsmanager und institutionellen Anleger zudem unter immer stärkerem Druck stehen, werden auch sie versucht sein, der Herde zu folgen. Ein globaler, integrierter und hochliquider Kapitalmarkt ist also eher eine instabile als eine stabile Situation.[38] Es bleibt nur zu wünschen, dass die Vernunft des Value-Investing im gleichen Umfang wächst wie die Unvernunft der Märkte.

Für die folgende Klassifizierung wurden Investmentstile anhand von zweierlei Kriterien unterteilt: einmal nach dem Analyseansatz (Fundamentalanalyse, Technische Analyse und Theorie der Effizienten Märkte), zum anderen nach dem Zeithorizont (langfristig – kurzfristig).

Value-Investoren betreiben Fundamentalanalyse und investieren mit langen Zeithorizonten. Das heißt nicht, dass sie manche Investments nicht auch schnell wieder verkaufen, wenn der Kurs rascher ihren Verkaufspreis erreicht, als sie erwartet haben, aber sie sind prinzipiell bereit, eine Aktie lange zu halten. Auch Growth-Investoren betreiben die langfristig ausgerichtete Fundamentalanalyse. Beide Investmentstile sind sich also letztlich sehr ähnlich, viele Value-Investoren (der Verfasser gehört dazu) sehen prinzipiell keinen Unterschied zwischen Value- und Growth-Investing, da es darum geht, unterbewertete Unternehmen zu finden. Der Grund: Der Unternehmenswert ist nicht statisch, sondern dynamisch zu sehen, wie es oben in Abb. 1.3 dargestellt ist.

Investoren, die kurzfristig ausgerichtete Fundamentalanalyse betreiben, interessieren sich zum Beispiel für eine Veränderung des Zinsumfeldes (makroökonomische Faktoren) oder eine Veränderung der Dividendenpolitik oder sonstige Handlungen des Unternehmens (mikroökonomische Faktoren) und versuchen, aufgrund ihrer Analysen kurzfristige Gewinne zu realisieren. Value-Investoren stehen makroökonomischen Prognosen grundsätzlich sehr skeptisch gegenüber, da die Treffgenauigkeit dieser Prognosen bestenfalls mäßig ist, oftmals aber geradezu irreführend. (Haben Sie sich auch schon einmal gewundert, dass kaum ein Wirtschaftsforschungsinstitut Rezessionen voraussagt?)[40] Langfristige Zinsdurchschnitte und Zinstrends sowie die Probleme von Inflation und Deflation fließen allerdings in das Kalkül der meisten Value-Investoren ein.

Technische Analysten versuchen, aus Kursmustern der Vergangenheit Prognosen für die Zukunft zu erstellen. Value-Investoren, der Autor dieses Buchs eingeschlossen, sehen so etwas als reine Kaffeesatzleserei an. Auf dem Höhepunkt des Börsenbooms wurde ich auf einer Anlegermesse von einem Ehepaar mittleren Alters angesprochen. Man habe mein Porträtfoto gesehen und sei zu der Auffassung gekommen, dass man mit diesem Mann gerne zusammenarbeiten wolle. Auf meine Frage, auf welche Weise dies denn geschehen sollte, wurde mir erklärt, dass man ein astrologisches System entwickelt habe, mit dem sich der Börsenerfolg noch einmal deutlich steigern ließe. Ich lehnte dankend ab.[41]

Allerdings lassen sich zwei Schlussfolgerungen aus Kurscharts legitim ableiten. Zum einen zeigen Aktien, die langfristig gestiegen sind, dass das entsprechende Unternehmen irgendetwas richtig machen muss. Nur lässt sich aufgrund der reinen Chartanalyse eben nicht sagen, wann die Trendumkehr kommt. Das mussten viele Anleger des ehemaligen Stuttgarter Aktienclubs (heute: Börse aktuell) erfahren, die im Boom der Jahre vor 2000 auf Empfehlung des damaligen SAC darauf vertrauten, dass es bei **Cisco** (ISIN: US17275R1023) oder **Nokia** (ISIN: FI0009000681) oder anderen »Blue Chips« des Technologiebooms ewig so weitergehen würde.

Kein Trend dauert ewig! Value-Investoren halten Ausschau nach möglichen Trendbrüchen, auch wenn sich diese oftmals nicht sehr genau fassen lassen, da es eben Trendbrüche sind, die mit einem hohen Unsicherheitsfaktor behaftet sind. Und Unsicherheit ist unangenehm, weswegen viele Privatanleger sich lieber in die Scheinsicherheit einfacher Modelle flüchten.

Zum anderen kann eine Momentum-Strategie, die ausgehend von Chartanalysen auf die Beschleunigung von Markttrends setzt, kurz- bis mittelfristig durchaus erfolgreich sein: Aktien, die in den letzten sechs bis zwölf Monaten stark gestiegen sind, werden mit relativ großer Wahrscheinlichkeit weiter steigen. Aktien, die gefallen sind, werden weiter fallen.[42] Steigende Aktien ziehen Hobbyspekulanten an, die vor allem nach dem Kurs schielen. Fallen Aktienkurse, dann zieht das Verkäufe, zum Beispiel durch Stopp-Loss-Marken, nach sich. Aber auch dem Momentum-Investor fehlt letztlich die Orientierung, wann eine Trendumkehr kommen kann. Und hier helfen eben keine technischen Muster, sondern nur eine solide Auffassung, ob die Aktie tatsächlich über- oder unterbewertet ist.

Investoren, die nach der Theorie der effizienten Kapitalmärkte investieren, glauben, dass sowohl die fundamentale als auch die technische Analyse letztlich Zeitverschwendung sind, da sich nach dieser Auffassung eben keine dauerhaften Überrenditen erzielen lassen. Wenn dem so ist, kommt es nur darauf an, sein Vermögen dem Risikoprofil entsprechend in verschiedene Vermögensklassen aufzuteilen und dann möglichst kostengünstig in diese Vermögensklassen zu investieren. Hier ist zum Beispiel John Bogle zu nennen, der als Pionier der Indexfonds die Vanguard-Fondsfamilie gegründet hat, oder auch Burton Malkiel von der Princeton University, der die theoretischen Begründungen hierzu geliefert hat.[43] Value-Investoren sind der festen Auffassung, das sie die Indizes schlagen können (und die guten unter ihnen beweisen es immer wieder). Für Privatpersonen ist das Index-Investing angesichts der ordentlichen Rendite der Aktienmärkte aber durchaus eine Alternative.

Tab. 1.4: **Investmentstile nach J. P. Morgan**

Core Growth	Core Value	Growth at a Reasonable Price
Growth	Deep Value	Aggressive Growth
Index	Specialty	Hedge Fund
Emerging Markets	Momentum	Broker-Dealer
Income Value	VC/Private Equity	Sector Specific

Quelle: www.jpmorgan.com

Thorsten Hens von der Universität Zürich hat die Evolution verschiedener Investmentstrategien untersucht. Wie in einem Ökosystem existieren auch auf den Finanzmärkten neben den oben aufgeführten noch die verschiedensten anderen Investmentstile. J. P. Morgan listet alleine vierzehn Stile auf: Core Growth, Core Value, Growth at a Reasonable Price, Growth, Deep Value, Aggressive Growth, Index, Specialty, Hedge Fund, Emerging Markets, Momentum, Broker-Dealer, Income Value, VC/Private Equity und Sector Specific.[44]

Wenn ein bestimmter Stil besonders erfolgreich ist, müsste sich dieser Stil Hens zufolge nach und nach durchsetzen. Und wenn Value-Investing die beste Strategie ist, dann müsste man fragen, warum nicht alle Teilnehmer an den Finanzmärkten Value-Investoren sind.[45] Hens kommt zu einem verblüffend einfachen und einleuchtenden Ergebnis: Value-Investing ist die einzige evolutionär stabile Strategie, das heißt, sie schlägt alle anderen Strategien. Allerdings gibt es eine Ausnahme: In Momentum-Märkten ist die Momentum-Strategie überlegen. Und da immer wieder Momentum-Märkte entstehen, wird das Spiel weitergehen. Hens hat so wissenschaftlich nachgewiesen, was Value-Investoren schon immer wussten: Um langfristig Erfolg zu haben, muss man eine Value-Strategie verfolgen. Allerdings kann man als Value-Investor in Momentum-Märkten, wenn die übrige Welt verrückt spielt, manchmal für einen gewissen Zeitraum ziemlich schlecht aussehen. Das ist aber kein Grund, die Value-Strategie über Bord zu werfen.

Franchise oder Katalysator; Wachstum oder Value

Für die meisten Value-Investoren stellen Value und Wachstum keinen Widerspruch dar. Hobbyinvestoren identifizieren Value-Investing oftmals mit »billigen« Aktien, die ein niedriges Kurs-Gewinn-Verhältnis (KGV), Kurs-Buchwert-Verhältnis (KBV) oder Kurs-Cashflow-Verhältnis (KCV) und ein niedriges Wachstum aufweisen. Als »Wachstumsaktien« hingegen werden solche angesehen, die bei diesen Kennzahlen höhere Werte, gleichzeitig aber auch ein höheres Wachstum aufweisen. Die Unternehmen, deren Aktien zu den »billigen« zählen, befinden sich oft in einer schwierigen wirtschaftlichen Lage, Unternehmen mit »Wachstumsaktien« geht es anscheinend sehr gut. Die analytischen Herausforderungen aus Sicht der Fundamentalanalyse sind aber gar nicht so unterschiedlich: Im ersten Fall geht es darum, zu verifizieren, ob die Unternehmen irgendwann einmal wieder normale Erträge erwirtschaften können oder ob die bestehenden Erträge halbwegs stabil sind, im zweiten Fall besteht die Herausforderung darin, zu verifizieren, wie lange das Wachstum mit welchen Raten durchgehalten werden kann.

Dass Value und Wachstum kein Widerspruch ist, zeigt alleine schon die Person Warren Buffetts, den man nicht nur als den erfolgreichsten Value-, sondern auch als den erfolgreichsten Growth-Investor aller Zeiten betrachten kann. Buffetts Investments in Geico (Government Employees Insurance Corporation), American Express und Coca-Cola waren sicherlich eher Growth- als Value-Investments. Allerdings – und hier zeigt sich Buffetts Genie – erwarb er alle mit deutlichen Sicherheitsmargen.

Tab. 1.5: **Mögliche Katalysatoren für eine Wertsteigerung**

	Einmaliger Vorfall, kurze Dauer	Prozesse oder eine Serie von Vorfällen, lange Dauer
Extern	I: Innerhalb der Branche: zum Beispiel eine Übernahme, Übernahme der Schering AG durch die Bayer AG	II: Zyklische Branche, die langsam aus ihrem Tief herauskommt (Stahl 2002 – 2005); Produktivitätserhöhende Veränderungen in Organisation und Produktion für ganze Branchen oder Volkswirtschaften
Intern	III: Verkauf von Vermögensbestandteilen oder Beteiligungen, Spin-offs (Ausgliederungen von Unternehmensteilen als eigenständige Firmen), Aktienrückkauf	IV: Produktivitätserhöhende Veränderungen in Organisation und Produktion und/oder neue Geschäftsstrategien beim Einzelunternehmen, Auswirkungen der Informationstechnologie

Quelle: Klarman, S.: Margin of Safety, New York 1991, S. 101

Im Fall eines höher bewerteten Wachstumsinvestments besteht die Kunst darin, die Stabilität von Wettbewerbsvorteilen und die möglichen Wachstumspotenziale über einen langen Zeitraum einzuschätzen. Waren Buffett nennt solche durch dauerhafte Wettbewerbsvorteile geschützten Wachstumsfelder »Franchises«. In einem späteren Kapitel werden wir darauf zurückkommen.

Bei sehr niedrig bewerteten Unternehmen, muss der Analyst sich darüber Gedanken machen, ob irgendwann wieder normale Erträge oder ein neues Niveau der Erträge erreicht werden können. Hierzu ist es sinnvoll, über mögliche Katalysatoren nachzudenken, die einen solchen Prozess auslösen könnten.[46]

Ein Beispiel für einen Katalysator aus der Kategorie I ist die Übernahme der **Schering AG** (ISIN: DE0007172009). Zwischen dem ersten Übernahmeangebot durch die **Merck KGaA** (ISIN: DE0006599905) und der letztlichen Übernahme durch die **Bayer AG** (ISIN: DE0005752000) stieg der Kurs um 50 Prozent.

Viele Value-Chancen, die sich bei deutschen Blue Chips zwischen 2002 und 2005 ergaben, sind darauf zurückzuführen, dass sich die deutsche Volkswirtschaft insgesamt in einem tief gehenden Umstrukturierungsprozess befindet. Outsourcing (Abgabe von Unternehmensaufgaben an Drittunternehmen) und Offshoring (unternehmensinterne Verlagerungen ins Ausland) haben viele DAX-Unternehmen schlanker gemacht und damit das Kostenniveau dauerhaft gesenkt. Als Konsequenz ist das Gewinnniveau dauerhaft höher. So kam es, dass der DAX auch Anfang 2006 bei einem Stand von 5.400 Punkten nur mit einem KGV von ca. 13 und damit nach dieser Kennzahl nicht höher als zum Tiefstand des März 2003 bewertet war. Dies entspräche der Kategorie II. Ein Beispiel ist die **Continental AG** (ISIN: DE0005439004). Hier haben konsequente Kostenreduktions- und Effizienzsteigerungsprogramme zu einem deutlichen und dauerhaften Gewinnanstieg geführt. Diese Phase dürfte allerdings vorbei sein: Nun muss der Gewinn der Continental AG wieder mehr organisch oder durch Akquisitionen wachsen als durch Effizienzsteigerungen, was mit einem höheren Geschäftsrisiko verbunden ist.

Abb. 1.5: Kursverlauf der Aktie der Continental AG 2001 – 2006

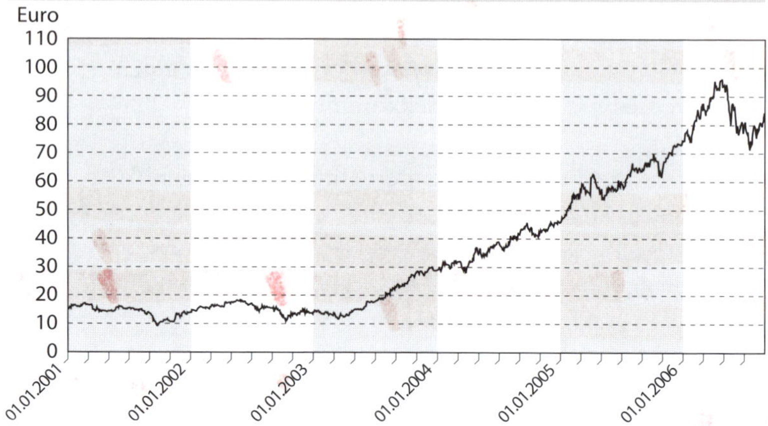

Quelle: Yahoo! Finance

Abb. 1.6: Kursverlauf der Aktie der Praktiker AG 2005 – 2006

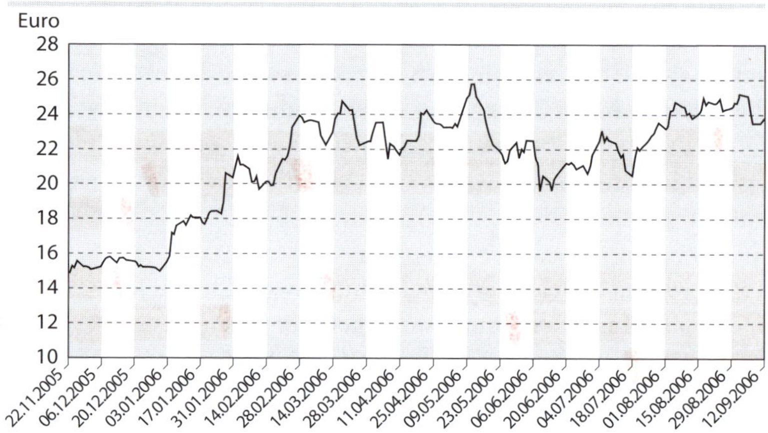

Quelle: Yahoo! Finance

Auch in der Kategorie III finden sich viele Value-Chancen: Wenn Unternehmen Unternehmensteile ausgliedern und an die Börse bringen, fliegen diese Spin-offs oftmals aus den Portfolios der großen Fondsgesellschaften, da diese die Anzahl ihrer Titel konstant halten wollen. In der Folge bieten sich hier attraktive Einstiegschancen. In Deutschland war dies in den Jahren 2004 bis 2006 bei vielen Spin-offs der Fall: **HypoRealEstate** (ISIN: DE0008027707) stieg in zwei

Jahren um 250 Prozent, **Praktiker** (ISIN: DE000A0F6MD5) in einem halben Jahr um 70 Prozent[47], **Lanxess** (ISIN: DE0005470405) in eineinhalb Jahren um 100 Prozent.

Glaubensbekenntnisse zweier Value-Investoren

Bereits aus dem oben Ausgeführten lässt sich ersehen, dass Value-Chancen in den unterschiedlichsten Situationen zu finden sind. Das Prinzip des Value-Investing ist einfach, die Anwendung oftmals schwierig, da sich Situationen permanent ändern. Als Abschluss des ersten Kapitels möchte ich Ihnen daher die »Glaubensbekenntnisse« zweier Value-Investoren vorstellen. Beide sind eher dem puristischen Lager zuzuordnen und gehen sehr bilanz- und zahlenorientiert vor. Das ist auch der richtige Einstieg: Value-Investing *IST* harte Arbeit. Das Beispiel von Warren Buffett, der oftmals sehr erfolgreich und sehr langfristig investiert hat, hat bei einigen Nachahmern vielleicht den Eindruck erweckt, man müsse nur die richtigen Unternehmen finden und diese langfristig halten. Prinzipiell ist das ein guter Investmentstil, aber eben kein Value-Investment, es sei denn, man hat Buffetts Blick für langfristig erfolgreiche Unternehmen.

Fangen wir mit dem kürzeren Bekenntnis von J. Dennis Jean-Jacques an, obwohl Martin Whitman sicherlich der Bekanntere von beiden ist. Jean-Jacques lernte sein Handwerk bei Michael Price, Manager der von Max Heine gegründeten Mutual Series Funds. Die Fonds engagierten sich vor allem in reinen Value-Investments wie deutlich unterbewerteten Unternehmen oder Unternehmen auf dem Tiefstand eines Geschäftszyklus, ereignisgetriebenen Investments wie zum Beispiel Unternehmensrestrukturierungen und Spin-offs sowie Insolvenzen, Fusionen und Übernahmen.

J. Dennis Jean-Jacques[48]

Glaubenssatz Nr. 1: Egal wie stark der Aktienmarkt an bestimmten Tagen fallen mag: Die Welt wird sich weiter drehen. Die meisten heftigen Reaktionen des Aktienmarkts sind kurzfristiger Natur.

Glaubenssatz Nr. 2: Die primären Motivatoren für die Mehrzahl der Investoren werden immer Gier und Furcht sein, und der Markt wird dementsprechend überreagieren. Diese Volatilität muss man in Kauf nehmen und aushalten, wenn man in dem Geschäft mitmischen will (»cost of doing business«).

Glaubenssatz Nr. 3: Es ist Zeitverschwendung, die Entwicklung der Wirtschaft als solche vorhersehen zu wollen. Fokussiere dich auf Unternehmen und ihren intrinsischen Wert und halte dir Glaubenssatz 1 vor Augen.

Glaubenssatz Nr. 4: Es ist schwer, gute Investmentideen auszugraben, aber es gibt immer welche – auch in Bärenmärkten.

Glaubenssatz Nr. 5: Der Hauptzweck eines börsennotierten Unternehmens ist es, alle Unternehmensressourcen in Wertsteigerung für die Aktionäre umzusetzen. Als Aktionär ist es deine Aufgabe, sicherzustellen, dass das passiert.

Glaubenssatz Nr. 6: Neunzig Prozent des erfolgreichen Investierens bestehen darin, zum richtigen Preis zu kaufen. Es ist sehr schwer, optimal zu verkaufen. Value-Investoren tendieren dazu, zu früh zu kaufen und zu früh zu verkaufen.

Glaubenssatz Nr. 7: Volatilität der Kurse bedeutet nicht Risiko, sondern Chance. Das wahre Risiko ist eine dauerhaft negative Beeinflussung des intrinsischen Werts eines Unternehmens.

Martin J. Whitman wurde 1924 geboren. Er gründete seinen Third Avenue Fund im Jahr 1975, als sich immer mehr Menschen aufgrund von steigender Inflation und steigenden Zinsen vom Aktienmarkt abwendeten. 2004 managte Third Avenue Aktienfonds im Wert von 8,3 Milliarden Dollar, wobei Whitman trotz seiner über 80 Jahre immer noch den ersten und größten davon - Third Avenue Value Fonds - managt. Wie Buffett scheint er nicht daran zu denken, aufzuhören. Wer könnte es ihm verdenken: Seine Fonds liefen zu dem Zeitpunkt, als dieses Buch geschrieben wurde, prächtig. Wie Buffett kritisiert er Fehlentwicklungen in Management und Wirtschaft freimütig. Als viele zum Beispiel eine Steuerreduzierung zur Belebung des Markts forderten, nannte Whitman das »phony baloney« (totalen Blödsinn).[49] Auch gesellschaftlich ist Whitman engagiert: 2003 spendete er seiner Alma Mater Syracuse University eine große Summe. Zudem unterrichtet Whitman gelegentlich an der Yale School of Management.

Martin Whitman[50]

Glaubenssatz Nr. 1: Value-Investoren haben normalerweise keine überlegenen Informationen, Sie werten nur die vorhandenen Informationen auf eine bessere Art und Weise aus.

Glaubenssatz Nr. 2: Value-Investoren kaufen sich in Unternehmen ein. Sie wissen aber, dass es durchaus zu Konflikten zwischen dem Management, anderen Interessengruppen, anderen passiven Aktionären und dem Value-Investor kommen kann.

Glaubenssatz Nr. 3: Kein Marktteilnehmer wird als verrückt oder dumm angesehen. Für die verschiedenen Investmentansätze gibt es Gründe, manche sind besser, manche schlechter. »Der erfolgreiche Value-Investor versteht, warum andere das tun, was sie tun, und zieht daraus seinen Vorteil.«[51]

Glaubenssatz Nr. 4: Der Unternehmenswert ist ein dynamisches Konzept. Branchen-, Markt- und konjunkturelle Veränderungen verändern ihn permanent.

Glaubenssatz Nr. 5: Der Marktpreis (Kurs) einer Aktie ist nicht etwas, das man versuchen sollte, vorherzusagen, sondern etwas, das man zu seinem Vorteil ausnutzen sollte.

Glaubenssatz Nr. 6: Es gibt kein »Marktrisiko«, sondern nur die speziellen (spezifischen) Risiken eines bestimmten Investments.

Glaubenssatz Nr. 7: Der Teufel steckt im Detail, nicht in den allgemeinen Prinzipien.

Glaubenssatz Nr. 8: Es ist absolut notwendig, die Regierungseinrichtungen, Institutionen und Infrastrukturen zu verstehen, die einen bestimmten Markt beeinflussen und ausmachen (Aufsichtsbehörden, Gesetzgebung, Grundsätze der Rechnungslegung, Steuergesetzgebung, Vergütungsstrukturen von Managements und Finanzinstitutionen etc.).

Glaubenssatz Nr. 9: Sei flexibel! In dem Bottom-up-Ansatz des Value-Investing gibt es keinen allgemeingültigen und immer richtigen Ansatz. Jedes Investment ist anders.

Glaubenssatz Nr. 10: Value-Investoren wissen über die wirklich wichtigen Dinge im Unternehmen mehr als die anderen passiven Aktionäre. (Auch Value-Investoren sind normalerweise »passive« Aktionäre.)

Glaubenssatz Nr. 11: Überrenditen sind in effizienten Märkten der Normalfall, nicht die Ausnahme.

Glaubenssatz Nr. 12: Die Kapitalstruktur von Unternehmen wird durch viele Dinge bestimmt – aber meistens am wenigsten durch den Gedanken der Wertmaximierung.

Glaubenssatz Nr. 13: In den meisten Fällen ist Diversifikation schädlich. Sie ist ein Ersatz für Kontrolle, Wissen und Preisbewusstsein – und meistens ein schlechter.

Glaubenssatz Nr. 14: *Irgendetwas* ist bei jedem Investment falsch. Das perfekte Investment gibt es nicht.

---

1 Buffett, Warren: The Superinvestors of Graham-and-Doddsville, Rede an der Columbia University 1984. Online unter: http://www1.gsb.columbia.edu/valueinvesting/research/public_archives/DOC032.PDF.

2 Die »nifty fifty« waren fünfzig amerikanische Blue Chips, die über Jahre eine gute Performance gezeigt hatten und mit denen Privatinvestoren angeblich kein Geld verlieren konnten. Natürlich kam es anders. Im Bärenmarkt von 1973 bis 1974 brachen die Kurse gerade dieser Aktien radikal ein.

3 In den Worten von Benjamin Graham: »Safety of Principal and Adequate Return«.

4 Graham, Benjamin / Dodd, David: Security Analysis. The Classic 1940 Second Edition. New York 2002; Graham, Benjamin: The Intelligent Investor. Revised Edition. New York 2003.

5 Über Buffett und seinen Investmentstil sind mittlerweile Dutzende von Büchern geschrieben worden. Ich möchte hervorheben: Vick, Timothy: How To Pick Stocks Like Warren Buffett. New York 2000; Hagstrom, Robert: Investieren mit Warren Buffett. München 2000; Lowe, Janet: Warren Buffett Speaks. New York 1996.

6 http://www.berkshirehathaway.com/letters/2005ltr.pdf, S. 2.

7 Buffett, Warren: The Superinvestors of Graham-and-Doddsville, Rede an der Columbia University 1984, S. 7.

8 Otte, Max: Investieren statt Sparen – wie Sie mit Aktien alle fünf Jahre Ihr Vermögen verdoppeln. München 2000.

9 Siehe auch Anhang 1 zur Berechnung von Zinsen und Zinseszinsen.

10 S. z. B.: Dimson, Elroy: Triumph of the Optimists: 101 Years of Global Investment Returns. Princeton 2002.

11 http://www.dai.de/internet/dai/dai-2-0.nsf/dai_publikationen.htm.

12 Ibbotson Associates; Brealey, Richard / Myers, Stewart: Principles of Corporate Finance. International Edition. New York 2001, S. 155 ff.

13 S. Anhang 2: Das Problem der Kapitalkosten.

14 www.bundderversicherten.de

15 Kotkamp, Stefan / Otte, Max: Die langfristige Performance von DAX-Dividendenstrategien. In: Kredit und Kapital, 34. Jahrgang 2001/Heft 3.

16 Graham (2003), S. 9.

17 S. Kapitel 2: Warum Value-Investing funktioniert.

18 In seiner klassischen Abhandlung zum Thema definierte Fama einen effizienten Markt als einen Markt, in dem die Preise (Kurse) der Wertpapiere die verfügbaren Informationen immer voll widerspiegeln. Fama, Eugene: Efficient Capital Markets: A Review of Theory and Empirical Work. In: The Journal of Finance, Vol. 25/No. 02, May 1970. Die Markteffizienzhypothese gibt es in drei »Stärken«: 1. schwach: alle Renditen und Kurse der Vergangenheit sind korrekt im Kurs abgebildet, 2. mittelstark: sämtliche öffentlich verfügbaren Informationen sind im Kurs enthalten und 3. stark: alle, auch Insiderinformationen, sind im Kurs enthalten.

19 Jensen, Michael: The Performance of Mutual Fund in the Period 1945–1964. In: The Journal of Finance, Vol. 23, May 1968.

20 Goldberg, Joachim / Nitzsch, Rüdiger von: Behavioral Finance. Gewinnen mit Kompetenz. München 2004; Shleifer, Andrei: Inefficient Markets. An Introduction to Behavioral Finance. New York 2000.

21 http://www1.gsb.columbia.edu/valueinvesting/index.html.

22 http://www.wifak.uni-wuerzburg.de/bwl4/namen/wenger2.htm.

[23] Vorzugsaktionäre werden dann bei der Dividendenausschüttung bevorzugt, zum Beispiel durch eine höhere Dividende (Vorzugsdividende). Es sind Regelungen möglich, die die Nachzahlung ausgefallener Dividenden in späteren Jahren vorsehen (kumulierte Vorzugsaktien). Werden die Vorzugsdividenden in einem Jahr nicht oder nicht vollständig gezahlt, so haben Vorzugsaktionäre ein Stimmrecht, bis die Rückstände nachgezahlt wurden. In diesem Fall sind Vorzugsaktionäre bei der Berechnung von Mehrheitsverhältnissen zu berücksichtigen.

[24] http://www.aktiengesetz.de/inhalt.htm.

[25] Der Begriff »Corporate Governance« lässt sich schwer übersetzen, daher hat er sich in dieser Form auch in Deutschland eingebürgert. Am ehesten bezeichnet er eine Kombination aus Unternehmensaufsicht und Steuerung des Unternehmens. Gute Corporate Governance soll die Mechanismen liefern, dass sich das Management eines Unternehmens im Sinne der Eigentümer (Aktionäre) verhält und die Interessen der sonstigen Stakeholder (Staat, Mitarbeiter, Verbände etc.) angemessen berücksichtigt. Corporate Governance ist also mehr als die bloße Kontrolle des Vorstands durch den Aufsichtsrat. Corporate-Governance-Kodex etc.

[26] laut Interbrand Zintzmeyer & Lux.

[27] Es ist aber nicht auszuschließen, dass gewisse Charaktere vielleicht besonders von gewissen Branchen angezogen werden, die schnelles Geld und schnellen Ruhm versprechen.

[28] Hagstrom (2000), S. 262.

[29] www.daimlerchrylser.com.

[30] www.siemens.com.

[31] www.allianz.com.

[32] Graham/Dodd (2002), S. 96, 97, 368.

[33] Brandes, Charles: Value Investing Today. New York 2004.

[34] Graham (2003), z. B. S. 29 ff.

[35] Buffett, Warren: The Superinvestors of Graham-and-Doddsville, Rede an der Columbia University 1984, S. 15.

[36] Graham/Dodd (2002).

[37] S. Anhang 2 und Anhang 3.

[38] Otte, Max: Der Crash kommt. Berlin 2006.

[39] Die sogenannte Chartanalyse ist für mich nichts anderes als Kaffeesatzleserei oder Astrologie. Siehe hierzu auch Otte (2000).

[40] Otte (2006).

[41] Otte (2000).

[42] Shleifer (2000).

[43] Bogle, John: Bogle on Mutual Funds: New Perspectives for the Intelligent Investor. New York 1994; Bogle, John: Common Sense on Mutual Funds: New Imperatives for the Intelligent Investor. New York 1999; Bogle, John: John Bogle on Investing: The First 50 Years. New York 2000; Malkiel, Burton: A Random Down Wall Street. New York 1996; Malkiel, Burton: Returns from Investing in Equity Mutual Funds 1971 to 1991. In: The Journal of Finance, Vol. 50, No. 02, June 1995.

[44] www.adr.com, »Ownership«.

[45] http://www.evolutionaryfinance.ch/index.php?id=6.

[46] S. z. B.: Steinhardt, Michael: No Bull: My Life In and Out of Markets. New York 2001.

[47] Wobei die Metro AG die Aktien der Praktiker AG an der Börse platziert hat und dieser Vorgang damit – wie bei T-Online und Infineon – eine »unechte« Abspaltung ist. Bei einer echten Abspaltung würden die Altaktionäre einfach die Aktien des neuen Unternehmens erhalten.

[48] Jean-Jaques, Dennis: The Five Keys To Value Investing. New York 2003, S. 9ff.

[49] Currier, Chet: Third Avenue Fund Chief Focuses on Management. Online unter: http://www.washingtonpost.com/wp-dyn/articles/A2611-2005Mar26.html.

[50] Whitman, Martin: Value Investing: A Balanced Approach. New York 1999.

[51] Ebd., S.19.

DAS GEHEIMNIS IST SEIT 50 JAHREN GELÜFTET ... DENNOCH HABE ICH BIS HEUTE KEINEN TREND ZUM VALUE-INVESTING ENTDECKEN KÖNNEN. ES IST WAHRSCHEINLICH, DASS ES WEITER SO BLEIBT. SCHIFFE WERDEN DIE ERDE UMRUNDEN, ABER DER VEREIN DER FLACHEN ERDE WIRD WEITER BLÜHEN ...ES WIRD AM MARKT WEITER GROSSE DISKREPANZEN ZWISCHEN PREIS UND WERT GEBEN, UND DIEJENIGEN, DIE IHREN GRAHAM UND DODD LESEN, WERDEN WEITERHIN PROSPERIEREN.

Warren Buffett[1]

I CAN CALCULATE THE MOTIONS OF THE HEAVENLY BODIES, BUT NOT THE MADNESS OF CROWDS.

Sir Isaac Newton[2]

2. Warum Value-Investing funktioniert

Wenn Value-Investing fast ausschließlich auf gesundem Menschenverstand und angewandter Betriebswirtschaftslehre beruht und hervorragende Renditen produziert, warum ist es dann nicht populärer? Zugegeben, von Bilanzen muss man schon etwas verstehen, genauso wie man Noten lesen muss, wenn man ein Instrument spielen will. Mittlerweile studieren weltweit Hunderttausende, ja Millionen junge Menschen Betriebswirtschaft und Finanzierungslehre. Sie alle sollten zumindest theoretisch in der Lage sein, Value-Investing zu betreiben. Und dennoch scheint es keinen Trend in Richtung Value-Investing zu geben. Im Gegenteil, die Kapitalmärkte werden zunehmend volatiler. Die Schwankungen des DAX von 8.000 Punkten im März 2000 auf 2.200 im März 2003 und dann wieder auf 6.100 im April 2006 scheinen eher die Börse eines kleinen Entwicklungslandes in einer schweren Krise zu charakterisieren als die der (noch) drittgrößten Industrienation der Welt.

Abb. 2.1: Stand des Deutschen Aktienindex (DAX) 1996 – 2006

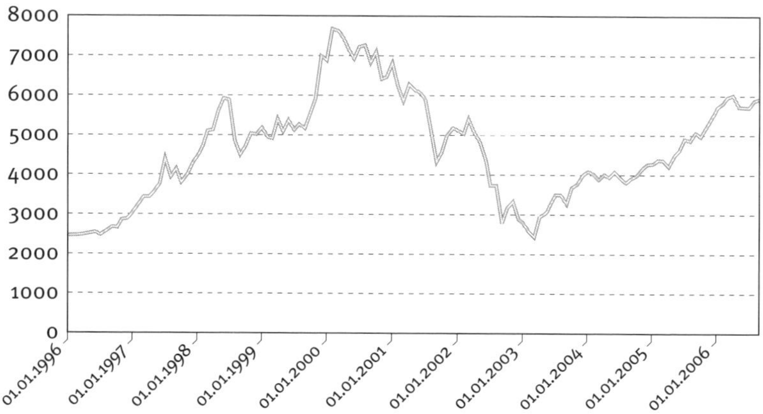

Quelle: Yahoo! Finance

Wenn die Börsenkurse immer den tatsächlichen Wert von Unternehmen reflektieren würden, hätte sich der Wert der 30 größten Industrieunternehmen Deutschlands (DAX 30) innerhalb von drei Jahren auf weniger als ein Drittel verringert und sich dann in den nächsten Jahren fast wieder verdreifacht. So hat es »die Börse« gesehen. Hier muss irrationales Verhalten von Kapitalanlegern die treibende Ursache sein. Wenn die Kapitalmärkte rational wären, würden sie zumindest ungefähr den Wert dieser gut bekannten und von vielen Analysten beobachteten Unternehmen reflektieren. Größere Schwankungen – wie zum Beispiel die von 2000 bis 2006 beobachteten - wären dann nicht möglich.

Auch in der Vergangenheit gab es regelmäßig spekulative Exzesse.[3] Die sogenannte »Südseeblase« in England im Jahr 1720 glich zum Beispiel in einigen Aspekten verblüffend der »New Economy« von 1995 bis

2001. 1720 wurden an der Börse Anteilsscheine der South Sea Company zu immer höheren Kursen ausgegeben. Bereits damals konnte ein findiger Börsianer Aktien platzieren, indem er den Geschäftszweck seiner Idee im Prospekt wie folgt beschrieb: »Eine Unternehmung mit großem Gewinnpotenzial, aber von bislang unbekannter Natur.«[4]

Abb. 2.2: **Die Südseeblase im Jahr 1720**

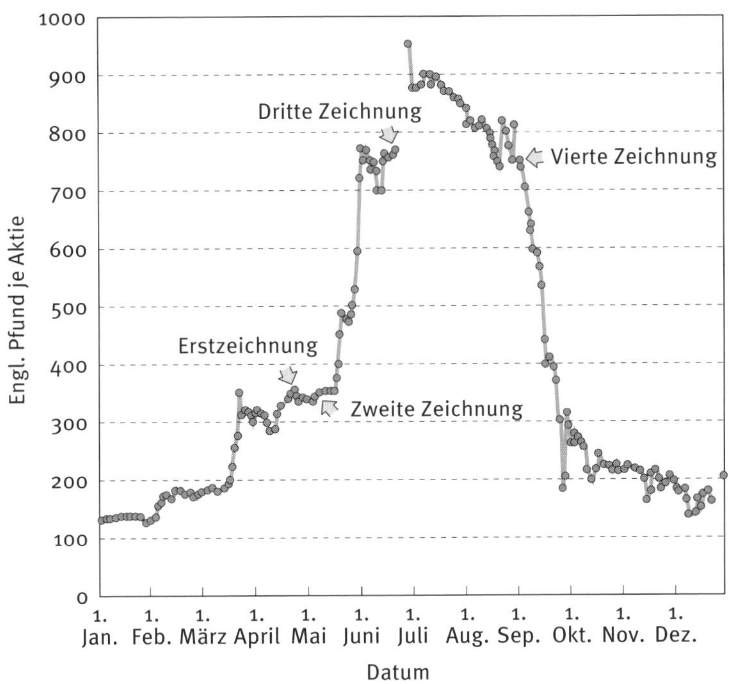

Quelle: White, S. 44

Ungefähr achtzig Jahre zuvor war in Holland in großem Stil mit Tulpenzwiebeln spekuliert worden, die über einen Zeitraum von mehreren Jahren immer wertvoller wurden. In dem Klassiker »Extraordinary Popular Delusions and the Madness of Crowds« von Charles MacKay aus dem Jahr 1841 sind die Waren dokumentiert, die für *eine* besonders schöne Zwiebel der Gattung *Viceroy* hergegeben wurden: zwei Wagen mit Weizen, zwei Wagen mit Roggen, vier fette

Ochsen, acht fette Schweine, zwölf fette Schafe, zwei Fässer Wein, vier Fässer Bier, zwei Fässer Butter, eintausend Pfund Käse, ein Bett, ein Anzug und eine silberne Trinktasse. Für eine Zwiebel der Gattung *Semper Augustus* gab ein Bürger zwölf Hektar Bauland her.[5] Tulpenbörsen wurden eingerichtet. In den Gaststätten wurden Banketts gegeben, um öffentlich ausgestellte Tulpen zu bewundern – die Zwiebeln wohlgemerkt, nicht die Blumen!

Der bekannteste Börsencrash ist sicherlich derjenige von 1929, der in die Weltwirtschaftskrise mündete.[6] Innerhalb von drei Jahren fiel der Dow Jones Industrial Average von 381,17 auf 41,22 Punkte, das sind fast 90 Prozent.[7] Erst im Jahr 1955 – nach mehr als einem Vierteljahrhundert – hatte der Dow Jones seinen alten Höchststand wieder erreicht. Allerdings misst der Dow Jones als reiner Kursindex nicht die Dividendenzahlungen, welche die Aktionäre in diesem Vierteljahrhundert erhalten haben.

Aber auch neben diesem Super-GAU der neueren Wirtschaftsgeschichte gab es immer wieder kleinere und mittlere Börsencrashs. Benjamin Grahams Mutter wurde durch die Börsenpanik von 1907 ruiniert, als sie Aktien auf Kredit gekauft hatte. Im Jahr 1987 stürzte der Dow Jones ohne erkennbare Gründe an einem einzigen Tag, dem 19. Oktober, um 23 Prozent ab. Anders als 1929 blieb dieser Crash aber ohne größere Auswirkungen: Nur knapp zwei Jahre später hatte sich die Börse erholt.

Neben dem Platzen der New Economy finden sich in der jüngeren Vergangenheit mehrere Fälle, in denen offensichtlich stärkere spekulative Übertreibungen vorgelegen haben, zum Beispiel

- die Übertreibung an den japanischen Kapitalmärkten 1985 bis 1990, von der sich das Land erst fünfzehn Jahre später langsam zu erholen scheint
- die Mexikokrise von 1994 bis 1996
- die Asienkrise von 1997
- die russische Schuldenkrise sowie der Zusammenbruch des LTCM (Long-Term Capital Management) Hedgefonds im Jahr 1998
- die Immobilienblase in den USA 2001 bis 2005

So gesehen stellt sich die Geschichte der Kapitalmärkte als eine Summe von kleineren und größeren Übertreibungen dar.[8] Value-Investoren nutzen die Übertreibungen nach unten, weil sie sich ein realistisches Bild vom Wert einer Aktie oder eines Investmentobjekts gemacht haben. Sie vermeiden es, Übertreibungen nach oben mitzumachen, also die letzten 20 oder 30 Prozent zu verdienen, weil sie wissen, dass die Investments zu weit von ihrem intrinsischen Wert entfernt sind und dass der Zeitpunkt, zu dem die Stimmung kippen wird, unmöglich vorherzusehen ist. Der in Kapitel eins zitierte Satz von Martin Whitman drückt dies trefflich aus: »Der Kurs ist nicht etwas, das man versuchen sollte, vorherzusagen, sondern etwas, das man zu seinem Vorteil ausnutzen sollte.«[9]

Um die Unberechenbarkeit des Markts zu illustrieren, erfand Benjamin Graham den fiktionalen »Mr. Market«. Nehmen Sie an, Mr. Market ist Ihr Geschäftspartner und besitzt die Hälfte des Unternehmens, das Sie gemeinsam betreiben. Mr. Market würde gerne Ihre Anteile am Unternehmen übernehmen und macht Ihnen jeden Tag mehrere Angebote. Mr. Market ist extrem emotional, an bestimmten Tagen ist seine Stimmung sehr gedrückt. Vielleicht hat er sich mit seiner Frau gestritten, der Hund hat ihn gebissen oder das Wetter ist schlecht. Die Zukunftsaussichten des gemeinsamen Geschäfts schätzt er an solchen Tagen eher als schwierig ein. Demzufolge wird er auch nur einen sehr geringen Preis zu zahlen bereit sein. An manchen Tagen ist er wiederum sehr optimistisch – vielleicht ist seine Frau sehr nett gewesen, die Kinder haben gute Schulnoten mit nach Hause gebracht und das Wetter war schön. An solchen Tagen ist Mr. Market voller Enthusiasmus hinsichtlich der Chancen des gemeinsamen Geschäfts und bereit, Ihnen einen exorbitant hohen Preis zu zahlen. Und obwohl Mr. Market so emotional ist, lässt er sich nie entmutigen. Er kommt jeden Tag wieder und macht Ihnen ein Angebot.[10]

Theoretisch ließe sich durch Leerverkäufe[11] auch auf eine Baisse spekulieren, wenn man sich ein Bild vom intrinsischen Wert eines Wertpapiers gemacht hat. Allerdings betreiben die meisten Value-Investoren aufgrund bestimmter Asymmetrien kein Short Selling.

Zum einen kann ein Wertpapier, das man gekauft hat, maximal 100 Prozent seines Einstandswerts verlieren (wenn man nicht auf Kredit gekauft hat). Wenn man seine Analyse sorgfältig gemacht hat, ist ein hoher Verlust aber sehr unwahrscheinlich.

Der Verlust einer leer verkauften Position kann hingegen schnell das Mehrfache des Ursprungsbetrags betragen, da eine Aktie um mehr als 100 Prozent steigen kann und sich dieser Anstieg als Verlust beim Leerverkäufer wiederfindet. Auch wenn Wertpapiere objektiv zu teuer sind, können sie noch lange weiter steigen. Leerverkäufe lassen sich aber oftmals nur über einen gewissen Zeitraum tätigen, und Value-Investoren vermeiden das Markttiming.

Unterperformance von Privatanlegern und Institutionellen

Ein zweites Bild vervollständigt das Puzzle: Sowohl Privatanleger als auch institutionelle Anleger erzielen systematisch schlechtere Renditen als der Markt. Wenn Privatanleger einfach den Marktindex kaufen würden, wären ihre Renditen respektabel. Über einen Zeitraum von 75 Jahren haben Aktien solider amerikanischer Unternehmen eine durchschnittliche Jahresrendite von 13,0 Prozent erzielt, diejenigen kleinerer Unternehmen sogar von 17,3 Prozent. DAX-Aktien haben von 1948 bis 2005 eine Rendite von 12,2 Prozent erzielt, von 1962 bis 2005, als die massiven Kurssteigerungen der Nachkriegszeit abgeschlossen waren, immer noch eine Rendite von 7,5 Prozent. Bereinigt man diese Zahlen um die Inflation und schaut sich diese realen Renditen an, dann dienen kurzfristige Schatzanweisungen bestenfalls zum Vermögenserhalt. Mit Aktien lassen sich real zwischen 4,7 Prozent (DAX 1962 bis 2005) und 13,98 Prozent (U.S. Small Caps 1926 bis 2000) verdienen.

Tab. 2.1.: **Langfristige Durchschnittsrenditen verschiedener Anlageklassen**

Vermögensgegenstand	Langfristige Durchschnittsrendite nominell	Langfristige Durchschnittsrendite inflationsbereinigt/real
U.S. Treasury Bills (1926–2000)*	3,9	0,8
U.S. Government Bonds (1926–2000)**	5,7	2,7
U.S. Corporate Bonds (1926–2000)***	6,0	3,0
DAX-Aktien (1949–2005)[12]	12,2	9,8
DAX-Aktien (1962–2005)	7,5	4,7
EuroStoxx50 (1986–2005)[13]	10,1	6,7
U.S. Blue Chips (1926–2000)	13,0	9,7
U.S. Small Caps (1926–2000)	17,3	13,8

** Kurzlaufende Staatsanleihen (Laufzeit meistens 90 Tage)*
*** Staatsanleihen mit einer längeren Laufzeit*
**** Unternehmensanleihen*

Quellen: Brealy / Myers, S. 155, Deutsches Aktieninstitut, Ibbotson Associates

Aber offensichtlich verhalten sich Anleger so, dass es die große Masse immer wieder schafft, schlechter zu sein als der Markt. Eine Studie der Allianz setzt die durchschnittliche um die Inflationsrate bereinigte Vermögensrendite deutscher Privatanleger zwischen 1991 und 2004 bei nur 2,1 Prozent an.[14] Die durchschnittliche Rendite der DAX-Werte betrug in diesem Zeitraum 7,9 Prozent. Das Commerz-Finanz-Management hat die Daten von 2.500 Besserverdienern der Jahre 1996 bis 1999 ausgewertet. In dieser Zeit hätten sie alleine mit DAX-Werten eine durchschnittliche Jahresrendite von 34,1 Prozent (!) erzielen können. Hier ist das Ergebnis:

Tab. 2.2.: **Von 100 Kunden erzielten 1996–1999**[15]

weniger als 4 % Rendite*	4–6 % Rendite*	6–8 % Rendite*	mehr als 8 % Rendite*
49	29	9	13

* nach Steuern

Quelle: Commerzbank AG

Mit den professionellen Fondsmanagern, die von Anlegern bezahlt werden, um deren Geld zu verwalten, sieht es nicht besser aus. Viele Studien, zum Beispiel von Jensen (1968), Malkiel (1995) und Carhart (1997) zeigen, dass bis zu 80 Prozent der Fondsmanager schlechter abschneiden als ein entsprechendes passives Benchmark-Portfolio (das Marktsegment, in welchem der Fonds tätig ist). Das ist selbst dann der Fall, wenn man die Performance des Fonds vor Gebühren (also die Bruttoperformance) als maßgebliche Größe nimmt.[16] Je größer ein Fonds wird, desto unbeweglicher wird er zudem, was sich zusätzlich performancemindernd auswirkt.

Vertreter des Index-Investing wie Burton Malkiel[17] und Indexfonds-Pionier John Bogle (Vanguard)[18] folgern daraus, dass Privatinvestoren ausschließlich in passiv gemanagte Indexfonds investieren sollten. Mittlerweile sind auch Indexzertifikate eine brauchbare Alternative.[19] Selbst Warren Buffett ist der Auffassung, dass die meisten Privatanleger mit Index-Investing bessere Ergebnisse erzielen, als wenn sie aktives Stockpicking betreiben. Die Leichtigkeit, mit der Buffett seine Aktienauswahl trifft und die Klarheit seiner Prinzipien sollte also nicht dazu verleiten, zu denken, dass das, was er macht, tatsächlich einfach ist.

Die meisten passiv gemanagten Fonds schichten viel seltener Aktien um, als das bei aktiv gemanagten Fonds der Fall ist. Eigentlich müssen sie ihre Gewichtungen nur anpassen, wenn sich wesentliche Veränderungen in der Gewichtung des zugrunde liegenden Index ergeben, wenn zum Beispiel eine Aktie aus dem Index entfernt wird oder hinzukommt. Zudem müssen passiv gemanagte Fonds keine teuren Fondsmanager bezahlen und haben deswegen eine insgesamt wesentlich geringere Kostenbelastung als ihre aktiv gemanagten Verwandten. Im Fall des Vanguard Total Stock Market Index Fund Investor Shares (VTSMX) betrugen die Kosten im Jahr 2005 zum Beispiel nur 0,19 Prozent p.a. Im Fall des DWS Vermögensbildungsfonds Austria betrug demgegenüber die Total Expense Ratio im Jahr 2006 bereits 1,33 Prozent.[20] Total Expense Ratios aktiv gemanagter Fonds betragen normalerweise zwischen ein und 2,5 Prozent. Das muss das Management eines solchen aktiv gemanagten Fonds erst einmal aufholen, bevor sich die eigene Arbeit auch für den Investor in einem solchen Fonds lohnt.

Fondsmanager haben heute in vielen Bereichen prinzipiell keinen großen Vorsprung vor Privatanlegern mehr. Durch die modernen Informations- und Kommunikationstechnologien stehen heute auch Privatanlegern Informationen, die früher nur Profis hatten, in Sekundenbruchteilen zur Verfügung. Insbesondere das Internet hat es erheblich erleichtert, sich schnell und umfassend zu informieren. In der EDGAR-Datenbank der amerikanischen Börsenaufsicht SEC finden Sie zum Beispiel die Jahres- und Quartalsberichte aller Unternehmen, die an den großen US-Börsen gehandelt werden.[21] Auch im deutschsprachigen Raum können Sie die Jahres- und Zwischenberichte fast aller Unternehmen auf den Websites der entsprechenden Unternehmen herunterladen.

Über die Portfolio- und Watchlist-Funktion von Online-Websites lassen sich zudem fast beliebig viele Unternehmen beobachten. Die relevanten Nachrichten werden angezeigt, sobald sie von einer großen Nachrichtenagentur oder anderweitig im Netz veröffentlicht worden sind. Bloomberg, n-tv, n24 und andere Finanzmedien tun ein Übriges dazu, uns permanent zu informieren.

Der einzige Informationsvorsprung, der professionellen Geldmanagern noch bleibt, ist das persönliche Interview mit und der persönliche Kontakt zu Managern des Unternehmens und anderen Entscheidungsträgern. Aber auch hier darf das Management eines Unternehmens die Geldmanager nicht mit bevorzugten Informationen versorgen, da es sich sonst durch Verbreitung von Insiderinformationen strafbar machen würde. Kursrelevante Informationen müssen als Ad-hoc-Meldung der breiten Öffentlichkeit zur Verfügung gestellt werden. Die modernen Insiderregelungen zielen darauf ab, eventuelle Informationsvorsprünge zwischen Insidern und der breiten Öffentlichkeit nicht entstehen zu lassen bzw. Insidern zu verbieten, aufgrund ihrer Informationen zu handeln, bevor diese nicht öffentlich gemacht wurden.[22] Damit sind nicht mehr diejenigen im Vorteil, die die besten Informationsquellen haben, sondern diejenigen, die die vorhandenen Informationen am besten sortieren, bewerten und analysieren können! Voraussetzung ist natürlich, dass die Insiderregelungen wirksam sind und greifen.

Merksatz

Auf den global vernetzten Kapitalmärkten werden nicht mehr diejenigen am besten abschneiden, die die besten Informationsquellen haben, sondern diejenigen, die die vorhandenen Informationen am besten sortieren, bewerten und analysieren können.

Behavioral Finance

Einer der Glaubenssätze des Value-Investors lautet, dass die Börse emotional ist.[23] Die an der Börse freigesetzten Emotionen sind von massiver Gewalt und reichen von Zufriedenheit, Euphorie, Sorge, Resignation bis hin zur völligen Verzweiflung. Was die Finanzmarkttheorie jahrzehntelang in Abrede gestellt hat, wussten Börsianer schon immer und ist in Börsianerweisheiten wie »Gier frisst Hirn« festgehalten. André Kostolany riet daher angehenden Börsianern, Psychologie zu studieren, aber auf keinen Fall Wirtschaft. Value-Investoren würden zustimmen, dass die Börse kurzfristig ausschließlich von Emotionen getrieben ist. Sie würden es aber als Zeitverschwendung ansehen, diese Emotionen vorhersagen zu wollen, und orientieren sich lieber an harten betriebswirtschaftlichen Fakten.

In den letzten Jahren ist mit der Behavioral Finance ein blühendes Forschungsgebiet entstanden, das zu ergründen versucht, wie sich Privatanleger wirklich verhalten.[24] Individuen schätzen ihren Nutzen nicht anhand einer objektiven Nutzenfunktion ein, sondern haben oft bestimmte Referenzpunkte im Kopf.[25] Sie haben zum Beispiel einen großen Widerstand dagegen, bei Verlusten zu verkaufen. Bei Gewinnen verkaufen sie zu früh. Sie rechnen nicht mit »vernünftigen« Wahrscheinlichkeiten, sondern konstruieren sich ihre Wahrscheinlichkeiten anhand weniger Erfahrungswerte.

Value-Investoren gehen davon aus, dass es bei einem Großteil der börsennotierten Unternehmen möglich ist, den echten Wert zumindest annähernd zu bestimmen. Sie kaufen Aktien eines Unternehmens nur, wenn sie sich ein Bild vom Wert dieses Unternehmens gemacht haben. Allerdings erfordert dies die Beherrschung der entsprechenden Techniken und Zeit.

Abb. 2.3: **Heuristiken bei der Entscheidungsfindung**

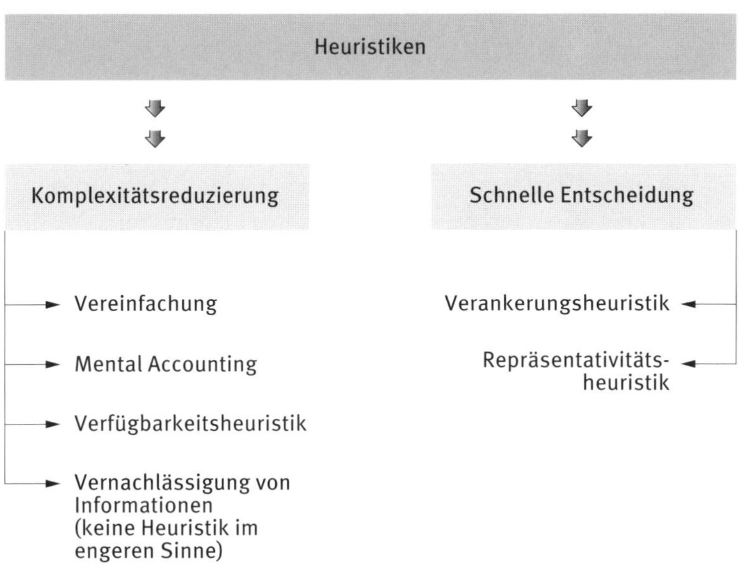

Quelle: Goldberg/von Nitzsch, S. 51

Dem »normalen« Investor, der seine Value-Hausaufgaben nicht gemacht hat, bleibt angesichts der Komplexität und Vielzahl von Finanzinformationen nur übrig, seine Entscheidungen mit Hilfe von

»Heuristiken« zu treffen. Kurz gesagt: Heuristiken sind Faustregeln. Heuristiken sind Regeln und Strategien der Informationsverarbeitung, um mit einem geringeren Aufwand zu einem Ergebnis zu kommen. Dieses Ergebnis ist dann aber nicht unbedingt optimal.[26] In vielen Fällen helfen uns solche Faustregeln, an der Börse führen sie aber regelmäßig dazu, dass Anleger das Falsche machen oder der Masse folgen.

Goldberg und von Nitzsch führen in ihrem Buch über Behavioral Finance zwei Klassen von Heuristiken auf, solche zur Komplexitätsreduzierung und solche, die eine schnelle Entscheidungsfindung ermöglichen.

Vereinfachung beschreibt dabei die Tatsache, dass wir komplexe Sachverhalte vereinfachen, zum Beispiel Zahlen runden.

Beim *Mental Accounting* trennen wir Sachverhalte voneinander und betrachten diese isoliert, das heißt unter Vernachlässigung der Wechselbeziehungen zwischen einzelnen Projekten oder Entscheidungen. Viele Privatanleger betrachten zum Beispiel jedes Aktienengagement isoliert: »Wenn ich mit Aktie A einen Gewinn von 20 Prozent erzielt habe, verkaufe ich diese.« Ein solches Verhalten wäre nach dem Capital Asset Pricing Model nicht richtig, da es Wechselwirkungen zwischen den Aktien und damit ihren Beitrag zur Risikodiversifikation im Portfolio reduziert. (Value-Investoren betrachten ebenfalls jedes Engagement als Einzelfall. Bei ihnen ist es aber keine Heuristik, sondern Resultat einer konsequent angewandten Investmentphilosophie.)

Die *Verfügbarkeitsheuristik* beschreibt die Tatsache, dass wir uns gerne auf diejenigen Informationsquellen stützen, die leichter verfügbar sind. Die verfügbarste Information über eine Aktie ist deren Kurs. Kann es da noch verwundern, dass sich viele Privatanleger ausschließlich am Kurs – einer eigentlich völlig bedeutungslosen Größe – orientieren?

Natürlich *vernachlässigen* wir oft auch einfach Informationen. Das ist keine Heuristik im engeren Sinne, also eine Strategie oder Regel.

Gelegentlich nehmen wir Tatsachen selektiv wahr. Die Reihenfolge oder das Umfeld von Informationen kann unsere Informationsverarbeitung beeinflussen (Primat- oder Priming-Effekt, Kontrast-Effekt).

Bei der *Verankerungsheuristik* orientieren wir unsere Entscheidung an bestimmten Referenzpunkten (Anker), zum Beispiel dem Einstandskurs, dem Kursziel oder einer anderen Größe. Wenn sich diese Größe im Kopf festgesetzt hat, wird man Entscheidungen in Bezug auf den Anker bewerten. Goldberg und von Nitzsch schreiben daher, dass die Verankerungsheuristik an den Finanzmärkten in vielfacher Form von Bedeutung ist, da sie im Grunde genommen bei jeder Schätzung auftritt.[27]

Bei der *Repräsentativitätsheuristik* werden Zusammenhänge zwischen Ereignissen und einer Klasse von Ereignissen verzerrt wahrgenommen. Wenn ein Ereignis in ein Gedankenschema passt, wird es unter Umständen überbewertet oder seine Wahrscheinlichkeit zu hoch eingeschätzt. Da Menschen auch dazu neigen, ihre Umwelt zu erklären, werden unter Umständen zudem auch dort kausale Zusammenhänge gesehen, wo gar keine bestehen.[28] Stellen Sie sich zum Beispiel vor, dass Sie neunmal eine Münze werfen. Beim ersten Mal ist die Abfolge von Zahl (Z) oder Kopf (K) wie folgt:

Z – Z – K – Z – K – K –Z – K – Z

Beim zweiten Mal ergibt sich folgende Reihenfolge:

K – K – K – K – K – K – K – K – K

Welche Reihenfolge ist wahrscheinlicher? Wenn Sie wie die meisten Menschen reagieren, würden Sie die erste Reihenfolge auswählen, da die zweite ein sehr ungewöhnliches Muster aufweist. Dennoch sind beide Reihenfolgen statistisch *gleich* wahrscheinlich.[29]

Nun sind Heuristiken noch mehr oder weniger rationale Strategien. Oftmals verschaffen sich aber auch bei Entscheidungen im Bereich der Geldanlage noch viel elementarere Kräfte ihr Recht. Der Psychologe Daniel Kahnemann von der Princeton University erhielt im Jahr 2002 den Nobelpreis für seine Forschungen im Bereich der Behavioral Finance, weil er das irrationale Verhalten bei Investmententscheidungen auf bestimmte Gehirnaktivitäten zurückführen konnte.[30]

Probanden wurden in einen Kernspintomografen geschoben und mit Fragen zu Geldanlagen konfrontiert, die sie per Knopfdruck zu beantworten hatten. So wurden sie zum Beispiel gefragt: »Hätten Sie lieber 100 Dollar sofort oder 110 Dollar in vier Monaten?« Die Fragen waren zum Teil sehr einfach, zum Teil aber auch recht knifflig. Der Kernspintomograf maß dabei, welche Bereiche des Gehirns bei der Beantwortung bestimmter Fragen besonders aktiv waren.

Die Erkenntnisse waren verblüffend: Immer wenn sich der Proband für die sofortige Geldauszahlung entschied, war besonders das Kleinhirn aktiv. Dieser evolutionsgeschichtlich sehr alte Gehirnteil ist auch bei Reptilien vorhanden. Das bewusste Denken, für das das Großhirn verantwortlich ist, wurde nur dann »eingeschaltet«, wenn der Teilnehmer sich für eine spätere Geldannahme entschied.

Die Schlussfolgerung: Ein Großteil unseres Investmentverhaltens wird von Mechanismen gesteuert, die aus einer Zeit stammen, als es nur um eines ging – ums Fressen oder Gefressenwerden. Kampf, Angriff und Flucht sind damit Verhaltensmuster, die uns bis heute beeinflussen. Bei der Anlage von Geld sollten jedoch nicht Emotionen den Ausschlag geben, sondern ein kühl kalkulierender Kopf, der zukünftige Renditen und Risiken möglichst sachlich und nüchtern analysiert. Spontane Reaktionen sind fast immer kontraproduktiv.

Unser Gehirn ist mithin denkbar ungeeignet für Investmententscheidungen. Wir steuern unsere Investmententscheidungen mit Mechanismen, auf die sich auch Reptilien verlassen. Erfahrene Anleger haben mit dem Kahnemann-Experiment den Nachweis für das, was sie schon immer wussten: Neunzig Prozent des Anlageerfolges bestehen darin, die eigenen Emotionen unter Kontrolle zu halten.

Die starken Emotionen, die an den Kapitalmärkten herrschen, begünstigen das Herdenverhalten der Anleger. Auch dieses Phänomen ist nicht neu. Der französische Arzt Gustave Le Bon hat es zum ersten Mal 1895 in seinem Buch *Psychologie der Massen* wissenschaftlich untersucht. Systematisch zeigt Le Bon auf, wic in vielen Massen und Massenphänomenen das Unterbewusste die Entscheidungen der Menschen beeinflusst: »Die bewusste Persönlichkeit schwindet, die Gefühle und Gedanken aller sind nach derselben Richtung orientiert.« [31] Das Gehirnleben tritt zurück, das Rückenmarksleben herrscht vor. »In der Gemeinschaftsseele versinkt das Ungleichartige im Gleichartigen, und die unbewussten Eigenschaften überwiegen.« [32]

Irrationale Märkte: ein einfaches Modell

Mit einem einfachen Modell des verzögerten Lernens kann ein Großteil der Kursschwankungen und der irrationalen Über- und Untertreibungen an den Märkten zumindest theoretisch sehr einfach erklärt werden. Auch empirisch sind solche Momentum-Modelle bestätigt worden.[33] Nehmen Sie an, Anleger orientieren sich bei ihren Kurserwartungen ausschließlich an Kursbewegungen der Vergangenheit. Sie gewichten zudem die Erfahrungen aus der jüngeren Vergangenheit höher und interessieren sich so gut wie gar nicht für Kursbewegungen, die mehr als drei Jahre (oder einen vergleichbaren Zeitraum) zurückliegen.

Der prozentuale Kursgewinn seit letztem Jahr betrug zum Beispiel

$$\Delta pt\,(\%) = \Delta pt\,/\; pt\text{-}1 * 100,\ \text{mit}\ \Delta pt = pt - pt\text{-}1$$

Die Größe Δp_t ist dabei die Veränderung des Kurses vom Vorjahr t-1 zum jetzigen Jahr t. Geteilt durch den Kurs vom Vorjahr und multipliziert mit 100 ergibt das die prozentuale Veränderung. Der prozentuale Kursgewinn vom vorletzten zum letzten Jahr beträgt demnach

$$\Delta p_{t-1}\,(\%) = \Delta p_{t-1}\,/\; p_{t-2} * 100,\ \text{mit}\ \Delta p_{t-1} = p_{t-1} - p_{t-2}$$

In die Erwartung zukünftiger prozentualer Kursgewinne fließen die Erfahrungen der Vergangenheit mit Gewichtungsfaktoren f_t ein.

$$\text{Hierbei gilt } \Sigma f_t = 1, f_t > f_{t-1} > \ldots > f_{t-n}$$

Alle Gewichtungsfaktoren ergeben zusammen den Wert eins, die Kursveränderungen der jüngeren Jahre sind immer höher gewichtet als die Veränderungen der weiter zurückliegenden Jahre.

$$\Delta p_{t+1} (\%) = \Delta p_t (\%) * f_f + \Delta p_{t-1} (\%) * f_{t-1} + \ldots + \Delta p_{t-n} (\%) * f_{t-n}$$

Dann bestimmt sich Kurssteigerung Δp_{t+1}(in Prozent) ausschließlich aus den Kurssteigerungen der jüngeren Vergangenheit. Nach mehreren Jahren steigender Kurse prognostizieren so immer mehr Anleger einen weiteren Kursanstieg. Das gilt sowohl für den Gesamtmarkt als auch für einzelne Wertpapiere. Diese Annahme scheint ziemlich realistisch zu sein. In vielen Fällen führt dann ein solches Verhalten zu einem prozyklischen Verhalten. Buffett schrieb einmal, dass es nichts Dümmeres geben kann, als eine Aktie zu kaufen, weil sie steigt, und sie zu verkaufen, weil sie fällt, und dennoch handeln sehr viele Hobby- und sogenannte Profibörsianer so.

Abb. 2.4: Kursvorhersagen von Privatanlegern

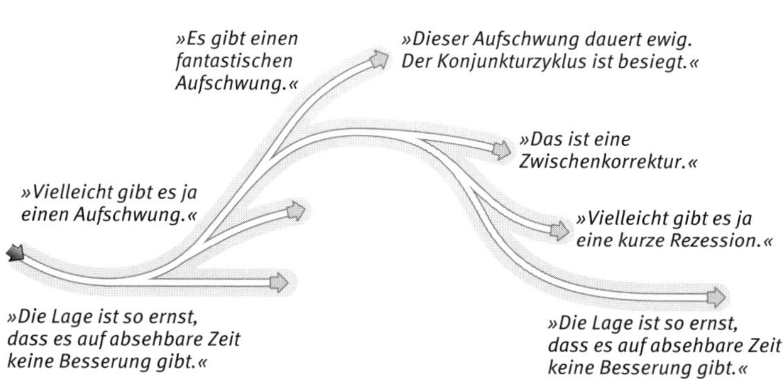

Quelle: eigene Darstellung

Aus den Zeiten der Technologieblase gibt es viele Geschichten, dass gerade konservative Privatanleger in einer späten Phase des Booms in Aktien im Allgemeinen oder den Neuen Markt im Besonderen eingestiegen sind. Es hatte bei diesen konservativen Anlegern länger gedauert, bis die anscheinend kontinuierlichen Kursanstiege sie überzeugt hatten, dass Aktien eine anscheinend sichere Sache waren.

Vielleicht ging es ihnen wie einem Nachbarn von mir, der Porsche-Aktien besaß. Nachdem ihn Freunde und Bekannte von den sagenhaften Gewinnen überzeugt hatten, die man mit Aktien des NEMAX (dem ehemaligen »Neuen-Markt-Index« der Deutschen Börse AG) machen konnte, tauschte er seine Porsche-Aktien in Aktien des NEMAX. Wie diese Investmentstory ausging, braucht man eigentlich nicht weiterzuerzählen: Der Anteilsschein der **Dr. Ing. H. C. F. Porsche AG** (ISIN: DE0006937733) hat sich seitdem im Wert fast verdreifacht, der NEMAX wurde von der Deutschen Börse AG heimlich, still und leise eingestellt, und die meisten Titel des ehemaligen Index sind wertlos.

Börsianer kennen den Begriff der »Dienstmädchen-Hausse«: Wenn die Kursanstiege so dauerhaft und stark gewesen sind, dass selbst Dienstmädchen anfangen, ihr Erspartes an die Börse zu bringen, wird es höchste Zeit, auszusteigen. Heute würden wir den Begriff vielleicht nicht mehr verwenden, da »das Dienstmädchen« mehr und mehr zu einer aussterbenden Spezies wird, aber jeder weiß, was gemeint ist. Eine andere Börsianerweisheit besagt, dass Sie auf jeden Fall aussteigen müssen, wenn Deutschlands bekannteste Tageszeitung (die mit dem großen »B«) sich auf der Titelseite darüber auslässt, wie mit Aktien Geld zu verdienen ist. Im Jahr 2000 hätte das übrigens hervorragend funktioniert.[34]

Ein ähnliches Phänomen sind themenorientierte Produkte, seien es nun Fonds, Zertifikate oder andere. Sie können sich ziemlich sicher sein, dass sich ein Trend dem Ende nähert, wenn Produkte zu bestimmten Themen in Masse auf den Markt kommen, seien es nun Internet- oder Technologiefonds, Private-Equity-Fonds, Hedgefonds, Gold- oder Rohstoffzertifikate.[35]

Merksatz:

Viele Investoren schauen sich die jüngere Vergangenheit an, glauben, dass sich die Trends fortsetzen werden und stützen darauf ihre Vorhersagen für die Zukunft.

Wenn Sie selber beim Platzen der Technologieblase in den Jahren 2000 bis 2002 Geld verloren haben, wird Sie vielleicht das Beispiel von Sir Isaac Newton, neben seinem Zeitgenossen Gottfried Wilhelm Leibniz wohl der klügste Mann seiner Zeit, etwas trösten. Newton hatte zu einem relativ frühen Zeitpunkt in Aktien der South Sea Company investiert. Am 20. April des Jahres 1720 verkaufte er seine Anteile an der South Sea Company mit einem Gewinn von 100 Prozent. Damit konnte er sich einen Gewinn von 7.000 Pfund in die Tasche stecken – zu seiner Zeit ein äußerst ansehnliches Vermögen. Wenige Wochen später aber überfiel ihn der dringende Impuls, sein Geld wieder in eben dieselben Aktien zu investieren, gerade als die Spekulationsblase ihren Höhepunkt erreichte. Einer der rationalsten Geister des Jahrhunderts, ein großer Physiker und Astronom, Chef der Münze und Freimaurer, verfiel dem Herdentrieb. Das Resultat: Newton verlor über 20.000 Pfund. Entnervt gab der größte Geist Englands schließlich mit dem zum Eingang dieses Kapitels zitierten Kommentar auf.[36]

Prozyklisches Verhalten von Privatanlegern: Buy High, Sell Low

Vergleicht man die Entwicklung des DAX und die Entwicklung der Zahl der Aktionäre und Aktienfondsbesitzer in Deutschland in den Jahren 1997 bis 2005, so drängt sich der Eindruck auf, dass viele Privatanleger eine Buy-High-Sell-Low-Strategie gefahren sind: Sie haben gekauft, als die Aktien teuer waren, und verkauft, als sie stark gefallen waren. So nahm zum Beispiel zwischen 2000 und 2001, als die Kurse der DAX-Unternehmen um 40 Prozent fielen, der Besitz von Aktien und Aktienfonds in Deutschland um weitere 10 Prozent zu. Erst im Jahr 2001 wandten sich die Privatanleger allmählich von der Börse ab. Zwischen 2003 und 2004 war der Pessimismus der Privatanleger am Aktienmarkt am ausgeprägtesten. Damit einher ging ein weitgehendes Desinteresse an Aktien. Als die Kurse der DAX-Unternehmen zwischen März 2003 und März 2004 bereits wieder um durchschnittlich 80 Prozent stiegen, fiel der Aktienbesitz um weitere fünf Prozent.[37]

Die Privatanleger kamen erst in der zweiten Hälfte des Jahres 2005 wieder langsam an die Börse zurück. Da war der DAX allerdings bereits um 120 bis 150 Prozent gestiegen.

Abb. 2.5: **Indexstand des DAX und Aktionärszahlen in Deutschland**

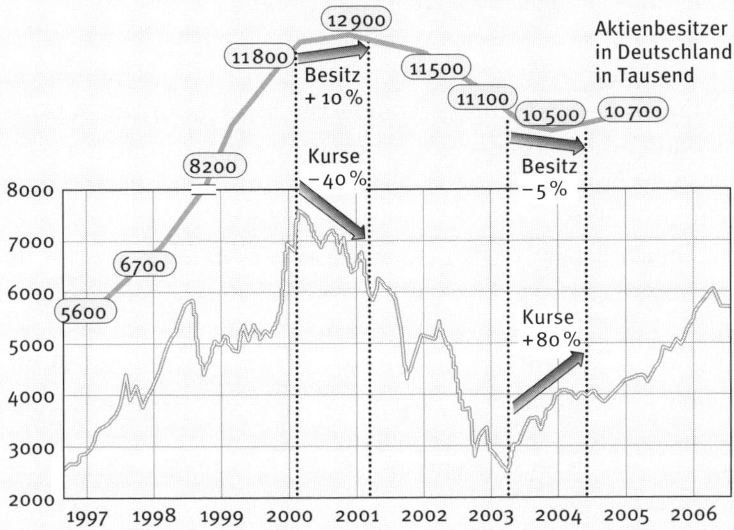

Quelle: Deutsches Aktieninstitut, eigene Darstellung

Das obige Bild lässt zwei Tendenzen erkennen. Zum einen steigt die Zahl der Aktien- und Aktienfondsbesitzer in Deutschland trotz aller Schwankungen stark an. Der Trend zur privaten Altersvorsorge ist unverkennbar. Zum anderen scheint sich aber ein nicht unwesentlicher Teil der Privatanleger – nach obiger Grafik ca. zehn Prozent – prozyklisch zu verhalten und stieg zwischen 2001 und 2003 aus.

Und mit der Schwankung der Aktionärszahlen um rund zehn Prozent sind lediglich diejenigen Aktien- und Fondsbesitzer erfasst, die den Aktienmarkt insgesamt verlassen haben. Nicht erfasst ist die große Menge derjenigen, die ihre Engagements prozyklisch erhöht oder reduziert haben. Damit sind zumindest für diese Privatanleger Verluste vorprogrammiert.

Momentum und Mean Reversion

Jegadeesh und Titman haben 1993 gezeigt, dass Kursbewegungen einzelner Aktien in den letzten sechs bis zwölf Monaten ein Indikator für weitere Kursbewegungen in dieselbe Richtung sind.[38] Auch Fama, der eigentlich die Hypothese effizienter Märkte vertritt, hat dies 1991 eingeräumt.[39] Damit ist die Momentum-Strategie prinzipiell empirisch bestätigt. Insofern kann auch nachvollzogen werden, dass in besonders stark vom Momentum getriebenen Märkten eine Momentum-Strategie die Value-Strategie schlägt.[40]

Allerdings kippen Momentum-Märkte irgendwann. Insofern gibt der Momentum-Investor die Überrenditen, die er in einem starken Momentum-Markt gemacht hat, dann wieder ab, wenn der Markt kippt. Spätestens dann setzt sich Value-Investing wieder als die überlegene Strategie durch. Technische und Chartanalysten versuchen unter anderem zu bestimmen, wie dauerhaft kurz-, mittel-, oder langfristige Trends sind bzw. wann sie brechen oder sich umkehren könnten. Für Value-Anleger ist das reine Zeitverschwendung, da eine solche Art von »Analyse« auf keinerlei kausalen Ursachenbeziehungen aufbaut. Natürlich gibt es verschiedene Verhaltens- und Chartmuster, die sich an der Börse wiederholen. Sie wissen aber immer erst hinterher, ob eines dieser Muster eintreten wird und wie ausgeprägt es sein wird.

Abb. 2.6: **Performance von Gewinner- und Verliererportfolios**

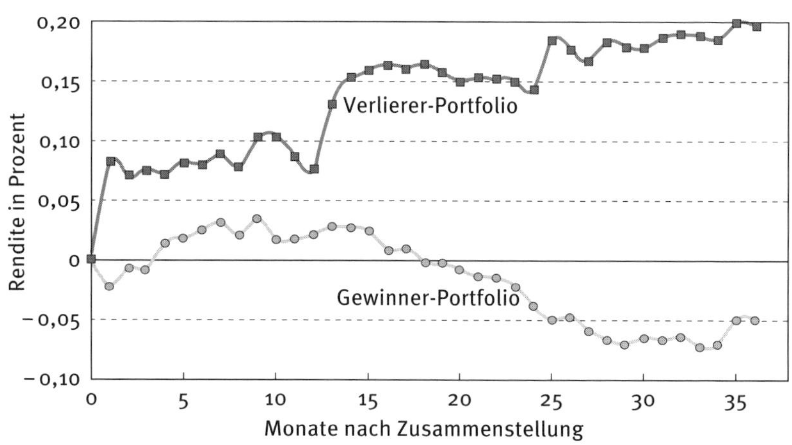

Quelle: De Bondt/Thaler 1985

Die Tatsache, dass die Börse im Allgemeinen überreagiert, haben De Bondt und Thaler in einer damals revolutionären empirischen Studie gezeigt: Für jedes Jahr seit 1933 haben sie ein Gewinner- und ein Verliererportfolio zusammengestellt. Im Gewinnerportfolio waren die Aktien, die über den Zeitraum der letzten drei Jahre die beste Performance aufwiesen, im Verliererportfolio die Aktien mit der schlechtesten Performance. Für die Gewinner- und Verliererportfolios des gesamten Zeitraums wurde dann die Performance für die drei Jahre nach Portfolioauswahl zusammengestellt. Das Resultat: In den 36 Monaten nach Zusammenstellung verloren die Gewinner der Vergangenheit durchschnittlich mehr als fünf Prozent, die Verlierer gewannen durchschnittlich mehr als 15 Prozent.

Die plausibelste Erklärung: Anleger reagieren über. Fallen die Kurse, dann oftmals unter den fairen Wert. Steigen sie, dann kann der faire Wert deutlich übertroffen werden. Mittel- bis langfristig wird diese Überreaktion aber von der Börse korrigiert. Bei den Verlierern der letzten drei Jahre setzt dieser Prozess in der Studie von De Bondt und Thaler sofort ein, die Gewinner beginnen durchschnittlich ihre Gewinne nach 15 Monaten abzugeben. Später haben Shleifer und Vishny[41], Lakonishok et al.[42] diese Studien vertieft, indem sie anhand verschiedener fundamentaler Kriterien, zum Beispiel dem Kurs-Buchwert-Verhältnis, nach »Glamour«-Aktien (teure Aktien, die gerade in Mode sind) und »Value«-Aktien (billige Aktien, die außer Mode sind) suchten. Auch die Studien von Lakonishok zeigen – teure Aktien bauen normalerweise im nachfolgenden Zeitraum ihre Überbewertung ab, billige Aktien ihre Unterbewertung.

Selbstüberschätzung und kognitive Dissonanz

Hier ist eine einfache Frage: »Ein wie guter Autofahrer sind Sie auf einer Skala von 1 bis 10?« Beziehen Sie die Ihrer Meinung nach wichtigen Kriterien wie Reaktionszeit, Sicherheit usw. in die Bewertung ein. Bei einer normalverteilten Skala müsste der Durchschnitt aller Antworten eigentlich den Wert 5 haben. Tatsächlich lag der Durchschnitt der Selbsteinschätzungen bei über

7. Wenn Sie sich also mit 7 oder höher einstufen würden, wären Sie in der Gesellschaft der Mehrheit aller Autofahrer. Es kann aber nicht sein, dass die Mehrheit besser als der Durchschnitt Auto fährt.[43]

Schlimmer als Nichtwissen ist die Illusion von Wissen. Die weite Verbreitung von Informationen durch moderne Technologien schafft die Illusion von Wissen und damit von Sicherheit. Anleger überschätzen sich regelmäßig, ohne ihre »Hausaufgaben« gemacht zu haben. Rationales Investieren kann aber nur auf echtem Wissen beruhen, ansonsten werden die News des Augenblicks nur als Alibi dafür genommen, einen Kauf oder Verkauf zu tätigen, den die Emotion oder eine Heuristik diktierte. Und es kann Tage, manchmal sogar Wochen dauern, bis ein Value-Analyst ein Unternehmen so gut kennt, dass er ein verlässliches Bild hat.

Eine etwas anders gelagerte Selbstüberschätzung war übrigens vor dem Schwarzen Freitag von 1929 weit verbreitet: Immer mehr Privatanleger beteiligten sich an den Börsenspekulationen, oftmals auf Kredit, aber selten mit einem tiefen Wissen über die Aktien, die sie kauften. Eine damals oft gehörte Rechtfertigung lautete: Falls es zu einer Kurskorrektur käme, würden sie ihre Aktien schnell verkaufen, denn es existiere ja ein neues Kommunikationsmittel, welches ihnen das erlauben würde – das Telefon.

Nehmen wir an, ein Hobbybörsianer kauft eine Aktie: Es lassen sich, wie in den meisten Fällen, Argumente finden, die für den Kauf sprechen, und Argumente, die dagegen sprechen. Tauchen dann nachher Fakten auf, die die eigene Entscheidung in einem zweifelhaften Licht erscheinen lassen könnten, wird der Anleger diese Fakten oftmals zunächst verdrängen und versuchen, seine ursprüngliche Entscheidung zu rechtfertigen. Menschen versuchen, Unstimmigkeiten in Wahrnehmung und Verhalten möglichst schnell zu beseitigen, da sie diese als unangenehm empfinden. Ein solches Verhalten wird »dissonanzreduzierendes Verhalten« genannt.[44]

Nutzenfunktion: Verluste aussitzen, Gewinne begrenzen

Eine alte Börsianerweisheit besagt: »Gewinne laufen lassen, Verluste begrenzen.« Dennoch machen es viele Privatanleger genau umgekehrt: Sie sitzen Verluste aus, während sie Gewinneraktien viel zu früh verkaufen. Nach dem Platzen der Technologieblase im Jahre 2000 blieben sehr viele Anleger viel zu lange auf ihren Technologie- und NEMAX-Titeln sitzen, oftmals bis diese völlig wertlos waren. Ein anderes Verhaltensmuster lässt sich ebenfalls häufiger beobachten: Kaufen Privatanleger eine Aktie und fällt diese dann, sitzen sie diesen Verlust aus. Wenn die Aktie sich dann nach längerer Zeit wieder erholt, wird sofort verkauft, wenn die Aktie wieder im Plus steht.

Solche Verhaltensmuster lassen sich mit einer Nutzenfunktion erklären, die zum einen einen abnehmenden Grenznutzen voraussetzt (Standardannahme der Mikroökonomie), zum anderen Verluste stärker bewertet als Gewinne.

Abb. 2.7: **Höhere Gewichtung von Verlusten in der Nutzenfunktion von Privatanlegern**

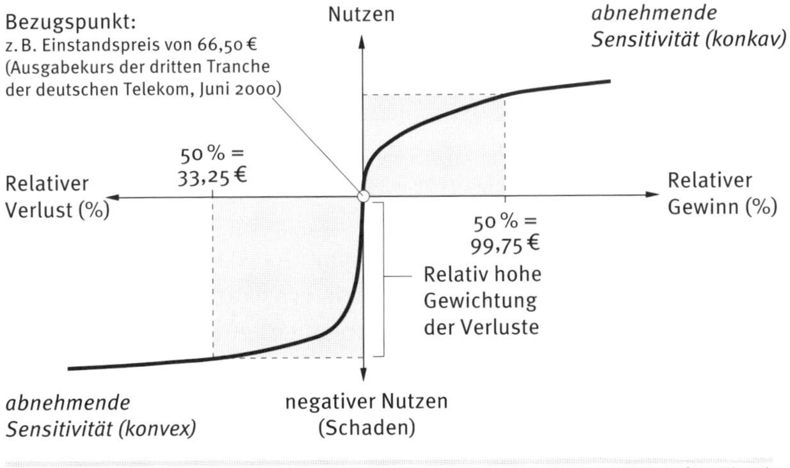

Quelle: Goldberg/von Nitzsch

Abnehmender Grenznutzen: Der zusätzliche Nutzen (Schaden) nimmt je zusätzlicher Einheit Gewinn (Verlust) ab. Die Nutzenfunktion ist konkav (in der Gewinnzone) oder konvex (im Verlustbereich). Wenn Sie zum Beispiel sehr durstig sind, hat das erste Glas Wasser einen sehr hohen Nutzen, das zweite einen hohen, und danach nimmt der unmittelbare Nutzen sehr schnell ab. Wenn also ein Anleger eine Aktie zu einem bestimmten Kurs gekauft hat und dieser Kurs den Referenzpunkt darstellt, mag er versucht sein, nach 20, 30 oder 40 Prozent Gewinn zu verkaufen, da dann ein Großteil des – subjektiven – Nutzens erreicht ist.

Wenn Sie – wie zum Beispiel diejenigen, die im Juni 2000 eine Zuteilung aus der dritten Tranche der deutschen Telekom zu 66,50 Euro erhielten – innerhalb eines halben Jahres einen Verlust von 50 Prozent hinnehmen müssen, sind Sie vielleicht geneigt, die Aktie zu halten: Jeder Kursanstieg würde Ihnen einen erheblichen (subjektiven) Nutzen bringen, jeder weitere Kursverfall nur noch einen (subjektiv) relativ geringen Schaden. Objektiv hätte die T-Aktie aber bis Ende 2002 nach dem Verlust von 50 Prozent noch einmal 76 Prozent verloren, und zwar vom niedrigen Niveau von 33,25 Euro aus gerechnet. Selbst im August 2006 hätten Sie – vom niedrigen Niveau von 33,25 Euro aus gesehen – noch mit 67 Prozent im Minus gestanden. So trügerisch können Referenzpunkte und Nutzenfunktionen sein.

Überreaktion auf aktuelle Ereignisse

Eine Studie von Kursverlusten, die durch eindeutig identifizierbare negative Ereignisse von größerer Bedeutung ausgelöst wurden, zeigt, dass die Börse sich durchschnittlich in drei Monaten erholte.[45] Das jeweils erste Datum zeigt den Beginn der Marktreaktion an, das zweite Datum das Ende der unmittelbaren Marktreaktion. Die »Tage nach dem Ereignis« werden vom Ende der unmittelbaren Reaktion an berechnet und beinhalten nur die Handelstage.

Diese Studie zeigt eindrucksvoll, dass selbst als schwerwiegend angesehene politische Ereignisse normalerweise keine längeren Auswirkungen haben. An der Börse geht es um Unternehmen und ihr

Tab. 2.3: **Wichtige Ereignisse und die Reaktion des Dow Jones Index**

Ereignis	Gewinn/ Verlust	Prozentualer Gewinn des DJI Tage nach Ereignis		
	%	22	63	126
Börsen schließen aufgrund des Beginns des Ersten Weltkriegs, 22.07.1914 bis 24.12.1914	−10,2	10,0	6,6	21,2
Deutschland greift Frankreich an, 09.05.1940 bis 22.06.1940	−17,1	−0.5	8,4	7,0
Beginn des Koreakriegs, 23.06.1950 bis 13.07.1950	−12,0	9,1	15,3	19,2
Russland startet Sputnik, 03.10.1957 bis 22.10.1957	−9,9	5,5	6,7	7,2
John F. Kennedy ermordet, 21.11.1963 bis 22.11.1963	−2,9	7,2	12,4	15,1
USA bombardiert Kambodscha, 29.04.1970 bis 26.05.1970	−14,4	9,9	20,3	20,7
Arabisches Ölembargo, 16.10.1973 bis 05.12.1973	−18,5	9,3	10,2	7,2
Rücktritt Richard Nixons, 07.08.1974 bis 29.08.1974	−17,6	−7,9	−5,7	12,5
Crash von 1987, 02.10.1987 bis 19.10.1987	−34,2	11,5	11,4	15,0
Irak überfällt Kuwait, 02.08.1990 bis 23.08.1990	−13,3	0,1	2,3	16,3
Asienkrise, 07.10.1997 bis 27.10.1997	−12,4	8,8	10,5	25,0
[–] Terroristische Angriffe auf das World Trade Center und das Pentagon, 11.09.2001 bis 21.09.2001	−14,3	13,4	21,2	19,5

Quelle: © 2001 Ned Davis Research, Inc.

Geschäft (das englische Wort »Business«, das beides beinhaltet, trifft es besser), nicht um Weltpolitik. Für das Value-Investing ist eine größere Nähe zum Börsengeschehen eher schädlich als nützlich, denn dann ist der Einfluss aktueller Stimmungen oder Nachrichten größer, als wenn man eine gewisse Distanz einnimmt.

Kontraproduktive Anreize (Incentives) für Fondsmanager

Prinzipiell stehen Fondsmanager und Privatanleger vor ähnlichen Problemen. Value-Investing bleibt Value-Investing, egal, ob es von einem Experten oder einem Privatanleger betrieben wird. Fondsmanager müssen genauso ihre Emotionen unter Kontrolle halten wie Privatanleger. Zwar haben sie einige Vorteile – insbesondere in Bezug auf Informationsbeschaffung und Zeit, aber sie haben auch mit erschwerenden Faktoren zu kämpfen, die Privatanleger nicht haben. Hierzu gehören zum Beispiel falsche Anreize wie kurzfristiger Erfolgsdruck, die oftmals das Herdenverhalten und die Mittelmäßigkeit begünstigen, eine hervorragende Performance aber nicht zulassen oder nicht angemessen honorieren.

Nicht schlechter als der Markt sein: Auch für angestellte Fondsmanager gilt oftmals die oben angenommene Nutzenfunktion – Verluste werden stärker bewertet als Gewinne. Fondsmanager werden meistens an ihrer Performance relativ zu einem Vergleichsindex gemessen, und zwar jedes Jahr, oft auch jedes Quartal, manchmal sogar jeden Monat.

Andreas Utermann, Chef der Aktienfonds der Allianz, hat zum Beispiel die Devise ausgegeben, dass auf Jahresfrist gesehen 50 Prozent aller Fonds des Hauses besser als der entsprechende Vergleichsindex sein müssen, auf die Frist von drei Jahren sogar 70 Prozent.[46]

Value-Investoren benötigen Zeit, damit ihre Strategie aufgeht. In den wenigsten Fällen beträgt die benötigte Zeitspanne mehr als zwei bis drei Jahre, oftmals geht es schneller, bis ein Wertpapier sich wieder seinem intrinsischen Wert annähert. Selbst ein solcher Zeithorizont ist jedoch bei den meisten Unternehmen der Finanzbranche viel zu lang angesetzt. Der normale Rhythmus für Performancebewertungen ist jährlich oder sogar vierteljährlich. Das ist beides zu kurz, wenn Value-Investing funktionieren soll. Letztlich muss die Unternehmensleitung hinter dem Value-Gedanken stehen, um die Incentives dementsprechend zu gestalten. Daher sind auch alle in diesem Buch vorgestellten Fondsgesellschaften mit zwei Ausnahmen unabhängige und inhabergeführte Gesellschaften.

Innerhalb normaler Unternehmenshierarchien wird herausragende Performance zwar gewürdigt, aber oft nicht im entsprechenden Ausmaß. Hier mögen Vorstellungen der Vorgesetzten über »angemessene« Belohnung eine Rolle spielen, genauso wie Neid oder Missgunst, die in jeder Organisation zu finden sind. Demgegenüber wird eine deutlich unterdurchschnittliche Performance meistens hart sanktioniert. Unter diesen Voraussetzungen ist es verständlich, dass viele angestellte Fondsmanager nicht die Optimierung der Rendite, sondern die Begrenzung des Verlustrisikos gegenüber einem Vergleichsindex anstreben.

Das wiederum führt dazu, dass sehr viele Fondsmanager sich am Marktindex orientieren: Wenn sie in etwa die Titel des entsprechenden Vergleichsindex in ihrem Fonds halten, können sie nicht wesentlich schlechter als der Markt sein. In der Regel werden sie aber ein bisschen schlechter sein, da Aktienfonds ja Gesamtkosten von durchschnittlich 1,5 bis 2,5 Prozent p. a. aufweisen, die natürlich die Performance mindern. Im Fall eines Fondsmanagers, der sich wie oben beschrieben verhält, wären Anleger mit der Variante des passiven Indexinvesting besser bedient.

Window Dressing: Ein erstaunlich banales und dennoch immer wieder praktiziertes Verhalten ist das sogenannte »Window Dressing«. In Konzernen werden in schlechten Jahren Verträge früher erneuert oder abgeschlossen, um noch das Planziel zu erreichen. In guten Jahren werden die Vertragsabschlüsse ins nächste Jahr geschoben, um mit einer Reserve zu starten. Bei Fondsmanagern funktioniert das Spiel etwas anders. Die Performance des Fonds lässt sich schlecht manipulieren (zumindest nicht bei reinen Aktien- oder Anleihenfonds), wenn sich die Fondsmanager an die Vorschriften und Gesetze halten. Sie können aber zumindest Aktien austauschen, bevor der Jahres- oder Quartalsbericht fällig wird. So fliegen regelmäßig Verliereraktien aus den Portfolios, weil man die Verluste, die man mit diesen Aktien gemacht hat, nicht allzu sichtbar machen will. Dafür werden Gewinneraktien ins Portfolio genommen, sodass man seinen Fondsanlegern glauben machen kann, das man jetzt die richtigen Titel im Portfolio hat.

Berufsoptimismus von Analysten

Die Position des Finanz- und Unternehmensanalysten ist in den Banken häufig eine Einstiegsposition. Viele Analysten in »normalen« Finanzinstituten bereiten sich darauf vor, später eine andere Position, zum Beispiel als Fondsmanager zu übernehmen. Demgegenüber besteht die Arbeit von Value-Investoren – bis hin zur Geschäftsleitung – hauptsächlich in der Analyse von Unternehmen.

Jana Henze hat in einer empirischen Studie mehrere Zehntausend Analystenschätzungen für den deutschen Markt untersucht.[47] Sie weist nach, dass Analysten eine deutlich schlechte Trefferquote haben, wenn es darum geht, Verluste vorherzusagen, während sie bei Gewinnen durchaus in Summe einigermaßen ordentlich schätzen. Zudem sind Analysten, die mehr Aktien und Branchen betreuen, besser als solche, die sich spezialisiert haben. Die Erklärung liegt auf der Hand: Zum einen haben Analysten, die sich mit einer Vielzahl von Informationen und Branchen beschäftigen, einen größeren Erfahrungsschatz. Zum anderen können sich vor allem große Häuser, die aber nicht nur nach dem Value-Gedanken vorgehen, spezialisierte Analysten leisten. Analysten in Banken übernehmen – anders als bei den später vorgestellten Fondsgesellschaften – normalerweise keine Verantwortung für die Performance der Aktien, die sie analysieren und für die sie Empfehlungen aussprechen: Die Fonds werden von anderen gemanagt.

Henze weist auch nach, dass Analysten mit längerer Berufserfahrung eine deutlich bessere Trefferquote haben als solche mit kurzer Berufserfahrung. Ein letztes Resultat ihrer obigen Studie reiht sich in die Ergebnisse nahtlos ein: *Kleinere* Finanzhäuser liefern regelmäßig bessere Prognosen als die *großen* Finanzinstitute.

Brandes hat für die Jahre 1982 bis 2002 die Gewinnschätzungen von Analysten und Ökonomen für den S&P-500-Index verglichen. Das Ergebnis spricht für sich: Das durchschnittliche Gewinnwachstum der Unternehmen über diese 20 Jahre betrug 5,3 Prozent p.a. Mit einem Durchschnitt von 20,7 Prozent lagen die Analysten *viermal* so hoch wie der tatsächliche Wert. Und selbst die Ökonomen und Volkswirte, die als »nüchtern« gelten, stehen in der Studie als reine Jubelprognostiker da: Ihre durchschnittliche Schätzung von 15 Prozent ist immer noch das *Dreifache* des tatsächlichen Gewinnwachstums.

Ein Grund hierfür ist sicherlich, dass die Gewinne der 500 größten Unternehmen in dem betrachteten Zeitraum binnen Jahresfrist immerhin achtmal zurückgingen – 2001 sogar um mehr als 50 Prozent – aber weder die Analysten noch die Ökonomen in Summe jemals einen Gewinnrückgang prognostiziert hatten. Diese Zahlen machen sehr deutlich, warum Value-Investoren sich nicht weiter um Analystenschätzungen kümmern, sondern ihre eigenen Berechnungen anstellen.

Tab. 2.4: **Dauerhafter Berufsoptimismus: Schätzungen und tatsächliches Gewinnwachstum für den S&P 500**

Jahr	Analysten-schätzung	Schätzung durch Ökonomen	Tatsächliche Wachstumsrate
1982	26,2 %	5,3 %	−17,8 %
1983	32,2 %	24,7 %	11,4 %
1984	34,2 %	27,2 %	18,4 %
1985	10,8 %	12,9 %	−12,2 %
1986	22,8 %	22,9 %	−0,9 %
1987	32,6 %	18,8 %	20,9 %

1988	29,8 %	14,5 %	35,8 %
1989	10,5 %	4,4 %	−3,7 %
1990	13,8 %	12,0 %	−6,7 %
1991	1,9 %	6,7 %	−25,4 %
1992	38,0 %	48,7 %	19,5 %
1993	22,8 %	36,4 %	14,7 %
1994	38,9 %	28,6 %	39,8 %
1995	10,9 %	4,8 %	11,0 %
1996	18,2 %	11,7 %	14,1 %
1997	13,7 %	5,8 %	2,6 %
1998	13,6 %	6,7 %	−5,1 %
1999	14,6 %	4,5 %	27,7 %
2000	16,0 %	0,0 %	3,8 %
2001	16,0 %	7,7 %	−50,6 %
2002	17,0 %	10,1 %	13,4 %
Durchschnitt	20,7 %	15.0 %	5,3 %

Quelle: Brandes, S. 23

Das Momentum-Lebenszyklusmodell

Shleifer hat ein etwas komplizierteres Modell entwickelt, bei dem er die Fundamentaldaten einbezieht.[48] Letztlich erklärt das Modell die von De Bondt und Thaler zum ersten Mal entdeckten Überreaktionen über längere Zeiträume von drei bis fünf Jahren. Analysten und Investoren haben eine bestimmte Meinung zu einem Unternehmen. Wenn sie nun Informationen erhalten, die eine Anpassung ihrer Meinung erforderlich machen, zum Beispiel eine positive Gewinnüberraschung oder eine Gewinnwarnung, reagieren sie gar nicht, nur schwach oder mit einer gewissen Verzögerung. Auf jeden Fall bewegen sich die Kurse nicht so stark, wie es die veränderten Fundamentaldaten nahegelegt hätten.

Wenn Analysten oder Anleger allerdings mehrfach Nachrichten erhalten, die alle in dieselbe Richtung zeigen – wie zum Beispiel positive Gewinnüberraschungen – beginnen sie, ihre Prognosen anzupassen. Jetzt sehen sie den Trend als dauerhaft an und beginnen, diesen in ihre Schätzungen einzubauen. Sollten dann wiederum Nachrichten auftauchen, die den neuen Trend infrage stellen, erfolgt die Anpassung wieder mit erheblicher Verzögerung und auch nur, wenn Nachrichten, die in eine andere Richtung zeigen, vermehrt auftreten.

Charles Lee hat dieses Verhalten in dem einfachen und griffigen Modell des »Momentum-Lebenszyklus« zusammengefasst. Das Modell besteht aus vier Quadranten. Aktien in der oberen Hälfte sind »Glamour Stocks«, also beliebte und teure Werte mit hohem Handelsvolumen. Aktien in der unteren Hälfte sind »Value Stocks«. Jeweils nach dem Überschreiten des Hoch- und Tiefpunkts des Zyklus folgt eine Phase, in der Analysten und Aktienkurse zunächst unterreagieren. Wenn die Analysten sich dann ihre Meinung gebildet haben, beginnen sie, überzureagieren. Das deutet dann eine Trendwende an.

Abb. 2.8: Der Momentum-Lebenszyklus nach Lee

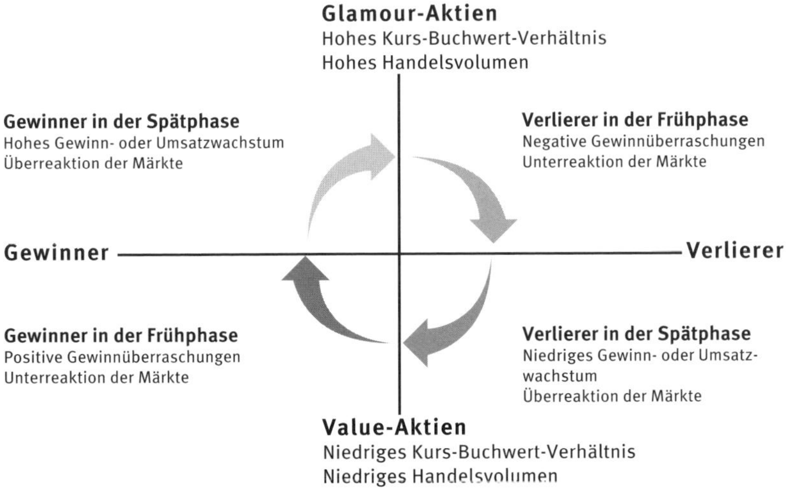

Quelle: Lee/Swaminathan: Price momentum and trading volume. Working paper, Cornell University, 1998

Lees Modell ist gut geeignet, sich die prinzipiellen Zusammenhänge zwischen Über- und Unterreaktion sowie Value- und Glamour-Aktien zu verdeutlichen. Im Sommer 2006 schien zum Beispiel **eBay** (ISIN: US2786421030) ein Verlierer in der Spätphase gewesen zu sein. Aber jeder Fall ist anders: Manchmal kann der obige Zyklus sehr schnell ablaufen, manchmal kann er sehr lange dauern. In anderen Fällen passt das Modell auch nicht so richtig. Die Aktie von **United Internet** (ISIN: DE0005089031) reagierte zum Beispiel im Sommer 2006 sehr stark negativ auf negative Daten aus der Branche (Überreaktion auf negative Nachrichten), während das Unternehmen weiterhin positive Gewinn- und Umsatzüberraschungen liefert (Unterreaktion auf positive Nachrichten).

Value-Investoren sehen Modelle durchaus als hilfreich an. Sie sind sich aber darüber bewusst, dass jeder Fall anders ist und dass Modelle oft auch falsche Schlussfolgerungen nahelegen. Investoren müssen sich auf jeden Fall IMMER ihre eigenen Gedanken machen und besonders für Fälle sensibilisiert sein, die NICHT nach einem Modell ablaufen. Mit anderen Worten: Value-Investoren bemühen sich, die Repräsentativitätsheuristiken, die in ihrem Kopf ablaufen, auszuschalten und sich immer wieder zu fragen: »Was ist untypisch an diesen Investments? Wo liegen die Chancen und Risiken, die nicht offensichtlich sind?« Die wichtigste Frage ist immer: Was ist der faire Wert dieses Investments?

---

1 Buffett, Warren: The Superinvestors of Graham-and-Doddsville. Rede an der Columbia University 1984. Online Unter: http://wwwl.gsb.columbia.edu/valueinvesting/research/public_archives/DOC032.PDF.

2 MacKay, Charles: Extraordinary Popular Delusions and the Madness of Crowds. New York 1967.

3 Kindleberger, Charles: Manias, Panics and Crashes. A History of Financial Crises. New York 1996; MacKay (1967); Otte (2006).

4 MacKay (1967).

5 Ebd., S. 91.

6 Galbraith, John: Der große Krach. Stuttgart 1963.

7 Für eine Geschichte des Dow Jones siehe http://djindexes.com/mdsidx/index.cfm?event=showAverages

8 Otte (2006).

9 Whitman (1999).

10 Buffet, Warren / Cunningham, Lawrence: The Essays of Warren Buffett : Lessons for Corporate America. New York 2001, S. 64; Lowe (1996), S. 97.

11 Leerverkäufer leihen sich Aktien gegen eine Gebühr von großen institutionellen Anlegern wie Versicherungskonzernen oder Pensionskassen, verkaufen sie an der Börse und spekulieren auf fallende

Kurse. Sie kaufen die Papiere dann zu dem günstigeren Kurs an der Börse wieder ein und geben sie an den Verleiher zurück. Als Gewinn bleibt den Leerverkäufern die Differenz zwischen Verkaufs- und Einkaufspreis abzüglich der Leihgebühr. Leerverkauf ist gleichbedeutend mit Short Selling.

12 www.dai.de/internet/dai/dai-2-0.nsf/dai_publikationen.htm.

13 Ebd.

14 Wetjen, Birgit: Renditeschwaches Einerlei. In: FORUM – MLP-Magazin für Private Finanzen, Heft 2, Juni 2006, S. 43. Online Unter: http://www.mlp.de/homepage/servlet/contentblob/27562/data/s42.pdf.

15 Otte (2000), S. 26.

16 Jensen, Michael: The Performance of Mutual Fund in the Period 1945–1964. In: The Journal of Finance, Vol. 23, May 1968; Malkiel, Burton: Returns from Investing in Equity Mutual Funds 1971 to 1991. In: The Journal of Finance, Vol. 50, June 1995; Carhart, Mark: On Persistence in Mutual Fund Performance. In: The Journal of Finance, Vol. 52, March 1997.

17 Malkiel (1996).

18 www.vanguard.com.

19 www.indexchange.com.

20 http://info.dws.at/at/content.nsf/doc/JUNR-5V9E86/$file/VerVP_Vermoegen.pdf.

21 www.sec.gov/edgar/searchedgar/webusers.htm.

22 Noch vor wenigen Jahren war das in Deutschland anders: Da waren Insidergeschäfte an der Tagesordnung.

23 S. Kapitel 1.

24 Eine gute Zusammenfassung bieten Goldberg / Von Nitzsch (2004) oder etwas theoretischer Shleifer (2000); Kahnemann, Daniel / Riepe, Mark: Aspects of investors psychology. In: Journal of Portfolio Management. Vol. 24, No. 04, 1998. Online unter: http://finance.math.biu.ac.il/readings/rsk_mang/aspects%20of%20investor%20psychology.pdf#search.

25 Kahneman, David / Tversky, Amos: On the Psychology of Prediction. In: Psychological Review No. 80, 1973, S. 237–251; Kahneman, David / Tversky, Amos: Prospect Theory. An Analysis of Decision under Risk. In: Econometrica, No. 47, 1979, S. 263–291; Benartzi, Shlomo / Thaler, Richard: Myopic Loss Aversion and the Equity Premium Puzzle. In: Quarterly Journal of Economics, No. 110, 1995, S. 73–92; Shleifer (2000), S. 11.

26 Goldberg / von Nitzsch (2004), S. 49.

27 Ebd., S. 70.

28 Ebd., S. 71.

29 $p = 0{,}59$

30 Vgl. auch: Otte (2006), S. 41.

31 Le Bon, Gustave: Psychologie der Massen. Stuttgart 1973.

32 Ebd.

33 Jegadeesh, Narasimhan / Titman, Sheridan: Returns to Buying Winners and Selling Losers: Implications for Stock Market Efficiency. In: Journal of Finance, Vol. 48, 1993, S. 65–91.

34 Miess, Volker: Lohnt jetzt der Einstieg bei DAX, Dow Jones, Gold? Online unter: http://www.bild.t-online.de/BTO/tipps-trends/geld-job/topthemen/aktienfonds/DAX/dax-hoechststand/dax-hoechststand.html.

35 Der Rohstoff- und Edelmetalltrend könnte allerdings langfristigerer Natur sein.

36 MacKay (1967).

37 www.dai.de

38 Jegadeesh, Narasimhan / Titman, Sheridan (1993); Fama, Eugen: Efficient Capital Markets: II. In: The Journal of Finance, Vol. 46, December 1991.

39 Shleifer (2000), S. 18.

40 Hens, Thorsten / Schenk-Hoppé, Klaus Reiner: Evolutionary Stability of Portfolio Rules in Incomplete. In: Journal of Mathematical Economics, 16. April 2003; Hens, Thorsten / Schenk-Hoppé, Klaus Reiner: Survival of the Fittest on Wall Street. Online Unter: http://www.evolutionaryfinance.ch/uploads/media/surv_of_the_fittest.pdf.

41 Shleifer, Andrei / Vishny, Robert: Equilibrium short horozos of investors and firms. In: American Economic Review Papers and Proceedings, Vol. 80, 1990, S. 148–153; Shleifer, Andrei/ Vishny, Robert: The limits of arbitrage. In: The Journal of Finance, Vol.52, 1997, S.35–55.

42 Bondt, Werner de / Thaler, Richard: Does the Stock Market Overreact? In: The Journal of Finance, Vol. 40, July 1985; Bondt, Werner de / Thaler, Richard: Further Evidence on Invest Overreaction and Stock Market Seasonality. In: The Journal of Finance, Vol. 42, July 1987; Lakonishok, Joseph /

Shleifer, Andrei / Vishny, Robert: Contrarian Investment, Extrapolation and Risk. In: The Journal of Finance, Vol. 49, December 1994.

43 Brandes (2004), S. 17.

44 Festinger, Leon: Theorie der kognitiven Dissonanz, 1957. Online Unter: http://www.tu-braunschweig.de/Medien-DB/paed-psych/dissonanz.pdf#search=%22festinger%201957%22

45 Jean-Jacques (2003), S. 10 ff.

46 http://www.welt.de/data/2006/10/17/1070345.html

47 Henze, Jana: Was leisten Finanzanalysten? (Schriftenreihe: Finanzierung, Kapitalmarkt und Banken, Bd. 38. Hrsg.: Röder, Klaus/Locarek-Junge, Hermann/Wahrenburg, Mark), Lohmar 2004.

48 Shleifer (2000), S. 112.

Es ist viel leichter, als die meisten Menschen denken, zufriedenstellende Ergebnisse an der Börse zu erzielen, aber es ist viel schwieriger, als die meisten denken, besser zu sein als der Markt.

Benjamin Graham[1]

3. Der Value-Investment-Prozess

Greenwald hat Value-Investing als Prozess mit drei Stufen beschrieben – erstens eine Suchstrategie, um Werte zu finden, zweitens ein »robustes« Bewertungsverfahren, das gut genug ist, versteckte Werte zu identifizieren und den Investor gegen die Emotionen des Markts zu schützen, und drittens eine disziplinierte Portfoliostrategie mit klar definierten Kauf- und Verkaufssignalen und -prozessen.[2] Die individuellen Lösungen, die Value-Investoren für diese drei Schritte gefunden haben, unterscheiden sich oftmals deutlich voneinander.

1. Mit der *Suchstrategie* grenzen Value-Investoren ihr Suchfeld ein und fokussieren sich auf aussichtsreiche Chancen. In einem Börsenumfeld, das international Zehntausende von Aktien und eine noch höhere Anzahl anderer Wertpapiere enthält, ist dies dringend notwendig, um nicht wahllos im Nebel herumzustochern. Zudem hilft bereits eine klare Suchstrategie, sich von den Emotionen der Börse zu lösen. Manche Value-Investoren, wie zum Beispiel Third Avenue, Tweedy, Browne oder Braun, von Wyss und Müller, verlassen sich auf Intuition und genaue Branchenkenntnis ihrer Analysten (auch das ist eine Strategie), andere wie Acatis haben komplexe Datenbankroutinen, die mit Hilfe von

kennzahlenorientierten Screening-Verfahren interessante Aktien herausfiltern.

2. Ein *Bewertungsverfahren*, mit dem die intrinsischen Werte von Aktien hinreichend belastbar ermittelt werden können. Hier kommen letztlich nur zwei Gruppen von Verfahren zum Tragen: substanzorientierte Verfahren und ertragsorientierte Verfahren. Das Problem bei den ertragsorientierten Verfahren besteht darin, dass sie zwar formal korrekt sind, oftmals aber eher der Fantasie entspringen. Zahlen müssen weit in die Zukunft geschätzt werden, und dies ist meistens nicht möglich. Basis der Bewertung sind immer die Zahlen des Unternehmens aus der Vergangenheit, möglichst über einen langen Zeitraum. Value-Investoren haben eine Vielzahl von Verfahren entwickelt, um zu zuverlässigeren und belastbareren Wertansätzen zu kommen, als das bei vielen ertragsorientierten Verfahren der Fall ist.

3. Weder eine belastbare Suchstrategie noch ein robustes Bewertungsverfahren führen zum Ziel, wenn der Investor bei der *Portfoliozusammenstellung* nicht diszipliniert vorgeht. *Disziplin beim Kaufen und Verkaufen* von Wertpapieren mit Hilfe einer *klar definierten Strategie* schützt zum Beispiel davor, noch auf einen fahrenden Zug aufspringen zu wollen oder Aktien, die unterbewertet sind und weiter fallen, zu verkaufen. Mit anderen Worten: Eine disziplinierte Portfoliostrategie ist notwendig, damit das als theoretisch richtig Erkannte im emotionalen Drama der Börse auch umgesetzt wird. Besonders konsequent gehen hier Braun, von Wyss und Müller vor, die bei Erreichen des inneren Werts konsequent verkaufen, obwohl die Börse oftmals nach oben übertreibt und weitere Gewinne drin gewesen wären.[3]

Ein Investor, ein siebzigjähriger Rechtsanwalt aus dem Bergischen Land, erzählte von seinem Vater, der – ebenfalls Rechtsanwalt – sein Leben lang nichts anderes gemacht hatte, als Aktien der Bayer AG zu kaufen, wenn die Dividendenrendite eine bestimmte Zinsmarke überschritt, und diese zu verkaufen, wenn sie unter eine bestimmte Zinsmarke fiel. Hier kommen alle drei Schritte des Investmentprozesses wunderbar zusammen. Die Suchstrategie war einfach: Der Investor konzentrierte sich auf *eine* Aktie. Das Bewertungsverfahren war einfach: Die Dividendenrendite wurde mit den aktuellen Zinsen verglichen. Und die Kauf- und Verkaufsstrategie war glasklar: Überschritt die Dividendenrendite eine gewisse Zinsmarke, wurde gekauft, fiel sie unter eine gewisse Marke, wurde verkauft. Es steht sogar eine wirtschaftliche Begründung dahinter: Je höher die Dividendenrendite, desto billiger die Aktie und umgekehrt. Und je höher die Marktzinsen, zum Beispiel von Anleihen, desto höher sind die Opportunitätskosten für das Halten der Aktie.

Aufgrund seines extrem disziplinierten Ansatzes war unser Bayer-Investor sehr erfolgreich. Es kam, wie es kommen musste: Obwohl der Sohn sich seit Jahrzehnten am Aktienmarkt versucht, ist er von der fokussierten Strategie seines Vaters weit abgewichen und alles andere als erfolgreich bei seinen Investments.

Schritt 1: Die Suchstrategie

Bei der Suchstrategie gibt es deutliche Unterschiede: Auf der einen Seite gibt es die »Handwerker«, die aufgrund ihrer Branchenkenntnis, eines Bloomberg-Terminals[4] und manchmal auch nur einer Tageszeitung oder einer Nachricht Ideen entwickeln und diese dann eingehend prüfen. Walter Schloss zum Beispiel sitzt bei Tweedy, Browne in einem fensterlosen Raum ohne Computer und liest den ganzen Tag Geschäftsberichte. Auf der anderen Seite gibt es eine Gruppe von »Wissenschaftlern«, die mit Hilfe kennzahlenbasierter Screening-Verfahren interessante Unternehmen herausfiltern und diese dann näher untersuchen. Ein zweiter Unterschied liegt darin begründet, ob »top-down« oder »bottom-up« gesucht wird. Näheres dazu finden Sie weiter unten.

»Handwerker« oder »Wissenschaftler«: Bislang dürften die »Handwerker« noch deutlich in der Mehrheit sein, ihre Zahl nimmt aber ab. Es gibt freilich Gründe, warum es wohl auch immer gute »Handwerker« geben wird. Kennzahlen sind immer nur so gut wie das Rohmaterial, das ihnen zugrunde liegt. Die Buchhaltung – und damit auch die Kennzahlen – haben aber eine gewisse Flexibilität und reagieren

auf das aktuelle wirtschaftliche Klima – sie »atmen«. Wissenschaftliche Untersuchungen aus der Vergangenheit beinhalten daher oftmals nicht die neuesten Entwicklungen, durch welche sich die Bedeutung von Kennzahlen verändern könnte. Die Praxis ist also der Wissenschaft meistens einen Schritt voraus – und das ist gut so!

Cisco[5] stand zum Beispiel im Jahr 2000 glänzend da. Viele Analysten hätten wahrscheinlich anhand der Kennzahlen argumentiert, dass das Unternehmen etwas teuer gewesen wäre, aber einen Absturz von über achtzig auf zehn Dollar hätten wohl die wenigsten vorausgesehen. Dabei waren Ciscos Gewinne zum Teil Scheingewinne, weil viele der Produkte des Unternehmens auf Kredit an nicht lebensfähige Internetfirmen verkauft worden waren und als Forderungen in den Büchern standen. Ein Großteil dieser Forderungen musste abgeschrieben, die Wachstumsraten und Gewinne mussten rückwirkend korrigiert werden. Ein Kenner der Branche hätte das sehen können.

Datenbankorientierte Suchstrategien können eine hervorragende Hilfe bei der Vorauswahl sein, ja sie können zum Teil sogar die Basis für rein mechanische Strategien sein, bei denen automatisch bestimmte Werte – zum Beispiel die dividendenstärksten Titel – gekauft werden. Viele Studien haben gezeigt, dass solche Strategien in der Vergangenheit die Märkte geschlagen haben.[6] Obwohl das keine Garantie für die Zukunft ist, sind Investoren, die mechanisch vorgehen, oftmals erfolgreich an der Börse.

»Top-down« oder »Bottom-up«: Eine weitere Unterscheidung ist die zwischen der Top-down- und der Bottom-up-Methode. Investoren, die top-down suchen, identifizieren zunächst einmal wichtige Makrotrends, seien es Regionen (2005 bis 2006 waren zum Beispiel die BRIC-Länder[7] in Mode) oder Branchen (wie zum Beispiel von 1996 bis 2001 die Technologie und von 2003 bis 2006 die Öl- und Energiewerte). Sie untersuchen Faktoren, die auf diese Trends Einfluss haben könnten. Wenn sie zu einer positiven Einschätzung kommen, versuchen sie, die vielversprechendsten Unternehmen in einer Region oder Branche oder solche, die von einem bestimmten Makrotrend profitieren, zu analysieren.

Viele Value-Investoren suchen bottom-up (vom Einzelfall ausgehend), entweder ausschließlich oder überwiegend. Zunächst einmal ist für den ernsthaften Value-Investor jedes Unternehmen ein Einzelfall, der gesondert betrachtet werden muss. Zudem liegt es in der Natur von Trends, dass diese von der breiten Masse geprägt sind und dass sich viele dafür interessieren. Das macht sie für Value-Investoren eher suspekt. Nun kann sich keine Investmentfirma Tausende von Unternehmen im Detail ansehen. »Wissenschaftlich« orientierte Value-Investoren suchen vielleicht mit Hilfe von Screening-Verfahren nach Kandidaten, die genauer analysiert werden. »Handwerker« konzentrieren sich auf die Branchen, die sie kennen, und entwickeln im Laufe der Zeit ein Gespür für unterbewertete Unternehmen. Value-Superstar Warren Buffett kennt sich zum Beispiel nur bei Versicherungen, Konsumgüterunternehmen, Zeitungen und Junk-Bonds so richtig gut aus.

Wo Sie beginnen können

Viele Top-Value-Investoren haben nicht mehr Informationen als Privatanleger. Ein Reuters- oder ein Bloomberg-Terminal steht vielleicht noch bei den meisten, aber auch die dort vorhandenen Informationen lassen sich – wenn auch mit etwas mehr Mühe – heutzutage aus dem Internet herunterladen.[8] Greenwald spricht davon, dass Sie bei versteckten oder unbeliebten Werten suchen sollten oder dort, wo zeitweilig Angebot und Nachfrage auseinanderklaffen (obscure, undesirable oder supply-demand-imbalance).

1. *Branchen, die aus der Mode geraten sind:* Value-Investoren suchen sehr häufig in Branchen, die vom breiten Anlegerpublikum links liegen gelassen werden. In den Jahren 1998 bis 2000 hätten das zum Beispiel Werte aus der gesamten »Old Economy« sowie Öl- und Minenwerte sein können. In den Jahren 2002 bis 2004 waren im Technologiesektor, auch gerade bei den Start-ups, die überlebt haben, viele Schnäppchen zu machen. Seit dem Jahr 2005 scheinen die Telekommunikations-Konzerne immer mehr aus der Mode zu kommen. Auch Banken und Finanzdienstleister beachten die Anleger nicht besonders, dabei sind Banken und

Finanzdienstleister eine der größten Branchen in der modernen Dienstleistungsgesellschaft.

2. *Branchen mit wenig Wachstum* (oft identisch mit Branchen, die aus der Mode gekommen sind): Wenn eine Branche jahrelang vom Kapitalmarkt vernachlässigt wurde, weil wenig Fantasie in ihr steckte, lassen sich dort mit hoher Wahrscheinlichkeit einige Schnäppchen finden.

3. *Regionen und Branchen mit Problemen:* In Regionen mit wirtschaftlichen Problemen lassen sich oft regional ausgerichtete Unternehmen zu Schnäppchenpreisen kaufen. In den achtziger Jahren hat zum Beispiel der Einbruch der Energiepreise dazu geführt, dass viele Unternehmen in Texas und Oklahoma unter ihrem Wert zu haben waren. In den frühen neunziger Jahren haben die Kürzungen im Verteidigungsetat die kalifornische Wirtschaft mitgenommen: Sowohl die Rüstungsindustrie als auch Immobilienunternehmen und andere regionale Unternehmen wurden arg gebeutelt. In gewisser Weise kann man auch ganz Westeuropa mit wenigen Ausnahmen als »Region mit Problemen« bezeichnen. Bevölkerung und Wachstum stagnieren vielerorts. Europa ist »langweilig«. Das Wachstum findet in Asien und den BRIC-Ländern statt. Viele europäische Blue Chips waren zwischen 2001 und 2006 sehr billig. Dabei sind darunter viele solide Unternehmen und Weltmarktführer. Und was viele Privatinvestoren auch vergessen: Fast alle europäischen Großkonzerne generieren mittlerweile erhebliche Teile ihres Umsatzes in den Wachstumsregionen, sei es die BASF, die Allianz, Siemens, die Banco Santander oder Telefonica. Nicht überall, wo »Europa« draufsteht, ist auch »Europa« drin.

4. *Unternehmen mit finanziellen, rechtlichen und sonstigen Problemen.* Im Jahr 2000, als die Raucherklagen ihren Höhepunkt erreichten, fiel die Aktie des Zigaretten- und Lebensmittelmultis **Altria** (Philipp Morris, ISIN: US02209S1033). Zudem interessierte sich niemand für Aktien der »Old Economy«. Schon zwei Jahre später stand Altria wieder über 60 Dollar. Zudem schüttet das Unternehmen kontinuierlich mehr als vier Prozent Dividende aus.

5. *Neue Tiefstände bei den Kursen:* In der bereits zitierten Studie zeigten De Bondt und Thaler, dass Aktien, die über drei Jahre zu den Verlierern gehörten, in den folgenden drei Jahren im Durchschnitt bei den Kursgewinnern zu finden waren.[9] Sie können also nach Aktien suchen, die im aktuellen Jahr oder noch besser in den letzten drei Jahren besonders stark an Wert verloren haben. Bill Miller sucht unter den Verlierern der letzten fünf Jahre. Auf Finanzwebsites und bei vielen Finanzzeitungen ist das möglich. Sehr oft können Sie Unternehmen finden, die solide sind und ein verständliches Geschäft betreiben: ein hervorragender Einstieg in das Value-Investing. Natürlich werden die so identifizierten Unternehmen auch oft aus Branchen kommen, die aus der Mode sind. Im Sommer 2006 waren zum Beispiel amerikanische Unternehmen mit großer Marktkapitalisierung bereits seit einigen Jahren aus der Mode. Fondsmanager Bill Miller war daher von einer Rückkehr der U.S. Large Caps überzeugt.[10]

6. *Aktien mit massiven Kursverlusten – »fallende Messer«:* Eine alte Börsenweisheit besagt, dass Sie nie in ein fallendes Messer greifen sollten, also Aktien kaufen, deren Börsenkurse implodieren. Diese Weisheit ist sehr griffig und anschaulich, aber falsch. Wenn Sie wissen, was Sie kaufen, sollten Sie zuschlagen. Das Brandes Institut hat herausgefunden, dass 13 Prozent der »fallenden Messer« in den nächsten drei Jahren in die Insolvenz gingen. Dennoch hat diese Gruppe insgesamt in den drei Jahren, die den massiven Kursverlusten folgten, eine Outperformance von 17,7 Prozent gegenüber dem S&P 500 erzielt. Dabei wurde der Totalverlust durch die Insolvenzen mit berücksichtigt.[11] Im Jahr 2000 verlor der Konsumgütergigant **Procter & Gamble** (ISIN: US7427181091) innerhalb von knapp drei Monaten 50 Prozent seines Börsenwerts. Heute möchte man fast fragen, wo man damals mit seinen Gedanken gewesen ist.

Fallende Messer kommen auch bei soliden Unternehmen immer wieder vor. Ein Beispiel aus der jüngeren Zeit ist die Aktie der Deutschen Telekom, die am 10. und 11.8. 2006 insgesamt zehn Prozent verlor. Was war passiert? Das Unternehmen hatte seine Prognosen nach unten revidieren müssen. Die Dividendenrendite der Deutschen Telekom stieg in Folge auf fast sieben Prozent. Es ist sehr wahrscheinlich, dass die Märkte überreagiert haben. Die Marktanteilsverluste sind zwar bedenklich, aber fünf Prozent Kundenschwund in zwei Jahren kann der Ex-Monopolist noch verkraften.

Abb. 3.1: Kursverlauf der Aktie von Procter & Gamble, Inc. Juni 1998 – Dez. 2003

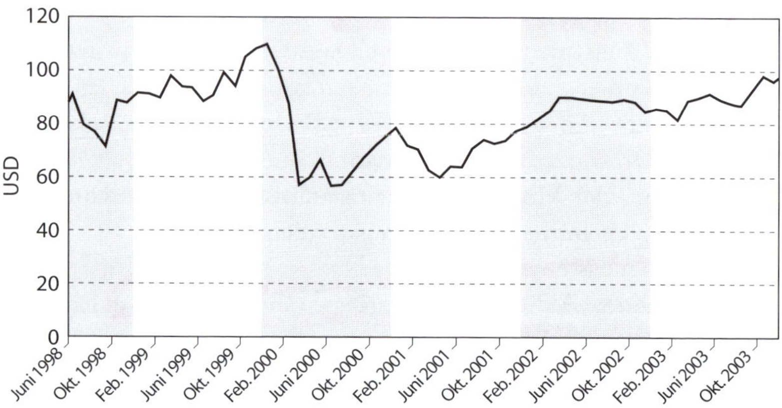

Quelle: Yahoo! Finance

7. *Spin-offs:* Sogenannte Spin-offs bieten oftmals sehr gute Einstiegsmöglichkeiten. Unternehmen trennen sich von Geschäftsbereichen, die sie nicht mehr als Kerngeschäft betrachten, und bringen diese selbstständig an die Börse. Die Salzgitter AG war ein Spin-off der Preussag, da sich die Preussag von Stahl trennen wollte und sich später in TUI AG umbenannte. Spin-offs der jüngeren Zeit haben oftmals eine hervorragende Performance erzielt. **Hypo Real Estate** (ISIN: DE0008027707), Abspaltung von HypoVereinsbank: plus 270 Prozent in zwei Jahren; **Lanxess** (DE0005470405), Abspaltung von Bayer: plus 120 Prozent in einem Jahr; **Praktiker** (DE000A0F6MD5), Abspaltung von Metro: plus 50 Prozent in einem halben Jahr. Ein bekannter Spin-off war auch das Restaurantgeschäft von **PepsiCo**. (Kentucky Fried Chicken, Pizza Hut, Taco Bell), das 1998

unter dem Namen Tricon Global Restaurants an die Börse gebracht wurde und heute unter dem Namen **Yum! Brands** (ISIN: US9884981013) firmiert. Der Kurs der Aktie hat sich seitdem immerhin mehr als verdoppelt.

Vorsicht ist jedoch bei der Abspaltung der Speicherchip-Sparte von Infineon geboten. Das ist schon eher eine Notoperation als eine geordnete Zellteilung. Das Speicherchip-Geschäft ist viel zu klein, um überlebensfähig zu sein. Am Weltmarkt herrschen Überkapazitäten. Die Speicherchip-Sparte, die unter dem Namen **Qimonda** (ISIN: US7469041013) an die Börse gebracht wurde, kann sich bestenfalls in die Arme eines größeren Unternehmens retten, schlimmstenfalls wird Qimonda in die Insolvenz gehen. Dies schienen diesmal sogar die Privatanleger gemerkt zu haben. Der Börsengang der Speicherchip-Tochter Qimonda brachte dem Infineon-Konzern viel weniger Geld ein als erhofft. Infineon musste wegen geringer Nachfrage den Ausgabepreis für die Qimonda-Aktien von 16 bis 18 auf 13 Dollar senken und gibt viel weniger Aktien aus dem eigenen Bestand ab. Somit werden Infineon voraussichtlich bestenfalls nur etwa 82 Millionen Dollar zufließen – statt wie erhofft bis zu knapp 550 Millionen Dollar.

Oftmals sind Spin-offs aus zwei ökonomischen Gründen attraktiv: Zunächst einmal erhofft sich das Management der Muttergesellschaft, dass durch die Verselbstständigung Energien freigesetzt werden. Die Energien werden fokussiert, Bürokratie wird abgebaut. Sehr oft geht diese Rechnung auf und das nun selbstständige Management der ehemaligen Tochter beginnt, viel unternehmerischer zu handeln. Zum anderen folgen viele Fonds einer Indexstrategie und haben nur eine bestimmte Anzahl von Titeln im Depot. Wenn sich nun ein Unternehmen in zwei teilt, wird eine Aktie aus dem Portfolio entfernt, und meistens ist es die Aktie des Spin-offs. So entsteht gleich zu Anfang Abgabedruck, das heißt, die Aktie muss relativ billig an die Börse gebracht werden.

Vorsicht ist bei »unechten« Spin-offs geboten, bei denen das Management der Muttergesellschaft vor allem Kasse machen will, die Kontrolle über die Tochtergesellschaft aber nicht abgibt. So brachte die Deutsche Telekom im Jahr 2000 rund 16 Prozent ihrer Tochtergesellschaft T-Online an die Börse, behielt aber die restlichen Aktien. Beim Emissionskurs von 27,00 Euro nahm die Telekom mit 106 Millionen Aktien knapp drei Milliarden Euro ein. Im Jahr 2004 machte die Telekom den T-Online-Aktionären dann ein Rücknahmeangebot zu 8,99 Euro, um die Tochtergesellschaft auch rechtlich wieder in den Mutterkonzern einzugliedern. Die Klagen der Aktionärsvertreter halfen nichts, da rechtlich alles weitgehend korrekt abgelaufen war: Im Juni 2006 gaben die Gerichte grünes Licht für die Rückverschmelzung der T-Online auf die Telekom im Handelsregister.

Auch der Börsengang von **Infineon** (ISIN: DE0006231004) war kein »echter« Börsengang, da das Unternehmen noch sehr mit Siemens verbunden war, zum Beispiel durch ausgeprägte Lieferbeziehungen. Von der Emission im Jahr 2000 bis zum Sommer 2006 verlor die Infineon-Aktie 75 Prozent ihres Emissionskurses und 90 Prozent ihrer ersten Börsennotiz.

8. *Bei Privatisierungen* kann eine prinzipiell ähnliche Situation wie bei Spin-offs vorliegen. Allerdings muss das genau geprüft werden. Bei den Privatisierungen in den Ländern des ehemaligen Warschauer Pakts hat oftmals nur eine kleine Handvoll Insider profitiert, die heute als Oligarchen die Wirtschaft beherrschen.

9. *Unternehmen mit geringer Marktkapitalisierung* werden oft nur von wenigen oder gar keinen Analysten beobachtet – eine gute Chance, Value zu finden.

10. *Andere Value-Investoren:* Zugegeben – auch Value-Investoren schauen gelegentlich voneinander ab. Puristen und Top-Value-Investoren machen es nicht, aber für Einsteiger gibt es sicherlich schlechtere Schachzüge, als sich gelegentlich von Value-Investoren mit einer hervorragenden Historie Anregungen zu holen. Viele der Top-Value-Fonds veröffentlichen ihre Aktienholdings in Jahres- oder Zwischenberichten oder geben zumindest Hinweise auf Käufe und Verkäufe. Eine sehr gute Quelle ist *www.*

gurufocus.com. Man muss diese Käufe ja nicht unkritisch nachvollziehen, aber es sind mit Sicherheit gute Startpunkte für die eigene Suche.

Kleine Privatinvestoren haben allerdings einen großen Vorteil gegenüber den großen institutionellen Investoren. Sie können Aktien von Unternehmen mit sehr viel geringerer Börsenkapitalisierung kaufen, ohne den Kurs sofort hochzutreiben. Noch im Jahr 2003 betrug die Börsenkapitalisierung der Modeschmuck-Kette Bijou Brigitte zeitweilig nur 100 Millionen Euro. Da sich zudem über 50 Prozent der Aktien in den Händen der Gründerfamilie Werner befanden, lag der Free Float der Aktie bei ungefähr 50 Millionen Euro. Ein Fonds mit einer Milliarde Euro Marktkapitalisierung und 50 Titeln im Depot hätte die Aktie wahrscheinlich nicht günstig erwerben können, da dieser Fonds Positionen von jeweils 20 Millionen Euro aufbauen muss.

Die Anti-Suchstrategie: Aktien, die Sie vermeiden sollten

Genauso, wie es einige gute Plätze gibt, wo Sie suchen können, gibt es Stellen und Situationen, die Sie weitgehend vermeiden sollten. Und wenn Sie sich doch dorthin begeben, sollten Sie besonders intensiv auf Warnsignale achten.

1. *Börsengänge:* Für Börsengänge gilt das Gegenteil wie für Spin-offs. Neuemissionen sollten in fast allen Fällen gemieden werden. Bei Börsengängen kümmert sich ein Heer von hoch bezahlten Spezialisten darum, die Aktie im besten Licht darzustellen (Management, PR-Spezialisten, Wirtschaftsprüfer) sowie den optimalen Zeitpunkt und Modus für die Emission festzulegen (Management, Investmentbanker und Wirtschaftsprüfer).

   Börsengänge erfolgen dann, wenn die Stimmung gut ist und wenn die abgebenden Alteigentümer einen guten Preis erzielen können. Aktien allgemein oder der entsprechende Sektor (wie zum Beispiel von 1998 bis 2000 Technologieaktien oder von 2004 bis 2006 Minen- und Rohstoffaktien) sind gerade in Mode

– kein gutes Umfeld für Sie, um nach Schnäppchen zu suchen. Es ist daher kein Wunder, dass Sie in Summe immer verlieren, wenn Sie Börsengänge zeichnen. Studie nach Studie belegt dies.[12]

2. *Unternehmen mit einem aktionärsunfreundlichen Management und schlechter Corporate Governance:* Shareholder-Value war in der alten Deutschland AG ein Fremdwort, und derjenige, der das Wort so richtig bekannt gemacht hat, entpuppte sich als einer der größten Wertvernichter aller Zeiten: Jürgen Schrempp. In der alten Deutschland AG hatten Manager zwar keine exzessiv hohen Gehälter und verhielten sich in vielerlei Hinsicht meistens viel gesitteter und zivilisierter als die heutigen Unternehmenslenker, aber sie richteten ihr Wirken nicht auf den Kapitalmarkt aus, sondern wurden von anderen Managern kontrolliert. So stand die Wertsteigerung für die Eigentümer, die Aktionäre, sehr im Hintergrund.[13]

Wenn ein Management vor allem den eigenen Ruhm und das eigene Portemonnaie im Kopf hat, ist das ein wichtiges Signal, die Aktie zu meiden. Erste Anhaltspunkte kann hier die Tages- oder Wirtschaftspresse liefern, die gelegentlich über die Pläne, Ziele und Vergütungen von Top-Managern berichtet. Es ist sowieso schon ein Warnsignal, wenn ein Top-Management zu oft in der Presse auftritt. Manager, die sich zu sehr für die Öffentlichkeit interessieren, haben vielleicht zu wenig Zeit für ihr Unternehmen. Mein Kollege Peter Hoberg hierzu: »Fast alle ›Manager des Jahres‹ der Zeitschrift manager magazin sind später gescheitert.« Revolutionäre Wachstumsinitiativen, sei es durch Akquisitionen und neue Wachstumsfelder, sei es durch Umkrempelung des Konzerns, sind auch mit Vorsicht zu genießen. Es bedeutet zunächst einmal, dass der Konzern in der Vergangenheit etwas falsch gemacht hat.

Ist die Managementvergütung unangemessen hoch? Wie ist sie strukturiert? Hat das Management variable Bestandteile in der Vergütung? Woran orientieren sich diese? Ein Warnsignal ist eine Orientierung am Marktanteil oder Umsatz. Auch eine Orientierung am Aktienkurs, die vorrangig aktionärsfreundlich ist, muss nicht immer richtig sein, da das Management dann zu sehr versucht sein könnte, Aktienrückkäufe zu tätigen.[14] Mittlerweile ist das Reporting über die Vergütung in den Geschäftsberichten aufgrund des deutschen Corporate Governance Kodex sehr viel detaillierter geworden.[15]

Allerdings ist es nicht einfach, die Höhe und Struktur der Managementvergütungen zu beurteilen. In den letzten Jahren sind in Deutschland die Managergehälter insgesamt explodiert und bewegen sich in Richtung des amerikanischen Niveaus (wenn es auch noch deutliche Unterschiede gibt). Daher ist es fast unumgänglich, Branchenwissen zu haben, um mit den Zahlen aus den Geschäftsberichten etwas anfangen zu können. Die Schutzvereinigungen – zum Beispiel die Schutzvereinigung der Kapitalanleger SdK und die Deutsche Schutzvereinigung für den Wertpapierbesitz DSW – achten besonders auf die Managementvergütung. Die Magazine dieser Vereinigungen sind daher auch ein guter Einstiegspunkt.[16]

Infineon ist sicher ein Musterbeispiel für zweifelhafte Praktiken der Corporate Governance und eine überhöhte Managementvergütung gewesen. Das frühere Management um Ulrich Schumacher teilte vor dem Börsengang freizügig Aktien im Rahmen des *friends & family*-Programms aus. Die Verwaltungskosten des Unternehmens waren in Relation zum Umsatz unangemessen hoch – Millionensummen wurden in Prestigeprojekte wie den neuen Firmensitz gesteckt. Aber auch bei Daimler hätten bereits vor der Fusion mit Chrysler und sicherlich danach die Warnglocken läuten können.

3. *Unternehmen, die häufiger Kapitalerhöhungen vornehmen:* Die Aufgabe eines Unternehmens sollte es sein, für seine Eigentümer Renditen auf das eingesetzte Kapital zu erzielen, nicht, weiteres Geld vom Aktienmarkt einzusammeln. Meiden Sie normalerweise Unternehmen, die sich neue Finanzmittel vom Eigenkapitalmarkt besorgen, sei es durch direkte Kapitalerhöhungen oder durch Wandelanleihen. Wenn dies der Fall ist, müssen schon sehr triftige Gründe vorliegen.

4. *Unternehmen mit mehreren Klassen von Aktien sowie auch die in Deutschland noch gebräuchliche Form der Kommanditgesellschaft auf Aktien (KGaA):* Oftmals sollen hier nur die wirklichen Verhältnisse verschleiert und neue Klassen von Aktionären in das Unternehmen gelockt werden. Daher haben viele deutsche Unternehmen – zum Beispiel die **SAP AG** (ISIN: DE0007164600) – auf eine einzige Aktiengattung umgestellt. Auch die Konstruktion der Kommanditgesellschaft auf Aktien ist kritisch zu sehen. Die **Henkel KGaA** und die (deutsche) **Merck KGaA** hätten sich wohl anders (und wahrscheinlich besser) entwickelt, wenn die jeweiligen Familien nicht einen beherrschenden Einfluss über die KGaA-Konstruktion hätten.

   Allerdings gibt es hier auch Ausnahmen, die einen Blick wert sind. Oftmals handelt es sich um deutsche Hidden Champions[17] oder auch bekannte Weltmarktführer, bei denen eine Eigentümerfamilie noch das Sagen hat – z. B. die **BMW AG**, die **Fresenius AG** oder die **Metro AG**. Eigentümerfamilien denken normalerweise in Kategorien des Shareholder-Value und nicht in Kategorien des ungebremsten Expansionsstrebens, wie zum Beispiel angestellte Manager. Nach Hendrik Leber ist ein Anteil der Eigentümerfamilie um die 30 Prozent optimal. Damit hat die Familie einen großen Einfluss und ist am Wert ihrer Beteiligung sehr interessiert, kann das Unternehmen aber nicht bedingungslos beherrschen.

5. *Unternehmen mit einer schlechten Bilanzstruktur:* Meiden Sie Unternehmen, die zu viel Schulden in der Bilanz haben und deren Eigenkapitalquote niedrig ist. Allerdings erfordert es schon einen gewissen analytischen Aufwand, zu bestimmen, welche Eigenkapitalquote angemessen ist, da dies von Branche zu Branche schwankt. Unternehmen mit einem stabilen Geschäft und hohem Kapitalbedarf (z. B. Versorger und Telekommunikationsunternehmen) sollten durchaus durch die Aufnahme von billigerem Fremdkapital ihre Kapitalkosten senken.

6. *Kapitalintensive Unternehmen:* In der Regel sollten Sie kapitalintensive Unternehmen – mit Ausnahme von Versorgern, Tele-

kommunikationsunternehmen, Ölkonzernen und Minengesellschaften – meiden. Solche Unternehmen sind gegenüber dem Konjunkturzyklus sehr anfällig. Sie müssen sich oft neues Geld am Kapitalmarkt besorgen, um überhaupt ihr Geschäft weiterbetreiben und ihren Maschinenpark modernisieren zu können. Warren Buffett gebraucht gerne das Beispiel der Luftfahrtindustrie, die in den gut 80 Jahren ihres Bestehens per saldo weltweit Kapital vernichtet hat und damit kein Kapital an die Aktionäre zurückgegeben hat. Die **Lufthansa AG** (ISIN: DE0008232125) ist sicherlich ein hervorragendes Unternehmen der Branche, aber die Aktie wäre kein gutes Investment.

Abb. 3.2: Kursverlauf der Aktie der Lufthansa AG 1996 – 2006

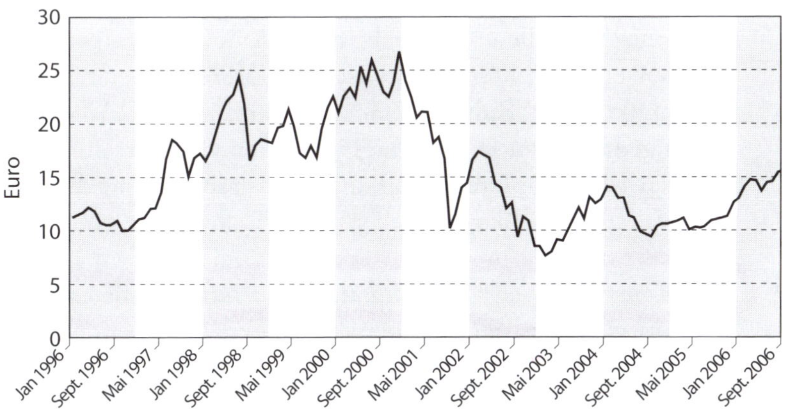

Quelle: Yahoo! Finance

7. *Unternehmen, die laufend »Kostenoffensiven« oder »Kundenoffensiven« starten oder die sich laufend neu erfinden:* Letztlich heißt das nur, dass das Unternehmen in diesen Bereichen Probleme hat und im laufenden Geschäftsbetrieb diese Probleme nicht lösen könnte. Allerdings – mit dem richtigen Management oder einem Management-Wechsel – können solche »Offensiven« auch Katalysatoren für Wertsteigerungen und damit Value-Chancen sein.[18] Das muss aber im Einzelfall genau untersucht werden.

8. *Unternehmen, deren Gewinne stark über den Cashflows liegen:* Letztlich zählt für den Aktionär nur der tatsächliche Cashflow, da der Gewinn eine Größe ist, die vielfach manipuliert werden kann. Wenn ein Unternehmen also viele Buchhaltungstricks aufwendet oder eine Geschäftspolitik betreibt, die die Gewinne in Relation zum Cashflow aufbläht, ist höchste Vorsicht angebracht. Die **Intershop AG** von New-Economy-Superstar Stephan Schambach wies im Jahr 2000 zum Beispiel glänzende Zahlen und ein glänzendes Gewinnwachstum auf. Diese Zahlen mussten kurze Zeit später radikal nach unten korrigiert werden, Intershop stand vor der Insolvenz. Was war passiert? Das Unternehmen hatte seine Software an alle möglichen Klitschen der New Economy auf Kredit verkauft. Die Verkäufe – da rechtsgültig – flossen in die Gewinn-und-Verlustrechnung ein, das Geld war aber noch lange nicht bei Intershop und kam auch in den meisten Fällen nicht mehr, da die Kunden reihenweise in die Insolvenz rutschten. Heute ist das Unternehmen, das zum Höhepunkt seines Ruhms in einem Atemzug mit DAX-Konzernen genannt wurde, eine verglühte Sternschnuppe mit einer geringen Marktkapitalisierung, und es werden nur noch Reste verwaltet.

9. *Unternehmen, die sehr von Regierungsaufträgen abhängen:* An Stammtischen wird gerne über die großen Summen gesprochen, die in der Rüstungsindustrie verdient werden. Tatsache ist, dass die Aktionäre von Rüstungsunternehmen in den seltensten Fällen etwas davon haben. Oftmals werden die Einnahmen über Beratungsverträge und Ähnliches unter wenigen Insidern verteilt, ohne dass selbst in besonders ertragreichen Jahren nennenswerte Beträge bei den Eigentümern, den Aktionären, ankommen. Regierungen waren noch selten aktionärsorientiert. Eher machen sie sich Gedanken darüber, wie sie den Menschen das Geld aus der Tasche ziehen können. Warum sollte es also bei Unternehmen mit großer Regierungsnähe anders sein?

Die Verfeinerung: Wissenschaftliche und kennzahlenbasierte Suchstrategien

Mit einfachen Suchstrategien können Sie beginnen, mit einfachen »Anti-Suchstrategien« die gröbsten Fehler vermeiden. In einem zweiten Schritt verfeinern viele – aber keinesfalls alle – Value-Investoren ihre Suchstrategien mit Hilfe wissenschaftlicher und kennzahlenbasierter Methoden.

Mit dem wachsenden wissenschaftlichen Interesse an ineffizienten Märkten hat eine immer größere Anzahl von Analysten und Akademikern untersucht, welche kennzahlenbasierten Strategien in der Vergangenheit funktioniert hätten.[19] Das Prinzip dieser Studien ist immer ähnlich: Aus einer Grundgesamtheit von Aktien wird nach bestimmten Kriterien ein Portfolio zusammengestellt, zum Beispiel die zehn Prozent Aktien mit der höchsten Dividendenrendite. Die Wertentwicklung wird verfolgt und mit dem Markt (der Grundgesamtheit) oder einer Kontrollgruppe (beispielsweise den zehn Prozent Aktien mit der geringsten Dividendenrendite) verglichen. Die Differenz der Wertentwicklung über einen bestimmten Zeitraum wird gemessen. Im nächsten Jahr (oder nächsten Monat etc.) wird wieder ein Portfolio nach den entsprechenden Kriterien zusammengestellt und dessen Entwicklung gemessen.

Einfache Strategien (auf Basis einer Kennzahl)

In einer Metastudie aus dem Jahr 2003 haben Leber und Muhle von Acatis 48 akademische Studien und 96 Teilstudien zum Thema »Überrenditen durch einfache Value-Strategien« analysiert und ausgewertet. Die meisten Studien kommen zu dem Ergebnis, dass sich bereits durch sehr einfache Value-Strategien eine Outperformance gegenüber dem Markt erreichen lässt.

In den Studien sind die verschiedensten Zusammenhänge untersucht worden, zum Beispiel die Börsenbewertung relativ zum Ertrag (Kurs-Gewinn-Verhältnis, KGV, oder Kurs-Cashflow-Verhältnis, KCV), die Börsenbewertung relativ zum Buchwert (Kurs-Buchwert-

Verhältnis, KBV), der Ertrag relativ zum bilanziellen Eigenkapital (hier fließt die Börsenbewertung gar nicht ein, letztlich ist die so ermittelte Eigenkapitalrendite ein Maß für die Qualität des Unternehmens), rein kursorientierte Größen wie Kursverfall, verhaltensorientierte Größen wie Aktienrückkäufe und Insiderkäufe, und der so genannte Kleinfirmeneffekt, der sich dann auswirkt, wenn kleine Unternehmen so groß werden, dass sie auch für institutionelle Investoren und Fonds interessant werden.[20]

Tab. 3.1: **Outperformance einfacher Aktienstrategien**

Strategietyp	Outperformance der Strategie in % p. a.		Anzahl d. Teilstudien
	Durchschnitt	Median[21]	
Kursorientierte Größen			
Kursverfall	14,9	–	2
Relative Stärke	2,1	–	1
Stromgrößen – Kurs relativ zu Ertrag			
Kurs-Gewinn-Verhältnis	3,9	3,3	20
KGV oder Aktiengewinnrendite	12,5	–	2
Kurs-Cashflow-Verhältnis	6,1	5,3	6
Kurs-Umsatz-Verhältnis	4,6	5,6	3
Dividendenrendite	4,9	5,5	8
Bestandsgrößen – Kurs relativ zu Buchwert (Substanz)			
Kurs-Buchwert-Verhältnis	6,2	5,6	29
Kurs zu Nettoumlaufvermögen	19,5	18,7	3
Ertrag relativ zu Eigenkapital			
Eigenkapitalrendite	4,2	–	1
Verhaltensorientierte Größen			
Insiderkäufe	21,2	18,2	7
Aktienrückkäufe	8,5	–	1
Größe der Firma			
Kleinfirmeneffekt	7,0	4,2	13
Ergebnis insgesamt	7,5	5,3	96

Quelle: Acatis Anlageberatung für Investmentfonds GmbH, www.acatis.de

1. *Relativer Kursverfall:* Die von De Bondt und Thaler 1985 veröffentlichte und in Kapitel 2 bereits erwähnte Studie zu Winner- und Loser-Aktien löste einen Boom bei der Suche nach Strategien aus, die systematische Überrenditen am Aktienmarkt erzielen.[22] Dennoch bilden die einfachen Erkenntnisse von De Bondt und Thaler weiterhin die Basis für einfache und effektive Suchstrategien: Such aus den Indizes die zehn Prozent Aktien heraus, die sich über einen Zeitraum von drei Jahren am schlechtesten entwickelt haben. Schau dir diese Aktien genauer an.[23] Der Aktienkurs ist sicher die am Markt am meisten beobachtete Größe eines Unternehmens. Chart-»Analysten« schauen ausschließlich auf diese Größen. Die Studie bestätigt: Im Prinzip sollte der Value-Investor die Größe »Kurs« antizyklisch nutzen. Wenn Sie Aktien auswählen, die drei Jahre lang gefallen sind, ist eine Umkehrung dieser Dynamik zumindest nicht unwahrscheinlich.

2. *Kurs relativ zum Gewinn:* Nach dem Kurs schauen viele Hobbyinvestoren noch auf das Kurs-Gewinn-Verhältnis. Diese Größe setzt den Gewinn eines Unternehmens in Relation zum Börsenwert. Das KGV ist definiert als Kurs durch Gewinn pro Aktie. Es gibt an, wie oft der Gewinn im Kurs enthalten ist, und ist somit ein Maß für den Preis der Aktie:

$$\text{KGV} = \frac{\text{Marktkapitalisierung}}{\text{Gewinn}} \quad \text{x} \quad \frac{\text{Anzahl d. Aktien x Kurs}}{\text{Anzahl d. Aktien x Gewinn/Aktie}}$$

$$= \frac{\text{Kurs}}{\text{Gewinn/Aktie}}$$

Wie der Kurs ist auch das KGV eine überschätzte und oftmals falsch eingesetzte Kennzahl. Zwar haben viele Studien gezeigt, dass Aktien, die nach dem Kriterium »niedriges KGV« ausgewählt werden, eine Überrendite gegenüber dem breiten Markt erzielen, allerdings ist bei Aktien mit niedrigen KGVs das Unternehmen gelegentlich in einer angeschlagenen Verfassung. Eine KGV-basierte Strategie ist also entweder ein sehr mechanisches und konsequentes Vorgehen, oder es setzt bei denen, die unter billigen Aktien noch einmal eine Auswahl treffen wollen, viel Selbstvertrauen und Kenntnis als Investor voraus, um die richtigen Titel auszuwählen. Rein mechanisch nach KGV gehen die wenigsten Privatinvestoren vor, und hierin liegt das Problem, denn durch Halbwissen wird eine mechanische Strategie nur »verschlimmbessert«.

3. Ein niedriges *Kurs-Cashflow-Verhältnis* scheint als Indikator noch etwas besser zu funktionieren als das Kurs-Gewinn-Verhältnis. Hier werden anstelle der buchhalterisch manipulierbaren Gewinnzahlen die »nackten« Cashflow-Zahlen im Verhältnis zum Kurs genommen.

4. Eine praktikable Größe ist auch die *Dividendenrendite* (Dividende in Relation zum Kurs). Es ist leicht, die Aktien mit der höchsten Dividendenrendite (also die billigsten Aktien) auszuwählen – hierzu reicht meistens eine Wirtschaftszeitung. Zudem signalisiert eine hohe Dividende, dass das Unternehmen derzeit keine vielversprechenden Investitionsmöglichkeiten hat, deren Renditen über den Kapitalkosten liegen. Die Ersatzinvestitionen können ja aus den Abschreibungen bedient werden.

In reifen Märkten ist es keine Ausnahme, sondern der Regelfall, dass Unternehmen keine profitablen Reinvestitionsmöglichkeiten für ihre Gewinne finden. Sie sollten zunächst einmal immer skeptisch sein, wenn ein Unternehmen seine Gewinne größtenteils einbehält. Auch bei Wachstumsunternehmen, wie zum Beispiel Bijou Brigitte oder United Internet, konnte das Wachstum erfolgen, ohne dass das Unternehmen viel Kapital einbehielt. Diese Unternehmen konnten bereits von einem frühen Zeitpunkt an eine Dividende ausschütten.

Dividendenstrategien wurden seit Anfang der neunziger Jahre von Michael O'Higgins in den USA populär gemacht. O'Higgins hatte gezeigt, dass man von 1973 bis 1991 eine Gesamtrendite von 1.753,14 Prozent erzielt hätte, wenn man jeweils die dividendenstärksten Unternehmen des Dow Jones ausgesucht hätte. Der

Dow Jones hätte in dieser Zeit nur eine Rendite von 559,31 Prozent erzielt.[24] O'Higgins hat dann die Ergebnisse seiner Studie noch weiter verfeinert, indem er aus den zehn dividendenstärksten Werten noch die fünf Titel mit dem niedrigsten Kurs ausgewählt hat. Eine solche Strategie hätte noch einmal eine höhere Rendite versprochen. Ein möglicher Grund: Aktien mit einem niedrigen Kurs reagieren über, weil kleinere absolute Schwankungen so recht hohe relative Schwankungen darstellen können. Konkret: Eine Schwankung des Kurses der Allianz-Aktie, die im Sommer 2006 bei 130 Euro stand, um 10 Prozent wären immerhin 13 Euro. Für eine Schwankung der Aktie der Deutschen Telekom AG um 10 Prozent wären im selben Zeitraum aber nur Kursveränderungen von 1,3 Euro notwendig gewesen, denn die Aktie notierte bei ca. 13 Euro.

Abb. 3.3: Überrenditen der DAX-Dividendenstrategie nach Kotkamp/Otte

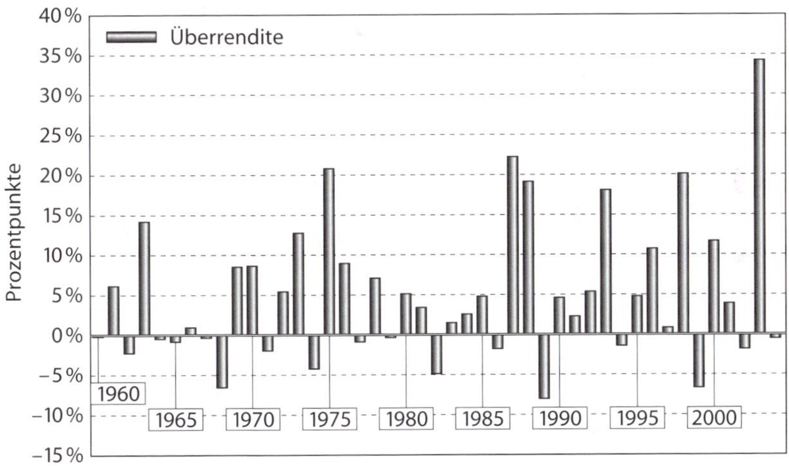

Quelle: Kotkamp/Otte (2001)

Im Jahr 2001 veröffentlichten Stefan Kotkamp und ich eine Studie, die die Wirksamkeit dieser Strategie für den deutschen Markt untersuchte.[25] Dabei analysierten wir einen sehr langen Zeitraum vom 1. September 1961 bis zum 31. Dezember 1998 anhand der Rückberechnungen des DAX durch Stehle et al.[26] Wir kamen zu dem Schluss, dass sich durchschnittlich Überrenditen von bis zu vier Prozent erzielen lassen, wenn man jedes Jahr die fünf dividendenstärksten Werte auswählt. Dieser Effekt ist weitgehend unabhängig vom Zeitpunkt innerhalb des Jahres, an dem man die Auswahl der Aktien vornimmt. Allen mechanischen Strategien ist gemeinsam, dass sie die Indizes nicht in jedem Jahr schlagen. In unserem Falle war die DAX-5-Strategie in ca. zwei Dritteln aller Jahre besser.

5. *Kurs relativ zum Buchwert:* Interessante Überrenditen erwirtschaften auch solche Portfolios, bei denen Aktien ausgesucht werden, deren Kurswert gemessen an ihrem buchhalterischen Eigenkapital relativ niedrig ist. Es zeigt sich, dass solche Titel im Schnitt 5,2 Prozent Überrendite erzielen, und zwar unabhängig von ihrer aktuellen Ertragslage. Das hängt wahrscheinlich damit zusammen, dass eine Aktie, die in Relation zum Buchwert des Eigenkapitals billig ist, tatsächlich billig ist. Das Kurs-Buchwert-Verhältnis ist daher oftmals eine sehr gute Suchstrategie. Allerdings werden Sie in dieser Kategorie auch viele hässliche Entlein finden, denen man ihr Potenzial zunächst einmal nicht ansieht.

6. *Kurs relativ zum Nettoumlaufvermögen:* Ein noch härteres Kriterium stellt der Kurs relativ zum Nettoumlaufvermögen (Umlaufvermögen abzüglich kurzfristige Verbindlichkeiten) dar. In allen von Leber und Muhle untersuchten Studien haben Aktien, die nach diesem Kriterium ausgewählt wurden, durchschnittlich Überrenditen von 19,5 Prozent erwirtschaftet. Dieses Kriterium geht auf Benjamin Graham zurück, der es »Net-Net-Prinzip« nannte und danach Aktien auswählte, deren Börsenwert geringer war als das Nettoumlaufvermögen abzüglich sämtlicher weiteren Schulden. *(Ben Grahams erste Methode)*.

Heutzutage gibt es nicht mehr allzu häufig die Möglichkeit, Aktien nach dem Net-Net-Prinzip auszuwählen, da die Bewertungen meistens sehr viel höher sind. Aber in den richtigen Marktphasen – nämlich dann, wenn Weltuntergangsstimmung am Markt oder in einer bestimmten Branche herrscht – sind solche Aktien zu finden und sie haben sich dann meistens als gute Investments entpuppt.[27] Nach dem Zusammenbruch des Neuen Markts notierten Unternehmen wie **freenet.de** (ISIN: DE0005792006), **OnVista** (ISIN: DE0005461602) oder **SinnerSchrader** (ISIN: DE0007241002) in den Jahren 2001 bis 2002 teilweise deutlich unter ihrem Kassenbestand abzüglich aller Verbindlichkeiten. Wenn Sie die Aktien dieser Unternehmen gegen Ende des Jahres 2001 oder im Jahr 2002 gekauft hätten, wären das alles hervorragende Investments gewesen. Im Juni 2005 waren Aktien des Biotech-Unternehmens **Applera** (ISDN: US0380202020), dessen Gründer Craig Venter mit der Entschlüsselung des menschlichen Genoms Schlagzeilen gemacht hatte, unter dem Wert des Bargeldbestands je Aktie zu haben. Es lohnt sich manchmal also auch, bei gefallenen Stars nachzusehen.

Abb. 3.4: Kursverlauf der Aktie von freenet.de Dez. 2001 – Okt. 2006

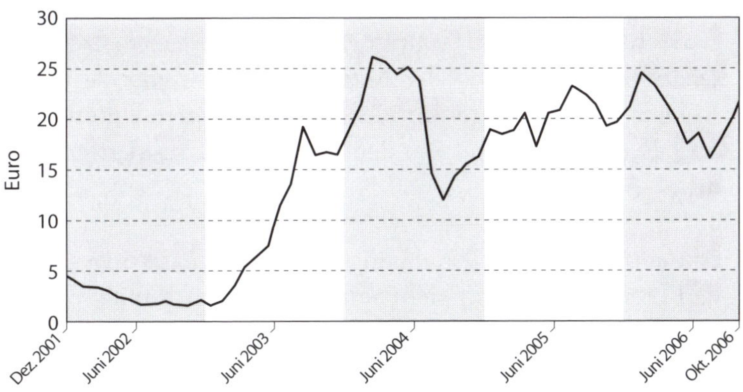

Quelle: Yahoo! Finance

7. *Eigenkapitalrendite:* Die Eigenkapitalrendite ist eigentlich ein Maß für die Qualität eines Unternehmens, nicht für dessen Preis. Sie misst letztlich die Stärke von Geschäftsmodell und Management. In der grundlegenden Gleichung des Value-Investors

Rendite = gutes Unternehmen zu sehr günstigem Preis

berücksichtigt diese Kennzahl also nur den ersten Teil (gutes Unternehmen), während die zuvor diskutierten Größen sich nur auf den Preis beziehen. Dennoch kam zumindest eine Studie zu dem Ergebnis, dass auch Unternehmen, die nach dem Kriterium der Eigenkapitalrendite ausgesucht wurden, eine Überrendite erzielen.

8. *Insiderkäufe und Aktienrückkäufe:* Ein hervorragendes Indiz für eine gute Entwicklung der Aktie sind auch Insiderkäufe. In den sieben von Leber und Muhle aufgeführten Studien hatten Aktien mit Insiderkäufen nachher durchschnittlich Überrenditen von 21,2 Prozent! Man sollte meinen, dass der Insidereffekt mit den modernen Insiderregeln weitgehend verschwunden sei. Normalerweise müssen kursrelevante Entwicklungen in Ad-hoc-Mitteilungen publiziert werden. Allerdings werden auch bereits vom Unternehmen publizierte Entwicklungen vom Kapitalmarkt oftmals nicht sofort effizient verarbeitet.[28] Insider haben eben doch ein besseres Gespür für die Geschäftsentwicklung. Genauso sind starke Insiderverkäufe fast immer ein Indiz für eine negative Geschäftsentwicklung. Solche Aktien wären also eher zu meiden. In Deutschland sind die Brüder Hable mit ihrem Unternehmen 2IQ Research führend bei der Analyse von Insidertransaktionen.[29]

   Aktienrückkäufe stellen häufig ebenfalls ein positives Signal dar. Das Management sieht seine Aktien am Kapitalmarkt als unterbewertet an und gibt Geld in Form von Aktienrückkäufen an die Eigentümer zurück. Natürlich sind Aktienrückkäufe auch ein Eingeständnis fehlender Wachstumsmöglichkeiten. Aber viele Unternehmen sind in einer Phase, in der nicht mehr ein stürmisches Wachstum, sondern die Sicherung des Bestehenden und ein langsames organisches Wachstum im Vordergrund stehen.

   Allerdings sind Aktienrückkäufe in den letzten Jahren sehr populär geworden. Warren Buffett weist zu Recht darauf hin, dass sie nicht immer positiv zu beurteilen sind. Ein Management, das Vergütungsbestandteile in Form von Aktienoptionen oder Gratisaktien erhält, sollte die Dividendenzahlungen komplett ausfallen lassen und sämtliche freien Mittel in Aktienrückkäufe investieren. Durch die verringerte Aktienanzahl lässt sich der Gewinn pro Aktie, damit der Wert der Aktie und letztlich die Vergütung des Managements erhöhen.[30]

9. *Kleinfirmeneffekt:* Vom Kleinfirmeneffekt spricht man dann, wenn kleine Wachstumsunternehmen zum ersten Mal in das Blickfeld von institutionellen Investoren geraten. Dies kann dann der Fall sein, wenn diese Unternehmen über mehrere Jahre eine sehr gute fundamentale Performance aufweisen und in eine Größenordnung hineinwachsen, die sie von der Marktkapitalisierung her auch für größere Investoren interessant macht. Das größere Interesse führt zu einer dauerhaft höheren Nachfrage für die Aktie und damit zu einer einmaligen Niveauanhebung des Kurses.

Der Kleinfirmeneffekt ist ein Grund, warum kleine Privatanleger den großen institutionellen Anlegern gegenüber im Vorteil sind. In Deutschland wären in den Jahren von 2001 bis 2005 zum Beispiel Unternehmen wie **Puma** (+1.706 Prozent), **United Internet** (+509 Prozent) oder **Bijou Brigitte** (+674 Prozent) zu nennen. Im Mai 2005 kauften sich die Tchibo-Erben der Familie Herz mit 16,9 Prozent bei Puma ein, im September 2005 erhöhten sie auf 25,27 Prozent. Seitdem ist die Aktie um weitere 80 Prozent gestiegen. Dabei lag die wirklich gute Zeit zwischen 2001 und 2004 – in dieser Zeit stieg die Aktie um ca. 1.500 Prozent. Zum Zeitpunkt des Einstiegs der Familie Herz war Puma schon ein deutlich riskanteres Investment: Zwar stimmen nach wie vor alle Zahlen, aber durch die Umgestaltung zu einem Mode- und Lifestyle-Konzern, bei dem das Sportgeschäft nur noch einen kleinen Teil ausmacht, wird das Geschäft auch volatiler und riskanter.

Viele der im zweiten Teil dieses Buchs vorgestellten Fondsmanager haben ihre Fonds für neue Mittelzuflüsse geschlossen, weil sie ab einer bestimmten Größe die Investments, die sie tätigen wollen, nicht mehr »geräuschlos« tätigen können.

Kombinierte Strategien

Oftmals kombinieren Value-Investoren auch mehrere Kennzahlen und Filter, um Aktien zu suchen, die ihren Kriterien entsprechen.

10. *Eigenkapitalrendite und Gewinnrendite:* Joel Greenblatt, ein sehr erfolgreicher Value-Investor, hat die 3.500 größten amerikanischen börsennotierten Unternehmen nach zwei Kennzahlen, der Eigenkapitalrendite und der Gewinnrendite (umgekehrtes KGV) durchgerechnet. Unternehmen bekommen jeweils eine Rangnummer für jede Größe (das Unternehmen mit der höchsten Eigenkapitalrendite hat z. B. hierfür eine 1). Beide Rangnummern werden addiert, die nach diesem Verfahren ausgewählten besten 30 Aktien jedes Jahr in das Portfolio genommen. Das Verfahren kombiniert damit eine Größe für die Unternehmensqualität (Eigenkapitalrendite) und eine für die Marktbewertung (Gewinnrendite). Greenblatt kommt zu dem Ergebnis, das sein Verfahren von 1988 bis 2004 eine durchschnittliche Rendite von 30,8 Prozent produziert hätte, der S&P 500 hingegen nur 12,5 Prozent.[31] Er geht davon aus, dass das Verfahren auch in Zukunft funktionieren wird.

    Letztlich ist es logisch, Kennzahlen für Unternehmensqualität und Marktbewertung miteinander zu kombinieren. Ob Greenblatts Methode in der Zukunft noch die hervorragenden Renditen der Vergangenheit abwerfen wird, sei dahingestellt, eine sinnvolle Kombination von Kennzahlen stellt sie allemal dar.

11. *Ben Grahams zweite Methode – Aktiengewinnrendite, Dividendenrendite und Verschuldung:* Bei dieser Methode kombiniert Graham zwei Maße für die Bewertung (Aktiengewinnrendite und Dividendenrendite) und ein Qualitätsmaß (Verschuldung). Die *Aktiengewinnrendite* sollte das Doppelte der gegenwärtigen Verzinsung einer langfristigen Staatsanleihe (20 Jahre) allerhöchster Bonität betragen. Im August betrug die Verzinsung der zwanzigjährigen US-Schatzanleihe ca. 5,1 Prozent. Die Gewinnrendite errechnet sich als Gewinn je Aktie geteilt durch Aktienkurs oder als Kehrwert des KGV. Also hätten nur Aktien mit einem KGV

von unter 9,8 (die Gewinnrendite ist dann 1 geteilt 9,8) das erste Graham-Kriterium erfüllt. Die Dividendenrendite sollte nicht weniger als zwei Drittel der Verzinsung der langfristigen Staatsanleihe betragen. Im August 2006 hätten also nur amerikanische Aktien mit Dividendenrenditen von über 3,4 Prozent dieses Kriterium erfüllt. Zudem sollte ein Unternehmen höchstens *Schulden* in der Höhe seines Eigenkapitals haben, die Eigenkapitalquote also 50 Prozent betragen. Allerdings hängt dieses Kriterium von der Branche ab. In manchen Branchen (z. B. bei Banken) sind wesentlich höhere Verschuldungsgrade angemessen.[32]

12. *Grahams dritte Methode – Aktienauswahl für den konservativen Investor:* In »The Intelligent Investor« beschreibt Graham sieben Kriterien, die dem konservativen Investor eine Aktienauswahl ermöglichen sollen.[33]

    a. *Angemessene Größe des Unternehmens:* Das Unternehmen sollte mindestens einen Umsatz von 100 Millionen Dollar machen (Industrieunternehmen) oder mindestens 50 Millionen Dollar Bilanzsumme haben (Versorger). Hierzu ist zu sagen, dass 100 Millionen Dollar im Jahr 1972 bereits 486 Millionen Dollar im Jahr 2006 darstellen, 50 Millionen dementsprechend 243 Millionen.[34]

    b. *Angemessen stabile Finanzlage:* Das Umlaufvermögen sollte mindestens doppelt so hoch sein wie die kurzfristigen Verbindlichkeiten. Die langfristigen Schulden sollten nicht die Höhe des Net Working Capital überschreiten (Umlaufvermögen minus kurzfristige Verbindlichkeiten). Bei Versorgern sollten die Schulden das Zweifache des Eigenkapitals nicht übersteigen.

    c. *Stabilität der Gewinne:* Das Unternehmen sollte in den letzten zehn Jahren keinen Verlust ausgewiesen haben.

    d. *Stabilität der Dividenden:* Das Unternehmen sollte in den vergangenen zwanzig Jahren immer eine Dividende gezahlt haben.

e. *Gewinnwachstum:* Die Gewinne je Aktie sollten in den vergangenen zehn Jahren um mindestens ein Drittel gewachsen sein, wobei für den Start und Endpunkt der Gewinnberechnung der Durchschnitt über drei Jahre genommen wird.

f. *Moderates Kurs-Gewinn-Verhältnis:* Das Kurs-Gewinn-Verhältnis sollte 15 nicht übersteigen.

g. *Moderates Kurs-Buchwert-Verhältnis:* Das Kurs-Buchwert-Verhältnis sollte 1,5 nicht übersteigen. Wenn das KGV allerdings unter 15 liegt, könnte das KBV entsprechend höher liegen. Das Produkt aus KBV und KGV sollte 22,5 nicht übersteigen.

Diese Methode, die Graham in »The Intelligent Investor« beschrieben hat, zeigt, warum Value-Investing für den Laien zwar nachvollziehbar, aber oftmals nicht durchführbar ist.[35] Nicht viele Privatanleger werden die Zeit und Muße haben, alle sieben Kriterien für eine Vielzahl von Aktien zu prüfen.

13. *Grahams vierte Methode – Aktienauswahl für den unternehmerischen Investor:* Für den unternehmerisch orientierten Investor beschreibt Graham fünf Kriterien, die ähnlich den oben genannten aussehen, aber etwas weniger streng sind. Dafür muss die Einzelanalyse der Werte dann entsprechend sorgfältiger erfolgen.[36]

Der kurze Überblick über mögliche Suchstrategien hat gezeigt, dass viele Wege zum Ziel führen. Letztlich können all diese Strategien helfen, erstens Unternehmen mit niedriger Bewertung und hoher Qualität oder zweitens Situationen, in denen Value wahrscheinlich ist, zu identifizieren. Auch Kombinationen der Strategien sind möglich. Schon bei den Suchstrategien zeigt es sich, dass jeder Value-Investor seinen eigenen Stil entwickeln kann und muss, da es nicht möglich ist, alle Strategien auf einmal anzuwenden. Dies erfordert Zeit und Übung.

Schritt 2: Robuste Bewertungsverfahren

Value-Investoren analysieren die Geschäftszahlen und Jahresabschlüsse eines Unternehmens und dessen Branche kritisch im Hinblick sowohl auf zu hoch angesetzte als auch auf zu niedrig angesetzte Werte. In der Bilanz versuchen sie, verstecktes Vermögen oder nicht ausgewiesene Verbindlichkeiten aufzuspüren. Bei der Gewinn-und-Verlustrechnung sowie der Cashflow-Rechnung machen sie sich Gedanken über die Dauerhaftigkeit oder mögliche Veränderungen einzelner Größen. Während ein Großteil sowohl der Privatanleger als auch der Profis Trends aus der Vergangenheit extrapoliert, hinterfragen Value-Investoren kritisch deren Nachhaltigkeit und suchen nach möglichen Trendbrüchen.

Hierzu muss der Value-Investor sowohl die Finanz- und Bilanzanalyse beherrschen als auch ein realistisches Bild von den Produkten und Dienstleistungen, der Marktstrategie des Unternehmens, seinen direkten und potenziellen Wettbewerbern und der Dynamik der Branche haben. Benjamin Graham schrieb: »Investing is at its best, when it is most businesslike.« (Frei in etwa: Investieren ist dann am besten, wenn der Investor sich am umfassendsten in die Position des Unternehmers hineinzuversetzen versteht.) Obwohl die Prinzipien des Value-Investing sehr einfach sind, ist daher die Praxis alles andere als einfach. Sie erfordert sowohl die Beherrschung der Techniken (Bilanzanalyse, Finanzmathematik, Strategielehre) als auch Kreativität und unkonventionelle Gedanken bei deren Anwendung. Robert Hagstrom bezeichnete daher Investing als »the last liberal art«: die »letzte schöne Kunst«.[37] Value-Investoren haben ein gutes Instrumentarium, das sie bei Bedarf anwenden können. Sie bleiben offen gegenüber ihrer Umwelt. Sie streben danach, nicht Gefangene ihrer eigenen Gedanken und Routinen zu werden, und sie versuchen, jede Situation und jedes Investment als einzigartig anzusehen.

Value-Investoren sind oftmals hoch fokussierte Spezialisten in einer oder mehreren Branchen, denn nur so können sie sich das notwendige Wissen erarbeiten, um bei bestimmten Unternehmen oder Branchen dann zuzuschlagen, wenn kein anderer dort investieren will. Warren

Buffett konzentriert sich, wie bereits erwähnt, zum Beispiel weitestgehend auf vier Bereiche. Der Pléiade Privatinvestorfonds hält 25 Unternehmen in relativ wenigen Branchen, der Classic Global Equity von Braun, von Wyss und Müller 35 Unternehmen. Frankfurt Performance Management hat sich ausschließlich auf deutsche Aktien konzentriert, MainFirst auf europäische Aktien.[38] Demgegenüber sind viele Privatanleger und Spekulanten versucht, permanent den aktuellen Chancen und Trends hinterherzulaufen. Und genau damit verstärken sie natürlich diese Trends und fahren auf kurze oder lange Sicht mit großer Wahrscheinlichkeit Verluste ein.

Value-Investing heißt, Unternehmen und Branchen zu analysieren. Sie müssen die Zahlen eines Unternehmens interpretieren und hinterfragen können. Die einzige Möglichkeit, dies zu schaffen, besteht darin, sich auf Branchen und Unternehmen zu konzentrieren, die Sie verstehen können. Gute Value-Investoren kennen ihre Kompetenz und deren Grenzen und bleiben innerhalb dieser Grenzen. Zu Zeiten des Technologiebooms wurde Warren Buffett regelmäßig belächelt, da er kein einziges Technologieinvestment angepackt hat. Für einen Mann, der den glühenden Ehrgeiz hat, »der Beste« zu sein, war das sicher nicht einfach. Aber er hat durchgehalten. Heute steht er gut da.

Ein Unternehmen verstehen heißt, dessen Produkte und Dienstleistungen und die Verhaltensweisen der Kunden (Geschmäcke, Kaufverhalten, Demografie) und der Wettbewerber sowie die Branchendynamik so gut zu verstehen, dass mit diesem Wissen belastbare Aussagen über die Entwicklung von Finanzgrößen getroffen werden können.

Value-Investoren versuchen zunächst, sich in die Geschäftsführung des Unternehmens hineinzuversetzen. Hierzu fragen sie sich: Welche Produkte und Dienstleistungen stellt das Unternehmen zur Verfügung? Welchen Nutzen haben diese für Kunden? Wie stabil ist die Nachfrage nach diesen Produkten und Dienstleistungen, und wie gut ist das Unternehmen positioniert, diese in der Zukunft zu befriedigen? Haben die Produkte Alleinstellungsmerkmale und interessiert dies die Kunden? Kann das Unternehmen seine Preise erhöhen, ohne Kunden zu verlieren?

Wie stabil ist die Kundenbasis des Unternehmens? Ist die Kundenbasis breit oder hängt das Unternehmen von wenigen Kunden ab? Hängt das Unternehmen unter Umständen auch von wenigen Zulieferern ab? Wie wirken sich diese Abhängigkeiten aus? Wie solide sind die Kunden?

Wie vertreibt das Unternehmen seine Produkte? Welche Vertriebskanäle benutzt es? Wie hoch sind die Vertriebsaufwendungen? In welchen regionalen Märkten ist das Unternehmen präsent und wie ist die entsprechende Wettbewerbsposition? Wie stark hängt das Geschäft von der regionalen oder der Branchenkonjunktur ab? Kann das Unternehmen dauerhaft überdurchschnittliche Erträge erwirtschaften oder muss es vielleicht gegen dauerhafte Nachteile ankämpfen?

Wie schnell kann sich das Unternehmen an veränderte Bedingungen anpassen? Ist es ein etabliertes Unternehmen, ein aussterbendes Unternehmen oder ein Neuling? Und noch einmal die wichtige Frage: Wie kompetent, glaubwürdig und ehrlich ist das Management? Und, damit zusammenhängend: Wie gut ist das System der Corporate Governance?[39]

Charakteristika von Value-Investments

Verständliche Produkte und Dienstleistungen: Value-Investoren investieren nur in Unternehmen, deren Produkte und Dienstleistungen und deren Markt sie verstehen.

Oftmals sind das Unternehmen, die Güter und Dienstleistungen bereitstellen, die Privatpersonen täglich nutzen (neudeutsch: Business to Consumer, B2C), zum Beispiel Coca-Cola, Starbucks, Bijou Brigitte, Novartis, Sanofi-Aventis, Daimler, Volkswagen, Nestlé, aber auch Dienstleistungsunternehmen wie FederalExpress, Microsoft, die Deutsche Telekom, United Internet, Allianz, MLP, die ING-DiBa oder das Rhön-Klinikum. Mittlerweile bestehen bis zu 70 Prozent unseres Sozialprodukts aus Dienstleistungen, daher finden sich immer mehr Dienstleistungsunternehmen in den Portfolios von Value-Investoren, obwohl deren Vermögen oftmals immateriell ist und sich kaum in der Bilanz niederschlägt.[40]

Eine zweite Gruppe von Value-Investments besteht aus Industrie-, Roh- und Grundstoffunternehmen (Business to Business, B2B), wie zum Beispiel

Salzgitter, BP plc., Rio Tinto, BorgWarner und Linde. Solche Unternehmen zeichnen sich durch industrielle Kunden und einen höheren Kapitalbedarf sowie stärker schwankende Preise und Branchenzyklen aus.

Ganz selten werden Sie die Aktien reiner Technologieunternehmen ohne eine ausreichend etablierte Kundenbasis in den Portfolios von Value-Investoren finden (z. B. Biotech-Unternehmen, Technologieunternehmen und Minengesellschaften, die noch nicht fördern). Solche Unternehmen sind immer Wetten auf die Zukunft, und Value-Investoren gehen keine riskanten Wetten ein, sondern bevorzugen Investments mit einer ausreichenden Sicherheitsmarge.

Berechenbare Gewinne und kontinuierliche Finanzzahlen: Value-Investoren bevorzugen Unternehmen mit einer beständigen Unternehmensgeschichte sowie einer stabilen und belastbaren Finanzhistorie. Gerne investieren sie in Unternehmen, die stetige, nach Möglichkeit wachsende Gewinne erwirtschaften (Consistent Earner, Quality Growth).

Allerdings gibt es auch Value-Investoren, die Unternehmen kaufen, deren Gewinne sehr stark schwanken oder die in einer Turnaround-Situation stehen (zyklische Investments, Contrarian Investments, Turnaround-Investments). Generell sind Contrarian oder Turnaround-Investments schwieriger als solche in Unternehmen, die stetig performen. Wenn aber die Branchenkenntnis gegeben ist und der Preis stimmt (angemessene Sicherheitsmarge), können solche Investments sehr attraktiv sein.

Unternehmenswerte und die Zuverlässigkeit von Daten

Letztlich gibt es nur zwei Möglichkeiten, den intrinsischen Wert eines Vermögensgegenstands oder Unternehmens zu ermitteln: die Bewertung der Substanz oder die Bewertung des Ertrags. Der Substanzwert gibt den Wert aller Vermögensgegenstände des Unternehmens an, der Ertragswert berechnet sich aus der Summe der jetzigen und der abgezinsten zukünftigen Erträge, die das Unternehmen erwirtschaftet oder die der Vermögensgegenstand abwirft.[41] Das ist Stoff für das Grundstudium der Betriebswirtschaftslehre. Allerdings gibt es zwei Probleme: Erstens ist selbst das Basismaterial der Unternehmensanalyse, die Zahlen des Jahresabschlusses, in vielerlei Weise vom spezifischen Umfeld und der Situation abhängig und damit interpretationsbedürftig. Zweitens müssen sowohl bei Substanz- als auch bei Ertragswerten Annahmen für die Zukunft getroffen werden. Und diese sind immer mit einem hohen Unsicherheitsfaktor behaftet.

Interpretationsbedürftigkeit des Zahlenwerks: Das »objektive« Zahlenwerk des Unternehmens – die externe Rechnungslegung – ist von vielen Einflüssen abhängig. Die Zahlen können sehr unterschiedlich ausfallen, ohne dass notwendigerweise unzulässige Manipulationen vorliegen. Palepu et al. haben dies in einer treffenden Grafik festgehalten:

Abb. 3.5: Einflüsse auf die Rechnungslegung

Quelle: Palepu et al. (1997), S. 1–3

1. Die Geschäftsaktivitäten werden durch die Geschäftsstrategie und das Wettbewerbsumfeld bestimmt. In optimistischen Zeiten, wie in den Jahren 1998 bis 2000, verfolgten viele Unternehmen, zum Beispiel im Telekommunikationssektor, eine aggressive Expansionsstrategie. Von 2001 bis 2004 stand dann Konsolidierung und Gewinnsicherung im Vordergrund. Viele Unternehmen gaben in den USA während des Technologiebooms Aktienoptio-

nen an ihre Mitarbeiter aus, die zum Teil einen wesentlichen Teil der Vergütung ausmachten.

2. Die – sich verändernden – Geschäftsaktivitäten sollen durch die Rechnungslegung des Unternehmens wiedergegeben werden. Aber auch die Rechnungslegung unterliegt vielen Einflüssen: Zum einen ändern sich die externen Anforderungen durch den Kapitalmarkt (die Eigentümer) und den Gesetzgeber, zum anderen kann das Unternehmen in vielen Fällen Wahlrechte ausüben. So wurden die im Zuge des Technologiebooms ausgegebenen Aktienoptionen in vielen Fällen nicht als Kosten verbucht. Die Grundsätze der Rechnungslegung ließen diese Praxis zu. Damit wurden aber die Personalkosten unter Umständen zu niedrig ausgewiesen, da die Optionen ja Teil der Vergütung waren. Wenn die Optionen andererseits als Kosten verbucht werden, ergeben sich Steuervorteile. Damit fällt der Cashflow höher aus. Mittlerweile wünscht der Kapitalmarkt eine Verbuchung von Aktienoptionen, obwohl dies weiterhin ein Wahlrecht für das Unternehmen ist. Dies brachte viele Unternehmen, u. a. Microsoft, dazu, ganz auf Mitarbeiteroptionen zu verzichten.[42] Auch wenn viele Grundsätze der Bilanzierung gleich sind – egal ob Sie sich in Deutschland, England, den USA oder Japan einen Jahresabschluss anschauen – können einige durchaus sehr unterschiedlich sein: So gilt in der deutschen Bilanzierung alter Schule das strenge Niederstwertprinzip, nach dem vom Kaufpreis oder aktuellen Wert der niedrigere angesetzt werden muss. Nach den amerikanischen GAAP (Generally Accepted Accounting Principles) können Sie hingegen in vielen Fällen den »Fair Value« ansetzen.

Der Jahresabschluss, der den externen Interessenten vorliegt, ist somit letztlich geprägt von der Unternehmensstrategie, dem Branchenumfeld, den sich wandelnden Anforderungen der Interessenten, der Berichtsstrategie und den Wahlrechten des Managements (die wiederum von überlegenen Informationen des Managements beeinflusst werden) sowie von Schätzfehlern bei Größen und Zahlen, die in den Jahresabschluss einfließen.

Ungenauigkeit der Ertragswertschätzungen: In bestimmten Fällen kann der faire Wert mit Hilfe des Substanzwerts bestimmt werden, meistens wird jedoch der Ertragswert maßgeblich sein. Der Ertragswert berechnet sich im einfachsten Falle mit der Formel für die ewige Rente als:[43]

$$V = \frac{c}{r}$$

mit c = Ertrag und r = Kapitalkostensatz.

Bei der Ermittlung der Ertragswerte sind hauptsächlich drei Faktoren zu klären:

- erstens: Welchen Zinssatz setze ich für die Abzinsung an?
- zweitens: Welche Größen nehme ich an, zum Beispiel Bilanzgewinn, normalisierter Bilanzgewinn, Betriebsergebnis (EBIT), Betriebsergebnis vor Abschreibungen (EBITDA), Cashflows oder Nettocashflows?
- und drittens und am allerwichtigsten: Welche Prognosen setze ich für die Zukunft an?

Die einzelnen Schritte werden in Kapitel 5 noch genauer behandelt. An dieser Stelle soll nur gezeigt werden dass das, was als elementare Betriebswirtschaftslehre gelten kann, in der Praxis große Unsicherheitsfaktoren beinhaltet. Wenn wir uns eine Aktie als eine »ewige Rente mit konstanter Wachstumsrate« vorstellen, so könnten wir den Wert einer Aktie bei unbegrenzter Haltedauer wie folgt berechnen:[44]

$$K = c * 1/(r - g) = DIV/A * 1/(r - g)$$

K = Kurs, c = Ertrag, DIV/A = Dividende je Aktie, r = Zinssatz und g = Wachstumsrate, 1/(r – g) = Multiplikator zur Bestimmung des Unternehmenswerts, r > g

Die meisten Analysten bestimmen den Wert von Unternehmen, indem sie Cashflows oder Erträge für die nächsten fünf bis zehn Jahre detailliert prognostizieren und für die Zeit danach eine »ewige Rente« ansetzen. Bruce Greenwald schreibt hierzu: »Wir bestimmen Wachstumsraten für zehn Jahre und dann eine weitere Wachstumsrate, die vom Ende des zehnten Jahres bis in alle Ewigkeit gilt. Das ist ein sehr mutiges, um nicht zu sagen dummes Vorgehen.«[45] Denn ein Großteil des so ermittelten Werts steckt in der »ewigen Rente«, deren Wert aber wiederum höchst sensibel auf auch nur leichteste Veränderungen einzelner Annahmen wie Gewinnmarken oder Zinssätze reagiert.

Die klare Mathematik des Modells verleitet dazu, diese unsichere Basis der Annahmen zu verdrängen. Ein bis zwei Jahre mag sich das Unternehmensumfeld noch voraussehen lassen. Aber nur in den wenigsten Fällen weiß man, wie es um ein Unternehmen in drei oder fünf Jahren aussehen wird. Eine Prognose auf zehn Jahre ist schon eher Poesie als Betriebswirtschaft. Und die ewige Rente in zehn Jahren ist noch unsicherer. Die Finanzmathematik bringt es aber mit sich, dass bei einem solchen Vorgehen die Hälfte bis zu zwei Dritteln des errechneten Unternehmenswerts in der ewigen Rente stecken kann.

Nehmen wir an, wir machen eine Globalprognose und prognostizieren gleich vom ersten Jahr an eine ewige Rente mit einer konstanten Wachstumsrate und nehmen als Basis die aktuellen Gewinnzahlen. Dann können schon Unterschiede von jeweils einem Prozent bei den angesetzten Zinsen und den Wachstumsraten das Ergebnis um den Faktor 3 verändern, d. h. der optimistisch geschätzte Wert ist 200 Prozent höher als der konservativ geschätzte Wert:[46]

- Wenn zum Beispiel die Kapitalkosten bei acht Prozent liegen und das ewige Wachstum vier Prozent ausmacht (Basisszenario), dann beträgt der Multiplikator **25 [m = 1 / (0,08 – 0,04)]**.

- Wenn aber die Kapitalkosten mit sieben Prozent und das Wachstum mit fünf Prozent geschätzt werden, beträgt der Multiplikator stattliche **50 [m = 1 / (0,07 – 0,05)]**.

- Wenn schließlich die Kapitalkosten etwas höher mit neun Prozent und das Wachstum mit drei Prozent geschätzt werden, beträgt der Multiplikator nur noch **16,6 [m = 1 / (0,09 – 0,03]**.

Es ist somit nicht die Mathematik, sondern die Zuverlässigkeit meiner Daten, welche die ermittelten Werte bestimmt. Eine Schätzung, die auf einer Reihe von Annahmen beruht, ist immer nur so gut wie die am wenigsten belastbare Annahme. Oder in der Sprache der Fehlertheorie: Wenn Sie schlechte Daten und gute Daten mischen, werden daraus schlechte Daten. Value-Investing besteht zu einem großen Teil aus Reduzierung von Unsicherheit, indem man seine Annahmen und Schätzungen möglichst belastbar macht. Dabei versuchen Sie vor allem, die Grundannahmen belastbar zu hinterfragen und im Zweifelsfall lieber mit weniger komplexen, dafür aber belastbaren Annahmen und Daten zu arbeiten.

Tab. 3.2: **Datenarten für die Value-Analyse, Fehlerquellen und mögliche Gegenmittel**

Datenart	Qualität	Fehlerquellen	Mögliche Abhilfe
Bilanz	Gut bis mittel, manchmal schlecht	Bestimmte Verbindlichkeiten und Aktiva erscheinen aufgrund der Bilanzierungsgrundsätze nicht, Gestaltungswahlrechte, Bilanzfälschung	Lange Zahlenreihen der Vergangenheit, Branchenkenntnis, Kenntnis des Unternehmens
Gewinn-und-Verlustrechnung	Gut bis mittel, manchmal schlecht	Gestaltungswahlrechte, außerordentliche Belastungen	Lange Zahlenreihen der Vergangenheit, Branchenkenntnis, Kenntnis des Unternehmens
Cashflow-Rechnung	Gut bis mittel, manchmal schlecht	Hängt sehr von der augenblicklichen Situation ab	Lange Zahlenreihen der Vergangenheit, Branchenkenntnis, Kenntnis des Unternehmens
Kurzfristige bis mittelfristige Prognosen (bis drei Jahre)	Mittel bis schlecht	Zahlenwerk des Unternehmens falsch, unvorhergesehene Veränderungen im Unternehmensumfeld	Lange Zahlenreihen der Vergangenheit, Branchenkenntnis, Kenntnis des Unternehmens, Beschränkung auf stetige Branchen und Unternehmen, »Average Future Conditions«

Langfristige Prognosen	Mittel, oft sehr schlecht	Zahlenwerk des Unternehmens falsch, unvorhergesehene Veränderungen im Unternehmensumfeld	Vermeiden! (wo möglich), Lange Zahlenreihen der Vergangenheit, Branchenkenntnis, Kenntnis des Unternehmens, Beschränkung auf stetige Branchen und Unternehmen, »Average Future Conditions«

Quelle: eigene Darstellung

Ein besonderer Fall ist natürlich Betrug. Leider hat dieser Fall in den letzten Jahren an Relevanz gewonnen (Worldcom, Flowtex, Enron oder in Europa Parmalat und Adecco).[47] Ernsthafte Value-Investoren sind aber oft in der Lage, Betrug zu »riechen«, selbst wenn sie diesen noch nicht genau identifizieren können. Bei Parmalat sahen die Zahlen zum Beispiel »zu schön« aus, um wahr zu sein. Selbstdarstellerische und größenwahnsinnige Managements könnten versucht sein, Finanzzahlen zu schönen – und solches Verhalten lässt sich relativ gut ausmachen. Wenn etwas zu gut ist, um wahr zu sein, dann ist es oftmals auch nicht wahr. Value-Investoren kennen »ihre« Branchen und Unternehmen. Diese Kenntnis hilft, zu bewerten, was realistisch ist und was nicht.

Schritt 3: Disziplinierte Portfoliozusammenstellung sowie Kauf- und Verkaufsstrategie

Die letzte Stufe des Value-Investment-Prozesses ist eine disziplinierte Kauf- und Verkaufsstrategie. Hier müssen die analytischen Pferdestärken aus den ersten beiden Stufen des Prozesses auf die Straße gebracht werden, und hier entscheidet es sich letztlich, ob die Arbeit zum Erfolg führen wird oder nicht.

Was zunächst kinderleicht aussieht, ist in der Praxis alles andere als trivial: Es sind zwei völlig unterschiedliche Dinge, ob man Analysen anfertigt oder nachher eigenes Geld oder das Geld seiner Kunden bewegt. Hier schleicht sich selbst bei der objektivsten und sorgfältigsten Analyse die Emotion gerne wieder durch die Hintertür ein. Vielleicht haben Sie mit einer Aktie viel Geld verdient und sich in diese Aktie verliebt. Vielleicht fällt aber auch eine Aktie, von der man überzeugt ist, kontinuierlich weiter. Erste Zweifel kommen auf. Habe ich etwas bei meiner Analyse übersehen? Hat sich das Umfeld verändert? Und irgendwann hat man sich dann selber überzeugt, dass die eigene Analyse fehlerhaft war, und verkauft. Der Autor dieses Buchs hat schon beide Fehler gemacht – und das nicht nur einmal.

Portfoliozusammenstellung: Hier gibt es durchaus deutliche Unterschiede. Viele Value-Investoren bevorzugen fokussierte Portfolios (Braun, von Wyss und Müller, Pléiade Privatinvestor), andere haben ihre Investments breit gestreut (Acatis, Tweedy, Browne, Norman Rentrop). Beide Methoden führen – richtig angewendet – zum Ziel guter langfristiger Renditen bei möglichst geringem Risiko. Allerdings ist Portfoliodiversifikation kein Mittel zum Selbstzweck, da jedes Investment aufgrund seiner eigenen Qualitäten gekauft wird. Für Value-Investoren gibt es kein »Marktrisiko«, nur spezifisches Risiko.[48]

Kaufentscheidungen: »Im Einkauf liegt der Gewinn« besagt eine alte Kaufmannsregel und Value-Investoren würden diesen Satz ohne Einschränkungen unterschreiben. Sie würden auch ein hervorragendes Unternehmen nicht kaufen, wenn sie es nicht zu einem günstigen Preis bekämen. (Wie dieser »günstige Preis« dann allerdings definiert wird, ist eine andere Sache. Auch Wachstumsunternehmen, die auf den ersten Blick »teuer« aussehen, können sich bei näherem Hinsehen als »günstig« entpuppen.) Zentrales Einkaufskriterium ist Ben Grahams »Safety-Margin«, der Abschlag zum wie auch immer ermittelten inneren Wert. Bei Braun, von Wyss und Müller muss diese Marge 40 Prozent betragen, dem Team von Pléiade Privatinvestor reichen gelegentlich auch 20 Prozent.

Braun, von Wyss und Müller untersuchen ein Unternehmen und die Branche systematisch und wissen dann, was sie zu zahlen bereit sind. Die Unternehmen kommen auf eine Watchlist, damit auch in außergewöhnlichen Situationen schnell reagiert werden kann. Acatis verfolgt einen etwas anderen Weg: Umfangreiche Datenbankroutinen anhand selbstentwickelter kennzahlenbasierter Suchstrategien filtern permanent interessante Aktien heraus. Diese schaut sich das Acatis-Team dann genauer an.

Ein weiterer Aspekt der disziplinierten und wertorientierten Kaufstrategie ist die Tatsache, dass Aktien nach einem Kauf oft weiter fallen, da diese noch negatives Momentum haben. Das kann aber für den Einkauf keine Rolle spielen. Hingegen arbeiten die meisten Fonds in der operativen Umsetzung mit Kauflimits, um nicht durch einen Händler oder andere Marktteilnehmer ausgenutzt werden zu können.

Verkaufsentscheidungen: Genauso werden Aktien nicht aus Momentum-Kriterien verkauft, sondern dann, wenn sie ihren intrinsischen Wert erreichen (Braun, von Wyss und Müller) oder um eine gewisse Marge übersteigen (bei Pléiade Privatinvestor maximal 20 Prozent). Damit gestehen sich Value-Investoren ein, dass es unmöglich ist, den Markt zu timen und den Höhepunkt zu finden.

Frankfurt Performance Management hatte zum Beispiel schon Anfang 1999 seine Positionen in deutschen Aktien glattgestellt, nur um dann zu sehen, wie der DAX noch einmal 60 Prozent (!) gewann. Dazu waren schon eiserne Nerven und eine sehr konsequente Strategie notwendig. Nach zwei bis drei Jahren begann sich die Entscheidung auszuzahlen. Aber auch für eine unabhängige Fondsgesellschaft ist es nicht einfach, zwei Jahre lang die Fragen der Kunden beantworten zu müssen, wenn andere scheinbar mühelos hohe Renditen einfahren.

Eine wichtige Begleiterscheinung ist auch die Tatsache, dass Value-Investoren durch die Verkaufsdisziplin gezwungen sind, sich gerade dann, wenn es gut läuft, schon Gedanken über das nächste Anlageszenario zu machen. Damit sind sie dem Markt zumindest gedanklich voraus.

---

1 Brandes (2004), S. 25.
2 Greenwald, Bruce: Value-Investing. From Graham to Buffett and Beyond. Hoboken 2001, S. 8.
3 S. auch Kap. 1, Seite 38.
4 Ein von der Firma L. P. Bloomberg eingeführter Datenmonitor für Investmentbanken.
5 Cisco stellt technische Produkte für Netzwerke, wie z. B. Router, her und wurde im Zusammenhang mit dem Internetboom Ende der neunziger Jahre an der Börse zeitweilig als die teuerste Firma der Welt gehandelt.
6 Kotkamp, Stefan / Otte, Max: Die langfristige Performance von DAX-Dividendenstrategien. In: Kredit und Kapital. 34. Jahrgang, 2001/Heft 3.
7 Brasilien, Russland, Indien und China.

8 Im Anhang findet sich eine Liste der Quellen.
9 S. Kap. 2.
10 Siklic, Natalia: Warten auf Godot. Online unter: http://fonds.spiegel.de/news/analysis.asp?cobrand=Spiegel&articleid=47366&validfrom=2006-08-25
11 www.brandes.com/institute (The Brandes Institute).
12 z. B. : Schenek, André: Überrenditen von Aktien-Neuemissionen – Determinanten der Performance von Initial Public Offerings am deutschen Markt. Bad Soden/Ts. 2006.
13 Otte (2000).
14 Berkshire-Jahresbericht 2005.
15 http://deutsche-boerse.com/dbag/dispatch/de/binary/gdb_content_pool/imported_files/public_files/10_downloads/14_investor_relations/10_company/Deutscher_Corporate_Governance_Kodex.pdf (Deutscher Corporate Governance Kodex)
16 SdK, DSW.
17 Hermann, Simon: Die heimlichen Gewinner. Frankfurt 1996.
18 S. Kap. 1.
19 Gelfarth, Volker: Die besten Anlagestrategien der Welt. Investieren wie Buffett, Lynch, Graham und Co., München 2005; Acatis.
20 S. Index.
21 Bei einer nach Größe sortierten Reihe von Messwerten ist der Median der Wert, der in der Mitte liegt. Im Gegensatz zum Durchschnitt verhält sich der Median stabil gegenüber einzelnen Ausreißern.
22 Bondt, Werner de / Thaler, Richard: Does the Stock Market Overreact? In: The Journal of Finance, Vol. 40, July 1985.
23 Die Bayerische Landesbank hat für ihre institutionellen Kunden ein Screening-Produkt aufgelegt, das auch den relativen Kursverfall im beobachteten Aktienuniversum abbildet.
24 O'Higgins, Michael: Beating the Dow. New York 2000; Gelfarth (2005).
25 Kotkamp, Stefan / Otte, Max (2001).
26 Stehle, Richard / Hartmond, Anette: Durchschnittsrenditen deutscher Aktien 1954–1988. In: Kredit und Kapital, Jg. 25/Heft 3, 1991, S. 371–411; Stehle, Richard / Huber, Rainer / Maier, Jürgen: Die Rückberechnung des DAX für die Jahre 1955 bis 1987. In: Kredit und Kapital, Jg. 29/Heft 2, 1996, S. 277–304; Stehle, Richard / Wulff, Christian / Richter, Yvette: Die Rendite deutscher Bluechip-Aktien in der Nachkriegszeit – Rückberechnung des DAX für die Jahre 1948 bis 1954. Unveröffentlichtes Manuskript, Humboldt-Universität zu Berlin, 1998.
27 S. Kap. 4.
28 S. Kap. 2, Shleifer (2000)
29 www.2iqresearch.com/home/home.DE.htm (Unternehmens-Website)
30 Jahresbericht Berkshire Hathaway 2006, S. 16.
31 Greenblatt, Joel: The Little Book That Beats The Market. Hoboken 2006, S. 56; www.magicformulainvesting.com (Website zu Greenblatts Magic Formula)
32 Brandes (2004), S. 62 ff.; Graham (2003).
33 Graham (2003), S. 348 ff.
34 Graham (2003), S. 348.
35 Graham (2003).
36 Ebd., S. 385 ff.
37 Hagstrom, Robert: Investing. The Last Liberal Art. New York 2000.
38 Es gibt aber auch Value-Fonds, die mit einer breiten Streuung ihrer Titel sehr erfolgreich sind.
39 S. Kap. 1.
40 S. Kap. 4.
41 S. auch Anhang 1.
42 Coming Clean on Stock Options. In: The Economist, 27th April 2002, S. 75–76; Strauss, Gary: Controversial repricings of Stock Options on the rise. In: USA Today, 14.10.2002.
43 In Kapitel 5 werden diese Verfahren im Detail erläutert.
44 S. Anhang 1.
45 Greenwald (2001), S. 28.
46 Ebd., S. 29.
47 Otte (2006).
48 S. Kap. 1, S. 49; Whitman, Martin: Value-Investing. A Balanced Approach. New York 1999.

Warum gerade ich? Warum war Gott so gnädig, gerade mich auszuerwählen, diese unterbewertete Aktie zu entdecken? Und warum sind Millionen andere Anleger so blöd, diese Perle zu übersehen? Und warum in aller Welt gibt es einen Trottel, der bereit ist, sie für diesen Preis abzugeben?

Bruce Greenwald[1]

4. Die Quellen des Unternehmenswerts und die Ermittlung des Substanzwerts

Der Ausgangspunkt für die Bewertung eines Unternehmens ist die Bilanz, in welcher das Vermögen des Unternehmens dargestellt wird. Nun gibt die Bilanz den tatsächlichen Wert des Vermögens oftmals nur unzureichend wieder: Zum Ersten können die Werte durch (zulässige) Bilanzpolitik und Wahlrechte so weit verändert werden, dass sie nichts mehr mit den ursprünglichen Werten gemein haben, zum Zweiten werden in der Bilanz die Beschaffungskosten (und nicht die Wiederbeschaffungswerte abgebildet) und zum Dritten sind viele Vermögenswerte (Vertriebsorganisation, Managementwissen, Forschung und Entwicklung und Markenwerte), die in der modernen Dienstleistungsgesellschaft eine große Rolle spielen, gar nicht oder nur unzureichend bilanzierbar.

Bruce Greenwald hat die drei Fundamente des intrinsischen Werts anschaulich dargestellt: Diese sind das Betriebsvermögen, der nachhaltige Ertrag und das potenzielle Wachstum der Erträge.[2] Er verbindet diese drei Fundamente des Unternehmenswerts mit der modernen Markt- und Preistheorie sowie der Strategielehre. Hierzu hat er die von Michael Porter begründete Strategielehre weiterentwickelt und in einigen Bereichen radikal vereinfacht und damit einen wesentlichen Beitrag sowohl zur Strategielehre als auch zum Value-Investing geleistet.[3]

Die konservativste Schätzung des intrinsischen Wertes liefert normalerweise eine Bewertung des Vermögens. Hierzu ist wieder die Bilanzsumme oder das bilanzielle Eigenkapital ein erster Anhaltspunkt. Bereits hier müssen oftmals vielfältige Analysen durchgeführt werden; es reicht keinesfalls, die in der Bilanz ausgewiesenen Beträge für bare Münze zu nehmen. Zudem fehlen viele immaterielle Vermögensgegenstände, wie zum Beispiel der Markenwert oder der Wert der Vertriebsorganisation. Einige, wie zum Beispiel der Goodwill (Firmenwert) bei Akquisitionen oder selbst erstellte Anlagen und Software, werden wiederum bilanziert.

Die Einbeziehung der nachhaltigen Erträge erlaubt oftmals einen etwas höheren Wertansatz. Allerdings ist die Anzahl der Unternehmen, die einen solchen höheren Wertansatz rechtfertigen, schon geringer: Nur wenn das Unternehmen dauerhafte Wettbewerbsvorteile genießt, ist ein Ertragswertansatz gerechtfertigt, der über dem Wert des Vermögens liegt. Ein Beispiel wäre **Coca-Cola**: Die Gewohnheit der Kunden sowie die hohen Marktanteile und die Markenbekanntheit schaffen dauerhafte Wettbewerbsvorteile.

Die höchsten – und unsichersten – Wertansätze erhält man dann, wenn man ein Wachstum der Erträge voraussetzt. Hier ist höchste Vorsicht geboten. Nur wenn das Wachstum innerhalb des von den dauerhaften Wettbewerbsvorteilen geschützten Bereichs stattfindet, ist es zulässig, Ertragswachstum in den Wertansatz einzubeziehen. Ein Beispiel wäre **Wal-Mart**: Das Umsatzwachstum durch die internationale Expansion sollte der Value-Analyst vernachlässigen, da Wal-Mart hier bestenfalls auf gleicher Augenhöhe mit den etablierten Unternehmen konkurriert, manchmal sogar mit erheblichen Nachteilen. Demgegenüber kann das organische Wachstum (Same-Store-Sales) als echtes wertgenerierendes Wachstum angesehen werden.

Eine Mehrzahl der Unternehmen wird auf Dauer so viel wert sein, wie die Wiederbeschaffungskosten des zum Betrieb des Unternehmens eingesetzten betriebsnotwendigen Vermögens. Dabei ist wiederum die Bilanz nur ein erster Ansatzpunkt, da viele Vermögensgegenstände in der Bilanz nur ungenau, immaterielle Vermögensgegenstände oftmals gar nicht enthalten sind. Ein geringerer Teil der Unternehmen wird es schaffen, dauerhafte Wettbewerbsvorteile zu etablieren. Und ein noch geringerer Teil der Unternehmen schafft es, über einen längeren Zeitraum profitabel zu wachsen.

Abb. 4.1: Die drei Schichten des Werts nach Bruce Greenwald

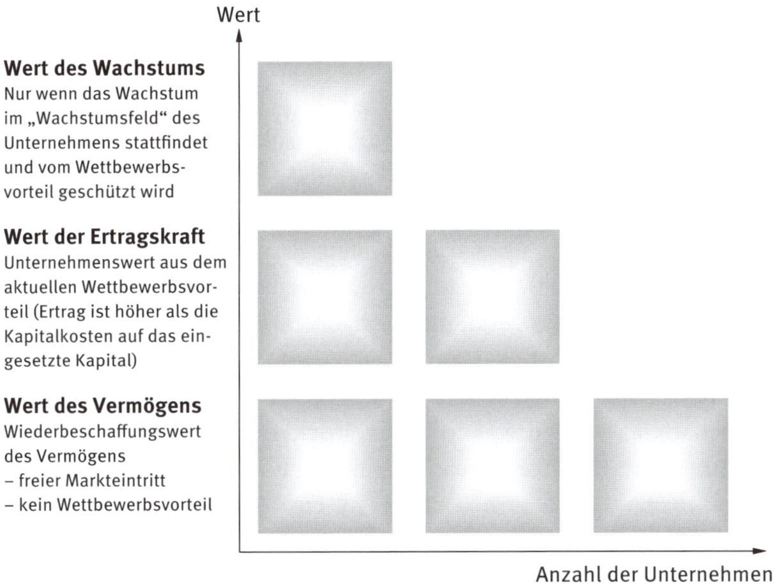

Quelle: Greenwald, Handbuch Value-Investing, S. 41

Auf jeden Fall sollte die Bilanz der Ausgangspunkt einer jeden Unternehmensanalyse sein. Der sehr erfolgreich, aber in Deutschland wenig bekannte Value-Investor Martin Whitman kritisiert schon lange die »Dominanz der Gewinn- und Verlust- bzw. Cashflow-Rechnung« bei der Betrachtung eines Unternehmens. Aus Whitmans Sicht ist das eher die Perspektive eines Spekulanten als die eines Investors. In seinem Brief an seine Investoren vom 31. Juli 2004 schreibt er, dass die jüngeren Entwicklungen in den Grundsätzen ordnungsgemäßer Buchführung (Generally Accepted Accounting Principles, GAAP) »in zunehmendem Umfang den amerikanischen Unternehmen, den Unternehmensleitungen und den Kapitalmärkten unnötige und kontraproduktive Lasten aufbürden.«[4] In den GAAP sollten die Interessen der Kreditgeber vorrangig berücksichtigt werden, nicht die von kurzfristigen Spekulanten an den Aktienmärkten, da der weitaus größte Teil des Kapitals in der amerikanischen Gesellschaft in Kreditinstrumenten und nicht in Aktien angelegt sei. (Das deutsche Handelsrecht ist demgegenüber gläubigerorientiert, aber auch in Deutschland dominiert zunehmend die aktionärsorientierte Rechnungslegung nach IAS (International Accounting Standards).

Die meisten Unternehmen im Privatbesitz würden nach Whitman ihren Wert lieber nicht über eine Erhöhung des Gewinns steigern, sondern nach anderen Wegen suchen, da der Gewinn ja zu maximalen Steuersätzen versteuert werden muss. Whitman argumentiert, dass Analysten der Bilanz wieder mehr Aufmerksamkeit schenken sollten, und er hat bewiesen, dass mit seinem Stil auch in der heutigen Zeit eine hervorragende Performance möglich ist.

Er zitiert eine Anzeige im *Wall Street Journal* vom 27. April 2004, in der behauptet wird, dass »der Jahresabschluss eines Unternehmens dazu da ist, es Investoren zu ermöglichen, fundierte Investmententscheidungen zu treffen« als Beispiel falschen Denkens. Aus der Perspektive der Politik oder des Gläubigers ist diese Aussage einfach falsch. Die externe Rechnungslegung existiert, um den Ansprüchen vieler verschiedener Interessengruppen zu dienen: Managements, Gläubiger, staatliche Einrichtungen, Kunden, usw.«[5] Auch heute orientiert sich Martin Whitman vor allem an der Bilanz, wenn er Investments tätigt – und ist dabei sehr erfolgreich. Auch für jeden Value-Investor sollte die Bilanz Ausgangspunkt des Investmentprozesses sein.

Die Bestimmung des Substanzwerts

Der Wert des Vermögens ist eine erste Basis für die Bewertung von Unternehmen. Dabei macht Greenwald sich zunutze, dass sich auch der Wert des Vermögens mit Hilfe der Kapitalkosten in einen Ertragswert überführen lässt. Um ein Unternehmen zu betreiben, benötigen Sie Kapital. Sagen wir, Sie wollen einen Autokonzern aufbauen und müssen fünf Milliarden Euro investieren, um ein funktionsfähiges Unternehmen inklusive Produktion, Verwaltung, Forschung und Vertrieb auf die grüne Wiese zu stellen und Ihre ersten Autos zu produzieren. Das Unternehmen soll ausschließlich mit Eigenkapital finanziert werden. In einem solchen Fall ist der Wert des Eigenkapitals und der des Vermögens zunächst gleich. Ihre Kapitalgeber verlangen für ein Engagement in der Autobranche eine Rendite von zehn Prozent. Mit Ihrem Unternehmen müssen Sie nun einen Ertrag von 500 Millionen Euro erwirtschaften, um Ihre Kapitalkosten zu verdienen. Das wären genau zehn Prozent auf das eingesetzte Kapital.

Ganz allgemein betrachtet – begriffliche Feinheiten wurden hier zunächst bewusst außen vor gelassen – ist der Unternehmensgewinn das Produkt aus der Kapitalrendite und dem Wert des Vermögens.

Gewinn = Kapitalrendite (%) * Wert des Vermögens

In einer Branche ohne dauerhafte Wettbewerbsvorteile sollte der Wert des Unternehmens auf Dauer dem Wert des Vermögens entsprechen. Mit anderen Worten: Das Unternehmen sollte genau die Kapitalkosten auf sein Vermögen erwirtschaften.

Nehmen wir an, das wäre nicht so. Das obige Automobil-Start-up würde zum Beispiel 750 Mio. Euro Gewinn erwirtschaften, also 15 Prozent auf das eingesetzte Kapital. Dann wäre der Markt sehr interessant für weitere Wettbewerber, denn sie könnten bei zehn Prozent Kapitalkosten 15 Prozent Rendite auf das eingesetzte Kapital erzielen und damit ohne Risiko fünf Prozent einstreichen. Der Markt würde Wettbewerber anziehen. Wenn sich aber nun mehr Unternehmen auf dem Markt drängeln, müssen sie sich irgendwann Konkurrenz machen. Konkret heißt das: Die umgesetzten Stückzahlen könnten zurückgehen, die Preise könnten fallen, die Marketing- und Vertriebsaufwendungen könnten steigen oder alles zusammen. Neue Wettbewerber werden so lange auf den Markt drängeln, wie sie eine Rendite erzielen können, die höher als zehn Prozent ist.

Sie können das obige Beispiel anstelle von Gewinnen und Eigenkapitalrenditen auch mit dem Marktwert von Unternehmen und dem Wert des Vermögens durchspielen. Nehmen wir an, das Unternehmen hätte einen Marktwert von 7,5 Milliarden Euro. Sie müssten aber nur fünf Milliarden an Kapital einsetzen, um ein solches Unternehmen auf die grüne Wiese zu setzen. Auch dann würden sich genug Private-Equity-Gesellschaften finden, die neue Automobilfirmen finanzieren, denn sie könnten diese für fünf Milliarden Euro bauen und dann für 7,5 Milliarden am Markt platzieren.

Merksatz

In einer Branche ohne Markteintrittsbarrieren und ohne dauerhafte Wettbewerbsvorteile gleicht der faire Unternehmenswert dem Wert des betriebsnotwendigen Vermögens.

Das letzte Mal waren amerikanische Aktien zwischen ca. 1979 und 1983 so wirklich billig. Damals waren viele Unternehmen am Aktienmarkt unter ihren Buchwerten zu haben. Die Buchwerte gaben zudem oftmals den Wiederbeschaffungswert nicht einmal ansatzweise wieder, da Preise für Wirtschaftsgüter explodiert waren. (In den USA betrug die Inflation Ende der siebziger Jahre teilweise zehn Prozent und mehr).[6] Der Pessimismus hatte seinen Höhepunkt erreicht. So konnten Corporate Raider wie Carl Icahn und Ivan Boesky Unternehmen gleich aus zwei Gründen billig erwerben: Der Marktwert lag unter den Buchwerten und die Buchwerte lagen weit unter dem echten Substanzwert. Im Jahr 1982 lag das durchschnittliche KGV des amerikanischen Aktienmarkts bei 7,2.[7] Und 1982 befanden sich die USA in einer Rezession, das heißt, die Gewinne waren sehr niedrig!

Diese Zeiten sind vorbei. Derzeit sind viele Aktien, insbesondere in den USA, ziemlich bis sehr teuer. Die meisten Unternehmen sind mit einem Vielfachen des Buchwerts bewertet. Dies kann nach der allgemeinen ökonomischen Theorie nicht dauerhaft sein, denn dann müssten diese Unternehmen dauerhaft höhere Kapitalrenditen als dic Marktrendite erwirtschaften. Dies ginge nur, wenn die Unternehmen dauerhafte Wettbewerbsvorteile hätten. Und dauerhafte Wettbewerbsvorteile sind die Ausnahme, nicht die Regel. Die Basis der Marktwirtschaft besteht darin, dass technische oder organisatorische Neuerungen über kurz oder lang auch von den Wettbewerbern aufgegriffen werden.

Das KGV des amerikanischen Aktienmarkts betrug im Sommer 2006 ca. 25. Es bewegt sich seit Ende 2003 auf diesem Niveau, nachdem es nach den Anschlägen vom 11. September 2001 leicht eingebrochen war. Gelegentlich war in den Jahren 2005 und 2006 der Kommentar zu hören, dass amerikanische Aktien nun so billig seien, »wie zuletzt vor zehn Jahren«. Aber zehn Jahre zuvor hatte Alan Greenspan im Dezember 1996 immerhin die Rede gehalten, in der er vor einem »irrationalen Überschwang« der Aktienmärkte warnte.[8] Das damalige (und aktuelle) KGV von 21, was im historischen Vergleich immer noch teuer ist, ist im langfristigen historischen Vergleich sehr teuer. Das durchschnittliche KGV des amerikanischen Aktienmarkts in den letzten 125 Jahren betrug eher 15.[9] Der Value-Investor sollte sich immer bewusst sein, dass die »normale« Bewertung eines Aktienmarkts sich nicht sehr stark vom – richtig berechneten – Vermögenswert unterscheiden sollte.

Der Zerschlagungswert

Prinzipiell kann man für das Vermögen eines Unternehmens zwei Wertansätze wählen, den Zerschlagungswert (Liquidationswert) und den Fortführungswert (Going-Concern-Prinzip).[10]

Der Zerschlagungswert ist meistens der niedrigste realistische Wertansatz. Er ist dann gerechtfertigt, wenn das Unternehmen (oder die gesamte Branche) keine Zukunft mehr hat und liquidiert werden muss. Die einzelnen Vermögensgegenstände des Unternehmens werden verkauft. Nach Abzug der Schulden bleibt vielleicht ein Nettoerlös übrig. Viele dieser Vermögensgegenstände – zum Beispiel Maschinen – werden normalerweise als Einzelteile weniger wert sein, als wenn diese in dem Unternehmen, für das sie gedacht waren, produktiv eingesetzt werden könnten. Die Maschinen könnten zum Beispiel nur noch ihren Schrottwert repräsentieren.

Für den normalen Value-Investor ist der Zerschlagungswert im Allgemeinen nur als Wertuntergrenze relevant. Hier handelt es sich um Sondersituationen – Unternehmen in oder in der Nähe der Insolvenz –, um die sich normalerweise Turnaround-Gesellschaften, Hedgefonds oder Insolvenzverwalter kümmern.

Die Vermögensbestandteile der Bilanz müssen im Zerschlagungsfall deutlich nach unten angepasst werden. Nur Kassenbestand und marktfähige Wertpapiere werden sich in etwa zum Wertansatz verkaufen lassen, bei Forderungen ist ein Abschlag erforderlich, der von der Einbringlichkeit abhängt. Auch der Lagerbestand wird sich nur unter erheblichen Abschlägen veräußern lassen, da die Vorräte meist für einen bestimmten Produktionsprozess gedacht waren. Etwas leichter geht es natürlich bei Roh-, Hilfs- und Betriebsstoffen.

Ein noch größerer Abschlag wird häufig bei vielen Gegenständen des Anlagevermögens und vielen Immobilien gemacht werden müssen. Der Firmenwert (Goodwill), den das Unternehmen beim Kauf anderer Unternehmen angesetzt hat, muss mit null angesetzt werden. Natürlich gibt es auch hier Vermögensgegenstände, zum Beispiel den Kfz-Park, die sich relativ leicht veräußern lassen.

Tab. 4.1: **Anpassung des Vermögenswerts bei einem nicht lebensfähigen Unternehmen in einer schrumpfenden Branche oder einer Branche mit starken Überkapazitäten**

(Zerschlagungswert)	
Vermögensbestandteil	**Wertansatz bei der Zerschlagung (ungefähr)**
Umlaufvermögen	
Kassenbestand	Bis zu 100 %

Marktfähige Wertpapiere	Bis zu 100 %
Forderungen	80–100 % (im Einzelfall auch niedriger als 80 %)
Lagerbestand	50–80 % (in Einzelfällen niedriger oder höher)
Anlagevermögen	
Immobilien, Fabriken, Produktionsanlagen	meistens < 50 %
Firmenwert	0
Latente Steuern	0
Immaterielle Vermögenswerte, wie Marken, für die sich ein Verkaufserlös erzielen lässt, wieder hinzuaddieren	+ ?

Quelle: eigene Darstellung

Nun stehen in der Bilanz immer Mittelherkunft und Mittelverwendung gegenüber. Fremdkapitalgeber werden im Zerschlagungsfall bevorzugt bedient. Nur wenn aus dem Verkauf der Aktiva nach Bedienung der Fremdkapitalgeber etwas übrig bleibt, erhalten die Eigenkapitalgeber (die Aktionäre) noch etwas ausbezahlt.

Eigenkapital =
Summe aller Vermögensgegenstände – Fremdkapital und Verbindlichkeiten

Unter deutschen Bilanzierungsregeln werden dabei die langfristigen Vermögensgegenstände (z. B. Anlagevermögen) zuerst aufgelistet, danach die kurzfristigen Vermögensgegenstände. Auf der Kapitalseite steht das Eigenkapital, welches am langfristigsten gebunden ist, ganz oben, nach unten nimmt die Bindungsdauer ab.

Tab. 4.2: **Vereinfachte Bilanz**	
Aktiva (Mittelverwendung)	**Passiva (Mittelherkunft)**
Anlagevermögen	Eigenkapital
Umlaufvermögen	Fremdkapital
	- langfristig
	- kurzfristig
Bilanzsumme	**Bilanzsumme**
	Quelle: Eigene Darstellung

Je kurzfristiger eine Position ist, desto genauer kann man normalerweise den Wert dieser Position bestimmen. So gibt zum Beispiel die Bilanzposition Barmittel den Wert der Barmittel sehr genau wieder (wenn kein Betrug vorliegt). Bei Maschinen oder immateriellen Vermögensgegenständen enthalten die Wertansätze notwendigerweise Schätzungen und Anpassungen. In der angelsächsischen Bilanzierungsweise sind die Aktiv- und Passivpositionen genau in der umgekehrten Reihenfolge aufgeführt. Aus meiner Sicht ist dies die anschaulichere Reihenfolge, da oben die exakt zu ermittelnden Größen stehen und die Genauigkeit nach unten abnimmt.

Tab. 4.3: **Vereinfachte Bilanz (englisch)**	
Assets	**Liabilities**
Current Assets	Current Debt
Long-Term Assets	Long-Term Debt
	Stockholders` Equity
Total Assets	**Total Liabilities and Stockholders´ Equity**
	Quelle: eigene Darstellung

Ein Großkonzern, bei dem im Jahr 2005 bis 2006 immer wieder das Szenario einer möglichen Insolvenz diskutiert wurde, ist General Motors.[11] Die Wettbewerber setzen dem Großkonzern arg zu. Der Marktanteil in den USA schrumpft seit Jahrzehnten, die Pensionslasten drücken das Unternehmen schwer. Zwar hat das Unternehmen noch liquide Mittel im Wert von rund 20 Milliarden Dollar, es hat aber auch einen negativen Cashflow von ca. zehn Milliarden Dollar pro Jahr und blutet langsam aus.

Es ist zweifelhaft, ob sich ein Wettbewerber für das Unternehmen insgesamt interessieren würde. Die Autobranche hat wahrlich keinen Mangel an Produktionskapazitäten. Sicherlich hat auch GM einige gute Marken. Die könnten aber vielleicht viel besser und flexibler auf den Produktionsanlagen der Wettbewerber hergestellt werden. Einige Betriebs- und Unternehmensteile von GM würden sicherlich von Wettbewerbern übernommen, viele Fabriken würden aber auch einfach stillgelegt. In diesem Fall wären sie nicht nur wertlos, sondern würden sogar noch Kosten verursachen (Sozialpläne, Umweltlasten, Entsorgung etc.).

Die Marktkapitalisierung (=Marktwert des Eigenkapitals = Kurs x Anzahl der Aktien) betrug im August 2006 17 Milliarden Dollar. Der Buchwert des Eigenkapitals (= bilanzielles Eigenkapital) betrug 11 Milliarden Dollar. Damit betrug das Kurs-Buchwert-Verhältnis gut 1,5.

Tab. 4.4: **Zerschlagungswert des Vermögens von General Motors zum 30.06.2006 (geschätzt)**

	Bilanzieller Wert (Mio $)	Wertansatz	Zerschlagungswert (Mio $)
Total cash and marketable securities	23.159	100,00%	20.112
Accounts and notes receivable	14.586	90,00%	13.127
Inventories	14.449	50,00%	7.225
Net equipment on operating leases	23.425	80,00%	18.740

Assets held for sale	274.294	80,00%	219.435
Other current assets	13.185	0,00%	0
Total current assets	62.015		**278.639**
Equity in non consolidated affiliates	1.901	90,00%	1.711
Property net	38.535	30,00%	11.561
Intangible assets net	1.662	0,00%	0
Deferred income taxes	23.083	0,00%	0
Other assets	41.227	40,00%	16.491
Total non-current assets	106.408		**29.762**
Total assets	470.506		**308.401**

Quellen: www.gm.com, eigene Berechnungen

Abb. 4.2: **Kursverlauf der Aktie der General Motors Corp. 1996 – 2006**

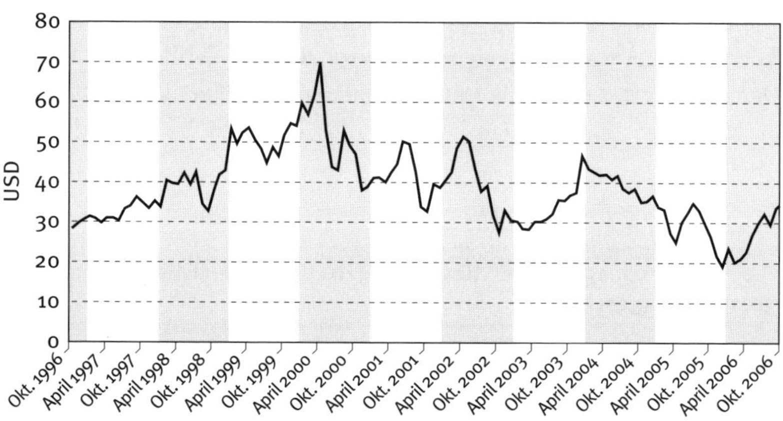

Quelle: Yahoo! Finance

Zieht man alle Verbindlichkeiten in Höhe von 458.886 Millionen Dollar von der Bilanzsumme ab, erhält man das bilanzielle Eigenkapital von General Motors in Höhe von 11.640 Millionen Dollar. Im Zerschlagungsfall wären allerdings die gesamten Vermögensgegenstände von General Motors konservativ geschätzt nur 308.401

Millionen Dollar wert. Davon können noch nicht einmal die Verbindlichkeiten von 458.886 Millionen Dollar gedeckt werden; die Eigenkapitalgeber würden leer ausgehen.

Wenn man nun das Risiko in Betracht zieht, dass General Motors wirklich in die Insolvenz rutschen könnte, würde ein konservativer Investor wahrscheinlich trotz der derzeit ordentlichen Dividendenrendite von 3,3 Prozent und des niedrigen KGVs von 7,5 die Finger von General Motors lassen. Das Unternehmen ist KEIN konservatives, sondern ein riskantes Investment.

Das Net-Net-Prinzip

Eine sehr konservative Anwendung des Liquidationsprinzips ist die von Benjamin Graham oftmals angewendete Net-Net-Regel. In diesem Fall soll bereits der Wert des Umlaufvermögens abzüglich der kurzfristigen Verbindlichkeiten und abzüglich der langfristigen Verbindlichkeiten (Nettoumlaufvermögen minus langfristige Verbindlichkeiten) höher sein als der Börsenwert. Nach dem Börsencrash von 1929 fand Benjamin Graham derartige Unternehmen zuhauf.

Heute ist das viel schwieriger, aber es gibt immer wieder solche Situationen. Nach dem Platzen der »New Economy« saßen eine ganze Reihe von Unternehmen des ehemaligen NEMAX auf viel Bargeld aus dem Börsengang (Umlaufvermögen) und hatten oftmals so gut wie keine Schulden in der Bilanz. In den Jahren 2001 bis 2002, als die Kurse absolut im Keller waren, hätte man, wie bereits in Kapitel 3 erwähnt, diese Unternehmen nach der Net-Net-Regel von Benjamin Graham erwerben können. Beispiel sind die freenet.de AG, die web.de AG und die OnVista AG. Im Sommer 2006 war die **Combots AG** (ISIN: DE000CMBT111) an der Börse für weniger als »Net-Net« zu haben. Combots ist die frühere web.de AG, die allerdings ihr Portal web.de im Jahr 2005 an United Internet veräußerte und eine neue Technologie für die webbasierte Kommunikation entwickeln wollte.

Abb. 4.3: **Kursverlauf der Aktie der OnVista AG 2000 – 2006**

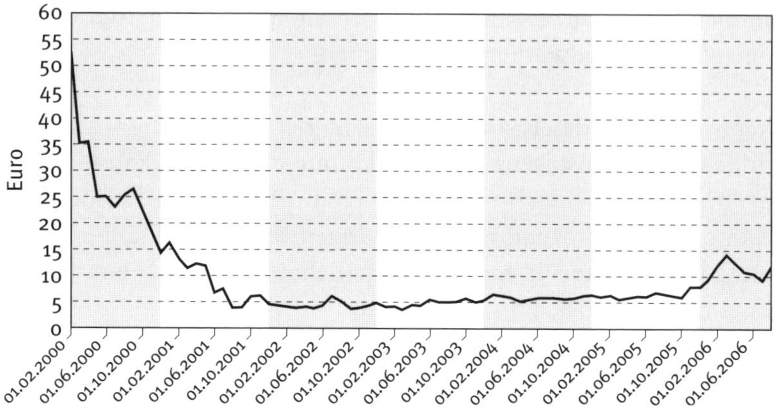

Quelle: Yahoo! Finance

Mit der Aktie der OnVista AG hätten Sie so ca. 200 Prozent in drei Jahren verdienen können – das entspricht einer jährlichen Rendite von ca. 44 Prozent. Allerdings hätten echte Value-Investoren wahrscheinlich schon deutlich unter dem Kurs von 12 Euro (in der Spitze sogar 14 Euro), den die Aktie im Sommer 2006 erreichte, verkauft, weil das Unternehmen diese Bewertungen nicht rechtfertigte.

Benjamin Graham und die Ursprünge des Value-Investing[12]

Benjamin Graham (8.5.1894–21.9.1976) ist der unbestrittene Gründervater des Value-Investing. Graham war ein hervorragender Investor, aber er hatte genauso viel Spaß daran, seine Gedanken und sein Können an andere Menschen, die daran interessiert waren, weiterzugeben. Sein Anliegen war dabei immer auch ein humanistisches: Wall Street im Dienste der großen Masse der kleinen Investoren zu professionalisieren und den Investmentberuf insgesamt auf ein neues professionelles Niveau zu heben. Es war zum Beispiel Graham, der als Erster zwischen *Investment* und *Spekulation* unterschied: »An investment operation is one which, upon thorough analysis, promises safety of principal and a satisfactory return. Operations not meeting these requirements are speculative.«[13] (Ein Engagement, das nach einer gründlichen Analyse die Sicherheit des eingesetzten Kapitals und eine angemessene Rendite verspricht, ist ein Investment. Engagements, die diese Erfordernisse nicht erfüllen, sind spekulativ.)

Fast drei Jahrzehnte lang – von 1928 bis 1956 – hielt er eine zweistündige Vorlesung zur Wertpapieranalyse an der Columbia University in New York, die mit Fug und Recht als Keimzelle des Value-Investing gilt. Bald wurde er von David Dodd, einem jungen Professor, unterstützt, der Grahams Ideen in Lehrmaterial umsetzte. Im Jahr 1934 veröffentlichen beide *Security Analysis* (Wertpapieranalyse), das bis heute als Standardwerk aller Value-Investoren gilt. Das 850-seitige Opus enthält eine Fülle von Beispielen und Einsichten, die auch heute noch Gültigkeit haben. Allerdings dürfte die schwierige Sprache viele »normale« Leser abschrecken. Neben *Security Analysis* ist das 1949 veröffentlichte *The Intelligent Investor* sein bekanntestes Buch.[14] Grahams Vorlesungen waren sehr populär, bereits im Januar 1929 wollten sich 150 Studenten einschreiben. Auch nach dem Börsencrash waren die Kurse voll belegt. Sie trugen maßgeblich zum guten Ruf der Columbia Business School bei. Heute hat Bruce Greenwald den Heilbrunn-Lehrstuhl für Graham- und Dodd-Investing an der Columbia University inne. Graham beendete seine Lehrtätigkeit nach über einem Vierteljahrhundert im Jahr 1956, als er sich aus dem Geschäftsleben zurückzog.

Ein Großteil der Value-Investoren der nächsten Generation – u. a. William Ruane, Walter Schloss und Warren Buffett – ist aus Grahams Schule hervorgegangen. Auch Charles Brandes kommt aus »Graham- und Doddsville« – er war in den letzten Lebensjahren Grahams Broker.[15]

Benjamin Graham wurde 1894 als Benjamin Grossbaum in London geboren. Die Familie wanderte nach New York aus, als Ben ein Jahr alt war. Zunächst ging es der Familie – der Vater war Porzellanhändler – gut: Man hatte eine Dienstmagd, einen Koch und eine Gouvernante. Als Vater Graham jedoch 1903 starb, erfolgte der langsame wirtschaftliche Abstieg. Zunächst wandelte die Mutter das Haus der Familie in eine Pension um. Im Crash von 1907 wurde sie ruiniert, da sie Aktien auf Kredit gekauft hatte. Die folgenden Erniedrigungen hinterließen tiefe Wunden. Ben erinnerte sich Zeit seines Lebens daran, dass er einen Scheck einlösen wollte und der Bankangestellte fragte: »Is Dorothy Grossbaum good for five dollars?«[16]

Vielleicht war Grahams Interesse an der Lehre ihm durch seine Herkunft in die Wiege gelegt worden: Sein Großvater mütterlicherseits war führender Gelehrter, Intellektueller und Rabbi in Polen gewesen. Sein Onkel Maurice und seine Mutter Dora wanderten zunächst nach London aus, um dann später nach New York zu gehen. Nach dem Tod des Vaters hatte Graham viel seinem Onkel zu verdanken, der als Bauingenieur und Berater für Effizienzsteigerungen tätig war.[17] Graham zeichnete sich früh durch eine herausragende Intelligenz aus und wuchs in dem Bewusstsein auf, der Lieblingssohn seiner Mutter und der intellektuelle Star der Familie zu sein. Allerdings arbeiteten die Grahams, wo sie konnten, um ihrer Mutter finanziell über die Runden zu helfen.

Aufgrund eines Stipendiums konnte Graham an der Columbia University studieren und den zweitbesten Bachelor-Abschluss seines Jahrgangs machen. Allerdings war der Abschluss mit einer kleinen Hürde verbunden: Studenten der Columbia University mussten damals einen Schwimmtest machen, um ihren Abschluss in Empfang zu nehmen – und Ben konnte nicht schwimmen. Auch diese Hürde übersprang er. Zu Beginn seines Studiums änderte die Familie auch ihren Namen in das angelsächsische »Graham«. Bereits vor seinem Abschluss wurden ihm Stellen als Lehrbeauftragter in Philosophie, Englisch und Mathematik angeboten.

Ben allerdings zog es an die Wall Street, wo er bereits 1914 bei »Newburger, Henderson & Keppel« seine erste Stelle antrat. In jener Zeit war die New Yorker Börse ein Spiel für Insider, das wenig berechenbaren Gesetzen folgte. (Fast denkt man an China oder Russland heute oder an Deutschland zur Zeit des Neuen Markts). Kurz nach Grahams Berufseintritt schloss die New Yorker Börse aufgrund des Beginns des Ersten Weltkriegs – Grahams Gehalt wurde vorübergehend reduziert. Als es dann aber im November desselben Jahres weiterging, bewies Graham schnell sein Talent mit unkonventionellen Investmentideen. Andere Anleger vertrauten ihm ihre Vermögen an. 1915 machte er für seinen Arbeitgeber ein kleines Vermögen, als er berechnete, dass die Guggenheim Exploration Company, die sich auflösen wollte, als Summe ihrer einzelnen Unternehmen deutlich mehr wert war als die Aktie insgesamt. Dieses Engagement zeigt sehr deutlich Grahams Prinzipien: Nach einer gründlichen Analyse hatte er herausgefunden, dass er die Aktie mit einer deutlichen Sicherheitsmarge unter ihrem inneren Wert kaufen konnte.

Im Aktienboom der zwanziger Jahre verdiente Graham dann wirklich viel Geld, denn die Nachkriegsjahre waren gute Jahre: Bereits im April 1919 machte er mit einer Neuemission von Savold Tire, einer Aktie aus der damals heißen und brandneuen Automobilbranche, am ersten Handelstag einen Gewinn von 250 Prozent. (So neu ist die »New Economy« nicht.)[18] Eines seiner bekanntesten frühen Investments ist die Aktie der Northern Pipeline Co.: Der Kurs der Aktie betrug 56 Dollar. Graham hatte herausgefunden, dass das Unternehmen hochwertige Anleihen im Wert von mindestens 80 Dollar je Aktie hielt. Graham kaufte die Aktien und bedrängte das Management, die Dividenden zu erhöhen, da das Unternehmen offensichtlich diese Kapitalreserven nicht benötigte. Nach drei Jahren waren seine Aktien 110 Dollar das Stück wert. 1920 wurde Graham Teilhaber bei »Newburger, Henderson & Loeb«. In den zwanziger Jahren gründete er dann mit Jerry Newman die Graham-Newman Corporation.

Auch an Graham ging der Börsenkrach von 1929 nicht spurlos vorbei. Zwischen 1929 und 1932 sank der Wert der Investments seiner Firma um ungefähr 70 Prozent. Bens Onkel, der in seinen Lieblingsneffen investiert hatte, verlor 100.000 Dollar, seine Familie musste deswegen von New York nach Kalifornien ziehen. Aber die Graham-Newman Corporation überlebte. Newmans Schwiegervater Elias Reiss zahlte noch einmal 75.000 Dollar ein, der einzige neue Mittelzufluss in den dreißiger Jahren. Das Überleben war an sich schon eine hervorragende Leistung, denn der Dow Jones fiel im selben Zeitraum von 381 auf 41 Punkte, das sind ungefähr 90 Prozent. Nun taten Graham und Newman etwas, das man sich von allen Investment-Managern wünschen würde: Sie arbeiteten fünf Jahre lang ohne Vergütung, bis das Vermögen ihrer Mandanten wieder hergestellt war. Obwohl der Aktienmarkt im Koma lag, fanden sich gerade in der Großen Depression viele Investmentmöglichkeiten, die Grahams Kriterien entsprachen.

Fünf Grundprinzipien durchziehen Grahams Werk:

1. der Kauf einer Aktie als Anteil eines Unternehmens, dessen Wert letztlich den Wert der Aktie bestimmt,
2. die Irrationalität des Markts,
3. die Rendite als Funktion des Preises (nur wer billig einkauft, wird auf Dauer eine angemessene Rendite erzielen),
4. die Risikominimierung durch die Sicherheitsmarge und
5. die Kontrolle der eigenen Emotionen.

Um die Irrationalität des Markts zu illustrieren, erfand Graham das Beispiel von »Mr. Market«. Mr. Market kommt täglich zu Ihnen um Ihnen Aktien zum Kauf anzubieten oder selber Kaufangebote zu machen. Sie können ihn so lange abweisen, wie Sie wollen, aber sie werden ihn nie entmutigen, weiter seine Angebote abzugeben. Mr. Market ist sehr emotional und schwankt zwischen übertriebenem Optimismus und nicht gerechtfertigtem Pessimismus. Der intelligente Investor ist ein Realist, der dann kauft, wenn Mr. Market zu pessimistisch ist, und dann verkauft, wenn Mr. Market zu optimistisch ist. Er sollte sich nie von den Launen des Mr. Market leiten lassen. Mr. Market ist dazu da, dem Investor zu dienen, nicht dazu, dass der Investor sich von ihm leiten oder beeinflussen lässt. Der Investor sollte sich auf seine Unternehmen konzentrieren und nicht auf die unsichere Psychologie des Mr. Market.

Graham fokussierte sich sehr stark auf das einzelne Wertpapier und seine Bewertung. Er betrachtete weniger die weichen Faktoren wie Marketing, Forschung und Entwicklung und Management. Graham wird allerdings zu Unrecht vorgeworfen, dass er sich vor allem auf Substanzwerte konzentriert hätte. In *The Intelligent Investor* stellt er eine Formel zur Bewertung von Wachstumswerten vor:[19]

Wert = Normalisierter Jahresgewinn * (8,5 + 2 * erwartete jährliche Wachstumsrate der Gewinne)

In seinen Büchern wird er nicht müde, zu betonen, dass jede Situation anders ist und dass kein Weg darum herumführt, sich seine eigenen Gedanken zu machen. »Sie sind nicht deswegen im Recht oder Unrecht, weil Sie so denken wie die Masse – Sie sind dann im Recht, wenn die Fakten auf Ihrer Seite sind und Ihre Schlussfolgerungen stimmen.«[20] In der letzten Ausgabe von *The Intelligent Investor* machte er sich Gedanken darüber, dass Aktien überbewertet seien und sah den Bärenmarkt von 1973 bis 1974 voraus. Oft werden Grahams Bücher gelesen, um daraus Handlungsanleitungen zu gewinnen. Wenn man sie aber genau liest, findet man vor allem eine Botschaft: Jede Situation ist anders, es ist unabdingbar, sich seine eigenen Gedanken zu machen.

Auch privat war Graham, sagen wir, ein beweglicher Geist. Aus seiner ersten Ehe gingen fünf Kinder hervor – sein ältester Sohn Newton starb bereits in jungen Jahren –, aber die Ehe hielt Grahams Interesse für das weibliche Geschlecht nicht stand. Die zweite, 1938 geschlossene Ehe hielt gerade mal ein Jahr. Kurz vor Ende des Zweiten Weltkriegs heiratete er noch einmal – diesmal seine Sekretärin. Mit 50 Jahren wurde er, damals bereits Großvater, zum sechsten Mal Vater. Mittlerweile waren also recht viele Menschen ökonomisch von ihm abhängig. Doch das machte ihm nichts aus: Es fällt mir leichter, mehr Geld zu verdienen, als meine Ausgaben einzuschränken.«[21] (Buffett hätte so etwas nicht gesagt.) Nach drei Ehen und einer Vielzahl von Affären starb er im Jahr 1976 in den Armen seiner Geliebten an der Côte d'Azur.

Graham hat einmal geäußert, dass er sich wünsche, jeden Tag etwas Kreatives, etwas Verrücktes und etwas Großzügiges zu tun. Für Warren Buffett ist unter diesen Eigenschaften Grahams Großzügigkeit der herausragende Charakterzug. Graham war immer bereit, seine Ideen mit Freunden zu teilen und diesen mit Rat und Tat zur Seite zu stehen. Auf seine Schüler hinterließ er als Mensch und Lehrer einen bleibenden Eindruck: Zwei von ihnen, Warren Buffett und Irving Kahn, gaben ihren Söhnen seinen Namen.

Versteckte Werte in der Bilanz

Nach mehr als zwei Jahrzehnten eines Umfelds mit geringer Inflation wird es schwerer, Unternehmen zu finden, deren Aktiva stark unterbewertet sind. Dennoch gibt es auch unter bekannten Unternehmen immer wieder solche Fälle. Im Jahr 2005 verdiente zum Beispiel Acatis mit einem Engagement in **KarstadtQuelle** viel Geld.

2004 war ein wirklich katastrophales Jahr für KarstadtQuelle gewesen. Der Jahresfehlbetrag belief sich auf 2,97 Milliarden Euro, der

Versandhandel war stark defizitär und der neuen Online-Konkurrenz sowie Marktführer Otto in keiner Weise mehr gewachsen.[22] Auch die Kaufhäuser hatten oftmals nicht mehr dic Ausrichtung, Positionierung und Größe, um erfolgreich zu sein. Man hatte viele Trends verschlafen. Hätte sich der Fehlbetrag aus dem Jahr 2004 wiederholt, wäre das Eigenkapital des Unternehmens Mitte 2005 aufgebraucht gewesen. Angesichts dieser Sachlage kann man verstehen, dass viele Aktionäre des Unternehmens kalte Füße bekamen. In den ersten Monaten des Jahres 2005 notierte die Aktie von **KarstadtQuelle** (ISIN: DE0006275001) nach einer drei Jahre währenden Talfahrt ungefähr bei acht Euro, nachdem sie noch Anfang 2002 bei 45 Euro gestanden hatte. Beim Kurs von acht Euro betrug der Börsenwert des Unternehmens noch 1,9 Milliarden Euro.

Die nach dem Aktiengesetz und HBG erstellte Bilanz verbarg zudem mehr, als sie offenbarte. Die eigentlichen Vermögensbestandteile von KarstadtQuelle wurden unter dem Punkt »Finanzanlagen« aufgeführt, nämlich die Beteiligungen an den operativen Tochtergesellschaften. Zwar ließ sich aus den Erläuterungen zur Bilanz nicht allzu viel herauslesen, aber immer gab es unter den Finanzanlagen auch eine Beteiligung an der Karstadt Immobilien AG & Co. KG Essen im Wert von 840 Millionen Euro.

Das Traditionsunternehmen Karstadt besaß viele Immobilien, zum Beispiel mindestens 85 größere Warenhäuser, 75 kleinere Warenhäuser, zwölf Sporthäuser, 29 Parkhäuser, 15 Bürogebäude, drei nationale Warenverteilzentren sowie 33 weitere Objekte – insgesamt mindestens 252 Objekte. Die Wertansätze in der Bilanz waren offensichtlich viel zu niedrig, da viele dieser Immobilien sich seit Jahrzehnten im Konzernbesitz befanden und weitgehend abgeschrieben oder einfach zu Anschaffungskosten bilanziert waren. Der Konzern weigerte sich auch auf Anfrage, hier genauere Zahlen herauszugeben. Viele dieser Immobilien befanden sich in besten Innenstadtlagen. Setzte man den Wert dieser Immobilien mit durchschnittlich 15 Millionen Euro an – ein eher konservativer Wert –, wäre die Immobiliengesellschaft anstelle von 840 Millionen Euro vielleicht 3,75 Milliarden Euro wert gewesen – versteckte Reserven von immerhin 2,91 Milliarden Euro in der Bilanz. Hendrik Leber und Henrik Muhle von Acatis gingen sogar noch weiter: Sie ermittelten die Größen der wichtigeren Objekte und setzten durchschnittliche Quadratmeterpreise an. Zusammen mit dem bilanziellen Eigenkapital von 1,6 Milliarden Euro ergab dies immerhin ein Kapitalpolster von 4,51 Milliarden Euro und ein komfortables Kurs-Substanz- (aber eben nicht Buch-)Wert-Verhältnis von 0,42.

Investoren wie Hendrik Leber, die diese Situation analysiert hatten, konnten davon ausgehen, dass KarstadtQuelle ein sehr komfortables Kapitalpolster hatte. Dem Unternehmen blieb deutlich mehr als ein Jahr für die Restrukturierung, selbst wenn man weiter von horrenden Verlusten ausgehen würde. Die Warenhäuser hatten vielleicht gegen strategische Nachteile zu kämpfen, frequentiert wurden sie weiter, und mit den richtigen Konzepten würde sich wahrscheinlich ein überlebensfähiger Kern retten lassen. Natürlich – und hier zeigt sich die eigentliche Kunst des Value-Investors – muss man auf seine Analysen und Schätzungen vertrauen. Der Hobbyinvestor würde die oben beschriebene Situation vielleicht als »sehr riskant« ansehen, für den Value-Investor stellt sie eine Chance dar, da nach sorgfältiger Prüfung die Risiken sehr begrenzt scheinen.

Tab. 4.5: **Bilanz der KarstadtQuelle AG zum 31.12.2004[23] (Tsd. Euro)**

Aktiva		**Passiva**	
Anlagevermögen	**4.860.652**	**Eigenkapital**	**1.582.492**
		Rückstellungen und Verbindlichkeiten	4.285.405
Umlaufvermögen	**980.074**		
Rechnungsabgrenzungsposten	171		
Bilanzsumme	**5.840.897**	**Bilanzsumme**	**5.840.897**

Quelle: www.karstadt-quelle.de

Die Analysen erwiesen sich als richtig. Nachdem die KarstadtQuelle bereits im Sommer 2005 insgesamt 75 kleinere Warenhäuser und drei Logistikunternehmen zu nicht genannten Kaufpreisen an Finanzinvestoren verkauft hatte, brachte sie im März 2006 85 Warenhäuser, zwölf Sporthäuser, 29 Parkhäuser, 15 Bürogebäude und 33 weitere Objekte in ein Gemeinschaftsunternehmen mit Goldman Sachs ein und pachtete die Immobilien zurück. Goldman Sachs erhielt 51 Prozent, KarstadtQuelle behielt 49 Prozent. Aus der Veräußerung von 51 Prozent erhielt KarstadtQuelle sofort 3,7 Milliarden Euro und erwartet weitere 0,8 Milliarden Euro als Beteiligung am Wertsteigerungspotenzial.

Der Fortführungswert am Beispiel der BWM AG

In einem lebensfähigen Unternehmen sollte der Fortführungswert als Schätzwert für den Unternehmenswert angesetzt werden. Dieser entspricht letztlich dem Wiederbeschaffungswert für das betriebsnotwendige Vermögen. Dabei muss man zusätzlich berücksichtigen, dass der technische Fortschritt dazu führt, dass sich die technischen Standards und damit auch die notwendigen Investitionen im Laufe der Zeit verändern. Es ist aus zwei Gründen gar nicht so einfach, den Wiederbeschaffungswert für das betriebsnotwendige Vermögen zu ermitteln:

1. Die in der Bilanz aufgeführten Beträge für einzelne Positionen geben oftmals die Wiederbeschaffungswerte nur sehr unzureichend wieder.

2. Vieles, was für den Geschäftsbetrieb notwendig ist, erscheint überhaupt nicht in der Bilanz, zum Beispiel der Wert einer Vertriebsorganisation, einer überlegenen Organisationsstruktur sowie des Marketings und der Forschung und Entwicklung. (Markenwerte sollen allerdings zum Beispiel in Zukunft bilanziert werden. Aber das wirft dann weitere Probleme auf, denn solche Werte müssen wieder nur aufgrund ihres Ertrags geschätzt werden.)

Im Gegensatz zu General Motors steht die BMW AG im Jahr 2006 glänzend da und kann als einer der besten Autokonzerne gelten. (Das war nicht immer so: Nur zehn Jahre früher hatte das Rover-Debakel Mitte der neunziger Jahre seine Spuren hinterlassen.) Wenn wir also davon ausgehen, dass die Autobranche insgesamt eine Zukunft hat und dass BMW innerhalb dieser Branche eine Zukunft hat, müssen wir uns fragen, was es einen potenziellen Investor kosten würde, einen Konzern wie BMW auf die grüne Wiese zu stellen, welches Vermögen nötig wäre, um »ins Geschäft zu kommen«.[24] Schauen wir uns die Aktivseite der Bilanz an und fangen wir für unsere erste, sehr grobe Analyse unten in der Bilanz an, da die Zahlen dort am präzisesten sind. (Bei einer amerikanischen Bilanz würde man zweckmäßigerweise oben beginnen).

Tab. 4.6: **Aktivseite der Konzernbilanz der BMW AG zum 31.12.2005**

Aktiva (in Mio. Euro)		**Notwendige Anpassungen**
Immaterielle Vermögenswerte	4.593	Abhängig von Produktpalette, Forschung, Marketing und Entwicklung
Sachanlagen	11.087	Wiederbeschaffungskosten (= Erstellungskosten und Anpassungsfaktor)
Vermietete Gegenstände	11.375	Wiederbeschaffungskosten (= Erstellungskosten und Anpassungsfaktor)
At-Equity bewertete Beteiligungen	94	Keine
Sonstige Finanzanlagen	1.178	Keine bis wenig
Forderungen aus Finanzdienstleistungen	17.202	Zuzüglich eines Aufschlags für uneinbringliche Forderungen, angepasst um Inkasso
Finanzforderungen	642	Keine bis wenig
Latente Ertragsteuern	772	Diskontiert auf den Gegenwartswert
Sonstige Vermögenswerte	613	Von der Situation abhängig
Langfristige Vermögenswerte		
(Anlagevermögen)	**47.556**	

Vorräte	6.527	Je nach Bilanzierungsmethode um tatsächliche Preisentwicklung anpassen
Forderungen aus Lieferungen und Leistungen	2.135	Zuzüglich eines Aufschlags für uneinbringliche Forderungen, angepasst um Inkasso
Forderungen aus Finanzdienstleistungen	11.851	Zuzüglich eines Aufschlags für uneinbringliche Forderungen, angepasst um Inkasso
Finanzforderungen	2.654	Keine bis wenig
Laufende Ertragsteuern	267	Diskontiert auf den Gegenwartswert
Sonstige Vermögenswerte	1.955	Von der Situation abhängig
Flüssige Mittel	1.621	Keine
Kurzfristige Vermögenswerte		
(Umlaufvermögen)	**27.010**	
Bilanzsumme	**74.566**	

Quelle: www.bmw-ag.de, eigene Darstellung

Anpassungen beim Umlaufvermögen

Bei den *flüssigen Mitteln* müssen keine Anpassungen vorgenommen werden.

Bei den *sonstigen Vermögenswerten*, den *laufenden Ertragssteuern* und den *Finanzforderungen* nehmen wir für die erste grobe Analyse keine Anpassungen vor, da die absoluten Zahlen in Relation zur Bilanzsumme nicht sehr hoch sind und diese Zahlen wahrscheinlich nicht stark verändert werden müssen. Für eine detaillierte Analyse müsste man sich diese Positionen aber genauer ansehen.

Bei den *Forderungen aus Finanzdienstleistungen* handelt es sich im Großen und Ganzen um Forderungen aus Krediten und Leasingverträgen, die die Konzernsparte »Finanzdienstleistungen« im Zuge des Verkaufs von Autos auf Kredit oder durch Leasinggeschäfte aufgebaut hat. Es bleibt nicht aus, dass im Laufe des Geschäftsbetriebs einige Schuldner des Unternehmens ausfallen und ihre Schulden nie bezahlen. Sobald dies bekannt ist, zieht das Unternehmen natürlich die Forderungen ab. Im Geschäftsbericht finden sich wahrscheinlich Hinweise auf die Ausfallquote. Diese muss wieder zur Bilanzposition hinzuaddiert werden. Eine tiefer gehende Analyse würde die Ausfallquote auch mit anderen Unternehmen der Branche vergleichen. Nehmen wir sehr konservativ an, dass die Quote bei BMW 5 Prozent beträgt. Dies wäre im Konsumentenkreditgeschäft von Banken eine realistische, aber eher am oberen Ende angesetzte Quote.

Ähnlich ist im Prinzip mit den *Forderungen aus Lieferungen und Leistungen* umzugehen. Setzen wir hier auch 5 Prozent an.

Abb. 4.4: **Kursverlauf der BMW-Stammaktie Okt. 1996 – Okt. 2006**

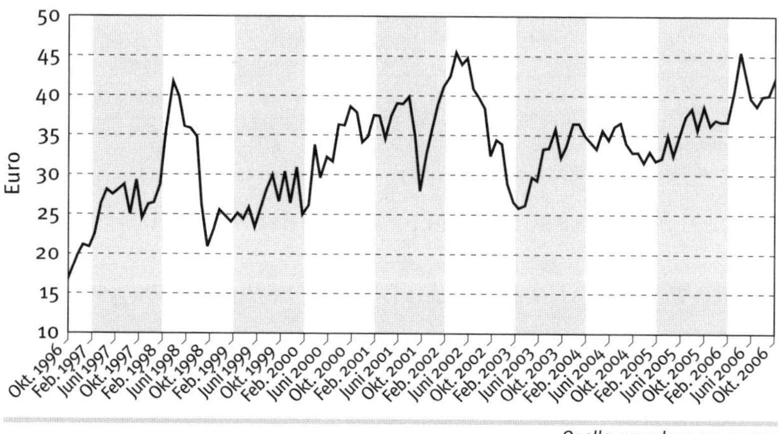

Quelle: www.bmwgroup.com

Die Mittelbindung durch Forderungen ist oft – wie auch im Fall der BMW AG – erheblich. Es lohnt sich also, das Zahlenwerk kritisch auf seine ökonomischen Hintergründe zu durchforsten. Hätte man in den Jahren 1999 bis 2001 die Bilanzposition der Forderungen bei den Technologieunternehmen kritisch hinterfragt, so wäre man vor vielen Überraschungen gefeit gewesen, denn viele in den Büchern geführte Forderungen waren gegenüber solchen Unternehmen, die nicht lebensfähig waren. Man hatte im Zuge der Technologieblase Software und Dienstleistungen an Kunden schlechter Bonität verkauft. Diese mussten später in großem Umfang abgeschrieben werden. Dabei traf es junge Start-ups (zum Beispiel Intershop) genauso wie etablierte Technologieriesen (z. B. Cisco).

Die *Vorräte* sind – je nach Bilanzierungsmethode – zu Preisen der Vergangenheit bilanziert. Hier müssen aktuelle Preise angesetzt werden. Da die Kostensteigerung im Jahr 2005 sehr begrenzt war, setzen wir hier den aktuellen Wert an. In Zeiten hoher Inflation muss der Wert unter Umständen erheblich angepasst werden.

Anpassungen beim Anlagevermögen

Vernachlässigen wir auch hier einmal die Anpassungen bei den *sonstigen Vermögenswerten,* den *latenten Ertragssteuern,* den *Finanzforderungen,* den *sonstigen Finanzanlagen* und den *At-Equity-Beteiligungen* und setzen diese zum Buchwert an.

Auch im Anlagevermögen befinden sich *Forderungen aus Finanzdienstleistungen* und *vermietete Gegenstände* (aus Leasing). Schlagen wir auf diese ebenfalls 5 Prozent auf.

Nun bleiben noch die *Sachanlagen* und die *immateriellen Vermögensgegenstände.*

Die *Sachanlagen* bestehen überwiegend aus Grundstücken, Gebäuden, Produktionsanlagen und ggf. einem Fuhrpark. Grundstücke können nicht planmäßig abgeschrieben werden. In inflationären Zeiten können sich hier erhebliche stille Reserven verstecken. Jemand, der neu in das Geschäft eintreten würde, müsste unter Umständen erheblich mehr bezahlen, als in der Bilanz ausgewiesen. Ebenso können die Immobilien auch viel zu hoch ausgewiesen sein, wie dies die mehr als 14.000 Kläger sehen, die sich in diesem Zusammenhang von der Deutschen Telekom in der zweiten und dritten Tranche des Börsengangs getäuscht sehen.[25]

Passen wir die Sachanlagen um 20 Prozent nach oben an. Dies ist nun wirklich nur eine allererste grobe Schätzung. Hiermit haben wir die Abschreibungen berücksichtigt, die bereits getätigt wurden, und haben die Immobilien nicht weiter angepasst. Da die Zeiten derzeit nicht inflationär sind, kommen wir vielleicht mit unserer Schätzung hin.

Am schwierigsten und interessantesten wird es bei immateriellen Vermögenswerten, die oftmals nicht in der Bilanz auftauchen. BMW setzt diese Vermögenswerte, zum Beispiel Patente, zu Anschaffungskosten an, wenn es wahrscheinlich ist, dass mit der Nutzung ein zukünftiger wirtschaftlicher Vorteil verbunden ist.[26] Viele immaterielle Vermögensgegenstände tauchen aber nach wie vor nicht in der Bilanz auf:

- Management-Know-how
- Marken- und Markenstärke
- Vertriebsnetz
- Technisches Know-how

Ein neuer Wettbewerber müsste sich diese immateriellen Vermögensgegenstände aber erarbeiten und dafür Geld bezahlen. Zur Ermittlung der Summe kann die Gewinn-und-Verlustrechnung einen Anhaltspunkt ergeben. BMW führt hier nur die Positionen Vertriebs- und allgemeine Verwaltungskosten (4,76 Milliarden Euro), Forschungs- und Entwicklungsaufwendungen (2,64 Milliarden Euro) und sonstige betriebliche Aufwendungen und Erträge auf.

Durch die Vertriebs- und allgemeinen Verwaltungskosten wurden das Management-Know-how und ein Vertriebsnetz aufgebaut sowie wesentliche Beiträge zur Marke geleistet. Setzen wir den Zeitraum von drei Jahren, also dreimal 4,75 Milliarden Euro an. Dass dies nicht ganz unrealistisch ist, zeigt das rasche Vordringen asiatischer Neulinge, wie zum Beispiel Hyundai, in den europäischen Automobilsektor.

Auch für die Forschungs- und Entwicklungskosten muss ein Faktor angesetzt werden, der mit der Lebensdauer einer Modellserie (eines

Medikaments etc.) zusammenhängt. Setzten wir hier einen Faktor von drei an. Das entspricht ungefähr der Entwicklungsdauer einer neuen Modellreihe Dafür nehmen wir die immatcriellen Vermögenswerte, die BMW in der Bilanz hatte, heraus. Dann ergeben sich die geschätzten Wiederbeschaffungswerte für die Bilanz der BMW AG wie folgt:

Tab. 4.7: **Angepasste Aktivseite der Konzernbilanz der BMW AG zum 31.12.2005 (Mio €)**

	Buchwerte			**Wiederbeschaffungswerte**
Aktiva			**Faktor**	**Summe**
Immaterielle Vermögenswerte	4.593		0%	0
Vertriebskosten und allgemeine Verwaltung (aus GuV)		4.762	300%	14.286
Forschung und Entwicklung (aus GuV)		2.464	300%	7.392
Sachanlagen	11.087		120%	13.304
Vermietete Gegenstände	11.375		105%	11.944
Sonstige Finanzanlagen	2.657		100%	2.657
Finanzforderungen	17.844		105%	18.736
Anlagevermögen	**47.556**			**68.319**
Vorräte	6.527		100%	6.527
Forderungen	13.986		105%	14.685
Finanzforderungen	2.654		100%	2.654
Sonstige Vermögenswerte	3.843		100%	3.843
Umlaufvermögen	**27.010**			**27.709**

Quelle: www.bmw-ag.de, eigene Berechnungen

Ziehen wir nun von der so neu errechneten Bilanzsumme das Fremdkapital und die Verbindlichkeiten ab, so erhalten wir das Eigenkapital je Aktie, das notwendig wäre, um die BMW AG auf der grünen Wiese neu aufzubauen.

Tab. 4.8: **Bewertung der BMW-Stammaktie anhand des angepassten Vermögens (Mio €)**

Bilanzsumme	74.566	
Wiederbeschaffungswert		96.029
Summe Fremdkapital und Verbindlichkeiten	57.593	57.593
Bilanzielles Eigenkapital	16.973	
Wiederbeschaffungswert des Vermögens		38.436
abzügl. Verbindlichkeiten		
Aktienanzahl (davon 52 Mio. Stück Vorzüge)	674	674
Eigenkapital je Aktie	25,18	
Wiederbeschaffungswert abzügl.		57,03
Verbindlichkeiten je Aktie		
Kurs Stammaktie	35,50	35,50
KBV Stammaktie	1,41	0,62

Quelle: eigene Berechnungen

Gemessen am bilanziellen Eigenkapital hätte die Stammaktie der BMW AG im Jahr 2005 ein Kurs-Buchwert-Verhältnis von 1,41 gehabt. Gemessen an den von uns angepassten Wiederbeschaffungswerten hätte das Kurs-Buchwert-Verhältnis bei nur 0,62 gelegen. Aufgrund dieses Kriteriums hätte man die Aktie kaufen können. Bei unserer sehr groben Schätzung haben wir allerdings fast 16 Milliarden zusätzlich an immateriellen Vermögenswerten eingebucht – das entspricht der Höhe des derzeitigen Eigenkapitals. Eine Verifizierung unserer Schätzungen ist also angebracht.

Der Fortführungswert am Beispiel Pfizer

Führen wir noch eine ganz grobe Bewertung für **Pfizer**, eines der führenden Pharmaunternehmen der Welt, anhand des Wiederbeschaffungswerts durch. Im Sommer 2006 kauften sich mehrere internationale Value-Fonds bei Pfizer ein, da es sich zweifelsohne um ein solides Unternehmen handelt. Zudem war der Kurs mehrere Jahre lang gefallen.

Tab. 4.9: **Pfizer: Aktiva zum Wiederbeschaffungswert zum 2. Juli 2006 (Mio $)**

	Summe	GuV	Faktor	Angepasst
Cash and Cash Equivalents	15.261		100,00 %	15.261
Accounts Receivables	9.275		105,00 %	9.739
Inventories	6.392		100,00 %	6.392
Other	10.066		100,00 %	10.066
Total Current Assets	**40.994**			**41.458**
Property, Plant and Equipment	18.870		125,00 %	23.588
Goodwill + Intangibles	47.191		0,00 %	0
Other Assets, Deferred Taxes and Deferred Charges	4.495		100,00 %	4.495
Long-Term Assets	**70.556**			**28.083**
Selling, Informational & Administrative		16.997	300,00 %	50.991
Research and Development		7.442	1000,00 %	74.420
				194.951
Schulden und Verbindlichkeiten	**43.061**			**43.061**
Eigenkapital	**68.489**			
Wiederbeschaffungskosten minus Verbindlichkeiten				**151.890**

Quelle: www.pfizer.com, eigene Berechnungen

In der ersten oberflächlichen Analyse haben wir lediglich die Accounts Receivables leicht angepasst sowie Maschinen und Anlagen um den Faktor 1,25, da die Werte der Bilanz Abschreibungen enthalten. Pfizer hat in seiner Bilanz hohe Ansätze für Goodwill aus übernommenen Unternehmen, sowie Intangible Assets (Patente und Rechte). Diese haben wir mit dem Faktor 0 angesetzt. Das ist ein erheblicher Schnitt, denn beide Positionen stehen zusammen mit gut 47 Milliarden Dollar in der Bilanz!

Dafür wurden die Vertriebs- und Verwaltungsaufwendungen aus der GuV mit dem Faktor drei, sowie die Forschungs- und Entwicklungsaufwendungen mit dem Faktor zehn angepasst. Wir gehen also davon aus, dass ein Unternehmen ungefähr zehn Jahre lang forschen muss, um das Produktportfolio von Pfizer zu reproduzieren. In der Pharmaindustrie sind die Produktzyklen länger als in der Autobranche. Der Patentschutz läuft zwar oftmals länger als zehn Jahre, aber nach einigen Jahren kommen normalerweise Wettbewerber mit ähnlichen Wirkstoffen auf den Markt, sodass das Patent nur eine gewisse Zeit einen wirksamen Schutz bietet. Bedenken Sie, dass es sich wirklich nur um eine sehr grobe Analyse handelt.[27]

Abb. 4.5: Kursverlauf der Aktie von Pfizer Inc. 1996 – 2006

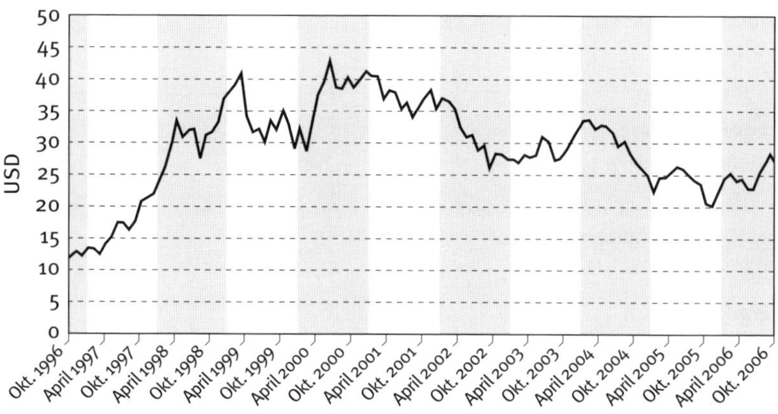

Quelle: Yahoo! Finance

Letztlich kommen wir so auf einen Wiederbeschaffungswert minus Verbindlichkeiten (Wert des Eigenkapitals) von 151,9 Milliarden Dollar. An der Börse wurde Pfizer im August 2006 aber mit 200 Milliarden Dollar gehandelt. Im Sommer 2006 engagierten sich allerdings überaus viele Value-Fonds bei Pfizer.[28] Die Analysen dieser Fonds könnten darauf hinausgelaufen sein, dass Produktportfolio und Vertriebsorganisation von Pfizer noch deutlich mehr wert waren, als wir in unserer ersten groben Rechnung oben überschlagen haben.

Vor- und Nachteile der verschiedenen Methoden zur Ermittlung des Vermögens

Bruce Greenwald hat die Vor- und Nachteile verschiedener Konzepte zur Bewertung des Vermögens anschaulich zusammengefasst:

Tab. 4.10: **Verschiedene Konzepte zur Ermittlung des Vermögenswerts nach Bruce Greenwald[29]**

Konzept	Zerschlagungswert. Spezialfall: Net-Net	Buchwert	Wiederbeschaffungskosten
Anwendbarkeit in der Praxis	☑	☑	☑
Anzahl der Chancen	+	+ +	+ + +
Erforderliche Branchenkenntnis	keine	keine	umfangreiche
Stabilität / Verlässlichkeit	hoch	gering	Mittel
Wertansatz für Goodwill	0	Buchwert	Wiederbeschaffungskosten
Wertansatz für Schulden	Buchwert	Buchwert	Marktwert

Quelle: Greenwald, S. 63.

Das Prinzip des Zerschlagungswerts in der Form des Spezialfalls von Grahams Net-Net-Prinzip ist sehr einfach anzuwenden; man benötigt hierzu keinerlei Branchenkenntnis. Allerdings ist die Anzahl der Chancen hierfür heutzutage sehr begrenzt. Wenn man nach dem Kurs-Buchwert-Verhältnis vorgeht, ist die Zahl der Chancen etwas größer. Greenwald et al.: »Selbst wenn wir darauf hingewiesen haben, wie sehr der Buchwert vom intrinsischen Wert abweichen kann: In der Praxis konnte die Anlagestrategie, Aktien dann zu kaufen, wenn ihr Kurs deutlich unterhalb des Buchwerts liegt, kaum übertroffen werden.«[30]

Am aufwendigsten ist die Ermittlung der Wiederbeschaffungskosten für das Vermögen. Hier ist eine gute Branchenkenntnis schon sehr hilfreich. Die groben Überschlagsrechnungen, die wir oben für Pfizer und BWM angestellt haben, stellen nur einen ersten Ansatzpunkt dar. Für denjenigen, der sich aber in seinen Branchen auskennt, gibt es hier viele Chancen zu entdecken.

---

1 Greenwald, Bruce: The Valuation of Growth Stocks with a Value Approach. Vortrag auf der Value Intelligence Konferenz der Bayerischen Landesbank im Juli 2006.

2 Greenwald (2001), S. 31–44.

3 Porter, Michael: Competitive Strategy. New York 1998; Porter, Michael: Competitive Advantage. New York 1998; Bruce Greenwald: Competition demystified. New York 2005.

4 www.thirdavenue.com.

5 Ebd.

6 Census.

7 www.econ.yale.edu/%7Eshiller/data/ie_data.htm.

8 www.federalreserve.gov/BoardDocs/speeches/1996/19961205.htm; »Amerikanische Aktien im historischen Vergleich teuer« In: FAZ, 21.08.2004, S.19. Online unter: http://www.faz.net/s/RubF3F7C1F630AE4F8D8326AC2A80BDBBDE/Doc~E2B91D5D2A4F34185852B99D531E71F44~ATpl~Ecommon~Scontent.html.

9 www.econ.yale.edu/%7Eshiller/data/ie_data.htm.

10 Matschke, Manfred Jürgen / Brösel, Gerrit: Unternehmensbewertung – Funktionen – Methoden – Grundsätze. Wiesbaden 2005.

11 Loomis, Carol: The tragedy of General Motors« In: Fortune, 06.02.2006.

12 Siehe Lowe, Janet: Benjamin Graham. Leben, Gedanken und Anleger-Tips eines Wall-Street-Profis. Bonn 1997.

13 Graham (2003), S. 18.

14 Graham/Dodd (2002); Graham (2003).

15 Mehr über Graham in Lowe, Janet: Die Graham-Methode. Benjamin Grahams Value-Investing Schritt für Schritt. Rosenheim 2000.

16 Graham (2003), S. xiii.

17 Lowe (1997), S. 13 ff.

18 Graham (2003), S. xii.
19 Ebd., S. 295.
20 Lowe (1997), S. 81.
21 Ebd., S. 107.
22 www.karstadt-quelle.de/download/karstadtquelle_konzern_geschaeftsbericht_2004_d.pdf
23 Ebd.
24 Greenwald (2001), S. 63.
25 Prozessauftakt gegen Deutsche Telekom. In: Die Welt, 22. November 2004. Online unter: www.welt.de/data/2004/11/22/364260.html.
26 BMW-Konzernabschluss 2005, S. 74.
27 www.pfizer.com/pfizer/download/investors/financial/10q_0811_2006.pdf.
28 www.gurufocus.com.
29 Greenwald (2001), S. 63.
30 Ebd.

Wenn Gewinne tatsächlich mit der Rate des Bruttoinlandsprodukts um ungefähr fünf Prozent (drei Prozent Wachstum plus zwei Prozent Inflation) wachsen, ist es unwahrscheinlich, dass die Bewertung amerikanischer Unternehmen jährlich um viel mehr als diese Grösse steigt. Addieren Sie etwas für die Dividenden, und Sie landen bei Renditen für Aktien, die dramatisch unter dem liegen, was die meisten Anleger entweder in der Vergangenheit erzielt haben oder aber in der Zukunft erwarten. Wenn die Anlageerwartungen realistischer werden – und das werden sie fast mit Sicherheit –, wird der Markt eine harte Korrektur erleben.

Warren Buffett, 1999[1]

5. Ertragswert, Branchenstruktur und Marktstrategie

Im gegenwärtigen wirtschaftlichen Klima werden sehr viele Unternehmen zu Preisen gehandelt, die deutlich über den Substanzwerten zu Wiederbeschaffungskosten liegen. Es muss also ein Ertragswert angesetzt werden, der deutlich über den Wiederbeschaffungskosten des Vermögens liegt. Dieses Kapitel ist eines von zweien, die sich mit Ertragswerten beschäftigen. In diesem Kapitel betrachten wir den Ertragswert zunächst einmal mehr oder weniger »statisch«, das heißt, wir betrachten einen dauerhaften, aber nicht oder nur unter bestimmten Umständen wachsenden Ertrag. Der nachhaltige Ertrag ist das Basisszenario für jede Unternehmensbewertung, Wachstum ist nur ein Spezialfall. Bei den Finanzanalysten der Banken hat man oftmals den entgegengesetzten Eindruck. Es wird Wachstum vorausgesetzt oder gefordert, wo die Überprüfung der Nachhaltigkeit im Vordergrund stehen sollte. Die dazu notwendigen Schritte werden in diesem Kapitel erläutert.

Ein Ertragswert, der dauerhaft höher ist als der (richtig geschätzte) Wiederbeschaffungswert des Vermögens, ist in der Wirtschaft eher die Ausnahme als die Regel, wenn auch die Börsenwerte derzeit oftmals über dem Wiederbeschaffungswert liegen. Ein solcher höherer Ertragswert setzt voraus, dass das Unternehmen dauerhaft eine Kapitalrendite erzielt, die die Kosten des eingesetzten Kapitals übersteigt. Dies wiederum ist dauerhaft nur möglich, wenn das Geschäftsfeld des Unternehmens durch Wettbewerbsvorteile geschützt ist, welche das Eindringen von Wettbewerbern unmöglich machen oder erschweren. Bei freiem Marktzugang würden Wettbewerber versuchen, ebenfalls in den Markt einzudringen und Überrenditen zu erzielen.[2] Das erhöhte Angebot an Gütern und Dienstleistungen würde auf die Preise drücken. Die Renditen können sogar unter die Kapitalkosten fallen, bis die ersten Unternehmen die Branche wieder verlassen und »normale« Renditen hergestellt sind. Im Normalzustand (»Gleichgewicht«) einer Branche mit freiem Wettbewerb sollten die Renditen genau den Kapitalkosten entsprechen.

Derzeit sind die Gewinnmargen in den westlichen Industrienationen auf historischen Höchstständen.[3] Auch die Anteile der Unternehmensgewinne am Volkseinkommen sind historisch hoch. Irgendwann dürften diese Größen wieder auf ihren langfristigen historischen Durchschnitt (oder als Überreaktion sogar darunter) sinken.

Gelegentlich wird argumentiert, dass ein Technologieschub die Unternehmen effizienter gemacht habe und dass deshalb dauerhaft höhere Kapitalrenditen möglich seien. Es darf daran gezweifelt werden. Technologie ist auf Dauer meistens kein Wettbewerbsvorteil – sie steht allen zur Verfügung. Software hilft allen modernen Unternehmen in Planung, Logistik und anderen Funktionen. Wenn ein Unternehmen hier zurückliegt, muss es ebenfalls investieren, nur um mithalten zu können. Heerscharen von Unternehmensberatern warten zudem nur darauf, neues Wissen und neue Tools zu verbreiten.

Da, wo Unternehmen in der Vergangenheit versucht haben, Technologie im Hause zu behalten, hat sich das meistens als falsche Strategie erwiesen, zum Beispiel bei Apple. Technologie führt dann am ehesten zu dauerhaftem Wachstum, wenn das entsprechende Unternehmen einen globalen Standard setzen kann. Hierzu ist aber eine möglichst schnelle Verbreitung notwendig. Microsoft hat das Rennen gegen Apple auch deshalb gewonnen, weil seine Betriebssysteme und Bürosoftware auf so ziemlich allen Computern einsetzbar waren. Der Erfinder einer Technologie ist selten der Profiteur, sondern dasjenige Unternehmen, welches die Technologie so einsetzt, dass damit Massenbedürfnisse besser befriedigt werden können. Beispiele sind Ford (Fließband), Microsoft und Apple (ein Computer auf jedem Schreibtisch) und Wal-Mart (neue Größenordnungen durch konsequente Anwendung von Computertechnologie und Logistik).

Viele Unternehmen notieren heutzutage mit einem Vielfachen des Buchwerts an der Börse. Wenn auch das letzte Kapitel gezeigt hat, dass der Buchwert nicht notwendigerweise dem Wiederbeschaffungswert gleicht, kann der Buchwert doch als erster Anhaltspunkt dienen: **Microsoft** (ISIN: US5949181045) notierte im Sommer 2006 zum Sechseinhalbfachen des Buchwerts an der Börse (die Aktie war auch schon einmal viel teurer), **Coca-Cola** gut zum Sechsfachen, **Wal-Mart** (ISIN: US86312E2000) zum Dreieinhalbfachen. Ein Teil der anscheinend hohen Bewertung geht darauf zurück, dass immaterielle Vermögenswerte, wie Marken, eine Vertriebsorganisation oder Patente, gar nicht oder nur teilweise bilanziert sind. Aber selbst wenn man diese Werte in die Bilanz aufnehmen würde, müssten in vielen Fällen dauerhafte Wettbewerbsvorteile vorliegen, um solch hohe Bewertungen wie oben aufgeführt zu rechtfertigen.

Ansonsten würden sofort Wettbewerber in den Markt eindringen und versuchen, von den hohen Renditen zu profitieren, und durch ihren Markteintritt die hohen Renditen – und damit die Basis für die hohe Bewertung der Incumbents (der etablierten Unternehmen der Branche) – zu zerstören.

Die Normalisierung der Renditen bei freiem Marktzugang

Nehmen wir an, ein Unternehmen namens »Magische Flachpfeifen« benötigt ein Investment von 100 Millionen Euro, um die Produktion von Flachpfeifen aufzunehmen. Die Kapitalkosten in der Branche betragen zehn Prozent. Die Technologie zur Produktion von Flachpfeifen ist bekannt, die Nachfrage auf den Märkten relativ stabil und die Investoren sind deswegen mit dieser Rendite zufrieden. Im ersten Jahr verdient Magische Flachpfeifen 25 Millionen Euro, was einer Rendite von 25 Prozent auf das eingesetzte Kapital entsprechen würde.

Viele Investoren – zum Beispiel Venture-Kapital-Unternehmen - haben nur auf eine Chance gelauert, bei Kapitalkosten von zehn Prozent Renditen von 25 Prozent zu erzielen. Schnell sammeln sie 100 Millionen Euro ein, um ein zweites Unternehmen, Ultramagische Flachpfeifen, zu gründen. Das Unternehmen nimmt seine Produktion auf. Das größere Angebot an Flachpfeifen lässt sich jetzt aber nur noch zu reduzierten Preisen absetzen. Nehmen wir an, beide Unternehmen müssten ihre Preise so weit reduzieren, dass sie jetzt nur noch eine Rendite von 15 Prozent auf das eingesetzte Kapital erzielen würden.

Dann würde sich wahrscheinlich dennoch eine weitere Investorengruppe finden, die eine dritte Flachpfeifen-Produktion finanzieren würde. Erst wenn die Preise durch das vergrößerte Angebot am Markt so weit gesunken sind, dass mit der Produktion von Whistleblowern nur noch zehn Prozent auf das eingesetzte Kapital erzielt werden können, würde dieser Prozess aufhören.

Nehmen wir an, es tritt noch ein weiterer Produzent ein. Durch das Überangebot an Flachpfeifen werden die Preise weiter gedrückt und die Kapitalrenditen sinken auf acht Prozent. Dann wäre das für die Kapitalgeber der Branche auf Dauer inakzeptabel. Auf Dauer müssten ein oder mehrere Anbieter (die Volkswirtschaftslehre nennt diese »marginale Anbieter«) wieder ausscheiden.

Greenwald weist darauf hin, dass es in den meisten Fällen sehr viel einfacher ist, Kapazitäten aufzubauen, als diese wieder loszuwerden. Überkapazitäten (und damit einhergehend Unterrenditen) können also sehr dauerhaft sein.[4]

Dauerhafte Wettbewerbsvorteile: das Franchise

Warren Buffett hat viele seiner Investments aufgrund des Ertrags gekauft, den diese Unternehmen abwerfen, zum Beispiel Coca-Cola, **American Express** (ISIN: US0258161092) oder **GEICO** (die Government Employees Insurance Corporation). Die Substanzwerte spielten anders als bei seinem Lehrmeister Ben Graham oftmals eher eine untergeordnete Rolle.

Buffett nennt einen Geschäftsbetrieb, der durch dauerhafte Wettbewerbsvorteile geschützt ist, ein »Franchise«. Im allgemeinen Sprachgebrauch sind Franchises Lizenzen oder Konzessionen. Für Buffett sind Franchises ebenfalls Lizenzen, nämlich solche zum Gelddrucken. Sie entstehen dann, wenn ein Geschäftsbetrieb gleichsam eine Konzession hat, einen Markt auszunutzen, ohne vom Wettbewerb dabei gestört zu werden. Wettbewerber bleiben im Idealfall außen vor. Wenn ich in Köln mit dem Auto zum Bahnhof fahre, nutze ich jedes Mal ein fantastisches Franchise: die privat betriebene Parkgarage unter dem Domvorplatz. Hier kann sich kein Wettbewerber mehr breitmachen, der Platz ist vergeben. Ich kenne die Profitabilität dieses Franchise nicht, aber es würde mich nicht wundern, wenn hier Eigenkapitalrenditen von 100 oder 200 Prozent pro Jahr erzielt würden.

Dauerhafte Wettbewerbsvorteile, selbst wenn sie nicht so massiv sind wie im obigen Beispiel, sind eher die Ausnahme als die Regel: Die Natur der Marktwirtschaft ist ja gerade der Wettbewerb, und dieser sorgt dafür, dass sich technische oder organisatorische Neuerungen schnell verbreiten.

Der Begründer der modernen Strategielehre, Michael Porter, spricht von drei generischen Strategietypen, durch welche Wettbewerbsvorteile begründet werden können: 1. Kostenführerschaft, 2. Differenzierung und 3. Konzentration und Nischenstrategie.[5]

Bei der *Strategie der Kostenführerschaft* erlangt das Unternehmen eine Größe, die es ihm erlaubt, dauerhaft billiger als seine Wettbewerber zu produzieren, weil es seine Fixkosten über einen größeren Umsatz verteilen kann. Das wiederum erlaubt es dem Unternehmen, billig anzubieten und dennoch einen Gewinn zu machen. Die Gewinnspanne möglicher Wettbewerber ist deutlich niedriger, da sie zu höheren Kosten produzieren müssen.

Bei der *Differenzierungsstrategie* bietet das Unternehmen überlegene Produkte oder Dienstleistungen mit Alleinstellungsmerkmalen an, die ihm erlauben, einen höheren Preis als die Wettbewerber zu fordern.

Bei der *Konzentrations- oder Nischenstrategie* konzentriert sich das Unternehmen auf einen bestimmten regionalen Markt oder bestimmte Produkte und Dienstleistungen und wendet eine der anderen beiden Strategietypen an.

Die Strategielehre Michael Porters hat Generationen von Studenten der Betriebswirtschaftslehre, von Unternehmensberatern und Managern geprägt. Dennoch ist sie in vielen Bereichen falsch oder irrelevant, wenn es um aktionärsorientierte Unternehmensstrategie und wertorientiertes Management geht, wie Bruce Greenwald zeigt.[6] Strategien und Situationen, die zu Überrenditen führen, sind nach Greenwald viel seltener, als es Porter glauben macht. Es ist zum Beispiel ein Mythos, dass eine Differenzierungsstrategie notwendigerweise zu dauerhaften Wettbewerbsvorteilen führt. Differenzierung kostet Geld, sei es durch erhöhte Forschungs- und Entwicklungsaufwendungen oder erhöhte Marketing- und Vertriebsaufwendungen. Wenn ein Unternehmen Überrenditen erzielt, werden Wettbewerber ebenfalls versuchen, sich mit differenzierten Produkten und Dienstleistungen zu etablieren.

Greenwald verwendet das Beispiel Mercedes-Benz. Lange repräsentierten die Autos dieser Marke das Segment »gehobene Limousinen« und standen unangefochten auf Platz eins. Potentaten kaufen die Wagen, um ihren Status aufzupolieren. Auf der ganzen Welt gibt es Mercedes-Händler. Investmentlegende Jim Rogers wählte deshalb einen Mercedes für seine Weltreise.[7]

Dennoch hat Mercedes in den letzten Jahren nur noch durchschnittliche bis unterdurchschnittliche Eigenkapitalrenditen erzielt. Ein Grund hierfür ist sicherlich die verfehlte Geschäftspolitik von Edzard Reuter und Jürgen Schrempp. Ein weiterer Grund liegt darin, dass andere Autokonzerne ebenfalls viel Geld investieren, um hochwertige Limousinen zu bauen. Die Oberklasse von BMW sieht mittlerweile aus Sicht des Autors fast staatsmännischer aus, als die Oberklasse von Mercedes; Mercedes ist dafür sportlicher geworden. Das Resultat: Zwar sinken nicht notwendigerweise die Preise der derartig »differenzierten« Produkte, aber der Marktanteil sinkt, da sich mehr Produkte auf demselben Markt tummeln. Damit steigen die Fixkosten je Einheit. Auch hohe Forschungs- und Entwicklungsaufwendungen garantieren für sich alleine noch keine dauerhaften Wettbewerbsvorteile, selbst wenn sie, wie in der Pharmaindustrie, zu Patenten führen. Sollte ein Unternehmen durch neue Technologien (zum Beispiel Informations- und Kommunikationstechnologien) deutliche Überrenditen erzielen, werden andere Unternehmen ebenfalls diese Technologien nutzen. Nach dem Erfolg von Viagra hat sich die Konkurrenz mächtig ins Zeug gelegt, um mit ähnlichen oder verbesserten Produkten etwas vom Markt abzubekommen. Und es dauerte tatsächlich nicht allzu lange, bis diese auf dem Markt waren.

Vielleicht noch mehr als der Mythos der Differenzierung hat der Mythos des hohen Marktanteils die derzeit aktive Managergeneration geprägt. Dieser Mythos geht zum einen zurück auf das von der Boston Consulting Group (BCG) propagierte Konzept der »Erfahrungskurve« und die darauf basierende Marktwachstums-Marktanteilsmatrix.[8] Je höher der relative Marktanteil eines Unternehmens (= Marktanteil des eigenen Unternehmens geteilt durch Marktanteil des größten Wettbewerbers) desto geringer sollten laut BCG die Stückkosten sein, da das Unternehmen Größen- und Erfahrungsvorteile nutzen könne. Auf jeden Fall sollten Unternehmen sowohl in reifen wie auch in rasch wachsenden Märkten deshalb danach streben, sich einen hohen Marktanteil zu sichern.[9]

Auch die PIMS-Studie (= Profit Impact of Management Systems) in den achtziger Jahren trug wesentlich dazu bei, den unbedingten Glauben an den Marktanteil in den Köpfen der jetzt amtierenden Managergeneration zu festigen. (Wenn ich ein Manager geworden wäre, würde ich auch zu dieser Generation gehören.) Basierend auf der Untersuchung von Hunderten von Unternehmen zeigte die Studie eine deutliche Korrelation zwischen Marktanteilen und Gewinnmargen auf. Die Botschaft lautet: Sichert euch hohe Marktanteile![10] Spätere Studien konnten die in der PIMS-Studie behaupteten Zusammenhänge nicht verifizieren, aber der Grundstein für eine falsche Auffassung, die sich die angestellten Manager nur allzu gerne zu eigen machten, war gelegt.

In ihrem neuen Buch »Der gewinnorientierte Manager« räumen der wohl bekannteste deutschsprachige Managementdenker Hermann Simon und seine Partner Frank Bilstein und Frank Luby gründlich mit den Mythen der Differenzierung und vor allem mit dem Denken in Marktanteilen und Beschäftigung auf.[11] Sie zeigen, dass beim Wettbewerb in reifen Märkten oftmals eine Differenzierungsstrategie nach Porter keinen zusätzlichen Erfolg verspricht und dass das bedingungslose Streben nach Marktanteilen sogar sehr schädlich sein kann. »Business is not War« fassen Simon und seine Partner das Argument kurz und bündig zusammen. Letztlich geht es im Geschäftsleben darum, profitable Kunden zu werben und zu halten, nicht darum, einen Gegner zu besiegen oder Marktanteile zu halten. Leider ist der Impuls »Krieg zu führen« allgegenwärtig und muss immer wieder unter Kontrolle gebracht werden.[12]

Vordergründig ist nach Simon et al. das Denken in Marktanteilen durch eine einfache Gleichung begründet:

Gewinn = Marge * Marktanteil * Marktvolumen[13]

Allerdings trägt diese einfache Gleichung mehr zur Verwirrung als zur Aufklärung bei. Das Streben nach Marktanteil kann sehr schnell auf die Margen drücken, weil in reifen Märkten die Wettbewerber versucht sein werden, dagegenzuhalten. Besonders deutlich wird dies, wenn Marktanteile durch Preiskriege gewonnen werden sollen. Bei einer Gewinnmarge von zehn Prozent würde aber eine Reduktion des Preises um fünf Prozent bei sonst gleichem Umfeld (und gleichen Mengen) eine Verringerung des Gewinns um 50 Prozent bedeuten! Ein ähnlicher Druck auf die Margen kann einsetzen, wenn Unternehmen versuchen, sich durch kostenlosen Service oder Ähnliches zu differenzieren.

Im Sommer 2006 kündigte zum Beispiel Kai-Uwe Ricke, Vorstandsvorsitzender der **Deutschen Telekom AG** nach enttäuschenden Halbjahreszahlen an, die Marktanteilsverluste der Deutschen Telekom durch Preissenkungen stoppen zu wollen. Simon hierzu: »Wahrscheinlich werden nun die Wettbewerber die Preise auch senken. Somit sinkt das Preisniveau insgesamt, der Marktanteilsverlust geht weiter und alle haben nur Nachteile. Vielleicht wären die Preise auch so gesunken, aber doch über einen längeren Zeitraum. Für die Preisdynamik einer Branche trägt der Marktführer die entscheidende Verantwortung.«[14] Erleichtert wird dies durch die Tatsache, dass Manager nicht ihr eigenes Geld einsetzen, kommentiert mein Kollege Peter Hoberg.

Der Value-Investor extrapoliert daher niemals Margen und Anteile unkritisch in die Zukunft, sondern macht sich bei der Ermittlung des Ertragswerts detaillierte Gedanken über die Branchendynamik. Ben Grahams »Average Future Conditions«, also normalisierte Margen und Kennzahlen, sind ein Weg, dies zu tun. Hierbei wird von der Vergangenheit ausgegangen, was natürlich voraussetzt, dass sich in der Branche keine großen Strukturbrüche ankündigen.

Greenwald wählt eine Klassifizierung für die Ursachen von Wettbewerbsvorteilen, die sich von Porter und dem reinen Marktanteilsdenken deutlich abhebt. Erstens gibt es verschiedene Vorteile, die ein Unternehmen auf der Angebotsseite haben kann. Diese führen dazu, dass es billiger oder besser produzieren kann. Zweitens können ein geschützter oder abgeschotteter Markt, Kundenpräferenzen oder Netzwerkeffekte zu einer Bevorzugung auf der Nachfrageseite führen. Am stärksten und dauerhaftesten sind Wettbewerbsvorteile nach Greenwald, wenn eine Kombination von leichten Vorteilen auf der Angebotsseite und leichten Kundenpräferenzen (»some customer captivity«) besteht. Leichte Vorteile sind deswegen besser, weil sie nicht so viel Aufmerksamkeit auf sich ziehen und schwerer zu definieren und zu kopieren sind. Sie führen dann zu »langweiligen« Wettbewerbsvorteilen und »langweiligen« Märkten, die gerade deshalb besonders dauerhaft sind.

Tab. 5.1: Wettbewerbsvorteile nach Bruce Greenwald[15]

Typ	Beschreibung	Stärke und Dauerhaftigkeit
Vorteile auf der Angebotsseite I	Bessere Produktionstechnologie (Patente oder Prozess-Know-how) oder bevorzugter Zugang zu Ressourcen	Geringer
Vorteile auf der Angebotsseite II	Regionale (meistens) oder globale (manchmal) Größenvorteile	Mittel
Vorteile auf der Angebotsseite III	Staatliche Verordnungen, Lizenzen, Subventionen etc.	Hoch, aber oft von der Politik abhängig
Vorteile auf der Nachfrageseite	Kundenpräferenzen (Gewohnheit, Mode), Netzwerkeffekt	Mittel bis hoch, wobei die Gewohnheit viel dauerhafter als die Mode ist
Interaktion von Angebots- und Nachfragevorteilen	Größenvorteile (Angebotsseite) in Kombination mit leichten Kundenpräferenzen	Hoch

Quelle: Greenwald 2006, S. 20–52 , eigene Darstellung

Vorteile auf der Angebotsseite I: Zu Zeiten der New Economy gerieten viele Manager bei den Möglichkeiten der neuen Technologien ins Schwärmen. Greenwald räumt mit dem Mythos auf, dass eine bessere Technologie dauerhaft Wettbewerbsvorteile sichern kann. Die Automatisierung von Prozessen durch Einführung der Informations- und Kommunikationstechnologie wird sich schnell innerhalb einer Branche verbreiten: Wer überleben will, zieht mit. Derzeit sehen wir diesen Prozess im Retail Banking in Deutschland.

Wenn sich Technologien schnell verändern, sind immer neue Investments notwendig, um an der Spitze der Entwicklung zu bleiben. Patentgeschützte Verfahren scheinen zwar sicher zu sein, in vielen Fällen gibt es jedoch rasch noch andere, wiederum bessere Verfahren. Selbst im Fall des E-Commerce, bei dem eBay kraft seiner Größe scheinbar eine unangreifbare Position erreicht hatte, wandelt sich die Situation rasch. Durch die neue Technologie von **Google** (ISIN: US38259P5089) werden kleine Internetshops leicht gefunden. Sie sind also nicht mehr darauf angewiesen, ihre Waren bei eBay einzustellen. Das scheinbar unangreifbare Franchise von eBay sieht nicht mehr so unangreifbar aus wie noch vor wenigen Jahren.

Auch überlegenes Prozess-Know-how aufgrund der Lernkurve muss kontinuierlich verbessert werden, da auch Wettbewerber lernen. Selbstverständlich kann eine Organisation, die das kontinuierliche Lernen beherrscht, ihren Wettbewerbern immer einen Schritt voraus bleiben. Der Regelfall ist das jedoch nicht.

Vorteile auf der Angebotsseite II: Regionale oder globale Größenvorteile sowie Größenvorteile in Produktnischen können eine Quelle von Wettbewerbsvorteilen sein. Weltmarktführer wie Intel können zum Beispiel ihre fixen Forschungs- und Entwicklungsaufwendungen über eine viel größere Anzahl von Einheiten verteilen und somit zu geringeren Stückkosten als AMD produzieren. Für Microsoft gilt dasselbe, nur gibt es im Kerngeschäft von Microsoft – Windows und MS Office – keinen ernst zu nehmenden Wettbewerber. Beides sind Franchises par excellence, da die Netzwerkeffekte ungemein stark sind. Hierzu später mehr.

In vielen Fällen sind allerdings nicht globale, sondern regionale Wettbewerbsvorteile entscheidend. Das gilt für Unternehmen, die eine Logistik oder Dienstleistungsstruktur aufbauen oder viel Produktwerbung betreiben, also solch unterschiedliche Unternehmen wie Coca-Cola, Wal-Mart, die Allianz oder die Deutsche Telekom. Regionale Stärke (regionaler Marktanteil) führt zu niedrigeren Logistik-, Produkt- und Dienstleistungskosten. Auch Werbeaufwendungen werden effizienter.

Vorteile auf der Angebotsseite III: Auch staatliche Monopole, Verordnungen, Lizenzen und Subventionen können starke Wettbewerbsvorteile begründen. Hier ist derjenige im Vorteil, der das Spiel des Lobbyismus am besten beherrscht. Value-Investoren halten sich bei Branchen, die stark am Staat hängen, meistens zurück. In Deutschland sind die meisten alternativen Energien, zum Beispiel Wind- und Solarkraft, nur aufgrund massiver staatlicher Subventionen überlebensfähig. Für Value-Investoren ist die Branche daher zunächst einmal sehr kritisch zu hinterfragen.

Vorteile auf der Nachfrageseite: Kunden können bestimmte Produkte bevorzugen. (Wenn diese Bevorzugung allerdings aufgrund des Preises erfolgt, handelt es sich um einen (Kosten-)Vorteil auf der *Angebotsseite.* Auch wenn sie aufgrund überlegener Qualität erfolgt, muss letztlich der Vorteil aufgrund der Angebotsseite entstanden sein, z.B. durch bessere Produktionstechnologie.) Die Macht der Gewohnheit kann ein solcher Vorteil sein, zum Beispiel im Fall von Coca-Cola. Viele Colatrinker bevorzugen immer Coca-Cola gegenüber Pepsi, weil sie sich daran gewöhnt haben. Auch die Mode kann zum zeitweiligen Vorteil für ein Produkt durch gesteigerte Nachfrage führen; letztlich ist sie jedoch wechselhaft und hängt vom Gespür der Marketingverantwortlichen für Trends und den Marketingaufwendungen ab.

Mächtige Vorteile auf der Nachfrageseite sind auch sogenannte Netzwerkeffekte: Der Wert eines Netzwerks steigt mit der Anzahl seiner Teilnehmer. EIN Telefon ist nutzlos, mit zwei Telefonen können Sie eine Verbindung, mit drei Telefonen schon drei Verbindungen, mit vier Telefonen sechs Verbindungen schalten. Von diesem Effekt profitiert zum Beispiel Microsoft – zwar kann man argumentieren, dass es bessere Bürosoftware gibt (und billigere, nämlich kostenfreie gibt es allemal), aber dennoch scheuen fast alle Nutzer die Mühe, sich in neue Software einzuarbeiten oder das Risiko, dass diese vielleicht nicht mit MS Office, das auf über 90 Prozent aller Computer läuft, völlig kompatibel ist.

Kombination von Angebots- und leichten Nachfragevorteilen: Als besonders dauerhaft erweist sich eine Kombination von Angebots- und leichten Nachfragevorteilen – dies sind die eigentlichen Franchises im Buffettschen Sinne. Ich komme noch einmal auf das Beispiel Coca-Cola zurück: Das Unternehmen besitzt durch seine hohen Marktanteile zweifellos in vielen (aber nicht allen!) Märkten Angebotsvorteile in Bezug auf Logistik und Werbung, hat also im Vergleich zu vielen Wettbewerbern geringere Kosten. Gleichzeitig sind viele Cola-Trinker dies aus Gewohnheit, sie würden also nicht aufgrund geringer Preisdifferenzen sofort zu einem Wettbewerbsprodukt wechseln. Damit ist das Franchise von Coca-Cola auf zwei Seiten abgesichert. Wettbewerber würden es nicht besonders attraktiv und zugleich schwierig finden, dieses Franchise anzugreifen. Ein anderes Beispiel wäre eine Bank mit einem regional starken Marktanteil und einem etablierten Namen, dem die Kunden vertrauen. Kunden würden die Bank wechseln, wenn sie permanent enttäuscht würden, sonst würden sie aber wohl lieber bleiben. Die hohe regionale Dichte verschafft der Bank Vorteile, zum Beispiel ein dichtes Netz von Geldautomaten oder Filialen und die Möglichkeit, fokussiert Werbung in den regionalen Medien zu schalten.

Warren Buffett: Investment-Superstar[16]

Warren Buffett ist ein Superstar – und genießt diese Rolle in vollen Zügen. Keinesfalls ist er der »Onkel«, als der er sich gerne gibt und als der er auf Bildern in Erscheinung tritt. Wer ihn je persönlich erlebt hat, sieht eine der charismatischsten und dominantesten Persönlichkeiten, die die Welt derzeit zu bieten hat, kurzum: ein Genie, das sein Licht nicht unter den Scheffel stellt. Was Buffett dabei jedoch sympathisch macht, ist die Tatsache, dass der Mann grundehrlich ist, extrem solide Wertvorstellungen hat, diese auch lebt, einen ausgeprägten Humor besitzt und gerne gelegentlich die Fehlentwicklungen in Politik, Management und Gesellschaft anprangert.

Buffett war der große Praktiker und Integrator, der die Lehren seines Lehrmeisters Benjamin Graham, aber auch die von Phil Fisher und anderen in der Praxis zusammenführte und anwendete. Ob es einen Warren Buffett ein zweites Mal geben wird, darf bezweifelt werden. Zu seinem außerordentlichen Talent kam auch hinzu, dass er in der größten Wirtschaftsnation des 20. Jahrhunderts genau im Zeitraum des längsten Aktienbooms aller Zeiten – 1950 bis 2000 – tätig war. Er selber hat mehrfach gewarnt, dass die Renditen der Aktienmärkte in den nächsten Jahren und Jahrzehnten nicht auf dem Niveau der Jahre von 1982 bis 2000 werden bleiben können.

Warren Buffett IST ein Genie. Mit seinem Computerhirn erfasst er blitzschnell die wesentlichen Tatsachen von wirtschaftlichen Situationen. Auch seine Kopfrechenkünste sind legendär. Er war Benjamin Grahams bester Student. Hinzu kommt eine einzigartige Fokussierung auf eine Sache (das Investieren) und wenige Branchen. In seinem ganzen

Erwachsenenleben hat er nichts anderes gemacht, als Kapital effizient zu investieren. Buffett wohnt nach wie vor in seinem Haus, das er 1958 für gut 31.500 Dollar in Omaha gekauft hat. Eine derartig extreme Fokussierung mag nicht jedermanns Sache sein. Für Genies ist sie aber wohl notwendig.

Am bekanntesten ist Buffett jedoch für sein untrügliches Gespür für »Business-Franchises«, also Unternehmen mit dauerhaften Wettbewerbsvorteilen, die ihren Wert vervielfachen. Hier seien noch einmal stellvertretend die Investments in die börsennotierten Unternehmen American Express und Coca-Cola sowie die privat gehaltene *Washington Post* und GEICO exemplarisch erwähnt.

Buffett wurde am 30. August 1930 in Omaha, Nebraska, geboren. Sein Vater Howard, ein Aktienbroker und Kongressabgeordneter (1942 bis 1948 und 1950 bis 1952), beeinflusste durch seine konservative Grundeinstellung Buffett entscheidend. Von 1952 bis zu ihrem Tod am 29. Juli 2004 war Buffett mit Susan (geb. Thompson) verheiratet. Das Paar hat drei Kinder: Howard, Susan und Peter. Im Jahr 1977 trennten Warren und Susan sich: Sie zog nach San Francisco, um sich dem Gesang und gemeinnützigen Zwecken zu widmen, er blieb in Omaha. Beide blieben aber befreundet und traten oft gemeinsam auf. 1978 stellte Susan ihrem Ehemann Astrid Menks vor, die bald darauf bei Buffett einzog. 2004 starb Susan, die eigentlich Buffetts ganzes Vermögen erben und zu gemeinnützigen Zwecken einsetzen sollte. Im Jahr 2006 heirateten Buffett und Menks.

Schon als Kind war Buffett von Zahlen fasziniert und sehr geschäftstüchtig, wobei er sich aber als »unauffälligen Jungen« bezeichnet hat.[17] Sein erstes eigenes Geld verdiente er als Zeitungsbote, mit der Vermietung von Flipperautomaten und dem Verkauf gebrauchter Golfbälle. Teilweise betreute er drei verschiedene Zeitungen gleichzeitig. Kündigte ein Abonnent, konnte Buffett ihm gleich eine andere Zeitung anbieten. Im Alter von elf Jahren kaufte er seine ersten drei Aktien.

Nach einem Studium an der Wharton School in Pennsylvania und an der University of Nebraska schrieb er sich 1950 an der Columbia University in New York ein, wo er auf Benjamin Graham traf, dessen Buch »The Intelligent Investor« er bereits gelesen hatte. (Harvard hatte den jungen Bewerber zuvor abgelehnt.) Das Studium mit Graham war der Auslöser, der Buffetts Ausbildung vollendete und seinem Leben die Richtung gab. Er erhielt das einzige A+, das Graham in 22 Jahren vergeben sollte. Nach einer kurzen Tätigkeit in der Firma seines Vaters, Buffett-Falk, bedrängte er Ben Graham so lange, bis dieser Buffett einstellte. 1956 gründete Buffett in Omaha seinen ersten privaten Investmentpool (Limited Partnership). Er zahlte symbolisch 100 Dollar ein (obwohl er zu diesem Zeitpunkt schon ein beachtliches Vermögen besaß), sieben Verwandte und Bekannte schossen 105.000 Dollar zu – (immerhin der Gegenwert von 785.600 Dollar im Jahr 2006).

1956 bis 1969 erwirtschaftete Buffett eine Rendite von durchschnittlich 29,5 Prozent p.a. – er selber bekam 25 Prozent des über vier Prozent hinausgehenden Anlageergebnisses. 1965 erwarb er die Firma **Berkshire Hathaway** (ISIN: US0846701086), die er schrittweise von einer Textilfirma in eine Holdinggesellschaft mit Schwerpunkt im Versicherungsgeschäft umwandelte. 1969 löste Buffett seine Partnership auf, da er die grassierende Spekulation an den Finanzmärkten zunehmend kritischer sah. Er bot seinen Partnern an, für 43 Dollar Aktien an Berkshire zu erwerben. Im August 2006 war der Wert einer Aktie auf ungefähr 92.500 Dollar gestiegen.

Nach dem Bärenmarkt von 1969 bis 1974, der 1973/74 mit massiven Kursverlusten endete, kaufte Buffett massiv ein, obwohl die siebziger Jahre wirklich kein Jahrzehnt der Aktie waren und die *Business Week* im August 1979 die mittlerweile berüchtigte Titelgeschichte »The Death of Equities« brachte.[18] Die allgemeine Stimmung war schlecht, aber Buffett fühlte sich nach eigenen Angaben, als »ob er jeden Tag einen Stepptanz aufführen sollte. Jetzt ist die Zeit zu investieren und reich zu werden«. In den achtziger Jahren kaufte er dann größere Pakete an Coca-Cola, American Express und Gillette.

In den letzten Jahren kaufte Berkshire Hathaway mit Vorliebe ganze Unternehmen von den Eigentümern auf, da Aktien für Buffett in vielen Fällen zu teuer geworden sind. Ganz nebenbei ist Buffett so zum Lenker einer der größten und mächtigsten Konzerne der Welt geworden. Obwohl seine Holding nur 18 Angestellte hat, steuert sie mittlerweile bis zu 60 Unternehmen und mehrere Hunderttausend Mitarbeiter. Wie das geht: Buffetts Röntgenblick für die wesentlichen ökonomischen Stellschrauben erlaubt es ihm, die jeweils zwei bis drei wichtigsten Erfolgskriterien herauszufiltern und diese in die Vergütungsvereinbarungen seiner Topmanager zu schreiben. »Und dann bleibt es so, bis wir uns trennen, wobei das hoffentlich sehr selten der Fall ist«, sagt er gerne.

Seine schon früher beschriebenen Weltklasse-Renditen über mittlerweile mehr als fünf Jahrzehnte sprechen für sich. Allerdings hätte Buffett das Kapital nicht so vermehren können, hätte er nicht mit seinen Versicherungsgesellschaften eine sprudelnde Quelle sehr billigen Geldes, denn nichts anderes sind die Versicherungsprämien, welche die Versicherten regelmäßig überweisen.

Buffett hat in seinem Leben alles gemacht – in den frühen Jahren der Buffett Partnership war er durchaus auch als Hedgefonds-Manager zu sehen, der aus der Sicht eines externen Beobachters sehr gewagte Transaktionen durchführte. Sein überragender Sachverstand führte dazu, dass die Renditen immer stimmten und dass das Risiko eben doch begrenzt war. Heute ist er gleichzeitig Konzernchef einer komplexen Holdinggesellschaft. Er besitzt 31 Prozent der Anteile von Berkshire Hathaway und hat damit über 99 Prozent seines Vermögens in Berkshire.

Buffett legt beim Erwerb von Investments deutlich mehr Wert auf die Ertragskraft und deren Wachstum als Graham. Er wird aber nicht müde, zu betonen, dass Benjamin Graham sein Lehrmeister war und dass seine Lehren nach wie vor Gültigkeit haben.[19] Er ist bereit, deutlich mehr als den angepassten Buchwert zu bezahlen, wenn das Unternehmen ein außerordentliches »Franchise« besitzt.[20] Buffett wurde dabei von Philip Fishers Buch »Common Stocks and Uncommon Profits« und von seinem Partner Charles Munger beeinflusst. Bis heute hat Charles Munger, der eigentlich Rechtsanwalt war, als Vize einen wesentlichen positiven Einfluss auf die Geschicke von Berkshire Hathaway. Buffett fasst seine Investitionsgrundsätze wie folgt zusammen: »Wir investieren nur in eine Firma, wenn wir (1) die Geschäfte verstehen, (2) die langfristigen Aussichten des Unternehmens gut sind (bewiesene Ertragskraft, gute Erträge auf das investierte Kapital, keine oder nur geringe Verschuldung, attraktives Geschäft), (3) die Firma von kompetenten und ehrlichen Managern geleitet wird und (4) sehr attraktiv bewertet ist.«

Privatanleger sollen nach Buffett nur in solche Firmen investieren, deren Geschäft sie verstehen. Je einfacher und weiter verbreitet das Produkt ist, desto besser. Ein Beispiel wäre Coca-Cola. Buffett hat so gut wie nie in technologielastige Firmen investiert, weil er davon nichts versteht. Folglich hat er auch die Technologieblase von 1995 bis 2001 nicht mitgemacht und sogar Aktien von Microsoft verschmäht, obwohl er mit Bill Gates befreundet ist. Zudem sollen Privatanleger sich immer so verhalten, als ob sie Teile eines Unternehmens kaufen, und dabei auf Preis und Sicherheitsmarge achten.[21]

Im Juni 2006 verkündete Buffett, ca. 37 Milliarden Dollar seines Gesamtvermögens von 43 Milliarden an wohltätige Organisationen zu spenden. Der Löwenanteil von 30 Milliarden Dollar geht wiederum an die »Bill & Melinda Gates Foundation«, weitere Summen fließen an die »Susan Thompson Buffett Foundation«, die »Howard G. Buffett Foundation«, die »Susan A. Buffett Foundation« und die »NoVo Foundation«. So kann er sich auch in seinen letzten Lebensjahren auf das konzentrieren, was er sein ganzes Leben gemacht hat: gute Investments finden.

Die Bewertung des Ertrags – etwas Arithmetik

Nachdem die Voraussetzungen geklärt sind, wann es überhaupt Sinn macht, einen Ertragswert anzusetzen, der dauerhaft über dem Wiederbeschaffungswert des Vermögens liegt, können wir uns jetzt daran machen, den Ertrag zu bewerten. Zunächst einmal muss anhand der obigen Kriterien geprüft werden, ob ein Franchise vorliegt.

Gehen wir davon aus, dass das der Fall ist und lassen Sie uns zuerst von »langweiligen« Branchen ausgehen, in denen technologisch nicht mehr viel passiert. Die Unternehmen haben sich weitgehend untereinander arrangiert und versuchen nicht mehr, über ruinöse Preiskämpfe Marktanteile zu gewinnen oder andere zu »besiegen«. (Das funktioniert sowieso fast nie.)[22] Value-Investoren mögen solch langweilige Branchen.

In einer Branche, die mehr oder weniger mit der Gesamtwirtschaft wächst (also keine »heiße« Wachstumsbranche darstellt) und die auch keinen größeren technologischen Änderungen unterliegt, sollten die planmäßigen Abschreibungen in etwa den Investitionen entsprechen, die zur Erhaltung und Fortführung des Geschäftsaufwands notwendig sind. Voraussetzung ist, dass keine außerordentlichen Vorfälle den Geschäftsbetrieb gestört haben. Damit dürften auch die Gewinn-und-Verlustrechnung und die Cashflow-Rechnung nicht wesentlich voneinander abweichen. Gehen wir für eine erste Bewertung von der Gewinn-und-Verlustrechnung aus. Der Wert des Eigenkapitals lässt sich dann als der Wert der derzeitigen und der zukünftigen abgezinsten Gewinne darstellen:[23]

$$V_{Equity} = \Sigma\, c_t / (1 + r)^t$$

Dies ist das sogenannte *Equity-Verfahren*, da der Wert des Eigenkapitals (Equity) bestimmt wird. Im einfachsten Fall können wir ein Unternehmen, das nicht wächst, als eine unendliche Reihe von gleichbleibenden Gewinnzahlungen sehen. Der Wert (V) einer solchen gleichbleibenden Reihe von Zahlungen lässt sich mit der Formel für die ewige Rente berechnen:[24]

$$V = c * 1 / r$$

c = betriebswirtschaftlicher Erfolg, im einfachsten Fall ausgedrückt durch den Unternehmensgewinn, r = Kapitalkosten

Auch ein Wachstum in Höhe des allgemeinen Wirtschaftswachstums oder der Inflationsrate lässt sich einbauen, indem wir die Formel für die ewige Rente mit konstanter Wachstumsrate verwenden:[25]

$$V = c * 1 / (r - g)$$

g = Wachstumsrate, Bedingung: $r > g$

Wir wollen uns derzeit ausdrücklich auf Unternehmen konzentrieren, die nur langsam wachsen, also nach dem üblichen Sprachgebrauch keine »Wachstumsunternehmen« sind. Die Größe g würde dann vielleicht zwischen ein und drei Prozent liegen. Die Erfolgsgröße c lässt sich verschieden definieren, um verschiedenen Branchen, Unternehmen und Situationen gerecht zu werden. Die einfachste und schnellste Methode ist sicher, den Jahresgewinn zu verwenden. In bestimmten Situationen könnte aber der operative Gewinn, der Gewinn von Zinsen und Steuern oder der freie Cashflow interessant sein.

Schauen wir uns dazu die Gewinn-und-Verlustrechnung aus dem Jahresabschluss der Deutschen Telekom AG 2005 an.[26] Im Sommer 2005 war die Deutsche Telekom durchaus ein Investment, welches Value-Investoren sich genauer anschauen würden. Das Unternehmen hat einen stabilen, wenn auch leicht rückläufigen Geschäftsbetrieb, ist Marktführer und weist hohe Gewinne und Cashflows aus. Allerdings gibt es in der Branche einige Unsicherheitsfaktoren, da sich einige Basistechnologien noch in schneller Entwicklung befinden. Insbesondere die Verbreitung von Voice-over-IP (VoIP, internetbasierte Telefonie) könnte das angestammte Geschäft der Deutschen Telekom bedrohen.

Am 10.08.2006 rutschte die Aktie des Unternehmens zeitweilig um satte 10 Prozent auf unter 11,00 Euro, da das Unternehmen seine Prognosen reduzieren musste. Damit fiel die Aktie wieder unter den Erstausgabekurs von 1996. Viele Kleinaktionäre, die nach einem Kurs von fast 100 Euro während der Euphorie des Jahres 2000 eine Talfahrt bis auf fast acht Euro im Jahr 2002 mitmachen mussten und 2005 immerhin wieder gut 17 Euro gesehen hatten, waren nun endgültig frustriert: »Aus dieser Aktie wird nie mehr etwas!« war eine Aussage, die ich im Sommer 2005 mehrfach hörte. Das mag richtig sein oder nicht; auf jeden Fall sind fundierte Analysen notwendig, um hier eine Aussage zu treffen.

Abb. 5.1: **Kursverlauf der Aktie der Deutschen Telekom AG 1996 – 2006**

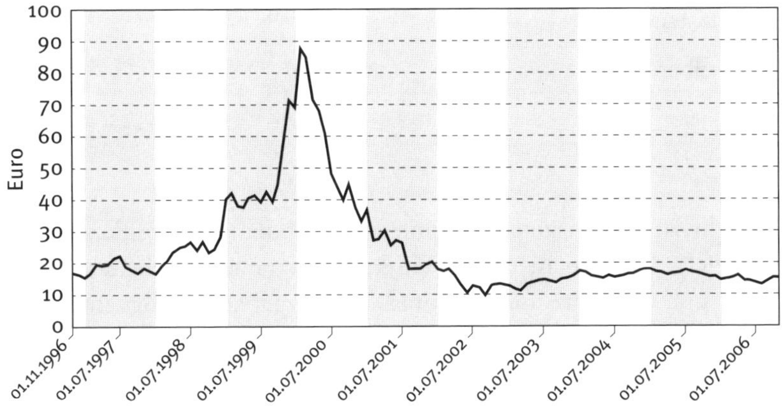

Quelle: http//de.moneycentral.msn.com

In der Zwischenbilanz zum 30.06.2006 betrug das Eigenkapital der Deutschen Telekom AG 49,3 Milliarden Euro. Die Börsenbewertung am 21.08.2006 betrug 48,9 Milliarden Euro, das Kurs-Buchwert-Verhältnis lag also unter eins. Eine solche Bewertung und solche Marktstimmung bei einem prinzipiell gesunden Unternehmen sind geradezu eine Einladung, das Unternehmen näher zu betrachten.

Tab. 5.2: **Gewinn-und-Verlustrechnung der Deutschen Telekom AG 2005 (in Mio. €)**

Umsatzerlöse	**59.604**
Umsatzkosten	−31.862
Bruttoergebnis vom Umsatz	**27.742**
Vertriebskosten	−14.683
Allgemeine Verwaltungskosten	−4.210
Sonstige betriebliche Aufwendungen	−1.227
Betriebsergebnis	**7.622**
Finanzergebnis	**−1.410**

Ergebnis vor Ertragssteuern	**6.212**
Ertragssteuern	–196
Jahresüberschuss	**6.016**

Quelle: www.telekom.de

Die Umsatzerlöse aus Telefonie- und anderen Dienstleistungen abzüglich der zurechenbaren Umsatzkosten (zum Beispiel Netze, Hard- und Software, Servicemitarbeiter) ergaben das **Bruttoergebnis** von 27.742.000.000 Euro. Zieht man die Vertriebs- und Verwaltungskosten ab und berücksichtigt man die sonstigen betrieblichen Aufwendungen und Erträge, zum Beispiel außerordentliche Kosten (z. B. Sonderabschreibungen) und Erlöse (z. B. aus dem Verkauf von Tochtergesellschaften), erhält man das **Betriebsergebnis/Operating Income** von 7.622.000.000 Euro.

Die Deutsche Telekom hatte im Jahr 2005 langfristige Schulden in Höhe von 53.340.000.000 Euro – das sind 41 Prozent der Bilanzsumme. Für ein Unternehmen mit der Geschäftsstruktur der Deutschen Telekom – hoher Kapitalbedarf und sehr berechenbare Einnahmen – ist dies angemessen, da die Aufnahme von Fremdkapital die Kapitalkosten senkt. Der Konzern hatte ein negatives Zinsergebnis von 2.401.000.000 Euro aufzuweisen. Das Finanzergebnis insgesamt betrug -1.410.000.000 Euro. Betriebsergebnis und Zinsergebnis sind zusammen das **Ergebnis vor Ertragssteuern**. Zieht man noch die Ertragssteuern ab, die im Jahr 2005 und den Vorjahren aufgrund von sehr hohen Abschreibungen auf Vermögenswerte sehr niedrig waren,[27] erhält man den **Jahresüberschuss** von 6.016.000.000 Euro 2005 der Deutschen Telekom AG.

Für die Ertragsgröße c lassen sich nun verschiedene aus dem Jahresabschluss berechnete Größen einsetzen, je nachdem, auf welche Punkte man das Augenmerk richten will:

Je nachdem, welche Größe man also für c einsetzt, weichen die Erfolgszahlen erheblich voneinander ab. Zudem wird in einigen Fällen nur der Wert des Eigenkapitals bestimmt, in anderen Fällen der

Wert des Gesamtunternehmens (Eigen- und Fremdkapital). Hierzu sind wiederum verschiedene Kapitalkostensätze anzusetzen. Praktiker wie Warren Buffett verzichten allerdings auf komplexe Formeln zur Bestimmung von Kapitalkosten und setzen die Rendite der zehnjährigen Staatsanleihe für die gesamten Kapitalkosten an.[29]

Tab. 5.3: **Unterschiedliche Ertrags- und Cashflow-Größen für die Unternehmensanalyse (Mio €)**

Größe c (Zähler)	Telekom 2005	Verwendung
Jahresüberschuss, Earnings (Gewinn = G = Earnings = E)	6.016	Reine Gewinnzahl, erster Eindruck, zum Beispiel KGV.
Ergebnis vor Ertragssteuern, Earnings before Taxes, EBT	6.212	Macht Unternehmen in unterschiedlichen steuerlichen Systemen vergleichbar.
Ergebnis vor Zinsen und Steuern Earnings before Interest and Taxes, EBIT	7.622	Macht Unternehmen in unterschiedlichen steuerlichen Systemen und mit unterschiedlicher Finanzierungsstruktur vergleichbar.
Ergebnis vor Zinsen, Steuern, Abschreibungen und Amortisierungen (EBITDA), Earnings before Interest, Taxes, Depreciation and Amortization	20.122[28]	Gibt die volle Finanzkraft des Unternehmens vor notwendigen Reinvestitionen in den Geschäftsbetrieb wieder.
EBITDA – CAPEX: wie zuvor, nur berichtigt um die notwendigen Investitionen zur Erhaltung des Geschäftsbetriebs	Weitergehende Analysen unter Einbeziehung der Cashflow-Rechnung erforderlich	Hier werden die notwendigen Investitionen wieder hinzugerechnet. Sinnvoll, wenn die Abschreibungen die erforderlichen Reinvestitionen weit übersteigen, erfordert aber tiefer gehende Analysen.

Freier Cashflow an das Eigenkapital nach Steuern (FCF to Equity)	aus Cashflow-Rechnung (hier nicht betrachtet)	Viele Analysten verwenden den freien Cashflow, der für die Eigenkapitalgeber übrig bleibt, als maßgebliche Bewertungsgröße. Bei den Prognosen kann sich aber sehr schnell eine Scheingenauigkeit einstellen.
Freier Cashflow an alle Kapitalgeber nach Steuern (FCF to Firm) = EBIT(1-.t) – (CapEx + D + A) – Veränderung des Working Capital	Weitergehende Analysen unter Einbeziehung der Cashflow-Rechnung erforderlich	Umfassendstes Maß für die Unternehmensbewertung; setzt detaillierte Analyse der notwendigen Erhaltungsinvestitionen und des Working Capital voraus.

Quelle: eigene Darstellung

Konzentrieren wir uns in diesem Kapitel auf E, EBT und EBIT. Die einfachste Möglichkeit, die Deutsche Telekom zu bewerten, wäre sicherlich, den Jahresgewinn anzusetzen und dann die Formel für die ewige Rente anzuwenden. Bestimmen wir zunächst die Kapitalkosten. Kapitalkosten von zehn Prozent dürften der langfristigen durchschnittlichen Rendite des deutschen Aktienmarkts entsprechen, dies ist also eine vernünftige Basisannahme.[30] Alternativ können wir es auch wie Warren Buffett machen. Setzen wir hier konservativ sechs Prozent an.[31]

$$V(r_e = 10\ \%) = c / r = 6.016 * 1 / 0{,}1 = 60{,}16 \text{ Mrd. €}$$

Damit wäre die Deutsche Telekom bei einer Börsenkapitalisierung von 49,9 Milliarden Euro im Jahr 2006 in beiden Fällen an der Börse unterbewertet, bei Kapitalkosten von sechs Prozent sogar deutlich. Allerdings – die Telekom schrumpft. Setzen wir einen jährlichen

Rückgang von drei Prozent an, so müssen wir diese drei Prozent zu den Kapitalkosten addieren (bei Wachstum würden wir sie subtrahieren). Der Wert einer permanent vor sich hin schrumpfenden Telekom betrüge:

$$V(r_e = 10\ \%) = c / (r - g) = 6.016 / 0{,}13 = 46{,}3 \text{ Mrd. €.}$$

$$V(r_e = 6\ \%) = c / (r - g) = 6.016 / 0{,}09 = 66{,}84 \text{ Mrd. €.}$$

Nach dieser konservativen Rechnung wäre die Deutsche Telekom bei Kapitalkosten von 10 Prozent leicht überbewertet, bei Kapitalkosten von sechs Prozent weiterhin deutlich unterbewertet.

Wenn ich die Gewinne verschiedener Unternehmen vergleichen und den Effekt unterschiedlicher Steuersätze herausrechnen will, kann ich das EBT nehmen und davon einen »normalen Steuersatz« abziehen. Wir nähmen also beispielhaft eine der vielen »Normalisierungen« vor, die wir durchführen müss(t)en, um zu Benjamin Grahams »Average Future Conditions« zu gelangen.

$$\text{Vergleichbare Gewinne} = \text{EBT} * (1 - T)$$

T = »normaler Steuersatz«

Hier wird allerdings die Arbeit des Analysten schon schwieriger. Im Jahr 2005 waren die Steuern der Deutschen Telekom zum Beispiel außerordentlich niedrig. Auf ein Ergebnis vor Steuern von 6,12 Milliarden Euro zahlte die Telekom gerade einmal 196 Millionen Euro Steuern – das sind 3,1 Prozent. Diese geringe Steuerbelastung erklärt sich durch die Umstellung der Bilanzierung von HGB auf IFRS und die ratierliche Auflösung aktivierter latenter Steuern.[32] Normalerweise könnten wir für Deutschland mit einem durchschnittlichen Ertragsteuersatz von 38 Prozent rechnen.[33] In den Jahren 2005 und 2006 lag der Ertragssteuersatz der Deutschen Telekom AG bei 40 und 43 Prozent. Rechnen wir also für die Zukunft mit 40 Prozent. Dann betrüge der so normalisierte Gewinn:

$$G = 6.212 * (1 - 0{,}4) = 3.727 \text{ Mio. €}$$

Bei einem »normalisierten« Steuersatz von 40 Prozent und einer Schrumpfungsrate von drei Prozent betrüge der Wert der Deutschen Telekom AG:

$$V(r_e = 10\,\%, T \text{ normalisiert}) = c / (r - g) = 6.016 / 0{,}13 = 28{,}7 \text{ Mrd. €.}$$

$$V(r_e = 6\,\%, T \text{ normalisiert}) = c / (r - g) = 6.016 / 0{,}09 = 41{,}4 \text{ Mrd. €.}$$

Auch dies läge etwas unter der aktuellen Börsenkapitalisierung von 49,9 Milliarden Euro.

Tab. 5.4: **Wert des Eigenkapitals der Deutschen Telekom AG im Jahr 2006 bei verschiedenen Annahmen (Marktwert im August 2005 ca. 49,9 Mrd. €)**

	Kapitalkosten 10 %		Kapitalkosten 6 %	
	Innerer Wert (Mrd. €)	Sicherheitsmarge	Innerer Wert (Mrd. €)	Sicherheitsmarge*
Jahresgewinn 2005	60,16	20,56 %	100,26	100,92 %
Negatives Wachstum von 3 % einbezogen	46,3	−7,21 %	66,8	33,87 %
Zusätzlich Steuern »normalisiert«	28,7	−42,48 %	41,4	−17,03 %

* (Innerer Wert / Börsenkurs – 1), in Prozent

Quelle: eigene Berechnungen

Bereits bei dieser ersten und einfachen Bewertung zeigt sich, dass man schon mit einfachen Formeln und Berechnungen auf sehr unterschiedliche Werte kommen kann. In drei Fällen ist die Telekom deutlich unterbewertet, in einem Fall leicht überbewertet. Viele Aktienanleger geben aufgrund dieser Tatsache recht schnell auf, sich fundamental mit Unternehmen auseinanderzusetzen, Value-Investoren natürlich nicht. Sie werden aufgrund weitergehender Recherchen abklopfen, welche Berechnungen realistisch sind und welche weiteren Normalisierungen ggf. ebenfalls einfließen müssen.

Enterprise Value: der Wert des gesamten Unternehmens

Die Börsenkapitalisierung gibt den (Markt)Wert des Eigenkapitals wieder (Anzahl x Kurs der umlaufenden Aktien oder Anteile). Unter bestimmten Umständen ist es sinnvoller, den Enterprise Value des Unternehmens als Ausgangspunkt zu nehmen. In diesem Fall werden der Wert des Eigenkapitals (Börsenkapitalisierung) und der Wert aller Schulden addiert. Von dieser Summe werden die nicht betriebsnotwendigen Barmittel wieder abgezogen, denn diese könnte ein möglicher Erwerber sofort ausschütten und damit seinen Kaufpreis mindern.

Beispiel: Im Jahr 2004 hatte Microsoft eine Börsenkapitalisierung von ca. 270 Milliarden Dollar. Die Bilanzsumme betrug 90 Milliarden Dollar, wovon 20 Milliarden Dollar Fremdkapital waren. Gleichzeitig hatte Microsoft 60 Milliarden Dollar Barmittel und Wertpapiere des Umlaufvermögens. Man kann davon ausgehen, dass die Barmittel insgesamt nicht betriebsnotwendig sind, da Microsoft hochprofitabel arbeitet und einen geringen Kapitalbedarf hat. Der Enterprise Value von Microsoft betrug also

EV = 270 Mrd. \$ (Wert EK) + 20 Mrd. \$ (Wert FK) – 60 Mrd. \$ = 230 Mrd. \$

Das wäre der Wert, den ein potenzieller Erwerber (ohne mögliche Übernahmeprämie) aufbringen müsste.

Microsoft geriet aufgrund seiner sehr hohen Cash-Position zunehmend in die Kritik der Investoren, da Termingelder oder Ähnliches lediglich banküblische Zinsen bringen und die Investoren dafür Microsoft nicht brauchen. Im Jahr 2005 reagierte das Management und schüttete die Rekordsumme von 36 Milliarden Dollar als Sonderdividende aus! Zu diesem Zeitpunkt war ebenfalls klar, dass die Kartellklagen gegen Microsoft mit relativ begrenzten Zahlungen beigelegt werden konnten.

Wir können uns anstelle der Gewinne (Erträge der Eigenkapitalgeber) die Erträge ansehen, die an alle Kapitalgeber des Unternehmens gehen (also Gewinne für die Aktionäre und Zinsen für die Fremdkapitalgeber). Wenn wir diese Erträge abzinsen, kommen wir zum Wert des gesamten Unternehmens (*Enterprise Value*). Das ist das sogenannte *Entity-Verfahren.* Um zum Unternehmenswert im Entity-Verfahren zu gelangen, sind noch weitere Korrekturen notwendig:

Zum einen muss der Wert der Barmittel und Wertpapiere des Umlaufvermögens, die nicht betriebsnotwendig sind, hinzuaddiert werden, denn man könnte diese Summen sofort ausschütten, ohne den Ertragswert zu gefährden. Zum anderen müssten dann die Zinserträge auf diese Summen wieder bei den Ertragsströmen abgezogen werden.

Der Wert des Gesamtkapitals stellt sich als abgezinste Summe der Kapitalflüsse an die Eigen- und an die Fremdkapitalgeber nach Steuern, $c_{t} + z_{t}$, dar:

$$EV = \text{Enterprise Value} = \Sigma\,(c_{t} + z_{t})\,(1 - T) / (1 + WACC)^{t}$$

c_t = Gewinne zum Zeitpunkt t, z_t = Zinskosten zum Zeitpunkt t,
WAACC = gewichtete durchschnittliche Kapitalkosten,
Weighted Average Cost of Capital

Von $V_{\text{Total Capital}} = V_{\text{Firm}}$ kann man nachher wieder das Fremdkapital abziehen, um auf den Wert des Eigenkapitals zu kommen. Der Ausdruck

$$(c_t + z_t)$$

stellt die Kapitalflüsse an alle Kapitalgeber dar, also letztlich die Gewinne c_t (Eigenkapitalgeber) und die Zinsausgaben z_t (Fremdkapitalgeber).

Anstelle der Kapitalkosten von r tritt nun die Größe WACC (Weigthed Average Cost of Capital), die gewichteten durchschnittlichen Kapitalkosten, denn Fremdkapital ist normalerweise billiger zu haben als Eigenkapital. Auf das Fremdkapital von 53 Milliarden Euro zahlte die Deutsche Telekom zum Beispiel 2,4 Milliarden Euro Zinsen, das sind Zinskosten von ca. 4,5 Prozent. Allgemein berechnen sich die gewichteten durchschnittlichen Kapitalkosten nach der Formel

$$WACC = V_D / (V_D + V_E) * r_D(1 - T) + V_E / (V_D + V_E) * r_E$$

(nach Steuern)

wobei V_D den Wert der Schulden, V_E den Wert des Eigenkapitals, r_D die Kapitalkosten für das Fremdkapital und r_E die Kapitalkosten für das Eigenkapital darstellen. $V_D / (V_D + V_E)$ stellt also den Anteil des Fremdkapitals am Gesamtkapital dar (das Gewicht, mit dem die Fremdkapitalkosten in die Formel einfließen), $V_E / (V_D + V_E)$ den Anteil des Eigenkapitals.

Beim Fremdkapital spielt auch noch der Faktor (1 – T) hinein. Zinsen können vom Gewinn abgezogen werden und mindern die Steuern. Durch diesen Effekt verbilligt sich Fremdkapital also noch einmal um den Steuersatz. Wenn wir allerdings diese Senkung der Fremdkapitalkosten bei den gewichteten Kapitalkosten berücksichtigen, müssen wir von den Kapitalflüssen $(c_t + i_t)$ die Steuern abziehen, haben also im Zähler die Größe

$$(c_t + i_t)\,(1 - T).$$

Wir können nun den Wert der Deutschen Telekom für Eigen- und Fremdkapitalgeber bestimmen. Zum 30.06.2006 betrug die Bilanzsumme 126,3 Milliarden Euro, die Summe des Fremdkapitals 76,9 Milliarden Euro, das bilanzielle Eigenkapital demzufolge 49,4 Milliarden Euro. Bei der Berechnung des WACC müssen wir mit Börsenwerten vorgehen. Der Börsenwert des Eigenkapitals (Marktkapitalisierung) betrug im Sommer 2006 ca. 49,9 Milliarden Euro. Der Börsenwert des Fremdkapitals lässt sich nur dann ermitteln, wenn ein Großteil des Fremdkapitals in Form von Anleihen emittiert ist. Nehmen wir in einer ersten Näherung an, dass der Bilanzwert des Fremdkapitals dem Marktwert entspricht. Der Unternehmenswert beträgt dann $V_D + V_E = 126{,}8$ Milliarden Euro.

Das Zinsergebnis für das Halbjahr betrug –1,260 Milliarden Euro, also ca. –2,520 Milliarden Euro für das gesamte Jahr. Setzen wir diese Finanzkosten in Relation zu den Verbindlichkeiten, ergibt sich für die Fremdkapitalkosten ein Satz von

$$r_D = 2{,}520 / 76{,}9 = 3{,}3\ \%.$$

Damit betrügen die gewichteten durchschnittlichen Kapitalkosten bei einem Steuersatz von 40 Prozent und Eigenkapitalkosten von zehn Prozent

$$WACC = 76{,}9 / 126{,}8 * 3{,}3\ \% \ (1 - 0{,}4) + 49{,}9 / 126{,}8 * 10\ \%$$

$$WACC = 0{,}60 * 3{,}3\ \% \ (1 - 0{,}4) + 0{,}39 * 10\ \% = 1{,}19\ \% + 3{,}9\ \% = 5{,}09\ \% \text{ (nach Steuern).}$$

Bei Eigenkapitalkosten von sechs Prozent betrüge der WACC:

$$WACC = 1{,}19\ \% + 2{,}36\ \% = 3{,}55\ \%.$$

Nehmen wir nun die Größe EBIT (Earnings before Interest and Taxes) – diese entspricht der Größe Ergebnis von Zinsen und Steuern von 7,622 Milliarden Euro. Diese gesamte Größe müssen wir nun mit einem durchschnittlichen normalen Steuersatz (z. B. 40 %) versteuern, da wir sie nachher nur noch zu Kapitalkosten NACH Steuern abzinsen. Damit würden wir für den Wert der Deutschen Telekom AG erhalten:

$$V_{Firm} = EBIT(1 - T) / WACC \text{ nach Steuern}$$
(+/– Anpassungen beim nicht betriebsnotwendigen Vermögen)

$$= 7{,}622\ (1\ 0{,}4) / 0{,}0509 = 89{,}85 \text{ Mrd. €.}$$

Ziehen wir hiervon die Schulden von 76,9 Milliarden Euro ab und addieren die Finanzmittel und sonstigen kurzfristigen Werte des Finanzvermögens von 7,7 Milliarden Euro wieder hinzu, kommen wir auf einen Wert des Eigenkapitals von 20,64 Milliarden Euro bei normalisierten Steuern. Danach wäre die Telekom noch deutlich überbewertet. Rechnen wir mit den tatsächlich gezahlten (geringen) Steuern, erhalten wir einen Wert von 80,54 Milliarden Euro für das Eigenkapital. Richtiger ist allerdings die Rechnung mit den normalisierten Steuersätzen. Rechnen wir mit normalisierten Steuersätzen und Eigenkapitalkosten von sechs Prozent, so kämen wir nach Anpassungen auf einen Wert des Eigenkapitals von 59,6 Milliarden Euro.

Unsere Schätzungen für den Wert des Eigenkapitals liegen also bereits jetzt in einem Bereich von 20,64 Milliarden Euro bis 100,26 Milliarden Euro, ohne dass wir überhaupt auf die Branchendynamik und viele andere Punkte tiefer eingegangen sind.

John Burr Williams: The Theory of Investment Value[34]

Nur vier Jahre, nachdem die erste Ausgabe von »Security Analysis« erschienen war, veröffentlichte John Burr Williams 1938 seine »Theory of Investment Value«. Das oftmals unterschätzte Buch ergänzt Graham und Dodd auf ideale Weise: Während Benjamin Graham ein Praktiker mit Hang zur Lehre war, war Zeitgenosse Williams (1899–1989) ein Theoretiker mit Hang zur Praxis. Nachdem er 1923 einen Bachelor in Mathematik und Chemie von der Harvard University erhalten hatte, ging Williams zur Harvard Business School und arbeitete dann als Wertpapieranalyst.

Im Jahr 1932 schrieb er sich im Doktorandenprogramm der Harvard University ein, wo ihn der berühmte österreichisch-amerikanische Ökonom Joseph Schumpeter davon überzeugte, über den intrinsischen Wert von Aktien zu forschen. Williams war einer der Ersten, die systematisch zeigten, dass der Aktienmarkt kein Spielkasino ist, sondern dass Aktien einen fairen – intrinsischen – Wert haben. Er entwickelte zum Beispiel das Dividendendiskontmodell (unter Bedingungen der Sicherheit ist eine Aktie die Summe der abgezinsten Dividendenzahlungen wert) und einen Vorläufer des Modigliani-Miller-Theorems. Willians entwickelte weiterhin die Analyse diskontierter Cashflows und die Methoden der Bilanzprognose.

Seine »Theory of Investment-Value« enthält einige, gemessen an der heute oftmals aufgefahrenen Mathematik, leichte mathematische Beweise. Deswegen wurde das Buch zunächst von mehreren Verlagen abgewiesen. Aber die fast 600 Seiten starke »Theorie« enthält ebenfalls vier Fallstudien zur Bewertung von Phoenix Insurance, American Telephone, Consolidated Gas sowie American and Foreign Power, die auf eine sehr moderne Art und Weise Branchenanalyse und Unternehmensbewertung verbinden. Williams untersucht, inwiefern die Unternehmen Preisgestaltungsspielräume (»Monopoly Power«) haben, wie die Konkurrenzsituation in der Branche sich entwickelt und wie das Unternehmen von der allgemeinen Geschäftsentwicklung abhängt.

Von 1940 bis 1989 – er erhielt seinen Doktortitel erst zwei Jahre nach Veröffentlichung des Buchs – arbeitete Williams abwechselnd als Professor und Investmentmanager. Durch Warren Buffett sind vor allem Graham und Dodd zum Klassiker für Value-Investoren geworden. Williams gebührt ein ebenbürtiger Platz im Bücherregal.

Die Bewertung des Ertrags – tiefer gehende Fragen, die sich ein Value-Investor stellt

Im letzten Abschnitt haben wir die Grundzüge der Ertragsbewertung vorgestellt. Die meisten Studenten der Betriebswirtschaftslehre lernen diese Techniken im Grundstudium. Ein Value-Investor sucht allerdings Mittel und Wege, um diese Bewertungsmodelle möglichst einfach und »robust« zu gestalten. Bewertungen, die – wie oben – um den Faktor zwei auseinanderliegen, sind definitiv nicht »robust«. Dennoch ist Value-Investing keine exakte Wissenschaft, es kommt eher darauf an, dass die Bewertungsmodelle verschiedenen Annahmen und Herausforderungen standhalten.[35]

Zunächst interessiert es, ob das Unternehmen ein »Franchise« besitzt, das dauerhafte Wettbewerbsvorteile garantiert. Dazu müssen Branche, Wettbewerber, Marktanteile, Umsätze, Kosten, außerordentliche Vorfälle und Steuern in Bezug auf ihre Höhe und Dauerhaftigkeit analysiert werden. Hierzu darf bei der Deutschen Telekom ein erstes Fragezeichen gemacht werden. Das Unternehmen schrumpft – Voice over IP ist eine potenzielle Bedrohung. Allerdings könnten sich die Bedrohungen auch als nicht so gefährlich erweisen, wie sie im Sommer 2006 vom Kapitalmarkt gesehen wurden.

In einem zweiten Schritt müssen die Zahlen der Buchhaltung so aufbereitet werden, dass sie den normalen Geschäftsbetrieb reflektieren.

Tab. 5.5: Schritte zur Ermittlung des Ertragswerts

1. Besteht ein Franchise bzw. bestehen Franchises in Teilbereichen?	1.1. Sind die Marktanteile stabil (bzw. leicht wachsend, leicht abnehmend, aber ohne große Schwankungen)?	Stabile Branche, »Landkarte der Branche« (Industry Map), Marktanteile in einzelnen Segmenten, Wettbewerbsanalyse
	1.2. Sind die Ertragsmargen stabil (idealerweise auch die Preise)?	Kennzahlenanalyse für die einzelnen Geschäftsbereiche (Vergleich mit Vergangenheitsdaten und Wettbewerbern)

2. Bereinigung der Zahlen aus der Buchhaltung	2.1. Welches ist das »normale« zu erwartende Betriebsergebnis?	Identifikation von außerordentlichen Erträgen oder Aufwendungen, »Normalisierung«
	2.2. Analyse der Abschreibungen und der notwendigen Sachinvestitionen	Abschreibungen – notwendige Sachinvestitionen (CAPEX) zu Wiederbeschaffungskosten, Warren Buffetts »Owners Earnings«
	2.3. Berücksichtigung des Konjunkturzyklus	Branchenanalyse, Zahlen der Vergangenheit, Vergleichsunternehmen
3. Bestimmung der Kapitalkosten	3.1. Kosten für Eigen- und Fremdkapital	
	3.2. Ermittlung eines angemessenen Verhältnisses von Eigen- und Fremdkapital	Natur der Branche, Vergleichsunternehmen
4. Wertermittlung	4.1. Bestimmung des Werts der ewigen Rente	
	4.2. Bestimmung des Enterprise Value (nicht betriebsnotwendiges Vermögen abziehen)	

Quelle: eigene Darstellung

Die sogenannte »vertikale Analyse« eignet sich sehr gut, um die Gewinn-und-Verlustrechnung zu analysieren und sich zu überlegen, welche Margen oder Summen Grahams »Average Future Conditions« entsprächen.

Der Umsatz bestimmt sich immer aus Preisen multipliziert mit Mengen. Um diese zu analysieren, müssen Sie sich ein Bild von der Branchendynamik, Wettbewerbern und Wettbewerbsstrategien machen (Punkte 1 und 2). Bei allen anderen Größen (Punkte 3 bis 7) geht es letztlich um die Struktur einzelner Größen in Bezug zum Umsatz und eventuelle Gründe für Abweichungen vom Branchendurchschnitt oder von den eigenen Daten aus der Vergangenheit. Ein besonderes Augenmerk sollte der Analyst dabei auf außerordentliche Erträge und Aufwendungen richten und die um Sondereffekte bereinigten Zahlen als Grundlage nehmen.

Abb. 5.2.: **Vertikale Analyse der Gewinn-und-Verlustrechnung**

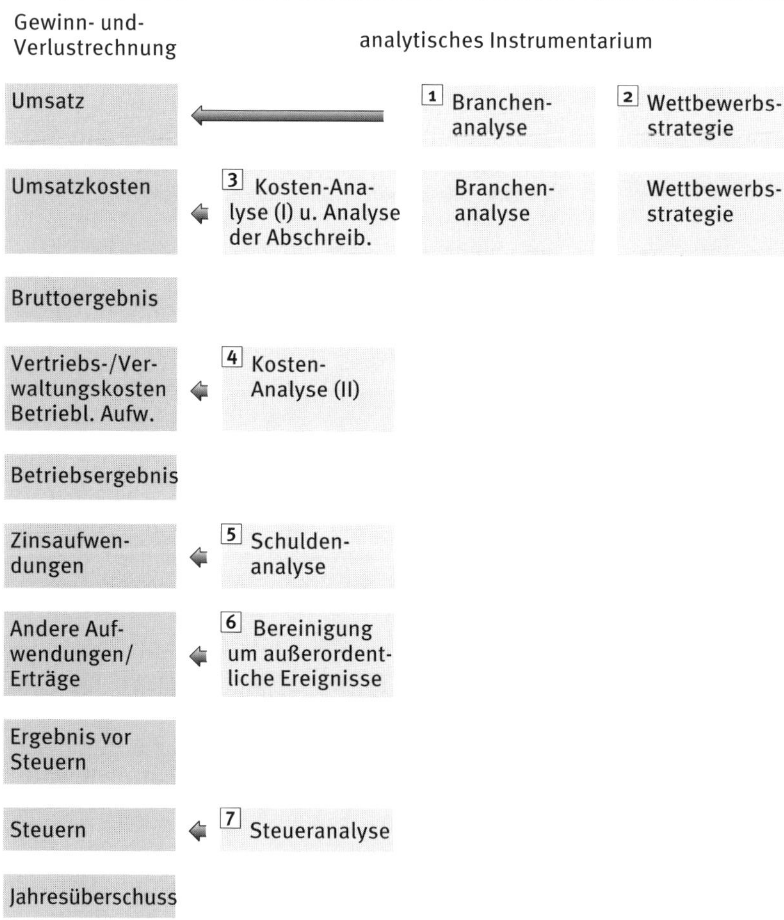

Quelle: eigene Darstellung

Für eine vertikale Analyse macht es oftmals Sinn, die Zahlenwerke des Jahresabschlusses oder einzelner zu vergleichender Geschäftsbereiche auf 100 Prozent zu normieren. Bei der GuV entspräche der Umsatz 100 Prozent, bei der Bilanz die Bilanzsumme. So können auch Unternehmen völlig unterschiedlicher Größenordnung auf einen Blick miteinander verglichen werden.

Tab. 5.6: **Normierte Gewinn-und-Verlustrechnung der Deutschen Telekom AG und der United Internet AG (Common-Sized-Statements) für das erste Halbjahr 2006**

	Deutsche Telekom AG	United Internet AG
Umsatzerlöse	100,00 %	100,00 %
Umsatzkosten	−52,98 %	−59,90 %
Bruttoergebnis	47,02 %	40,10 %
Vertriebskosten	−25,98%	−17,10 %
Allg. Verwaltungskosten	−7,27 %	−7,40 %
Sonst. betriebl. Erträge & Aufwendungen	0,92 %	0,40 %
Betriebsergebnis	14,69 %	15,40 %
Finanzergebnis	−4,41 %	−0,20 %
Ergebnis aus at Equity bilanzierten Beteiligungen	−0,06 %	0,10 %
Ertragssteuern	−2,55 %	−6,00 %
Periodenergebnis	7,67 %	9,30 %

Quelle: eigene Berechnungen

Es lässt sich erkennen, dass United Internet prozentual höhere Umsatzkosten hat. Das kann zum Beispiel daran liegen, dass das Unternehmen als DSL-Reseller den Netzbetreibern (Deutsche Telekom) die Nutzung der Netze vergüten muss. Gleichzeitig hat United Internet deutlich geringere Vertriebskosten. Dies ist insbesondere deswegen bemerkenswert, weil United Internet im Betrachtungszeitraum rasant gewachsen ist, während die Telekom schrumpfte. Hier liegt ein Indiz vor, dass United Internet in den Bereichen Vertrieb und Marketing deutlich besser und effizienter ist als der einstige Staatsmonopolist. Allerdings hat United Internet höhere variable Kosten. Das Unternehmen kann damit schneller am Markt reagieren, die Kostendegressionseffekte sind aber geringer als bei der Deutschen Telekom.

United Internet ist weniger verschuldet (Finanzergebnis) und wurde im Betrachtungszeitraum von einer deutlich höheren Steuerlast gedrückt. Dennoch ist die Ergebnismarge deutlich höher (vor Steuern wäre der Unterschied noch viel gravierender). Man kann nicht umhin, United Internet als das wesentlich effizientere Unternehmen anzusehen.

Abb. 5.3: Kursverlauf der Aktie von Microsoft, Inc. Okt. 1996 – Okt. 2006

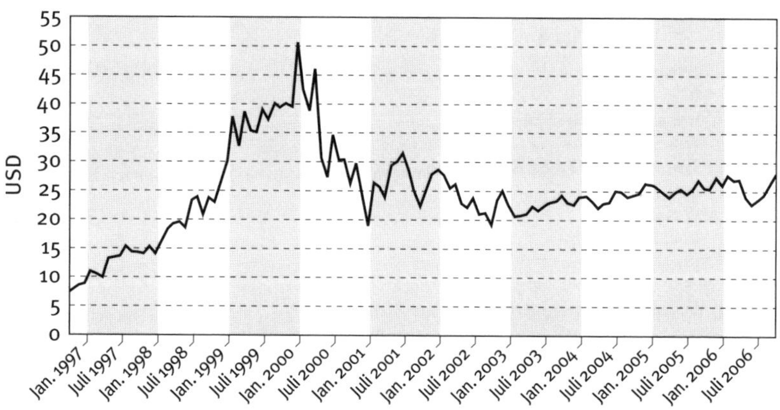

Quelle: Yahoo! Finance

Verfolgen wir das Beispiel Deutsche Telekom AG und United Internet AG nun nicht weiter und schauen uns stattdessen das Ausnahmeunternehmen Microsoft an. Von einem Hoch von 60 Dollar Ende 1999 war die Aktie bis auf ein Tief von 22 Dollar im Sommer 2006 gefallen. Gleichzeitig waren die Umsätze und Gewinne weiter gestiegen. Ein solcher Kursrückgang bei einem prinzipiell gesunden Unternehmen weckt zunächst einmal das Interesse eines jeden Value-Investors.

Allerdings war Microsoft auch beim Tief im Sommer 2006 alles andere als billig. Die Börsenkapitalisierung von Microsoft betrug im Sommer 2006 ungefähr 260 Milliarden Dollar, lag also weit über dem Buchwert von 70 Milliarden Dollar. Auch der Wert des Vermögens zu Wiederbeschaffungskosten – auf dessen Ableitung wir hier verzichten – dürfte weit unter dem Börsenwert liegen. Diese über dem Substanzwert liegende Börsenbewertung von Microsoft kann also nur durch einen Ertragswert begründet sein. Hierzu muss ein Franchise vorliegen.

Tab. 5.7: **Gewinn-und-Verlustrechnung von Microsoft für das Finanzjahr 2005 (in Mrd. $ bzw. $ bei Beträgen je Aktie)**

Umsatz	39,79
Umsatzkosten	−6,20
Bruttoergebnis	33,28
Forschung und Entwicklung	−6,18
Marketing und Vertrieb	−8,68
Allgemeine und Verwaltungskosten	−4,17
Betriebsergebnis	14,56
Finanzergebnis	2,06
Ertragssteuern	−4,37
Gewinn	12,25
Gewinn je Aktie	1,12
Durchschnittliche Aktienanzahl (Mrd.)	10,90

Quelle: www.microsoft.com

Bei Kapitalkosten von 10 Prozent betrüge der Wert der ewigen Rente

122,54 Mrd. $

Das ist weniger als die Hälfte der Börsenkapitalisierung. Selbst wenn man die 36 Milliarden Dollar an nicht betriebsnotwendigem liquidem Vermögen hinzurechnet, die nach der Sonderdividende im Jahr 2004 in der Bilanz verblieben waren, käme man nur auf einen Wert von 158,54 Milliarden Dollar.

Warren Buffett: die Bewertung von Franchises[36]

Buffett spart sich die Finanzmathematik, die wir oben dargelegt haben und die an den Hochschulen gelehrt wird, da er in den meisten Fällen nur in »Franchises« investiert, die Marktstellung sollte sicher, die Marktanteile stabil und das Geschäft überschaubar sein. Die Telekom erfüllt diese Kriterien nur teilweise. Allerdings betreibt die Telekom ein Massengeschäft und der Rückgang der Kundschaft ist in etwa planbar – wie bei den Zeitungsengagements Buffetts.

Mit der Beschränkung auf Franchises hat Buffett viele Unwägbarkeiten der Bewertung ausgeschaltet und spart sich viele Kopfschmerzen. Zudem sind die Ertragsströme von Franchises ähnlich planbar und berechenbar wie diejenigen von Anleihen, sodass beide im Prinzip ähnliche Investmentobjekte sind.

Anstatt nun komplexe Berechnungen über Kapitalkosten anzustellen, nimmt Buffett die Rendite der zehnjährigen Staatsanleihe zur Berechnung des Werts der ewigen Rente. Im Jahr 2005 betrug diese Rendite ca. 3,8 Prozent. **Beiersdorf** (ISIN: DE0005200000, u. a. Nivea) ist sicherlich ein Franchise. Das Unternehmen erzielte 2005 Gewinne pro Aktie in Höhe von 4,36 Euro. Nach Buffett wäre der faire Wert 4,36 / 0,038 = 114,7 Euro je Aktie. Bei einem ungefähren Aktienkurs von 90 Euro wäre Beiersdorf also unterbewertet gewesen. Die Gleichung lässt sich auch umdrehen. Wenn ich die Gewinne pro Aktie durch den Aktienkurs teile, erhalte ich die Rendite, die ich von einem Investment in Beiersdorf erwarten kann: 4,8 Prozent. Hierbei ist das mögliche Wachstum noch nicht berücksichtigt.

CTS Eventim (ISIN: DE0005470306) könnte auch ein Franchise sein. Der eigentümergeführte Ticketvermarkter erzielte im ersten Halbjahr 2006 einen Gewinn von 60 Cents je Aktie. Gehen wir für das zweite Halbjahr von 50 Cents aus, um Sondereffekte für die Fußball-WM herauszurechnen. Dann könnte die Aktie bei Kapitalkosten von 3,8 Prozent immerhin 28,90 Euro wert sein, ohne dass mögliches Wachstum berücksichtigt wurde.

Wenn man wie Buffett mit ca. sechs Prozent Kapitalkosten rechnen würde, läge der Wert des Eigenkapitals von Microsoft inklusive liquider Mittel bei 240,16 Milliarden Euro. Auch das liegt noch unter der Börsenkapitalisierung von 260 Milliarden Dollar. Lassen Sie uns also Microsoft etwas tiefer analysieren:

1. Wettbewerbs- und Branchenanalyse: Besteht ein Franchise?

Hierzu müssen wir zunächst einmal feststellen, in welchen Geschäftsbereichen Microsoft tätig ist. Wenn verschiedene Geschäftsbereiche existieren, müssen diese getrennt analysiert werden, da die Dynamik jedes Bereichs anders sein kann. Microsoft ist in mittlerweile acht Geschäftsbereichen tätig.

Tab. 5.8: **Umsatz der Geschäftsbereiche von Microsoft (Mio. $)**

Year Ended June 30	2005	2006
Revenue		
Client (Windows)	12048,00	13209,00
Server and Tools (Hardware)	9143,00	11467,00
Information Worker (Office)	11523,00	11756,00
Microsoft Business Solutions	793,00	919,00
MSN	2411,00	2298,00
Mobile and Embedded Devices	334,00	377,00
Home and Entertainment (Xbox)	3211,00	4256,00
Consolidated	**39463,00**	**44282,00**

Quelle: www.microsoft.com

Der überwiegende Teil des Umsatzes stammt von den Betriebssystemen (Client), dem Server-Bereich und dem Bereich Information Worker (Anwendungssoftware, Office). Im Bereich Business Solutions versucht man, in den Markt für Unternehmenssoftware einzudringen. Der Geschäftsbereich »Mobile Anwendungen« entwickelt Anwendungen für Autos und andere Bereiche, die auf der Microsoft-Plattform beruhen. Im Geschäftsbereich »Home and Entertainment« betätigt sich Microsoft im Markt für Spielkonsolen.

Eine Landkarte von Microsofts Wettbewerbsumfeld könnte etwa wie folgt aussehen:

Tab. 5.9: **Branchen-Landkarte von Microsoft und seinen Wettbewerbern**

Hardware	Betriebssysteme	Anwendungssoftware	Medien
–	Client (Windows); Linux	(Information Worker) Office, Star Office	MSN, Yahoo, AOL
Server and Tools Dell, Sun, IBM		Business Solutions, SAP, Quicken	
–	Mobile Anwendungen		
Home and Entertainment: Xbox, Sony, Nintendo, Sega			–

Quelle: eigene Darstellung

Ein Blick auf die Ergebniszahlen zeigt, dass Microsoft auch heute noch den Löwenanteil seiner Erträge mit Windows und Office erwirtschaftet. Zudem weist das Unternehmen dort fantastische Betriebsergebnismargen zwischen 70 und 78 Prozent auf. Das Betriebsergebnis im umsatzmäßig gleich großen Serverbereich fällt aufgrund der geringeren Margen bereits weit ab. Alle anderen Bereiche tragen nicht nennenswert zum Ergebnis bei, Home and Entertainment ist sogar stark negativ. Für die Analyse des Ertragswerts von Microsoft sind Business Solutions, MSN und Mobile und Embedded Devices unerheblich, sodass wir sie im Weiteren vernachlässigen. Home and Entertainment weist seit 1998 Verluste auf, die sogar unter Schwankungen steigen. Dieser Bereich vernichtet also Aktionärswert. In einem späteren Schritt wäre zu untersuchen, ob es Katalysatoren gibt, welche Microsoft veranlassen könnten, diesen Bereich einzustellen oder abzustoßen.

Beschränken wir uns also zunächst auf die Bereiche Client (Windows), Information Worker (Office) und Server und Tools. Trotz häufiger Herausforderungen und der kostenlos angebotenen Linux-Software bleibt die Marktmacht von Microsoft im Bereich Betriebssysteme erdrückend: Der Marktanteil hält sich stabil bei 90 Prozent. Wenn es jemals ein Franchise gab, dann ist Windows eines.

Tab. 5.10: **Ergebnisse der Geschäftsbereiche von Microsoft**

Betriebsergebnis (Verlust) in Mio. $	2005	2006
Client	9396,00	10203,00
Marge	*77,99 %*	*77,24 %*
Server and Tools	2888,00	4323,00
Marge	*31,59 %*	*37,70 %*
Information Worker	8616,00	8285,00
Marge	*74,77 %*	*70,47 %*
Microsoft Business Solutions	−163,00	24,00
Marge	*−20,55 %*	*2,61 %*
MSN	469,00	−77,00
Marge	*19,45 %*	*−3,35%*
Mobile and Embedded Devices	−19,00	2,00
Marge	*−5,69 %*	*0,53 %*
Home and Entertainment	−359,00	-1262,00
Marge	*−11,18 %*	*−29,65 %*

Quellen: www.microsoft.com, eigene Berechnungen

Tab. 5.11: **Marktanteile MS Windows in %, 1996–2006**

Windows	Linux	Mac	Jahr
86	4,5	6,6	1997
87	4	5	1998
88,8	0,1	5,7	1999
90	n/a	n/a	2000
91,2	3,3	1,9	2001
92	3,5	2,4	2002
93,9	2,4	2	2003
90,3	3	2,5	2004
89,3	3,3	2,9	2005
89,1	3,5	3,6	2006

Quellen: www.microsoft.com, eigene Berechnungen

Auch für die Bürosoftware sieht es ähnlich aus: Microsofts Anteil beträgt kontinuierlich um die 90 Prozent. Auch hier konnten kostenlose Konkurrenzprodukte wie zum Beispiel Star Office keine nennenswerten Marktanteile gewinnen.

Es lässt sich argumentieren, dass Microsoft in beiden Bereichen nicht die besten Produkte auf dem Markt hat. Es liegt aber genau die bevorzugte Kombination für dauerhafte Wettbewerbsvorteile vor, die Greenwald beschrieben hat: hoher Marktanteil (Kostenvorteile) und Kundenpräferenzen. Die Kundenpräferenzen entstehen hier nicht durch die besseren Produkte, sondern durch Netzwerkeffekte: Wenn sich jemand MS Office kauft, kann er davon ausgehen, dass das Paket mit den anderen Office-Paketen kompatibel ist. Man spart sich also die Kopfschmerzen, Software von einen Freeware-Anbieter wie www.openoffice.org einzurichten. (Diese Software hat im Übrigen mittlerweile eine erstaunliche Qualität erreicht.)

Abb. 5.4: **Marktanteil der größten Anbieter für Server-Software, August 1995 – August 2006**

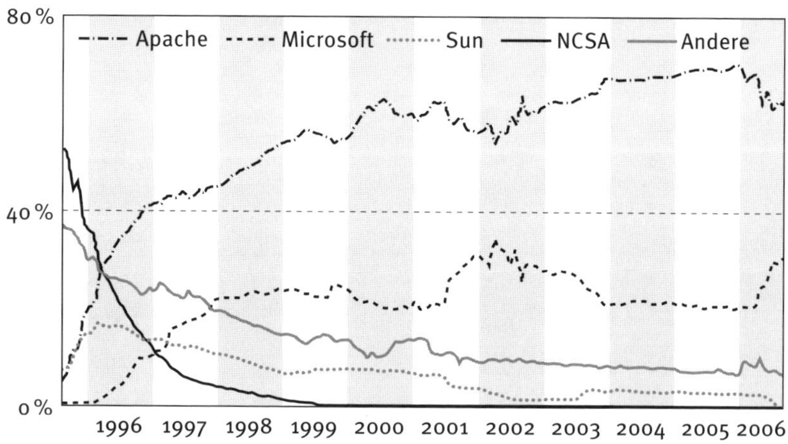

Quelle: www.microsoft.com

Im Bereich der Server-Software ist Microsoft ein starker Anbieter. Als stabil kann man den Marktanteil allerdings nicht betrachten.

Von 20 Prozent Ende der neunziger Jahre stieg der Marktanteil auf ca. 35 Prozent im Jahr 2002 – also fast eine Verdoppelung –, fiel dann wieder auf ca. 20 Prozent ab und sprang 2006 wieder auf 30 Prozent. Dies zeigt unter anderem, dass dieser Markt recht umkämpft ist.

Von einem »Franchise« können wir also im Server-Software-Markt nicht sprechen. Die erheblichen Erträge, die in diesem Bereich anfallen, sind latent bedroht, obwohl Microsoft sich eine starke Position – auch im Vergleich zum einstmals dominanten Sun Microsystems aufgebaut hat. Allerdings könnte sich Microsoft auch hier in bestimmten Regionen oder Branchen Positionen aufgebaut haben, die dauerhaft verteidigt werden können.

2. Bereinigung der Zahlen aus der Buchhaltung

Bei Microsoft müssen wir glücklicherweise kaum Bereinigungen der Zahlen vornehmen, da das Geschäft nicht vom Konjunkturzyklus abhängt. In den Jahren 1999 bis 2002 gab es eine Sondersituation: Das Beteiligungsergebnis war negativ. Wie viele andere Unternehmen hatte sich auch Microsoft als Venture-Kapitalist beteiligt und wollte bei der »New Economy« mitmischen. Die außerordentlichen Verluste waren die Quittung, wenn sie sich auch Grenzen hielten.

In den Jahren 2002 – 2004 stiegen die Forschungs- und Entwicklungsausgaben, die Marketing- und Vertriebsausgaben sowie die allgemeinen Verwaltungskosten stark an. Das Unternehmen versuchte, im Rahmen aller möglichen Wachstumsinitiativen neue Geschäftsfelder zu erschließen. Mittlerweile hat sich das wieder normalisiert. Microsoft scheint sich damit abgefunden zu haben, dass die Zeiten des Hyperwachstums vorbei sind.

Tab. 5.12: **Gewinn-und-Verlustrechnung von Microsoft, 1997–2006 (Mio $)**

Income Statements (in Millions, except per share amounts)										
Year ended June 30	**1997**	**1998**	**1999**	**2000**	**2001**	**2002**	**2003**	**2004**	**2005**	**2006**
Revenue	**11.936**	**15.262**	**19.747**	**22.956**	**25.296**	**28.365**	**32.187**	**36.835**	**39.788**	**44.282**
Operating expenses Cost of revenue	2.170	2.460	2.814	3.002	3.455	5.191	6.059	6.716	6.200	7.650
Gross margin	*81,82%*	*83,88%*	*85,75%*	*86,92%*	*86,34%*	*81,70%*	*81,18%*	*81,77%*	*84,42%*	*82,72%*
Research an development	1.863	2.601	2.970	3.772	4.379	4.307	6.595	7.779	6.1184	6.584
Sales and marketing	2.411	2.828	3.231	4.126	4.885	5.407	7.562	8.309	8.677	9.818
General and administrative	362	433	689	1.050	857	1.550	2.426	4.997	4.166	3.758
Other expenses	259	230	115							
Totel operations expenses	**7.065**	**8.552**	**9.819**	**11.950**	**13.576**	**16.455**	**22.642**	**27.801**	**25.227**	**27.810**

Operating income	**4.870**	**6.709**	**9.927**	**11.005**	**11.719**	**11.909**	**9.544**	**9.033**	**14.560**	**16.471**
Operating margin	*40,80%*	*43,96%*	*50,27%*	*47,94%*	*46,33%*	*41,99%*	*29,65%*	*24,52%*	*36,59%*	*37,20%*
Investment income and other	443	703	1.803	3.326	-36	-305	1.509	3.162	2.67	1.790
Losses and equity Investments and other	0	0	-160	-57	-159	-92				
Income before income taxes	5.314	7.117	11.891	14.275	11.525	11.513	11.054	12.196	16.628	18.262
Provision for income taxes	1.860	2.627	4.106	4.854	3.804	3.684	3.523	4.028	4.374	5.663
Net income	**3.453**	**4.785**	**7.464**	**9.420**	**7.720**	**7.828**	**7.530**	**8.167**	**12.253**	**12.598**
Net margin	*28,93%*	*31,35%*	*37,80%*	*41.04%*	*30,52%*	*27,60%*	*23,40%*	*22,17%*	*30,80%*	*28,45%*

Quelle: www.microsoft.com, eigene Berechnungen

Insgesamt können wir bei Microsoft von stabilen Bruttomargen von 82 Prozent und einer Betriebsergebnismarge von 35 bis 40 Prozent ausgehen, je nachdem, wie konservativ wir vorgehen. Das sind fantastische Margen. Zudem wachsen Umsatz und Betriebsergebnis kontinuierlich um ca. 15 Prozent p.a. – eine Wachstumsrate, von der die meisten Großunternehmen nur träumen können. Die Zahlen von 2006 scheinen keine größeren Sondereinflüsse aufzuweisen, sodass wir diese als Ausgangspunkt für weitere Berechnungen nehmen können.

3. Bestimmung der Kapitalkosten

Microsoft hat eine Eigenkapitalquote von annähernd 60 Prozent. (Vor der Ausschüttung der Sonderdividende im Jahr 2005 war diese Quote noch höher gewesen.) Deshalb bewerten wir den Wert des Eigenkapitals direkt (Equity-Verfahren, wir zinsen die Gewinne zu Kapitalkosten ab). Nehmen wir auch hier Kapitalkosten von zehn Prozent an.

4. Bewertung des Unternehmens

Microsoft ist also ein hervorragendes Unternehmen und eines der besten Franchises der Welt. Ist es auch ein gutes Investment? Nachdem die Aktie des Unternehmens im Spätsommer 2006 mehrere Jahre lang gefallen war, lohnt es sich zumindest einmal nachzuschauen. Bei Kapitalkosten von zehn Prozent betrüge der Wert der ewigen Rente

122,54 Mrd. $,

bei Kapitalkosten von sechs Prozent

204,2 Mrd. $.

Bei einem Börsenwert von 260 Milliarden Dollar wäre Microsoft also trotz des sehr langen und starken Kursrutsches nach dieser Kennzahl kein Value-Investment.

5. Bewertung des Franchise

Microsoft hat ein bilanzielles Eigenkapital von 50 Milliarden Dollar. Setzen wir dies als eine erste Näherung für den Wiederbeschaffungswert der Assets an,[37] rechnen wir mit einem Steuersatz von 30 Prozent und Kapitalkosten von zehn Prozent.[38]

Tab. 5.13: **Wert des Microsoft-Franchise (Mehrertrag im Gegensatz zu freiem Marktzugang)**

Wert der Assets	50 Mrd.
Umsatz	44 Mrd.
Nachhaltiger Ertrag	12,2 Mrd.
Kapitalkosten	10 %
Ertragswert	122 Mrd.
Steuersatz	30 %
Gewinne bei freiem Marktzutritt	5 Mrd.
Gewinn durch Franchise (12,2 – 5)	7,2 Mrd.
Franchise-Gewinne vor Steuern (7,2 / (1 –0,3))	10,3 Mrd.
Zusätzliche Marge durch das Franchise (= 10,3 / 44 = 23,4 %)	23,4 %

Quelle: eigene Berechnungen

Durch seine Monopolstellung in vielen Bereichen kann Microsoft also Preise fordern, die um 23,4 Prozent über denen hypothetischer Konkurrenten liegen, also ungefähr doppelt so hohe Margen erzielen! Eigentlich müssten wir diese Berechnung für die einzelnen Geschäftsbereiche getrennt durchführen. Dabei kämen wahrscheinlich für die Bereiche Client (Windows) und Information Worker (Office) wesentlich höhere Franchise-Margen heraus, in den anderen Bereichen wesentlich geringere bis überhaupt keine.

Es ist kein Wunder, dass immer wieder versucht wird, die faktischen Monopole bei Office und Windows durch Freeware zu knacken. Die

Kombination von Angebotsvorteilen (Marktanteil und Kostendegression) und Nachfragevorteilen (Netzwerkeffekte) ist aber so stark, dass bislang keine ernsthafte Bedrohung zu erkennen ist.

6. Katalysatoren für eine Wertsteigerung

Es wäre auch eine alternative Rechnung möglich: Wenn wir davon ausgehen, dass Microsoft ein Consumer-Franchise ist und kein Technologieunternehmen mehr, das raschem Wandel unterliegt, wäre ein kleinerer Eigenkapitalanteil von vielleicht 30 bis 40 Prozent gerechtfertigt. Dann könnte das Unternehmen relativ viel Eigenkapital ausschütten und billiges Fremdkapital aufnehmen. Die Kapitalkosten würden sinken, der Unternehmenswert steigen (allerdings wären die Zinskosten auch höher).

Tab. 5.14: **Hypothetischer Wert von Microsoft vor und nach einer Umfinanzierung**

	Vorher	Nachher
Bilanzsumme	70 Mrd. $	70 Mrd. $
Eigenkapital	50 Mrd. $	30 Mrd. $
Fremdkapital	20 Mrd. $	40 Mrd. $
Freigesetztes EK		20 Mrd. $
Zinseinnahmen	2 Mrd. $	0,5 Mrd. $
Zinskosten	0 $	1,8 Mrd. $
Gewinn vor Steuern	18 Mrd. $	16,7 Mrd. $
WACC	8,1 %	6,2 %
Ewige Rente = c (1 – T) / WACC	166,5 Mrd. $	268,7 Mrd. $
Enterprise Value (+ nicht betriebsnotwendiges EK)	206,5 Mrd. $	288,7 Mrd. $
Wert des EK (EV – Fremdkapital)	180,5 Mrd. $	248,7 Mrd. $

Quelle: eigene Berechnungen

Eine Umfinanzierung von Microsoft scheint derzeit noch nicht anzustehen. Mit der Auszahlung der Sonderdividende im Jahr 2005 hat Bill Gates aber gezeigt, dass er durchaus bereit ist, auf den Kapitalmarkt zu hören. Ganz auszuschließen ist also eine solche Umfinanzierung in der Zukunft nicht. Ob sie erfolgen wird, hängt vor allen davon ab, ob sich Microsoft als »reifes« Unternehmen betrachten wird, das zufrieden damit ist, seine bestehenden Märkte optimal zu bearbeiten.[39]

Auch eine Aufspaltung des Unternehmens und eine Ausgliederung der wenig versprechenden Bereiche wäre eine Möglichkeit. Allerdings sehen gerade diejenigen Bereiche, auf die das Unternehmen seine Zukunftshoffnungen setzt, schwach aus, während die »Oldies« eine hervorragende Performance abliefern.

Die Wachstumsraten des Umsatzes in den einzelnen Geschäftsbereichen sind durchaus beträchtlich: zwischen 8,7 Prozent (Office etc.) und 40 Prozent (Home and Entertainment). Beim Betriebsergebnis sieht es ganz anders aus: Die drei Kerngeschäftsfelder weisen ein wachsendes Betriebsergebnis aus, die drei neuen Geschäftsfelder weiten ihre Verluste rapide aus. Aus Sicht des Value-Investors und auch eines wertorientierten Managements müssen die Bereiche Business Solutions, MSN, Mobile and Embedded Devices und vor allem Home and Entertainment (Xbox) wahrscheinlich als gescheitert angesehen werden. (Im folgenden Szenario könnte die Strategie Microsofts allerdings aufgehen: Für die Hauptwettbewerber Sony und Nintendo sind die Spielkonsolen jeweils bedeutende Ertragsbringer, für Microsoft ist das nur ein kleiner Geschäftsbereich. Wenn es Microsoft gelingt, einen der Wettbewerber auszuschalten und anschließend durch Signale den Preiskampf mit dem anderen Wettbewerber zu beenden, können die Überlebenden viel Geld verdienen. Ganz ausgeschlossen ist das nicht: Bill Gates hat auch schon früher nach diesem Schema Branchen erobert.) Für Mobile and Embedded Devices besteht einige Hoffnung, aber eigentlich besteht Microsoft aus drei Geschäftsbereichen: Client (Windows), Server and Tools und Information Worker.

Tab. 5.15: **Detaillierte Umsatz- und Betriebsergebniszahlen von Microsoft, 1997-2006 (Mio $)**

	1997	1998	1999	2000	2001	2002	2003	2004	2005	2005	
Revenue											**10 J.***
Client (Windows)	3.475	4.326	5.038	7.551	8.406	8.800	10.304	11.283	12.048	13.209	**15,99**
Server and Tools	2.277	2.834	3.301	5.589	6.105	6.246	6.786	8.007	9.143	11.467	**19,68**
Information Worker (Office)				7.144	7.952	8.325	9.636	10.895	11.523	11.756	**8,66**
Microsoft Business Solutions	240	298	347	612	682	714	641	753	793	919	**16,09**
MSN	576	900	909	910	1.385	1.799	2.396	2.444	2.411	2.298	**16,62**
Mobile and embedded devices				50	59	103	153	239	334	377	**40,03**
Home and Entertainment (Xbox)	553	865	874	877	1.039	1.641	2.779	2.870	3.211	4.256	**25,45**
Reconciling amounts	-398	-197	687	19	-559	288	-392	576	325		
Consolidated	**7.121**	**9.223**	**10.469**	**22.733**	**25.628**	**27.628**	**32,695**	**36.491**	**39.463**	**44.282**	**22,51**

Operating income (Loss)											**6 J.**
Client		2.206	2.895	4.466	4.999	5.034	8.306	8.975	9.396	10.203	**15,34**
Server and Tools		1.445	1.897	2.983	3.340	3.324	1.879	2.302	2.888	4.323	**5,30**
Information worker				4.225	4.729	4.762	7.500	8.112	8.616	8.285	**11,87**
Microsoft Business Solutions		152	200	362	540	408	-143	-115	-163	24	-46,35
MSN		-535	-521	-540	-599	-757	-384	383	469	-77	-39,56
Mobile embedded devices				-33	-50	-53	-162	-98	-19	2	-152,53
Home and Entertainment		-514	-500	-577	-883	-942	-938	-894	-359	-1.262	**7,40**
Reconciling amounts		-1.021	-575	-1.140	-750	-5.058	-6.473	-9.432	-6.267		
Corporate Level Activity									-5.190	-5.026	
Consolidated		**1.733**	**3.396**	**9.746**	**10.970**	**6.718**	**9.585**	**9.233**	**8.651**	**16.472**	**8,47**

* Durchschnittliche Wachstumsrate in % über 10 bzw. 6 Jahre

Quellen: www.microsoft.com, eigene Berechnungen

Die drei Kernbereiche machen ca. zwei Drittel des Umsatzes aus. Rechnen wir ihnen aber nur 50 Prozent der zentralen Kosten zu, da die neuen Bereiche überproportional viel Forschung und Entwicklung sowie Marketingkosten in Anspruch nehmen. Dann betrüge das Operating Income dieser Bereiche

Tab. 5.16: **Angepasstes Operating Income der Kernbereiche von Microsoft (Mio $)**

Client	10.203
Server and Tools	4.323
Information Worker	8.285
Summe	22.811
Zentrale Kosten	-3.000
Operating Income	
Kerngeschäft	19.811

Quelle: eigene Berechnung

Bei einer Steuerquote von 30 Prozent und Kapitalkosten von zehn Prozent betrüge der Wert der ewigen Rente

$$V = 19.811 * 0,7 / 0,1 = 138.677 \text{ Mrd. } \$.$$

Auch nach dieser Restrukturierung läge Microsoft noch unter der jetzigen Börsenkapitalisierung. Bei einer Restrukturierung der Kapitalseite könnte ein WACC von 6,2 Prozent erreicht werden. In diesem Fall betrüge der EV:

$$V = 222,9 \text{ Mrd. €} – 40 \text{ Mrd. € Schulden} + 20 \text{ Mrd. € freigesetztes EK} = 200,9 \text{ Mrd. €}$$

Für die anderen Geschäftsbereiche, insbesondere MSN und Home and Entertainment fänden sich sicher Käufer, sodass wir vielleicht auf einen Gesamtwert von 205 bis 220 Milliarden Dollar kommen. Dennoch wäre auch bei Annahme dieser hypothetischen Fälle Microsoft bei einer Börsenkapitalisierung von 260 Milliarden Dollar immer noch deutlich überbewertet. Noch ist keine Umstrukturierung in Sicht, und selbst dann wäre das Unternehmen noch zu teuer. Es muss also noch Wachstumsfantasie im Markt stecken. Schauen wir uns im nächsten Kapital an, ob diese gerechtfertigt ist, und was Microsoft unter verschiedenen Wachstumsannahmen wert sein könnte.

---

1 Buffett (2003), S. 124–125.
2 Greenwald (2001), S. 71 ff.
3 Im sogenannten DuPont-Kennzahlensystem ist die Eigenkapitalrendite mit den Gewinnmargen wie folgt verbunden: Eigenkapitalrendite = Umsatzrendite x Kapitalumschlag x Leverage. Wenn ich hier also von Gewinnmargen spreche, gehe ich von den direkten Auswirkungen der Gewinnmarge auf die Eigenkapitalrendite aus.
4 Greenwald (2006), S. 220.
5 Porter (1998a); Porter (1998b).
6 Greenwald (2006), S. 20 ff.
7 Rogers, Jim: Adventure Capitalist: The Ultimate Road Trip. London 2003.
8 Kotler, Philip: Grundlagen des Marketing. München 2002, S. 39.
9 Henderson, Bruce: Die Erfahrungskurve in der Unternehmensstrategie. Frankfurt a. M. 1984.
10 Buzzel, Robert / Gale, Bradley: The PIMS Principles. New York 1987.
11 Simon, Hermann / Bilstein, Frank / Luby, Frank: Der gewinnorientierte Manager. Abschied vom Marktanteilsdenken. Frankfurt a. M. 2006, S. 17 ff.; S. auch Interview im Privatinvestor 37/2006 vom 15.09.2006, S. 1–3.
12 In einem detaillierten Programm mit vielen Fallbeispielen zeigen Simon und seine Partner Bilstein und Luby die konkreten Schritte auf, wie das geht. Für Value-Investoren, die sich ein Bild davon machen wollen, wie Unternehmen gewinn- und damit aktionärsorientiert geführt werden können, ist das Buch aufgrund seiner vielen Fallbeispiele sehr interessant.
13 Simon / Bilstein/ Luby (2006), S. 22.
14 Interview in Der Privatinvestor 37/2006, S. 2.
15 Greenwald (2005), S. 26.
16 Vick (2000); Hagstrom (2000), Lowe (1996).
17 Vick (2000).
18 www.fiendbear.com/deatheq.htm.
19 So zum Beispiel in Buffett, Warren: The Superinvestors of Graham-and-Doddsville: Graham.
20 Im Geschäftsbericht 1983 erläutert Buffett ausführlich, warum er für Franchises höhere Preise als den Buchwert zahlen kann und analysiert sein Investment in See's Candies.
21 Zu Buffetts Anlagephilosophie vgl.: http://investorial.com/value-investing/buffetts-tenets-on-selecting-businesses-part-1/.
22 Simon / Bilstein / Luby (2006).
23 S. Anhang 1.
24 S. Anhang 1.
25 S. Anhang 1.
26 Telekom.
27 Siehe Geschäftsbericht 2005, S. 109, 110 sowie 120 ff. Online Unter: http://download-dtag.t-online.de/deutsch/investor-relations/4-finanzdaten/geschaeftsberichte/2005/gb2005_de.pdf.
28 Unter Punkt 16 der Erläuterungen zur Gewinn-und-Verlustrechnung finden sich 12.500.000.000 Euro Abschreibungen, hiervon 2.200.000.000 Euro außerplanmäßige Abschreibungen.
29 Siehe Anhang 2.
30 S. Kapitel 1, Anhang 2.

[31] S. Anhang 2.

[32] Geschäftsbericht, S. 129.

[33] Im Jahr 2003 betrug der durchschnittliche Unternehmenssteuersatz in Deutschland 38 Prozent. http://www.dbresearch.com/servlet/reweb2.ReWEB?rwkey=u912055.

[34] Williams, John: The Theory of Investment Value. Amsterdam 1964.

[35] Greenwald (2001).

[36] Vick, 116 ff.

[37] Nicht berücksichtigt ist hier natürlich der erhebliche Wert der immateriellen Vermögensgegenstände.

[38] Greenwald (2001), S. 335 ff.

[39] Vgl. Simon (2006).

»Es gibt kaum etwas, das das eigene Wohlbefinden und Selbstvertrauen stärker beeinträchtigt und nachhaltiger stört, als zusehen zu müssen, wie ein guter Freund zu Reichtum kommt.«

Charles Kindleberger[1]

6. Wachstumsunternehmen im Value-Portfolio

Wachstum und Value sind KEIN Widerspruch. Wenn ein gutes Wachstumsunternehmen zu einem sehr guten Preis zu haben ist, dann ist dies ein hervorragendes Value-Investment. Allerdings redet alle Welt vom Wachstum. Angestellte Manager (und gelegentlich selbst Eigentümer-Unternehmer) sind von der Idee des Wachstums begeistert: Sie können damit ihren Machtbereich, ihren Bekanntheitsgrad oder auch einfach ihre Vergütung vergrößern. Und viele Unternehmen starten regelmäßig »Wachstumsinitiativen« oder setzen sich ambitionierte Wachstumsziele. Jürgen Schrempp konnte durch den Kauf von Chrysler eben auch seinen Machtbereich auf die USA ausweiten und seine Vergütung verzehnfachen. Ron Sommer konnte durch den Kauf von Voicestream im aufregenden Markt USA mitspielen. Er hatte einen persönlichen Nutzen, die Eigentümer seines Unternehmens – die Aktionäre – den Schaden in Form eines grotesk hohen Preises.

Viele Aktionäre erwarten »Wachstum«, wo sie eigentlich zuerst einmal »Value« denken sollten. Wachstum regt die Fantasie der Kapitalmärkte an. Und je größer das versprochene Wachstum und je unbekannter und je neuer das Geschäft, desto mehr galoppiert die

Fantasie. Bereits während der berüchtigten »South Sea Bubble« von 1720 in London stand in einem Emissionsprospekt: »A company for carrying on an undertaking of great advantage, but nobody to know what it is.« (Ein Unternehmen das ein Projekt mit großem Gewinn durchführen wird, von dem keiner wissen soll, was es ist.)[2]

Natürlich sind gute Wachstumsunternehmen der Traum fast jeden Investors (auch vieler Value-Investoren). Wenn Sie Unternehmen wie Puma (ISIN: DE0006969603, + 1706 % in 5 Jahren), **Bijou Brigitte** (ISIN: DE0005229504, + 674 Prozent in fünf Jahren), **United Internet** (ISIN: DE0005089031, + 509 Prozent in fünf Jahren) oder **CTS Eventim** (ISIN: DE0005470306, + 78 Prozent in fünf Jahren) auch nur halbwegs zum richtigen Zeitpunkt erwischt haben, hat Ihr Depot gleichsam den Turbo eingeschaltet. Allerdings besteht auch hier die Frage: Komme ich noch rechtzeitig? Ist die Phase raschen Wachstums nicht vielleicht vorbei? Wie in Kapitel 2 dargelegt, neigen viele Anleger zu einfachen Trendextrapolationen, die auf Zahlen der letzten zwei bis drei Jahre beruhen.[3] Es ist also nicht ganz unwahrscheinlich, dass Sie auf ein Wachstumsunternehmen gerade dann aufmerksam werden, wenn sich das Wachstum abschwächt und eine Korrekturphase einsetzt. Engagements in Wachstumsunternehmen sind also mit besonders strengen Kriterien zu prüfen. Sonst kann es sein, dass sich das erhoffte Wachstum (und es muss sich IMMER um Gewinn- oder Cashflow-Wachstum, nicht Umsatzwachstum handeln) nicht einstellt oder Sie zu viel für das Wachstum bezahlen.

Besonders gerne galoppiert die Fantasie, wenn es sich um junge, kleine Wachstumsunternehmen handelt. In den ersten Monaten des Jahres 2006 haben viele Werte des TecDAX rasante Kurssteigerungen erlebt. Morphosys stieg von Mai 2005 bis Februar 2006 um fast 100 Prozent. Solarworld stieg 2005 um 300 Prozent, Mologen ebenfalls. Selbst Unternehmen wie Aixtron, die in einem sehr schwierigen Umfeld zu kämpfen haben, stiegen innerhalb eines Monats von Januar bis Februar 2006 um 40 Prozent. Vollends ist es um den Verstand geschehen, wenn man zusehen muss, wie Freunde und Bekannte mit diesen Aktien anscheinend horrende Gewinne einfahren. Dann stellen sich viele nicht die Frage Bruce Greenwalds –

»Warum ich? Warum hat Gott mich auserwählt, diese Aktie zu entdecken?« – sondern die Frage »Warum DER (DIE) und NICHT ICH?«

Eigentlich finde ich die Investmentklasse der Small Caps faszinierend. Vielen Privatanlegern geht es genauso. Aber bei Small Caps gibt es besondere Risiken, weshalb insbesondere Privatanleger gut daran tun, dreimal über jedes Engagement nachzudenken. Moneychimp.com hat aus den Daten der Fama-French-Datenbank eine sehr interessante Tabelle zusammengestellt, die die durchschnittlichen Jahresrenditen von Value- und Growth-Aktien, und zwar Blue Chips und Small Caps, über einen sehr langen Zeitraum von 1927 bis 2004 zeigt. Die Inflation wurde noch nicht herausgerechnet. (In dieser Tabelle sind mit »Value«-Aktien optisch billige Aktien mit einem niedrigen KGV oder KUV und niedrigem Gewinnwachstum gemeint, mit »Growth-Aktien« solche mit dementsprechend hohen Kennzahlen. Wie bereits dargelegt, sehe ich persönlich keinen Widerspruch zwischen Value und Growth, aber lassen Sie uns diese Klassifizierung zunächst aufgreifen.

Tab. 6.1: Langfristige Durchschnittsrenditen verschiedener Aktienkategorien in den USA

	»Value«	»Growth«
Large Cap	12,4 %	9,6 %
Small Cap	15,4 %	9,3 %

Quelle: www.moneychimp.com

In dieser Untersuchung performen die Value-Aktien langfristig immer besser. Klar, wenn ich unsystematisch »billige« Aktien kaufe, ist das sicher besser, als wenn ich unsystematisch »teure« Aktien kaufe. Was aber wirklich erstaunt, ist die Tatsache, dass kleine Wachstumswerte die schlechteste Performance von allen vier Kategorien haben. Was könnte der Grund sein? Eigentlich haben diese Werte doch das HÖCHSTE Wachstumspotenzial! Moneychimp bietet uns eine Erklärung an:

Tab. 6.2: **Die Geschichten hinter den Kategorien**		
	»Value«	**»Growth«**
Large Cap	Sehr bekannte langweilige Unternehmen	Sehr bekannte aufregende Unternehmen.
Small Cap	Unbekannte langweilige Unternehmen	»Potenzielle Superstars«: ϟHier kann man irgendwo das nächste Microsoft finden! ϟ
		Quelle: www.fool.com

Irgendwie ist es aufregender, nach dem nächsten Microsoft zu suchen, als Aktien der Allianz oder von E.ON zu kaufen. Die Kurse von Small Caps reagieren viel schneller, wenn sich Interesse an einer Aktie entwickelt. Das heißt auch, dass viele interessante Small-Cap-Wachstumswerte hoffnungslos überteuert sind. Mologen war zum Beispiel 2006 ein klitzekleines Biotech-Unternehmen, das auf absehbare Zeit keine Gewinne macht. Dennoch verdreifachte sich der Kurs der Aktie in kurzer Zeit – das Unternehmen war danach über 100 Millionen Euro wert. Diese Bewertung war durch nichts gerechtfertigt.

Tab. 6.3: **So hätten sich 100 Dollar über 78 Jahre nach den vier Strategien vermehrt***		
	»Value«	**»Growth«**
Large Cap	898.976	130.165
Small Cap	7.307.903	103.626
* nominales Wachstum, nicht inflationsbereinigt		
		Quelle: eigene Berechnung

Wenn Ihre Eltern oder Großeltern im Jahr 1927 100 Dollar in jeweils einer dieser Kategorien angelegt und Sie 2004 nachgeschaut hätten, was dabei herausgekommen war, hätten Sie die folgenden Werte feststellen können: Besonders brutal ist der Unterschied zwischen Small-Cap-Value und Small-Cap-Growth. Aber auch mit Large-Cap-Value wären Sie sehr gut gefahren.

Man kann mit Wachstumsunternehmen sehr viel Geld verdienen, aber das Investieren in Wachstumsunternehmen ist viel, viel schwieriger, als sich das viele Hobbyinvestoren vorstellen. Deshalb sind Value-Investoren bei Wachstumsunternehmen auch besonders vorsichtig. Sie wissen, dass überdurchschnittliches und profitables Wachstum eher die große Ausnahme als die Regel ist. Daher laufen bei Wachstumsunternehmen besonders strenge Tests in Bezug auf das Management, den Markt sowie die Marktposition und die Produkte ab. Wenn das Unternehmen alle diese Tests besteht und zudem billig zu haben ist, kaufen auch Value-Investoren. Bekanntestes Beispiel ist vielleicht Warren Buffett, der mit langfristigen Engagements, die sich oft über Jahrzehnte erstreckten, in GEICO (Government Employees Insurance Corporation), Coca-Cola oder American Express traumhafte Ergebnisse erzielt hat.

Phil Fischer: Ertrag und Ertragswachstum

In dem Buch »Common Stocks and Uncommon Profits«[4] (dt.: «Die Profi-Investment-Strategie"), das zum ersten Mal im Jahr 1958 erschienen ist und sich zu einem Investmentklassiker entwickelt hat, wird zum ersten Mal das Thema Ertrag und Ertragswachstum anschaulich für Investoren dargestellt.

Fischers Buch erschien im ersten Drittel des langen Nachkriegsbooms in den USA (1946 bis 2000), einem Zeitraum, in welchem mit vielen Aktien mehr oder weniger kontinuierliche Gewinne zu machen waren. Zeitgleich hatten verschiedene Investoren, allen voran Warren Buffett, schon begonnen, Fischers Thesen instinktiv umzusetzen: Sie kauften Unternehmen, die »Franchises« besaßen und vom Wirtschaftswachstum langfristig überproportional profitieren würden.

Fischer bietet eine umfangreiche Checkliste zu Unternehmens- und Managementqualität an. Damit wird der Aspekt der Unternehmensqualität über die rein bilanziellen und finanziellen Aspekte ausgedehnt:

1. Bietet das Unternehmen Produkte oder Dienstleistungen an, deren Marktpotenzial zumindest für einige Jahre nennenswerte Umsatzsteigerungen möglich macht?
2. Ist das Management entschlossen, kontinuierlich Produkte oder Prozesse zu entwickeln, die das Umsatzpotenzial insgesamt weiter steigern, auch nachdem das Wachstumspotenzial gegenwärtig attraktiver Produktlinien zum großen Teil erschöpft ist?
3. Wie effektiv sind die Aktivitäten eines Unternehmens im Bereich Forschung und Entwicklung im Verhältnis zu seiner Größe?
4. Verfügt das Unternehmen über eine überdurchschnittliche Vertriebsabteilung?
5. Weist das Unternehmen eine lohnende Gewinnspanne auf?
6. Was tut ein Unternehmen, um seine Gewinnspanne aufrechtzuerhalten oder zu verbessern?
7. Sind die Beziehungen zur Arbeitnehmerschaft und zu Gewerkschaften sowie die Personalführung hervorragend?
8. Ist das Klima in der Führungsetage des Unternehmens optimal?
9. Ist das Management eines Unternehmens ausreichend tief gestaffelt?
10. Wie gut sind Rechnungswesen und Finanzbuchhaltung?
11. Gibt es weitere branchenspezifische Aspekte, die dem Anleger wichtige Hinweise auf die Wettbewerbsposition eines Unternehmens geben können?
12. Orientiert sich ein Unternehmen an kurzfristigen oder langfristigen Gewinnen?
13. Wird das Wachstum des Unternehmens in der näheren Zukunft ein solches Ausmaß an Aktienfinanzierung erfordern, dass die größere Zahl der dann im Umlauf befindlichen Aktien den Nutzen des Altaktionärs aus dem antizipierten Wachstum minimieren wird?
14. Äußert sich das Management in guten Zeiten freimütig gegenüber Investoren, wird aber verschlossen, wenn es zu Schwierigkeiten und Enttäuschungen kommt?
15. Ist das Management des Unternehmens integer?

Neben diesen Prüfkriterien gibt Fischer auch viele Ratschläge für den Investmentprozess, zum Beispiel rät er, sich nicht an gerade gegründeten Unternehmen zu beteiligen (das hätte 1998 bis 2000 vielen hohe Verluste erspart!), Aktien von Unternehmen in der Nähe des inneren Werts zu kaufen (den Fischer aber gerade bei Wachstumsunternehmen als dynamische

Größe interpretiert) und nicht zu stark zu diversifizieren. Fischer sagt eindeutig: »Wachstum und Value sind kein Widerspruch!« Mit diesen Gedanken begab sich Fischer 1958 oftmals in Neuland. Allerdings sind seine Ratschläge, so einleuchtend sie scheinen und so gut sie zu lesen sind, recht schwer umzusetzen, denn gerade, wenn man mit Halbwissen an eine Sache herangeht, wäre wahrscheinlich eine Aktienstrategie, die sich an wenigen harten Zahlen orientiert, erfolgreicher. Später hat Peter Lynch sich mit einem ähnlichen Investmentstil einen Namen gemacht.[5]

Eine Begleiterscheinung des Wachstumsdenkens ist das bereits oben erwähnte Denken in Marktanteilen.[6] Marktanteile sollen »aufgebaut« oder »verteidigt« werden. Dabei sind Marktanteile, genauso wie Wachstum, kein Selbstzweck: Nur wenn das Engagement auf nachhaltige Gewinne ausgerichtet ist, kann man von gutem Management sprechen. Unternehmen in reifen Märkten – und dies sind nun einmal weitaus die meisten Unternehmen in den westlichen Industrienationen – müssen wertorientiert geführt werden können. Dies geht oftmals etwas zulasten des Marktanteils, aber es gibt keine Alternative.[7]

Abb. 6.1: Kursverlauf der Aktie der General Electric Corp. 1996 – 2006

Quelle: Yahoo! Finance

Wertorientiertes Management ist »langweilig«. Eine große Ausnahme ist vielleicht Jack Welch, der wohl bekannteste Manager des späten 20. Jahrhunderts. Sein Credo, dass General Electric in jedem Markt, in dem es vertreten ist, die Nummer eins oder zwei sein sollte und ansonsten der Bereich restrukturiert, verkauft oder geschlossen wird, hat General Electric zum zeitweilig wertvollsten Unternehmen gemacht und viele Nachahmer inspiriert.[8] Alleine Nachahmung ist nicht das Original, und was bei einem Ausnahmemanager funktioniert, funktioniert beim Rest noch lange nicht. (Zudem erschienen nach dem Abgang Welchs zumindest einige kleinere Kratzer an der GE-Story. Die »Luft« war wahrscheinlich schon Ende der neunziger Jahre heraus. Dennoch entwickelt sich das Unternehmen auch heute noch kontinuierlich weiter, während viele andere Starmanager, wie Percy Barnevik bei ABB oder Jürgen Schrempp bei Daimler, verbrannte Erde hinterlassen haben.)

Seit dem Jahr 2000 stagniert übrigens die Kursentwicklung von General Electric – ein Anzeichen dafür, dass die Aktie in den letzten Jahren Jack Welchs vielleicht überteuert war. Gute Wachstumsinvestoren müssen Instrumente haben, solche Trendwenden zu erkennen. Eine davon ist der »Buffett-Test« den ich später in diesem Kapitel vorstellen werden.

Unternehmen, die wertorientiert geführt werden, bewegen sich oftmals in »langweiligen« Märkten. Ein bekanntes Beispiel ist die bereits in Kapitel eins erwähnte BASF AG. Genauso können Sie das nicht börsennotierte Unternehmen Aldi nennen. Schon Peter Drucker sagte, dass die besten Unternehmen geräuschlos arbeiten und Fabriken, in denen sich das »große Drama der Industrieproduktion wie auf einer Bühne abspielt« sind meistens schlecht geführt.[9] Druckers Beobachtung lässt sich ohne Probleme auf Unternehmen des Informations- und Dienstleistungszeitalters übertragen.

Wachstum – zumindest dauerhaftes Wachstum, das über der Wachstumsrate der jeweiligen Volkswirtschaft von vielleicht zwei bis vier Prozent liegt – ist die absolute Ausnahme. In seinen Büchern »Good to Great« und »Built to Last« analysiert Managementautor Jim Collins solche Ausnahmeunternehmen.[10] Sie sollten also zunächst einmal von einem organischen Wachstum in Höhe des Bruttosozialprodukts ausgehen. Value-Investoren mögen gute Wachstumsunternehmen durchaus, aber sie wissen, dass diese sehr schwer zu finden sind. Deswegen gehen zunächst einmal sämtliche Warnsignale an. Die Prüfroutinen für gute Wachstumsunternehmen sind noch einmal wesentlich härter als die für die einfache ertragsorientierte Bewertung von Unternehmen.

Merksatz

Ein Unternehmens- oder Gewinnwachstum, das dauerhaft über der Wachstumsrate der jeweiligen Volkswirtschaft von zwei bis vier Prozent liegt, ist die absolute Ausnahme.

Gutes und schlechtes Wachstum

Viele Managementteams sind auf Wachstum getrimmt. In zunehmendem Umfang wird die Wachstumsideologie an den Business Schools gelehrt. Die heute aktive Managergeneration sog die bereits oben erwähnten Konzepte der PIMS-Studie (die einen Zusammenhang zwischen Marktanteil und Profitabilität belegen wollte) und den von der Boston Consulting Group propagierten Effekt der Lernkurve mit der Muttermilch ein.[11] Wachstum nützt einem angestellten Management fast immer, sei es in Form von mehr Macht oder höheren Gehältern. Die Ankündigung von Wachstumsinitiativen kann zudem die Fantasie der Aktienmärkte anregen. Bis diese »merken«, dass vor allem heiße Luft verbreitet, vielleicht sogar Aktionärswert zerstört wurde, sind oftmals mehrere Jahre vergangen. Die verantwortlichen Manager sind weitergezogen. In diesem Fall trifft dann der Begriff »Heuschrecken« wirklich zu.

Zudem und auf die Gefahr hin, mich zu wiederholen: Viele Manager auf reifen Märkten denken zuerst an den Konkurrenten und nicht an den Kunden. Letztlich ist die ganze Benchmarking-Bewegung, also der Versuch, von den Besten in einer Branche zu lernen, nichts anderes. Dabei geht es im Wettbewerb um profitable Dienstleistungen und Produkte, die ein Kundenbedürfnis erfüllen, nicht darum, einen Konkurrenten zu besiegen. Das kann man nicht oft genug sagen.

Für den Value-Investor kommt es nicht auf das Wachstum an sich, sondern auf die *Qualität* des Wachstums an: Es gibt gutes, schlechtes und neutrales Wachstum. Und sehr oft ist das Wachstum eben schlecht. Für Wachstum ist Kapital notwendig, mal mehr, mal weniger. Wenn die durch dieses zusätzliche Kapital erwirtschafteten zusätzlichen Gewinne zu einer Rendite führen, die über den Kapitalkosten liegt, ist das Wachstum gut. Liegt die Rendite darunter, ist es schlecht, ist die Rendite gleich hoch wie die Kapitalkosten, ist das Wachstum neutral.

Nehmen wir ein Investment von einer Milliarde Euro, das durch ein Unternehmen getätigt wird, welches wachsen will. Das kann sowohl die Erweiterung der internen Kapazitäten als auch eine Akquisition sein. Die Kapitalkosten sollen zehn Prozent betragen. Damit kostet das Investment jährlich 100 Millionen Euro.

Tab. 6.4: **Wertschöpfung und Wertvernichtung durch Investitionen**

Zusätzlicher Gewinn €	**50 Mio.**	**100 Mio.**	**200 Mio.**
Rendite (%)	5 %	10 %	20 %
Kapitalkosten	100 Mio.	100 Mio.	100 Mio.
Zusätzliches Einkommen	–50 Mio.	0	100 Mio.
Wert des zusätzlichen Einkommens (ewige Rente zu 10 %)	–500 Mio.	0	1.000 Mio.
Resultat	Wertvernichtung (DaimlerChrysler, Mitsubishi) Wal-Mart (internationale Expansion)	Kein zusätzlicher Wert viele Absatzmaßnahmen (z.B. Rabattschlachten) in der Autobranche	Wert geschaffen (eBay – PayPal), Wal-Mart (Supercenter)
Branchensituation	Investment bei Wettbewerbsnachteilen	Keine Wettbewerbsvor- und Nachteile	Investment bei dauerhaften Wettbewerbsvorteilen

Quelle: Greenwald (unveröffentlichtes Lehrmaterial)

Ein eklatanter Fall der Wertvernichtung ist leicht identifiziert, und zwar Daimler-Benz, sowohl unter Edzard Reuter (der einen »integrierten Technologiekonzern« bauen wollte) als auch unter Jürgen Schrempp (der eine »Welt AG« bauen wollte). Etwas schwieriger wird es bei Investments, die Wert generieren. Ein solches Investment war PayPal für eBay: Durch die Akquisition des Online-Bezahlsystems hat sich eBay ein profitables und schnell wachsendes Geschäftsfeld, das nicht viel Kapital benötigt, erschlossen. Bei vielen anderen Investments, die eBay getätigt hat, steht ein Urteil noch aus; nicht immer hatte das Unternehmen aber ein derartig glückliches Händchen wie bei PayPal.

Ein anderes Beispiel: Nach dem Jahr 2000 investierte Wal-Mart primär auf zweierlei Weise in Wachstum. Zum einen versuchte das Unternehmen, international zu expandieren, zum anderen baute es im Kernmarkt USA neue »Supercenter«. Mit der internationalen Expansion erlitt Wal-Mart größtenteils Schiffbruch, da zum Beispiel in den europäischen Märkten die lokalen Wettbewerber über große Wettbewerbsvorteile verfügten. Der Bau von Supercentern wiederum war hochprofitabel. Konsequenterweise zog sich Wal-Mart 2006 zum Beispiel aus dem deutschen Markt zurück. Das Engagement in Deutschland war ein Wertvernichter.

Schwieriger wird es in den Fällen, in denen Wachstum neutral ist. Großartige Investments und massive Wertvernichtung sind leicht zu erkennen, Investments, die gerade ihre Kapitalkosten verdienen, schwieriger. Letztlich hilft oftmals nur der Blick auf mehrere Jahre, um zu sehen, wie sich die einbehaltenen Gewinne (= zusätzliche Investments über die Abschreibungen hinaus) verzinst haben. Diese Kennzahl ist zum Beispiel für Warren Buffett, der damit Fünf- und Zehnjahreszeiträume untersucht, eine der wichtigsten. Damit sind aber gerade Investments in jungen Branchen, die in der Hoffnung auf zukünftiges Wachstum gemacht werden, schwer zu bewerten.

Im Umkehrschluss ist es in einem Unternehmen in einem »langweiligen« Markt oftmals nicht so einfach, herauszufinden, ob es die notwendigen Erhaltungsinvestitionen tätigt, um den bestehenden

Wert des Unternehmens zu erhalten. Deswegen fällt es Unternehmen auch oftmals leicht, über einen gewissen Zeitraum zu wenig zu investieren. (Ich habe diesen Verdacht bei der Deutschen Bahn AG. Bahnchef Mehdorn will das Unternehmen auf jeden Fall noch an die Börse bringen. Während viel Geld in Prestigeprojekte wie den Lehrter Bahnhof und die ICEs fließt, scheinen Streckennetz, Service und viele andere Faktoren vernachlässigt zu werden.)

Etwas Wachstumsarithmetik

Bei der Untersuchung von Wachstumsunternehmen ist etwas Arithmetik angesagt. Der für die Aktionäre generierte Wert (TSR = Total Shareholder Return) entspricht im einfachsten Fall der Dividendenrendite und der Wertsteigerung des Unternehmens:

TSR = Dividendenrendite + Wertsteigerung des Unternehmens in Prozent

Voraussetzung ist, dass die Wertsteigerung des Unternehmens sich irgendwann im Aktienkurs widerspiegelt. Kurzfristig mag das nicht der Fall sein, aber langfristig ist es so, wie schon Benjamin Graham gewusst hat.

Stellen wir uns ein Unternehmen vor, dessen Kapitalbedürfnisse in genau dem gleichen Umfang wachsen wie sein Umsatz. Konkret: Wenn das Unternehmen zehn Prozent mehr Umsatz macht, braucht es auch zehn Prozent mehr Maschinen, Vorräte, Software, Gebäude und so weiter. Stellen wir uns weiterhin vor, dass das Verhältnis von Fremd- zu Eigenkapital gleich bleibt. Dann kann das Unternehmen nur in dem Umfang wachsen, wie es Gewinne erzielt und diese einbehalten kann. Nehmen wir an, das Unternehmen erzielt eine Eigenkapitalrendite (Gewinn/Eigenkapital) von zehn Prozent und schüttet die Hälfte davon als Dividende an seine Aktionäre aus. Dann wächst das Eigenkapital des Unternehmens in einem Jahr um fünf Prozent, und genau in diesem Umfang können dann auch Umsatz und Unternehmen wachsen.

Die Eigenkapitalrendite lässt sich zu Analysezwecken weiter aufgliedern:

Komponenten der Eigenkapitalrendite

Eigenkapitalrendite =
Umsatzrendite x Gesamtkapitalumschlag x Leverage

$$x \frac{\text{Gewinn}}{\text{Umsatz}} x \frac{\text{Umsatz}}{\text{Gesamtkapital}} x \frac{\text{Gesamtkapital}}{\text{Eigenkapital}}$$

= Gesamtkapitalrentabilität x Leverage

Natürlich kürzen sich Umsatz und Gesamtkapital wieder heraus, aber die einzelnen Größen sind wichtige Hilfsmittel der Unternehmensanalyse. Dieses System wurde zuerst von der Firma Du Pont verwendet und ist daher auch als »Du-Pont-System« bekannt.[12]

Bezieht man noch die Ausschüttungsquote für Gewinne ein, lässt sich ein Zusammenhang zwischen der von einem Unternehmen erzielten Eigenkapitalrendite und der langfristig nachhaltigen Wachstumsrate herstellen.

Damit kann die Rendite für den Besitzer dieses Unternehmens – nehmen wir an, das Unternehmen ist in Privatbesitz, die Rendite stammt aus der Steigerung des fairen Werts und wir haben keine verzerrenden Börsenbewertungen – auch wie folgt beschrieben werden:

$$\text{TSR} = \underset{\text{(= Dividendenanteil)}}{= \text{EKR} * a} + \underset{\text{(= Wachstumsanteil)}}{\text{RI/EKK} * (1 - a)}$$

EKR = Eigenkapitalrendite, a = Ausschüttungsquote der Gewinne;
RI = Rendite auf die investierten einbehaltenen Gewinne
EKK = Kosten des Eigenkapitals

Aus Sicht des Unternehmens ist das Eigenkapital hierbei das bilanzielle Eigenkapital. Aus Sicht des externen Investors ist anstelle der Eigenkapitalrendite mit der Gewinnrendite auf den Kaufpreis des Eigenkapitals (also den Aktienkurs) zu rechnen (s.u.: »Gordon-Gleichung der Investitionsrechnung«).

Dieser Zusammenhang ist nachfolgend im »erweiterten Du-Pont-Modell« dargestellt. Die einzelnen Komponenten der Eigenkapitalrendite lassen sich dabei durch die in den großen Kästen aufgeführten Kennzahlen weiter analysieren und mit den Kennzahlen anderer Unternehmen detaillierter vergleichen. Die Eigenkapitalrendite eines Unternehmens ergibt sich als Produkt aus Umsatzrendite, Gesamtkapitalumschlag und Leverage. Multipliziert man die Eigenkapitalrendite mit der Differenz aus 1 und der Ausschüttungsquote, so erhält man die nachhaltig mögliche Wachstumsrate für das Unternehmen.

Abb. 6.2: Wachstumsunternehmen im Value-Portfolio

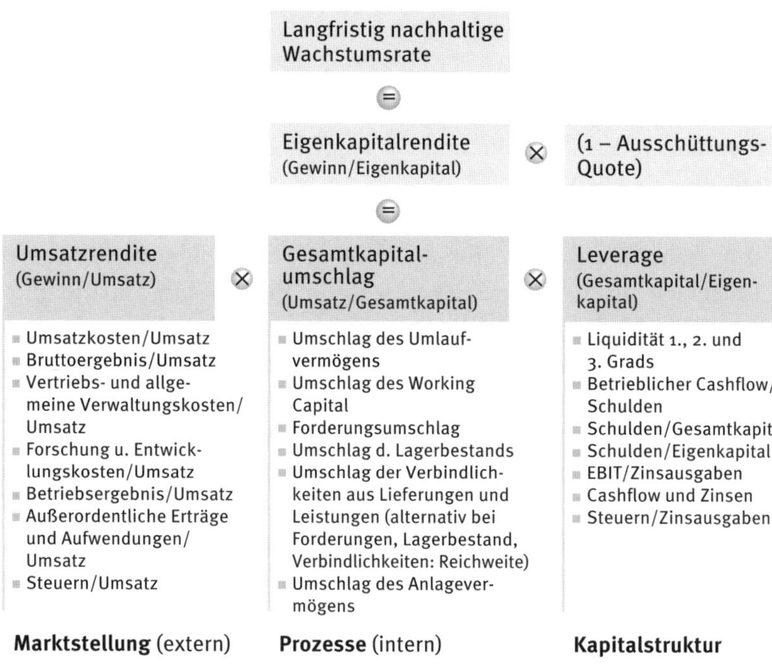

Quelle: eigene Darstellung

Die **Umsatzrendite** und die zugehörigen Kennzahlen geben Einblick in die externen Faktoren wie Beschaffenheit des Markts und der Branche und – im Vergleich zu anderen Unternehmen der Branche – in die Marktstellung und Strategie des Unternehmens.

Der **Gesamtkapitalumschlag** und die zugehörigen Kennzahlen können hingegen dazu dienen, die internen Prozesse des Unternehmens zu beurteilen. Je höher der Kapitalumschlag, desto besser ist das Unternehmen gemanagt. Diese Größen können natürlich auch mit denen der Wettbewerber verglichen werden.

Der **Leverage-Faktor** beschreibt schließlich die Kapitalstruktur und Kapitalstrukturpolitik eines Unternehmens. So kann ein Unternehmen mit einem höheren Verschuldungsgrad als seine Wettbewerber vielleicht eine höhere Eigenkapitalrendite erzielen, es hat aber auch höhere Risiken zu tragen.

Zunächst einmal mag die Aufspaltung der Eigenkapitalrendite in eine Dividendenkomponente und eine Wachstumskomponente inhaltslos erscheinen. Auf den zweiten Blick macht dieses Vorgehen allerdings sehr viel Sinn. Die *Dividendenrendite* erreicht den Aktionär direkt, der Wachstumsanteil hoffentlich später, wenn die getätigten Investitionen profitabel sind.

Beim *Wachstumsanteil* der Rendite wird im Du-Pont-System die implizite Annahme getroffen, dass auf die einbehaltenen und zusätzlich investierten Gewinne (in einem nicht oder nur mit dem Bruttosozialprodukt wachsenden Unternehmen müssten ja die Abschreibungen reichen, um Ersatzinvestitionen zu finanzieren) dieselbe Rendite erzielt wird wie auf den bereits vorhandenen Kapitalstock. Das ist eine sehr starke Annahme, die aber nur in bestimmten Fällen zutrifft. Die Rendite auf die reinvestierten Gewinne kann deutlich höher und auch deutlich niedriger sein als die Rendite auf den vorhandenen Kapitalstock (Eigenkapitalrendite).

Wenn die Rendite auf die reinvestierten Gewinne gleich oder höher als die Rendite auf den vorhandenen Kapitalstock sein soll, muss das *Wachstum innerhalb des Franchise* stattfinden.[13] Nur solange innerhalb des vor dem Wettbewerb geschützten Franchise weitere Nachfrage für die Produkte und Dienstleistungen des Unternehmens besteht, kann dieses bei sonst gleichbleibenden Faktoren im Gleichklang mit den einbehaltenen Gewinnen oder sogar stärker wachsen.

Häufig ist es der Fall, dass die *Märkte* eines Unternehmens *weitgehend gesättigt sind* und dass das Unternehmen nur noch durch Preisnachlässe oder unangemessen hohen Werbeaufwand auf Kosten der Rendite wachsen kann. Wenn ein Unternehmen nicht mehr innerhalb des Franchise wachsen kann, muss sich das Management sehr gut überlegen, ob es in andere Geschäfte investieren oder seinen Aktionären nicht lieber das Geld in Form von Dividenden zurückgeben soll. Normalerweise ist es dann sinnvoller, zu akzeptieren, dass das Unternehmen ein gewisses Reifestadium erreicht hat, und die Erträge auszuschütten, anstatt sie mit unterdurchschnittlicher Verzinsung ins Unternehmen zu reinvestieren.

Die »Gordon-Gleichung« der Investitionsrechnung

Die sogenannte »Gordon-Gleichung« der Investitionsrechnung hat eine ähnliche Struktur wie das erweiterte Du-Pont-Modell: Sie besagt, dass die zukünftige Rendite einer Aktie (oder des Markts insgesamt) gleich der Summe aus Dividendenrendite und Gewinnwachstumsrate ist.[14] Damit werden wie beim Du-Pont-System die Renditen dann in zwei Komponenten aufgeteilt, die *Ausschüttungskomponente* (Dividendenrendite) und die *Wachstumskomponente* (einbehaltene Gewinne).

Allerdings wird bei der Gordon-Gleichung mit der *Gewinnrendite bezogen auf den Börsenwert* (= Gewinne/Marktkapitalisierung oder 1/KGV) und nicht bezogen auf das bilanzielle Eigenkapital des Unternehmens gerechnet. Das Eigenkapital des Investors ist ja der Preis, den er für eine Aktie bezahlt hat (= Börsenwert). Auf diesen Nenner müssen dann logischerweise die Gewinne bezogen werden, wenn der Investor seine Renditeerwartungen ausrechnen will.

Microsofts Ausflüge in die Internet-(MSN)-, Entertainment-, Business- und Mobile-Solutions-Bereiche sind unter dem Aspekt der Verzinsung einbehaltener Gewinne bislang eher als Reinfall zu sehen. Profitables Wachstum findet bei Microsoft lediglich im Client-, Information-Worker- und Server-Bereich statt, wobei der Server-Bereich schon weit hinter die anderen beiden Ausnahmebereiche zurückfällt.

Die nachhaltige Wachstumsrate lässt sich auf verschiedene Weise erhöhen, wenn es dem Unternehmen gelingt, effizienter zu arbeiten oder bessere Preise am Markt durchzusetzen. Voraussetzung ist aber immer, dass die reinvestierten Gewinne dieselben Renditen bringen wie der vorhandene Kapitalstock.

1. **Erhöhung der Umsatzrendite:** Durch Preis- oder Mengenerhöhungen oder Kostensenkungen lässt sich ggf. die Umsatzrendite erhöhen. Dies würde automatisch die nachhaltige Wachstumsrate erhöhen.

2. **Erhöhung des Gesamtkapitalumschlags:** Es ist gut möglich, dass bei Umsatzsteigerungen proportional weniger Vorräte und Sachanlagen benötigt werden, da diese effizienter gemanagt werden. Dadurch würde sich der Kapitalumschlag erhöhen. (Auch der umgekehrte Effekt ist natürlich möglich).

3. **Erhöhung des Leverage:** Auch eine Erhöhung des Leverage kann die organische Wachstumsrate beschleunigen, da das Wachstum dann weniger teures Eigenkapital benötigt. Allerdings beinhaltet diese Option andere Risiken, sodass sie hier zunächst ausgeklammert werden soll.

4. **Verringerung der Ausschüttungsquote:** Ein Unternehmen kann einen höheren Anteil seiner Gewinne einbehalten (bei Wachstumsunternehmen bis zu 100 Prozent) und damit seinen Kapitalstock und sein Wachstum schneller erhöhen als ein Unternehmen, das einen größeren Anteil seiner Gewinne ausschüttet.

Die Verzinsung der einbehaltenen Gewinne als entscheidende Größe

Entscheidend für die Rendite von Wachstumsunternehmen ist daher die tatsächliche Verzinsung der einbehaltenen Gewinne. Und hier liegt das eigentliche Problem für Wachstumsinvestoren, über das sich Buffett im Berkshire-Geschäftsbericht 1984 eingehend auslässt.[15] Aktionäre sollten eine Reinvestition der Gewinne in das Geschäft wünschen, wenn sich – »vorzugsweise untermauert durch Erfahrungswerte, oder, soweit angemessen, durch eine durchdachte Analyse der Zukunft«[16] – erwarten lässt, dass das Unternehmen auf die einbehaltenen Gewinne eine Rendite erzielt, die höher oder zumindest gleich ist wie die Eigenkapitalrendite des Markts. Wäre das nämlich nicht der Fall, sollten Aktionäre lieber eine Dividendenausschüttung fordern und in ein anderes Unternehmen investieren.

Angestellte Manager lieben es, Imperien aufzubauen und zu verteidigen. Wenn sie also Gewinne nicht ausschütten (in »normalen« Unternehmen sollten ja die – durch den laufenden Geschäftsbetrieb verdienten – Abschreibungen reichen, um die Ersatzinvestitionen zu zahlen), müssen sie auf dieses Kapital, das sie den Aktionären vorenthalten, eine angemessene Rendite erwirtschaften. Buffett weiter: »Viele Unternehmen denken in dieser Art, um festzustellen, ob Tochtergesellschaften ihre Gewinne an die Muttergesellschaft ausschütten sollten.«[17] Wenn die entsprechende Tochtergesellschaft keine Projekte hat, die eine entsprechende Rendite aufweisen können, wird der Gewinn an die Muttergesellschaft abgeführt und dann bei einer anderen Tochtergesellschaft reinvestiert. Der interne Kapitalmarkt funktioniert also oftmals. »Ausschüttungsentscheidungen der Muttergesellschaft an die Aktionäre stehen oft auf einem anderen Blatt.«[18] Hier haben die Manager oft ein Problem damit, ebenso zu verfahren.

Auf diese Weise wird der Vorstandsvorsitzende eines großen Konzerns die Tochtergesellschaft A, deren Gewinn auf zusätzliches Kapital im Durchschnitt vielleicht fünf Prozent sein wird, anweisen, alle verfügbaren Gewinne auszuschütten. Diese werden bei Tochtergesellschaft B investiert, wo Renditen von ein Prozent auf zusätzliches Kapital erwartet werden können. Doch wenn sein eigenes langfristiges Ergebnis für den Konzern fünf Prozent beträgt und die Marktsätze zum Beispiel bei zehn Prozent liegen, dann wird er wahrscheinlich seine Gewinne nicht oder nur teilweise ausschütten und weiterhin einen guten Teil davon zu unterdurchschnittlichen Renditen im eigenen Unternehmen reinvestieren.[19]

Leider ist es für den externen Aktionär oftmals sehr schwer, diese Größe in Konzernen zu beurteilen. In einigen hervorragenden Geschäftsbereichen werden hohe Finanzmittelüberschüsse erwirtschaftet (= der betriebliche Cashflow ist stark positiv). Diese werden oft leider in andere, weit weniger gute Geschäftsbereiche investiert. Im Durchschnitt mag dann die Rendite immer noch ordentlich aussehen, aber das Management hat nicht im Sinne der Eigentümer, der Aktionäre gehandelt, sondern schlecht gewirtschaftet. Microsofts Ausflug in die Welt der Spielkonsolen hat bislang zum Beispiel negative Renditen erwirtschaftet. Das fiel aber nicht weiter auf, da in den Kerngeschäftsfeldern exorbitante Renditen erwirtschaftet werden. Microsoft hat nach Buffett nicht im Sinne der Aktionäre gehandelt – es sei denn, das Unternehmen kann in baldiger Zukunft in der Branche eine Quasimonopolstellung erreichen und dann die Preise massiv anheben. Dann könnte sich die Strategie doch noch rechnen. Buffett setzt normalerweise nicht auf solche unsicheren Strategien. Deswegen – und weil er nach eigenen Angaben nichts von Software versteht – hat er auch ein Investment in das Unternehmen seines Freundes Bill Gates, das ihm zum ersten Mal im Jahr 1997 angetragen wurde, bislang konsequenterweise nicht vorgenommen. Auch hier zeigen sich Buffetts Investmentqualitäten: Obwohl Microsoft hochprofitabel ist, seine Produkte Monopolcharakter haben und das Unternehmen mit gutem Grund als das Ausnahmeunternehmen der Zeit von 1986 bis 2000 bezeichnet werden kann, hätte ein Investment im Jahr 1997 bis 2006 einen Total Shareholder Return von vielleicht fünf Prozent gebracht. Das ist zu wenig!

Warren Buffett ist bei der Auswahl langfristig hervorragender Wachstumsunternehmen aus verschiedenen Gründen sehr gut. Erstens hat er einen Röntgenblick für beständige Franchises. Zweitens sollten diese Unternehmen hohe Umsatz- und Eigenkapitalrenditen bringen. Und drittens hat er einen Blick für die Verzinsung der einbehaltenen Gewinne. Buffett rechnet dabei meistens mit den »Owner's earnings« – der Begriff umschreibt in etwa das, was landläufig als Freier Cashflow (FCF) bekannt ist. Hierzu werden die Abschreibungen wieder zum Gewinn addiert (= Cashflow), dann aber die notwendigen Sach- und Erhaltungsinvestitionen (CAPEX) subtrahiert. Diese Owner's Earnings stehen also für weiteres Wachstum (falls profitabel möglich) oder zur Ausschüttung von Dividenden zur Verfügung.

Tab. 6.5: **Beispiel für Owner's Earnings (Eigenkapital 10.000, Gewinne 1.000, Eigenkapitalrendite 10 %)**

Gewinn	Abschreibung	CAPEX	Owner's Earnings	%
1.000	300	300	1.000	10 %
1.000	300	150	1.150	11,5 %
1.000	300	450	850	8,5 %

Quelle: eigene Darstellung

Die Analyse der notwendigen Investitionen setzt Kenntnisse der Branche voraus. Auch können die Zahlen durch Umweltfaktoren beeinflusst werden. Wenn zum Beispiel Inflation vorliegt (Buffett und alle anderen Investoren hatten in den siebziger Jahren mit diesem Problem zu kämpfen) sind die Abschreibungen im Vergleich zu den notwendigen Investitionen niedriger, da die notwendigen Investitionen zu aktuellen Preisen getätigt werden, die Abschreibungen aber auf die Anschaffungskosten erfolgen.

Für Unternehmen mit einer langen und beständigen Unternehmensgeschichte wendet Warren Buffett eine einfache Faustregel an, um zu prüfen, ob das Management die einbehaltenen Gewinne sinnvoll eingesetzt hat: Jeder über einen Zeitraum von zehn Jahren einbehaltene Dollar (oder Euro) soll am Ende mindestens einen Dollar (Euro) Marktwert geschaffen haben. Dabei verwendet er die Owner's Earnings. Dieser Test ist natürlich nur in beständigen Branchen möglich, aber auf solche konzentriert sich Buffett auch bei seinen Entscheidungen.

Tab. 6.6: **Buffett-Test – die Verzinsung der einbehaltenen Gewinne**

1. Unternehmen	2. Einbehaltene Gewinne Σt_0 bis t_n	3. Zusätzlicher Marktwert $t_n - t_0$	4. Faktor = 3/2	Kommentar
BASF 1997–2006	14,2 Mrd. €	12,1 Mrd. €	0,85	Gerade noch akzeptabel
Bijou Brigitte	181,6 Mio. €	1.684,0 Mrd. €	9,27	Wertgenerator
Daimler-Chrysler, 1997–2006	23,7 Mrd. €	–26,6 Mrd. €	–0,99	Eindeutiger Wertvernichter
Deutsche Telekom, 1997–2006	–19,2 Mrd. €*	–2,6 €	Berechnung macht keinen Sinn, Zähler und Nenner negativ	Eindeutiger Wertvernichter
CTS Eventim, 2000–2006	51,2 Mio. €	429,0 Mio. €	8,37	Wertgenerator – allerdings: noch keine zehn Jahre!
Microsoft, 1997–2006	39,0 Mrd. $	53,0 Mrd. $	1,36	Wertgenerator
Salzgitter, 1998–2006	1,57 Mrd. €	3,61 Mrd. €	2,31	Wertgenerator

* In Summe über zehn Jahre Verlust aufgrund des höchsten Verlusts der deutschen Wirtschaftsgeschichte von 24, 6 Mrd. € im Jahr 2002.

Quelle: eigene Darstellung

Ein interessantes Beispiel ist der eigentümergeführte Konzertveranstalter und europäische Marktführer für den Vertrieb von Tickets über das Internet, CTS Eventim. Das Unternehmen behält Gewinne ein, schafft damit aber erheblichen zusätzlichen Börsenwert.

Abb. 6.3: **Kursverlauf der Aktie der CTS Eventim AG Feb. 2000 – Okt. 2006**

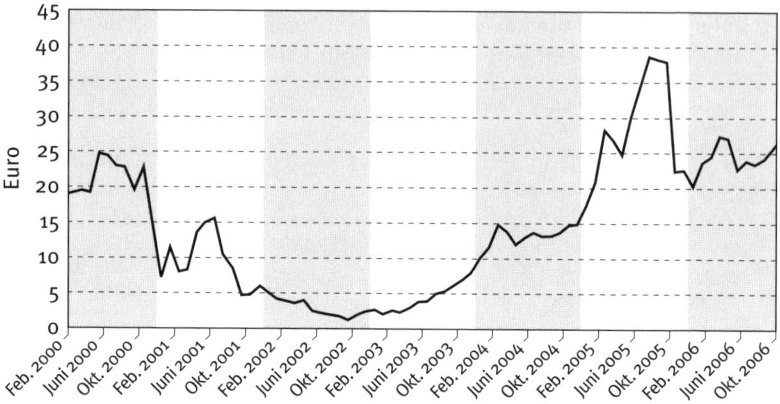

Quelle: Yahoo! Finance

Die Problematik zweistufiger Bewertungsmodelle

Das übliche Verfahren zur Bewertung von Wachstumsunternehmen sind zweistufige Bewertungsmodelle, bei denen über einen gewissen Zeitraum – meist fünf bis zehn Jahre – die Gewinne oder Cashflows prognostiziert werden und danach eine ewige Rente (mit oder ohne Wachstum) angesetzt wird.[20] Das in der Betriebswirtschaftslehre übliche und von vielen Analysten standardmäßig angewendete Verfahren wird von Value-Investoren nur mit der größten Vorsicht angewendet.

Nehmen Sie im einfachsten Fall zum Beispiel die Aktie von Nike. Im Spätsommer 2006 notierte die Aktie bei ca. 80 Dollar. Der geschätzte Gewinn je Aktie für das Geschäftsjahr 2007 lag bei 5,60 Dollar. Wenn wir ein Wachstum von zwölf Prozent für die nächsten zehn Jahre und danach eines von fünf Prozent sowie Kapitalkosten von zehn Prozent annehmen würden, wäre die Aktie 189,40 Dollar wert.

Würden unsere Annahmen stimmen, läge der Markt falsch und die Aktie wäre massiv unterbewertet. Wahrscheinlich liegen wir aber mit unseren Annahmen zu hoch, obwohl zwölf Prozent Gewinnwachstum nach nicht besonders viel klingt. Über einen Zeitraum von zehn Jahren ist es aber signifikant: Aus 5,60 Dollar Gewinn pro Aktie im Jahr 2007 würden 15,53 im Jahr 2016. Auch ein »ewiges Gewinnwachstum« von fünf Prozent ist schon eine hohe Schätzung. Bei zehn Prozent Wachstum in den ersten Jahren und einem ewigen Gewinnwachstum von vier Prozent wäre die Aktie 144,3 Dollar wert.

Tab. 6.7: **Zweistufiges Bewertungsmodell für Nike, Inc.**

Gewinne je Aktie (geschätzt)			**5,60 $**
Gewinnwachstum			**12 %**
Gewinnwachstum ewige Rente			**5 %**
Kapitalkosten			**10 %**
Jahr	**GpA**	**Abzinsungs-faktor**	**Barwert**
2007	5,60	1,10	5,09
2008	6,27	1,21	5,18
2009	7,02	1,33	5,28
2010	7,87	1,46	5,37
2011	8,81	1,61	5,47
2012	9,87	1,77	5,57
2013	11,05	1,95	5,67
2014	12,38	2,14	5,78
2015	13,87	2,36	5,88
2016	15,53	2,59	5,99
Summe der Jahre 1–10			**55,28**
Ewige Rente (17,39/0,05)/(1,10)10			**134,12**
Wert der Aktie ($)			**189,40**

Quelle: www.nike.com, eigene Berechnungen

Nun können Sie als Analyst sicher verschiedene Szenarien entwerfen, aber letztlich wissen Sie bei keinem Szenario, wie wahrscheinlich dieses ist. Gewinnprognosen, die über zwei bis drei Jahre in die Zukunft hinausgehen, sind letztlich unmöglich. Eine zweite Möglichkeit ist es, die Gewinn- und Verlustrechnung, Cashflow-Rechnung und Bilanz in die Zukunft zu prognostizieren und somit Ihre Prognose zu verfeinern.[21] Aber auch bei einem solchen verfeinerten Verfahren müssen Sie letztlich »schätzen«. Auch hier können Sie nicht wissen, ob die Gewinnmarge in fünf Jahren bei 12, 15 oder 20 Prozent liegt. Buffett beschränkt sich auf die einfachsten und stabilsten Franchises, weil er hier zumindest die Chance hat, in die Zukunft zu blicken. Zudem kann Buffett durch seinen Sitz in verschiedenen Aufsichtsräten darauf hinwirken, dass die Unternehmen sich »franchisegemäß« verhalten, das heißt, sich an den Gewinnen orientieren und nicht durch unnötige Preiskriege Gewinn verschenken. So half Buffetts Einfluss im Fall Coca-Cola sicherlich, die Margen zu stabilisieren und Coca-Cola-Pepsi-Kriege auf ein erträgliches Maß einzudämmen.[22]

Hyperdynamische Unternehmen

In den Jahren nach 1990 sind immer mehr hyperdynamische Unternehmen entstanden. Viele davon sind schon längst wieder auf der Müllhalde der Kapitalmärkte gelandet, aber erstaunlich viele haben überlebt, zum Beispiel die Internet-Schwergewichte, einige Biotech-Unternehmen, Dienstleistungsunternehmen und andere. In der globalisierten und vernetzten Welt breiten sich gute Geschäftsideen schneller aus.

Hyperdynamische Unternehmen müssen zweistufig oder sogar dreistufig geschätzt werden, denn nach der Phase des Hyperwachstums kommt normalerweise eine Phase langsameren Wachstums, oder – häufiger als angenommen – der freie Fall. Derartige Unternehmen werden häufig von Value-Investoren gemieden, nicht, weil es nicht sehr, sehr gute Unternehmen in dieser Kategorie geben könnte, sondern weil sie sehr schwer einzuschätzen sind. Buffet arbeitet nur mit einer Wachstumsrate – und auch das ist in der Praxis des Value-Investing schwer genug.

Tab. 6.8: **Entwicklung von eBay, Inc.**

eBay, Inc. - Entwicklung									
	1997	**1998**	**1999**	**2000**	**2001**	**2002**	**2003**	**2004**	**2005**
Umsatz	5,8	47,4	224,7	431,4	748,2	1.214,1	2.165,1	3.271,3	4.552,4
Betriebsergebnis	0,3	1,5	-3,3	34,9	140,4	354,2	629,2	1.059,2	1.441,7
Abschreibungen	0,1	4,3	20,7	38,1	86,6	84,3	164,4	303,0	452,0
Sachinvestition und Akquisitionen	0,8	8,9	94,0	49,8	169,0	148,0	581,6	301,4	352,8
Gewinn	0,9	7,2	9,6	48,4	90,4	249,9	441,8	778,2	1.082,0
Dividende	0,0	0,0	0,0	0,0	0,0	0,0	0,0	0,0	0,0

Quelle: www.ebay.com

Wenige Fondsmanager wie zum Beispiel Bill Miller von Legg Mason wagen sich in das Terrain der hyperdynamischen Unternehmen und bezeichnen sich dabei selber noch als Value-Investoren. Miller setzt auf Unternehmen mit starken Franchises und einem sehr hohen Cash Flow. Er war in den Jahren um 2005 auch stark in den Internetschwergewichten wie zum Beispiel **eBay** (ISIN: US2786421030), **Yahoo** (ISIN: US9843321061) und **Google** (ISIN: US38259P5089) engagiert, Unternehmen, die man getrost als »hyperdynamisch« bezeichnen konnte, wobei zumindest Yahoo! und eBay 2006 in eine normale Wachstumsphase überzugehen schienen. Diese Investitionspolitik bescherte Miller im zweiten Quartal des Jahres 2006 seit mehr als fünfzehn Jahren das erste Quartal, in dem er schlechter als der S&P 500 abschnitt.[23]

Abb. 6.4: **Entwicklung von eBay, Inc.**

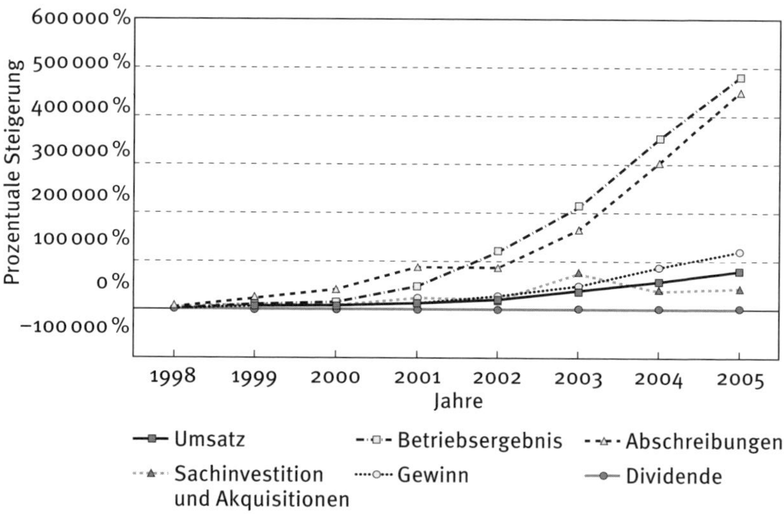

Quelle: www.ebay.com, eigene Darstellung

eBay, Inc. ist zweifelsohne ein solches hyperdynamisches Unternehmen: Der Umsatz stieg nach 1997 binnen acht Jahren von sechs Millionen Dollar auf viereinhalb Milliarden, der Gewinn von neunhunderttausend auf über eine Milliarde Dollar. Mit den Online-

Auktionen und dem Online-Bezahlsystem betreibt eBay zwei sehr solide Franchises.

Noch deutlicher wird die Entwicklung, wenn man das Jahr 1997 als Basis nimmt und die Entwicklung der einzelnen Größen in Prozent des Basisjahres angibt.

Betriebsergebnis und Abschreibungen sind um unglaubliche 480.000 Prozent bzw. 450.000 Prozent gewachsen, der Gewinn um 120.000 Prozent und der Umsatz um 77.000 Prozent. Aus der oben stehenden Tabelle lässt sich ein weiterer Zusammenhang erkennen: Am Anfang einer hyperdynamischen Wachstumsphase sind die Sachinvestitionen oftmals deutlich höher als die Abschreibungen, da ein Kapitalstock erst aufgebaut werden muss. Später gleicht sich dann das Verhältnis immer mehr an. In einem langsam wachsenden Unternehmen sollten die Sachinvestitionen nur noch leicht über den Abschreibungen liegen, in einem statischen oder nur noch mit dem Bruttosozialprodukt wachsenden diese sogar gleichen.

Abb. 6.5: **Die Dynamik von Wachstum, Sachinvestitionen und Abschreibungen**

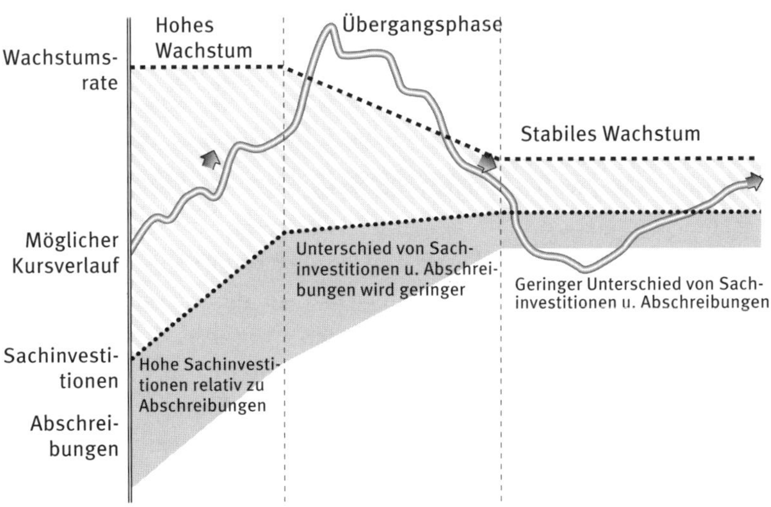

Quelle: Damodaran, S. 369, eigene Ergänzungen

Die Übergangsphase von dynamischem oder Hyperwachstum zum stabilen, organischen Wachstum ist oftmals eine Phase großer Unsicherheiten. Es lässt sich schwer prognostizieren, wie sich die verschiedenen Größen entwickeln werden. Das Unternehmen erfüllt die Erwartungen der Analysten nicht mehr.[24] Das Unternehmen findet sich in der rechten Hälfte des Momentum Life Cycle wieder. Gegen Ende der Hyperwachstumsphase reagiert der Kurs über. In der Übergangsphase reagiert der Kurs dann oftmals nach unten über. Erst, wenn sich ein stabiles Wachstum herausgebildet hat, sind oftmals wieder belastbare Prognosen möglich.

Seit Ende 2005 scheint sich eBay in der Übergangsphase zu befinden. Die Wachstumsraten im Kerngeschäft nehmen ab, obwohl viele andere Unternehmen immer noch froh über diese Wachstumsraten wären. Gleichzeitig hat sich die Dynamik der Branche verändert: Wo früher das Auktionsgeschäft ein unangreifbares Franchise zu sein schien, können nun viele kleine Online-Shops mit Hilfe von Google die Auktionsplattform umgehen und selber im Netz gefunden werden. Die einzelnen Internetschwergewichte rücken sich immer näher und kommen sich gelegentlich auch in einigen Geschäftsbereichen ins Gehege. Während E-Commerce also schnell weiterwächst, könnte sich die Wettbewerbsdynamik verschärfen und auf die Gewinne drücken. All das hat dazu geführt, dass der Aktienkurs von eBay von Herbst 2005 bis Herbst 2006 um 50 Prozent korrigiert hat.

Value-Investoren wollen nach Ben Graham »die Sicherheit des eingesetzten Kapitals und eine angemessene Rendite.« Bei Unternehmen in Hyperwachstumsphasen gibt es aber oft sehr wenig Sicherheit, da sie bestenfalls zwei bis drei Jahre in die Zukunft schauen können. Wenn sie aufgrund einer solchen Prognose, die nicht weit in die Zukunft reicht, ein Schnäppchen finden, ist dies eine Überlegung wert. Zumeist werden aber die schnell wachsenden Unternehmen viel zu teuer sein und langwierige Prognosen voraussetzen. Es ist daher verständlich, dass die meisten Value-Investoren einstufige Verfahren bevorzugen.

Bruce Greenwald: Die Renditeperspektiven von Wachstumsunternehmen

Für seine Einschätzung der Renditen von Wachstumsunternehmen bezieht sich Bruce Greenwald auf die Gordon-Gleichung: Aktionäre können auf verschiedene Weisen von Wachstumsunternehmen profitieren, durch ausgeschüttete Gewinne (Dividenden, Aktienrückkäufe), durch organisches Wachstum ohne große Investments (z. B. Preisanhebungen) und durch profitable neue Investitionen. Es ist sehr sinnvoll, sich mit Hilfe dieser relativ einfachen Gleichung einen ersten Eindruck zu verschaffen, in welcher Größenordnung die erwarteten Renditen liegen könnten.

Renditeerwartung nach Greenwald

Renditeerwartung = Dividendenrendite + (Rendite auf die mit den einbehaltenen Gewinnen getätigten Investitionen/Eigenkapitalkosten) * Prozentsatz der einbehaltenen Gewinne + organisches Wachstum + Option

Greenwald schlägt sieben Schritte vor, um die Renditeperspektiven von Wachstumsunternehmen mit einem einstufigen Verfahren zu bewerten:[25]

1. **Existenz und Stabilität des Franchise verifizieren:** Zunächst einmal muss eine Value-Analyse verifizieren, ob ein bestimmtes Unternehmen ein oder mehrere »Franchises« besitzt. Nur die Existenz eines Franchise rechtfertigt es, Wachstumsraten, die deutlich über den Wachstumsraten des Sozialprodukts liegen, in die Zukunft fortzuschreiben. Insbesondere sollte untersucht werden, ob Marktanteil und Preise stabil sind.[26]

2. **Gewinnrendite berechnen:** Durch die Gewinnrendite (Gewinne/Börsenkapitalisierung oder Gewinne pro Aktie durch Aktienkurs) kann der Aktionär berechnen, welche Rendite ihm sein Unternehmen erwirtschaftet, wenn er eine Aktie des Unternehmens erwirbt. Allerdings werden die Gewinne des Unternehmens zum Teil einbehalten und zum Teil ausgeschüttet. Es ist

daher notwendig, diese Komponenten einzeln zu analysieren. Bei American Express betrug das KGV im Sommer 2006 ungefähr 17,5; die Gewinnrendite demzufolge ca. sechs Prozent.

3. **Ausschüttungskomponente (Dividendenrendite):** Der Dividendenanteil an der Gewinnrendite zuzüglich des Anteils an Aktienrückkäufen (Gewinnrendite * Ausschüttungsquote) steht dem Aktionär direkt zu und fließt direkt in das Renditekalkül ein. Wenn zum Beispiel American Express im Sommer 2005 eine Gewinnrendite von sechs Prozent erwirtschaftet und zwei Drittel davon ausschüttet, hat der Aktionär schon einmal eine Rendite von vier Prozent.

4. **Wachstumskomponente (Einbehaltene Gewinne):** Die nicht ausgeschütteten Gewinne werden in weiteres Wachstum über das organische Wachstum hinaus investiert. In einer rein vergangenheitsbezogenen Betrachtungsweise könnte man den Prozentsatz der einbehaltenen Gewinne (1 – a) mit der Eigenkapitalrendite oder der Gewinnrendite multiplizieren. Dies wird aber der Realität meistens nicht gerecht.

Richtiger ist es, die *erwartete Rendite auf die reinvestierten Gewinne* zu bestimmen. Diese Rendite wird durch die Kapitalkosten geteilt und mit der Einbehaltquote multipliziert. Hierzu müssen belastbare Daten vorliegen, denn im Zahlenwerk der Unternehmen wird nicht zwischen Renditen auf den bestehenden Kapitalstock und Renditen auf neue Investitionen unterschieden. Deswegen können die Unternehmen ja die Kapitalmärkte oft lange mit »Wachstumsinitiativen« blenden.

Greenwald multipliziert also die Komponente der einbehaltenen Gewinne (in unserem Fall zwei Prozent) mit dem Quotienten aus der Rendite auf die neuen Investitionen und der Eigenkapitalrendite. Wenn zum Beispiel American Express Kapitalkosten von 12 Prozent und auf die einbehaltenen Gewinne die hohe Rendite von durchschnittlich 24 Prozent erzielt (man kann ohne große Risiken bei einer dem Unternehmen bekannten Kundschaft viele Kreditmöglichkeiten ausbeuten), würde man die einbehaltenen Gewinne von zwei

Prozent mit dem Faktor zwei multiplizieren, im Fall von American Express wären das also vier Prozent.[27]

5. **Organisches Wachstum ohne große Investitionen:** In den Abschreibungen sind Erhaltungs- und Ersatzinvestitionen enthalten (vorausgesetzt, sie werden auch am Markt verdient). Solches Wachstum kann zum Beispiel durch Preissteigerungen erfolgen oder durch Umsatzwachstum auf bestehenden Flächen in Handelsunternehmen. Im Idealfall würde sich nur der Kapitalumschlag erhöhen, sodass keine höhere Kapitalbindung erforderlich wäre. Organisches Wachstum findet immer dann statt, wenn neue Märkte mit der bestehenden Infrastruktur bedient werden können oder die bestehende Infrastruktur effizienter genutzt werden kann. Das Unternehmen könnte seine gesamten Gewinne als Dividende an die Aktionäre ausschütten. Hierbei kann in einem ersten Schritt von der Wachstumsrate des Bruttosozialprodukts oder der entsprechenden Branche ausgegangen werden. Im Fall von American Express sieht Greenwald ein organisches Wachstum von 7,5 Prozent, da sich die Branche der Finanzdienstleistungen schneller als das Bruttosozialprodukt entwickelt und American Express wiederum eines der besten Unternehmen der Branche ist.

6. Als letzte Komponente fügt Greenwald in seine Renditeformel noch eine *Option* ein. Das Unternehmen kann ggf. neben den oben beschriebenen, mehr oder weniger berechenbaren Wachstumskomponenten noch Chancen wahrnehmen, die sich ihm bieten. Hiervon würde dann der Aktionär zusätzlich profitieren.

7. Die so berechneten Renditen werden mit den *Gewinnrenditen des Gesamtmarkts* verglichen, um zu bewerten, ob es sich um ein attraktives Investment handelt. Hierfür stellt Greenwald zwei Schätzmethoden vor, die für das Jahr 2006 für den US-Markt die folgenden Ergebnisse geliefert hätten:

(1) Gewinnrendite des Gesamtmarkts =
(1 / KGV) + Inflationsrate = 6 % + 2 % = 8 %

Gleichung eins liegt die Überlegung zugrunde, dass der Unternehmenssektor insgesamt nur in Höhe der erwirtschafteten Rendite wachsen kann (Du-Pont-System). Hinzu wird noch die Inflationskomponente addiert, um zur nominalen Renditeerwartung zu kommen.

(2) Dividendenrendite des Gesamtmarkts +
Wachstumsrate des BSP = 2,5 % + 4,7 % = 7,5%

Gleichung zwei entspricht der Gordon-Gleichung. Auch hier wird die Rendite in zwei Komponenten aufgeteilt: die Dividendenkomponente und die Wachstumskomponente. In der Wachstumskomponente ist die Inflation implizit schon enthalten, sodass diese nicht mehr hinzuaddiert werden muss.

Renditeerwartung American Express

Renditeerwartung American Express =
4 % (Dividende) + 4 % Wachstumskomponente + 7,5 % (organisches Wachstum) +/– versteckte Optionen

Mit einer Renditeerwartung von 15,5 % und eventuellen versteckten Optionen liegt American Express damit weit über der Renditeerwartung für den Gesamtmarkt. Für Greenwald wäre Amex ein klarer Kauf.

Weitere Beispiele

Microsoft war das klassische Wachstumsunternehmen der neunziger Jahre. An der Existenz eines Franchise kann – zumindest in den Kerngeschäftsfeldern – kein Zweifel bestehen.[28]

Bei Microsoft betrug die Gewinnrendite im Jahr 2005 zum Beispiel.

12 Mrd. (Bilanzgewinn) / 270 Mrd. $ (Börsenkapitalisierung) =
4,4 %.

Diese Gewinnrendite entspricht der Eigenkapitalrendite im Du-Pont-System, nur wird in diesem Fall das Investment des Aktionärs betrachtet. Das Unternehmen kann die Gewinnrendite zur Dividendenausschüttung und zur Reinvestition in das Unternehmen nutzen.

Im Jahr 2006 lag die Gewinnrendite von Microsoft (Gewinne / Marktkapitalisierung) bei ca. 4,4 Prozent, die Dividendenrendite bei ca. 1,4 Prozent.

Die Reinvestment-Komponente ist bei Microsoft schwer zu berechnen. Seit 1997 hat das Unternehmen 38 Milliarden Dollar an Gewinnen einbehalten, in den neuen Geschäftsbereichen aber einen kumulierten Verlust von mindestens zehn Milliarden Dollar produziert. Ohne komplizierte Investitionsrechnungen lässt sich diese Komponente nicht genauer bestimmen. Wir können aber getrost von einer negativen Rendite von 20 Prozent auf die einbehaltenen Gewinne und damit bei Kapitalkosten von zehn Prozent von einem negativen Faktor von zwei ausgehen. Die Reinvestment-Komponente liegt damit bei minus sechs Prozent.

In der Vergangenheit wies Microsoft ein langfristiges Gewinnwachstum von 15,47 Prozent auf (s. Kapitel 5). Wir können davon ausgehen, dass das Kerngeschäft von Microsoft auch weiterhin weit über der Wachstumsrate des Bruttosozialprodukts wächst, wenn auch nicht mehr so stark wie in der Vergangenheit. Voraussetzung hierfür ist, dass das Franchise Bestand hat. Gehen wir von zwölf Prozent aus. Dieses Wachstum ist ohne größeren Kapitaleinsatz zu realisieren, da es in den Kerngeschäftsfeldern Windows, Office und Serversoftware stattfindet und diese weitgehend »skalierbar« sind.[29]

In der Microsoft-Aktie verbirgt sich allerdings eine Option, deren Wert schwer abzuschätzen ist: Sollte der harte Kampf um Marktanteile im Spielkonsolen-Markt enden, weil vielleicht einer der drei verbliebenen Anbieter ausscheidet und die anderen beiden sich arrangieren, könnte hier gutes Geld verdient werden. Dann würde der Reinvestment-Return steigen und Microsoft könnte auch mehr Geld ausschütten. Im besten Fall könnte die Rendite wohl um drei bis fünf Prozent steigen.

Renditeerwartung von Microsoft =

12 % (organisches Wachstum) + 1,4 % Dividendenrendite – 6 % Reinvestment Return + Option

Die bisherige Renditeerwartung beträgt also 7,4 Prozent – das ist etwas weniger als die Rendite des Gesamtmarkts. Mit der Greenwald-Formel kämen wir zu ähnlichen Ergebnissen wie zuvor mit unseren einfachen (statischen) Ertragsbewertungen. Microsoft war im Sommer 2006 leicht überbewertet.

Pfizer hatte im Sommer 2006 ein KGV von ca. 18 und wies damit eine Gewinnrendite von 5,5 Prozent auf. Die Dividendenrendite betrug 3,6 Prozent. Aufgrund seiner Größe und Marktmacht sowie seiner patentgeschützten Medikamente können wir bei Pfizer zunächst einmal von einem Franchise ausgehen, obwohl das sicher genauer analysiert werden müsste. Der Reinvestment-Return bei Pfizer dürfte derzeit in etwa bei den Kapitalkosten liegen, denn es sind sehr hohe Investitionen notwendig, um neue Medikamente auf den Markt zu bringen. Zudem scheint der Grenznutzen der Forschung abzunehmen. Das Pfizer-Management geht zwar davon aus, dass man die Effizienz des Prozesses gesteigert hat, aber der Beweis steht noch aus. Die Wachstumskomponente dürfte also bei ca. 1,9 Prozent liegen (Einbehaltquote x 1). Das organische Wachstum dürfte etwas höher liegen als die Wachstumsrate des Bruttosozialprodukts von vier Prozent, da der Gesundheitssektor schneller wächst. Nehmen wir hierfür sechs Prozent an.

Renditeerwartung von Pfizer =

6 % (organisches Wachstum) + 3,6 % Dividendenrendite + 1,9 % Reinvestment Return + Option = 11,5 % + Option

Nach dieser Rechnung war Pfizer im Sommer 2006 ein ordentliches Investment. Und tatsächlich: Viele Value-Fonds engagierten sich in dem Wert.

1 Kindleberger (1996).
2 MacKay (1967)
3 S. Kapitel 2.
4 Fisher, Philip: Die Profi-Investment-Strategie. Mit Philip A. Fishers Anlage-Regeln zum Erfolg. Rosenheim 1999.
5 Lynch, Peter: Beating the Street. New York 1994; Lynch, Peter: One Up On Wall Street. New York 1990.
6 S. Kapitel 5.
7 Simon, Hermann / Bilstein, Frank / Luby, Frank: Der gewinnorientierte Manager. Abschied vom Marktanteilsdenken. Frankfurt a. M. 2006.
8 Welch, Jack: Was zählt. Die Autobiographie des besten Managers der Welt. München 2001.
9 Drucker, Peter: The Effective Executive. New York 1967.
10 Collins, Jim: Good to Great. Why Some Companies Make the Leap and Others Don't. New York 2001; Collins, Jim: Built to Last. Successful Habits of Visionary Companies. New York 1994.
11 S. Kapitel 5.
12 www.controllingportal.de/Fachinfo/Grundlagen/Kennzahlensysteme.html
13 S. Kapitel 5.
14 Graham (2003), S. 25; siehe auch Gordon-Formel.
15 Buffett (2001), S. 166 ff.
16 Ebd., S. 167.
17 Ebd., S. 168.
18 Ebd.
19 Ebd., S. 168–169.
20 S. Anhang 1.
21 Das Verfahren geht auf John Burr Williams zurück: Williams, John B.: The Theory of Investment Value. Amsterdam 1964, S. 55–97.
22 Greenwald (2005).
23 Miller, Bill: Fund Commentary. Online unter: www.leggmason.com/funds/knowledge/management/2006MillerCommentaryQ2.pdf#search=%22bill%20miller%22
24 S. Kap. 2, Momentum-Lebenszyklus-Modell; Shleifer (2000), S. 112.
25 Greenwald, Bruce: Case Studies: Adidas and Infineon. Vortrag auf der Value-Intelligence-Konferenz der Bayerischen Landesbank im Juli 2006, unveröffentlichtes Manuskript.
26 S. Kapitel 5, Beispiel Microsoft.
27 Gedanklich steht hier der Quotient aus zwei ewigen Renten. Wenn ich zwei Prozent einbehaltene Gewinne mit einer Rendite von zwölf Prozent reinvestiere und Kapitalkosten von zwölf Prozent habe, habe ich weder Wert geschaffen noch vernichtet. Ich würde also bei zwei Prozent Renditeerwartung bleiben. Sobald die Renditen auf die reinvestierten Gewinne höher sind als die Kapitalkosten, wird Wert über die einbehaltenen Gewinne hinaus geschaffen, sobald diese niedriger sind, vernichtet.
28 S. Kapitel 5.
29 Als »skalierbar« werden Geschäftsmodelle dann bezeichnet, wenn sich Umsatz und Gewinne ohne große Schwierigkeiten ausdehnen lassen.

»Wir machen Stahl. ...Und wir machen nicht alle Moden der Finanzmärkte mit.«

Dr. Heinz Jörg Fuhrmann,
Finanzvorstand der Salzgitter AG
auf einer Veranstaltung der
Norddeutschen Landesbank im November 2002

Das Prinzip konsensbasierten Ausgleichs legitimer Interessen von Stakeholdern dem ausschliesslichen Diktat zumeist sehr kurzfristig ausgerichteter Chancenwahrnehmung zu opfern, halte ich für grundfalsch. Zumal es sich – nicht nur am Beispiel der Salzgitter AG – erwiesen hat, dass Unternehmen, die sich an langfristigen Zielen und Werten orientieren, am Ende erfolgreicher sind.

... und im Interview mit »Der Privatinvestor«, 4.3.2005

7. Fallstudie Salzgitter AG

Betrachtungsjahr 2003, Stichtag der Suche: 30.05.2003

Im Jahr 1998 gliederte die damalige Preussag AG ihre »langweiligen« Stahl-Aktivitäten aus und brachte diese zu einem Emissionskurs von 11,76 Euro an die Börse. 2006 befanden sich 64,8 Prozent der Aktien im Streubesitz. Die Preussag AG wollte sich auf ihre wachstumsstarken und zukunftsträchtigen Geschäftsfelder in den Bereichen Logistik- und Tourismus konzentrieren und firmierte in TUI AG um.

Die Unternehmensgeschichte geht bis auf das Jahr 1858 zurück, als die »Aktiengesellschaft Ilseder Hütte« mit Sitz in Peine, Königreich Hannover, zum Zweck der Erzeugung von Roheisen aus den im Raum zwischen Hannover und Magdeburg festgestellten Eisenerzvorkommen gegründet wurde. Aktionäre sind überwiegend Grundbesitzer und Kaufleute der Region. Bis 1977 betrieb das Unternehmen Erzbergbau. Im Jahr 1880 kaufte man die Aktiengesellschaft Peiner Walzwerk, wo auch ein Stahlwerk entstand. In diesen Gründerjahren expandierte der Konzern rasch. Von 1921 bis 1969 betrieb das Unternehmen auch einen Kohlebergbau.

Im Jahr 1982 wurde die Roheisenerzeugung am Standort Salzgitter konzentriert und das Hochofenwerk in Groß Ilsede stillgelegt. 1989 erwarb die Preussag AG den Salzgitter-Konzern, die Stahlwerke Peine-Salzgitter AG wurden zur Preussag Stahl AG. 1998 verkaufte die Preussag Stahl AG ihre 99-prozentige Beteiligung an Salzgitter an das Land Niedersachsen und die Norddeutsche Landesbank. Niedersachsen und die Norddeutsche Landesbank platzierten den überwiegenden Anteil der Aktien an der Börse.

Im Jahr 2000 gelang Salzgitter ein Coup: Nachdem der Mannesmann-Konzern von Vodafone übernommen und aufgeteilt wurde, konnte die Salzgitter AG 99 Prozent der Aktien der Mannesmannröhren-Werke AG, Mülheim/Ruhr, erwerben. Das über 100 Jahre alte Unternehmen war ein Weltmarktführer bei der Herstellung nahtloser Stahlrohre nach Erfindungen der Brüder Mannesmann.

Durch ein konsequentes und gutes Management sowie die weltweit anziehende Stahlkonjunktur und die Konjunktur bei Röhren entwickelte sich der Konzern in den ersten Jahren des neuen Jahrtausends prächtig. Vom Jahr 2000 bis zum Jahr 2005 stieg der Umsatz um mehr als 100 Prozent, das Ergebnis der gewöhnlichen Geschäftstätigkeit um mehr als 800 Prozent. An der Börse avancierte Salzgitter von einem ungeliebten, langweiligen Unternehmen zum Star. Von der Emission bis zum Jahr 2006 versiebenfachte sich der Aktienkurs.

Im Jahr 2006 verkaufte die Salzgitter AG ihre 17,5-prozentige Beteiligung an dem französischen Röhrenhersteller **Vallourec S.A.** (ISIN FR0000120354) vollständig. Damit hatte das Unternehmen eine Kriegskasse von 2,3 Milliarden Euro und wollte nach den Worten seines Vorstandschefs Leese ein weiteres Geschäftsfeld aufbauen, um die Abhängigkeit des Unternehmens von der Stahlkonjunktur von 75 Prozent auf 50 Prozent zu verringern.

Markt, Unternehmen und Geschäftsbereiche

Insgesamt bestand die Salzgitter AG aus fünf Geschäftsbereichen, wobei Stahl und Röhren sowie in einem gewissen Umfang der Handel die tragenden Säulen des Konzerns waren.

Tab. 7.1: **Salzgitter AG: Konzernstruktur und Eckdaten des Geschäftsjahres 2003**

	Stahl	Röhren	Handel	Verarbeitung	Dienstleistungen
Außenumsatz*	1,4	0,9	2,0	0,2	0,2
Mitarbeiter	7.041	4.284	1.827	1.045	3.513
Konsolidierter Außenumsatz: 4,8 Milliarden €, Zahl der Mitarbeiter: 17.825 * Mrd. €					

Quelle: www.salzgitter.de

Im Jahr 2003 produzierte die Salzgitter AG 8,2 Millionen Tonnen Rohstahl. Das Handelsvolumen betrug 4,5 Millionen Tonnen. Damit war die Salzgitter AG ein mittlerer Akteur auf einem zersplitterten Markt, auf dem es prinzipiell einen freien Zugang und wenige Markteintrittsbarrieren gibt. Bei einer Rohstahlproduktion von fast 964 Millionen Tonnen weltweit war Salzgitter für knapp ein Prozent der Produktion verantwortlich. Damit lag die Salzgitter AG immer noch auf Platz 20 der Stahlhersteller in der Welt und auf Platz sechs in Europa.

Abb. 7.1: **Weltrohstahlproduktion**

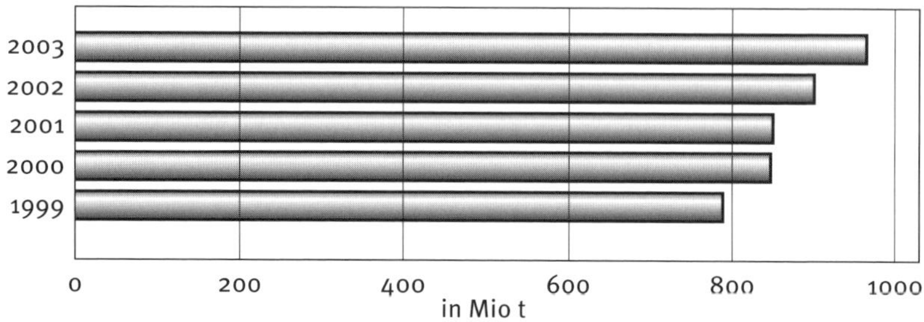

Quelle: International Iron & Steel Institute

2003 stiegen Stahlverwendung und Rohstahlproduktion auf neue Rekordhöhen, obwohl die allgemeine konjunkturelle Situation aufgrund der Anschläge vom 11. September 2001 und der Folgen sehr durchwachsen war. Der Zuwachs entfiel fast vollständig auf China, während die Produktion in den westlichen Industrieländern stagnierte.

Bis zum Sommer 2003 erreichte die Stahlnachfrage in der EU ihren Tiefpunkt, was eine Drosselung der Produktion zur Folge hatte. In der zweiten Jahreshälfte zogen die Stahlaufträge wieder an. Die Rohstahlproduktion in Deutschland und in der EU erreichte annähernd die Mengen des Vorjahres. Allerdings fiel die Stahlverwendung in der EU, die bereits im Jahr 2002 zurückging, 2003 abermals um knapp zwei Prozent niedriger aus. Dafür zog der Export, insbesondere nach Asien, an.

Die europäische Stahlrohrindustrie erreichte später im Jahr 2003 die Talsohle ihrer negativen Entwicklung. Unsicherheiten im Zusammenhang mit dem Irakkonflikt führten zu einem Aufschieben großer Energieerschließungs- und -transportprojekte bis weit in die zweite Jahreshälfte. Auch die Abwertung des US-Dollar gegenüber dem Euro wirkte sich negativ auf die auf Dollar-Basis angebotenen Projektgeschäfte aus. Im Bereich Öl und Gas erholte sich das Geschäft in der zweiten Jahreshälfte, da die Energiekonzerne wieder größere Projekte vergaben.

Bei der Stahlrohrproduktion war die Salzgitter AG 2003 einer von vier führenden Herstellern in der westlichen Welt und ein großer Akteur. Von »Marktführerschaft« kann aber auch in diesem Bereich nur in einzelnen Nischen die Rede sein.

Abb. 7.2: **Weltstahlproduktion**

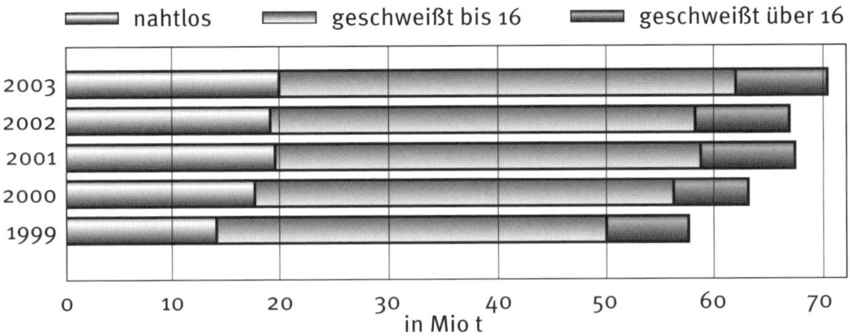

Quelle: Wirtschaftsvereinigung Stahlrohre

Insgesamt stieg die Weltstahlrohrproduktion 2003 gegenüber dem Vorjahr um vier Prozent auf 70 Millionen Tonnen, wobei sich allerdings Schwerpunktverschiebungen ergaben. Nach China verbuchten die GUS-Staaten die größten Zuwächse, wohingegen maßgebliche Länder der westlichen Welt Einbußen hinnehmen mussten.

Suchstrategie und Bewertungsmetriken

Anfang Juni 2003 erfüllte die Aktie der Salzgitter AG gleich mehrere der in Kapitel drei aufgelisteten Suchkriterien. Wenn Sie sich dann unemotional auf die Suche gemacht hätten, wären Sie mit einer gewissen Wahrscheinlichkeit auf das Unternehmen gestoßen. Allerdings gehörte eine große Portion Erfahrung dazu, 2003 unemotional auf die Suche zu gehen. Am 20. März hatten die USA den zweiten Irak-Krieg begonnen, der DAX war zehn Tage zuvor bis auf 2.300 Punkte gefallen, nachdem er noch im Jahr 2000 fast die 8.000-Punkte-Marke erreicht hatte. Der NEMAX war kollabiert. Mit anderen

Worten: Im Jahr 2003 suchten nur noch die hartgesottensten Value-Investoren überhaupt.

Kriterium 1: Wenig begehrenswert und obskur. Stahl war in den neunziger Jahren und auch 2003 definitiv nicht »sexy«. Diese Jahre waren die Jahre des Technologiebooms und des anschließenden Katers gewesen. Deswegen war aber die »Old Economy« noch lange nicht begehrenswert. Auch die Aktien von Blue Chips und anderen etablierten Unternehmen waren durch das Platzen der Technologieblase, die Anschläge vom 11. September und den Irak-Krieg in Mitleidenschaft gezogen worden.

Kriterium 2: Spin-off. Die Salzgitter AG entstand aus dem Spin-off der Stahlaktivitäten der Preussag AG, die zur TUI AG umfirmierte. Bis zum Jahr 2000 entwickelte sich die Aktie der TUI AG tatsächlich besser, der Spin-off und die »Konzentration auf wachstumsstarke Märkte« hatten die Fantasie der Kapitalmärkte angeregt. Bis Ende des Jahres 2002 verlief die Kursentwicklung beider Unternehmen in etwa parallel – nämlich abwärts. Das zeigt auch, dass ein Spin-off nicht den sofortigen Erfolg garantiert. Kommen Sie in die falsche Marktphase, müssen Sie viel Geduld mitbringen.

Kriterium 3: Kursverfall. Am 30.05.2005 notierte die Aktie der Salzgitter AG bei 7,00 Euro – ein Kursverfall von über 40 Prozent in fünf Jahren. Nach De Bondt und Thaler wäre das eine Einladung, sich die Aktie genauer anzuschauen.[3]

Kriterium 4: Bewertungsmetriken. Zum 01.07.2003 betrug der Kurs der Aktie der Salzgitter AG 6,65 Euro. Bei 62,4 Millionen Aktien betrug die Marktkapitalisierung der Salzgitter AG 413 Millionen Euro, wobei die Marktkapitalisierung des Free Floats durch die von der Hannoverschen Beteiligungsgesellschaft gehaltenen Anteile noch darunterlag. Das bilanzielle Eigenkapital betrug 997 Millionen Euro, der Umsatz im Halbjahr 2,5 Milliarden Euro, der Halbjahresgewinn 9,1 Millionen Euro, der Mittelzufluss aus laufender Geschäftstätigkeit 97,5 Millionen Euro. Allerdings wurde auch in Höhe von 87,1 Millionen Euro investiert. Verdoppelt man in einer ersten einfachen Rechnung Umsatz, Gewinn und Cashflow, um auf das Jahr hochzurechnen, kommt man auf die folgenden Zahlen:

Tab. 7.2: **Bewertung der Salzgitter AG zur Jahresmitte 2003**[4]

Metrik	KBV	KUV	KCV	K/FCF*	KGV
Kennzahl	0,41	0,08	1,9	20,65	22,9

* CF – SI

Quelle: eigene Berechnungen

Nach den Metriken Kurs-Buchwert-Verhältnis, Kurs-Umsatz-Verhältnis und Kurs-Cashflow-Verhältnis wäre die Salzgitter AG zur Jahresmitte 2006 durchaus billig gewesen, nicht aber gemessen am Verhältnis des Kurses zum freien Cashflow oder am Kurs-Gewinn-Verhältnis. Obwohl also die Suchstrategie sehr ermutigende Signale liefert, kommen wir um eine tiefere Analyse nicht herum.

Sie hätten natürlich auch einfach im Vertrauen auf das extrem niedrige Kurs-Buchwert-Verhältnis und darauf, dass das Unternehmen insgesamt überleben wird, kaufen können. Kurs-Buchwert-Strategien sind oft sehr erfolgreich.[5] Aber auch hier würde Ihnen eine begleitende Analyse der Ertragssituation, die durchaus zu empfehlen ist, mehr Sicherheit geben.

Anzuwendende Methoden

Die Salzgitter AG hat kein Franchise, das sie ausbeuten kann – bestenfalls in einigen Teilbereichen. Damit lässt sich ein Wachstum, das über das Wachstum des Bruttosozialprodukts oder das langfristige Wachstum der Branche hinausgeht, nicht begründen. Andererseits verfügt das Unternehmen über ein gutes Management und einige starke Bereiche. Solange man davon ausgeht, dass die Stahlproduktion und -verarbeitung in Deutschland noch eine Zukunft hat, sollte auch der Bestand der Salzgitter AG als Going Concern gesichert sein. Als Bewertungsmethoden bleiben damit der *Wiederbeschaffungswert des Vermögens* und der *Ertragswert auf Basis normalisierter Erträge.*

Bewertung der Substanz

Zum 30.06.2003 sah die Bilanz der Salzgitter AG wie folgt aus:

Tab. 7.3: **Bilanz der Salzgitter AG zum 30.06.2003, in Mio. €**

Anlagevermögen		**Eigenkapital**	
Immaterielle Vermögenswerte	–192		**997**
Sachanlagen	1.499		
Finanzanlagen	128	**Anteile fremder**	
Assoziierte Unternehmen	501	**Gesellschafter**	**25**
	1.936		
		Rückstellungen	
Umlaufvermögen			**1.868**
Vorräte	912		
Forderungen	924	**Verbindlichkeiten**	
Finanzmittel und Wertpapiere	93		**990**
	1.944		
Bilanzsumme	**3.880**		**3.880**

Quelle: www.salzgitter.de

Das bilanzielle Eigenkapital lag bei 997 Millionen Euro, das Kurs-Buchwert-Verhältnis damit bei 0,41 (sehr billig). Wenn Sie also alleine aufgrund des Kurs-Buchwert-Verhältnisses gekauft hätten, hätten Sie billig eingekauft. Nun kann die Bilanz allerdings gerade bei einem traditionsreichen Industriekonzern mit vielen Beteiligungen einige Überraschungen beinhalten.

Im Fall der Salzgitter AG ist die größte Anpassung bei den Produktionsanlagen notwendig. Zu den Vermögenswerten der Salzgitter AG zählten 2003 ein:

- Integriertes Hüttenwerk mit zwei Hochöfen
- Technologie für Kostenführerschaft bei Roheisen und Rohstahl
- Modernes und kosteneffektives Mini-Stahlwerk
- Schnellster Elektro-Ofen der Welt
- Zwei der weltweit modernsten und leistungsstärksten Walzstraßen
- Wasservergütungsanlagen
- Beteiligungen an mehreren Röhrenproduktionsgesellschaften
- Handelsniederlassungen auf der ganzen Welt
- Viele andere Aktiva.

Insgesamt wurde der Wiederbeschaffungswert des Anlagevermögens auf sechs Milliarden Euro geschätzt, was einen Faktor von 400 Prozent des Buchwerts ausmacht. Interviews mit dem Management bestätigten diese Schätzung.[6] Auch ein Vergleich mit einer etwas anders gelagerten Branche ist hilfreich: Der Bau einer einzigen Erdölraffinerie ist mit ungefähr fünf Milliarden Euro anzusetzen.

Nach diesen Schätzungen betrug der Abschlag zum inneren Wert bei Salzgitter bis zu 91 Prozent, wenn man die Aktie zu 6,67 Euro kaufte. Allerdings ist hierzu zu sagen, dass die große Position der Pensionsrückstellungen nicht weiter analysiert wurde. Unter Umständen decken die Rückstellungen die Pensionslasten nicht, sodass weitere Abschläge vom Nettovermögen gemacht werden müssten.

Dennoch ergibt sich für ein Investment in Salzgitter zum Sommer 2003 eine phänomenale Sicherheitsmarge von 92,35 Prozent, die auch potenzielle versteckte Risiken bei den Pensionslasten als absolut beherrschbar erscheinen lässt.

Tab. 7.4: **Angepasste Vermögenswerte der Salzgitter AG zum 30.06.2003 (Mio. €)**

Anlagevermögen			**Faktor**	
Immaterielle Vermögenswerte	−192		0 %	0
Sachanlagen	1.499		400 %	5.996
Finanzanlagen	128		100 %	128
Assoziierte Unternehmen	501		100 %	501
	1.936			
Umlaufvermögen				
Vorräte	912		80 %	730
Forderungen	924		95 %	878
Finanzmittel und Wertpapiere	93		100 %	93
	1.944			
Bilanzsumme	**3.880**	**Wert des Vermögens**		**8.325**
		abzügl. Verbindlichkeiten		**−2.883**
		Nettowert des Vermögens		**5.442**
		Aktienanzahl (Mio.)		**62,4**
		Fairer Substanzwert pro Aktie		**87,22**
		Kurs am 01.07.2003		**6,67**
		Abschlag vom inneren Wert		**92,35 %**

Quellen: www.salzgitter.de, eigene Berechnungen

Bewertung des Ertrags

Zur Bewertung der Substanz sollte sich eine Bewertung des Ertrags hinzugesellen, damit mehr Sicherheit über die Zukunft des Unternehmens gewonnen werden kann. Im Jahr 2003 betrug der Jahresüberschuss der Salzgitter AG gerade einmal 29 Millionen Euro – nicht viel für ein Unternehmen mit über 17.000 Mitarbeitern und 4,8 Milliarden Euro Umsatz.

Das Betriebsergebnis war mit 80 Millionen Euro zwar etwas besser, aber auch nicht berauschend. Insgesamt entsprach dieses Ergebnis einer Nettomarge von 0,59 Prozent oder einer Betriebsergebnismarge von 1,66 Prozent. Eigentlich lohnt es sich nicht, dafür im Geschäft zu sein.

Wenn wir den Ertragswert der ewigen Rente mit dem Ausgangspunkt des Betriebsergebnisses von 29 Millionen Euro berechnen, müssen wir zunächst einmal die Kapitalkosten bestimmen. Hierzu bieten sich zwei Methoden an a) Buffetts Praktiker-Methode (durchschnittliche Zinssätze für langfristige Anleihen) und b) die Ermittlung der gewichteten durchschnittlichen Kapitalkosten.[7]

a) Kapitalkosten nach Buffett: Die Umlaufrendite der Anleihen belief sich 2003 auf ca. vier Prozent, längerfristig auf ca. 4,5 Prozent. Buffett würde diese Kapitalkosten ansetzen.

b) WACC: In der Bilanz befinden sich ca. ein Viertel Eigenkapital (Kosten ca. zehn Prozent) und drei Viertel Fremdkapital (Kosten ca. vier Prozent). Der Steuersatz in Deutschland beträgt ca. 38 Prozent. Rechnen wird die gewichteten durchschnittlichen Kapitalkosten nach Steuern aus (WACC = 10 * 0,25 +4 * (1 – 0,38) * 0,75 = 4,36 %), kommen wir auf einen ähnlichen Wert wie bei Buffetts Praktiker-Methode.

Bei 4,5 Prozent Zinsen betrüge dann der Wert des Salzgitter-Konzerns basierend auf einer ewigen Rente von 29 Millionen Euro:

$$V = 29 / 0{,}045 = 644 \text{ Mio. €}$$

Tab. 7.5: Ertragsdaten der Salzgitter AG, 1998–2003

Jahr	1998 in Mrd. €	1999 in Mrd. €	2000 in Mrd. €	2001 in Mrd. €	2002 in Mrd. €	2003 in Mrd. €
Umsatz	**3,194**	**2,697**	**3,291**	**4,593**	**4,741**	**4,842**
Bestandsveränderungen	0,051	-0,035	0,067	0,056	0,007	-0,036
korrigierter Umsatz	3,245	2,662	3,359	4,649	4,749	4,806
sonst. betr. Erträge	0,063	0,082	0,124	0,195	0,230	0,195
Materialaufwand	2,132	1,642	2,191	3,085	3,111	3,139
Personalaufwand	0,552	0,565	0,582	0,843	0,940	0,935
Abschreibungen	0,111	0,108	0,174	0,210	0,217	0,248
sonst. betr. Aufwand	0,346	0,357	0,398	0,545	0,627	0,598
Betriebsergebnis	**0,169**	**0,072**	**0,138**	**0,161**	**0,083**	**0,080**
Beteiligungsergebnis	0,006	0,005	0,015	0,003	0,006	0,004
Ergebnis assoz. Unternehmen	-0,028	-0,028	-0,042	0,084	0,084	0,049
Abschr. Finanzanl.	0,000	0,000	0,000	0,000	0,002	0,001
Zinsergebnis	0,000	0,000	0,000	-0,087	-0,096	-0,090
Ergebnis gew. Geschäftstätigkeit	**0,147**	**0,050**	**0,097**	**0,160**	**0,075**	**0,043**
Steuern	0,071	0,024	0,027	0,016	0,007	0,014
Konzernjahresüberschuss	**0,076**	**0,026**	**0,070**	**0,144**	**0,069**	**0,029**

Quelle: www.salgitter .de

Tab. 7.6: **Ertragsdaten der Salzgitter AG in % des Umsatzes, 1998–2003**

Jahr	1998 in Mrd. €	1999 in Mrd. €	2000 in Mrd. €	2001 in Mrd. €	2002 in Mrd. €	2003 in Mrd. €
Umsatz	**3,194**	**2,697**	**3,291**	**4,593**	**4,741**	**4,842**
sonst. betr. Erträge	2,0%	3,0%	3,8%	4,2%	4,8%	4,0%
Materialaufwand	66,7%	60,9%	66,6%	67,2%	65,6%	64,8%
Personalaufwand	17,3%	20,9%	17,7%	18,4%	4,6%	19,3%
Abschreibungen	3,5%	4,0%	5,3%	4,6%	0,217	5,1%
sonst. betr. Aufwand	10,8%	13,2%	12,1%	11,9%	13,2%	12,4%
Betriebsergebnis	**5,3%**	**2,7%**	**4,2%**	**3,5%**	**1,8%**	**1,7%**
Beteiligungsergebnis	0,2%	0,2%	0,5%	0,1%	0,1%	0,1%
Ergebnis assoz. Unternehmen	-0,9%	-1,0%	-1,3%	1,8%	1,8%	1,0%
Abschr. Finanzanl.	0,0%	0,0%	0,0%	0,0%	0,0%	0,0%
Zinsergebnis	0,000	0,000	0,000	-0,087	-0,096	-0,090
Ergebnis gew. Geschäftstätigkeit	**4,6%**	**1,8%**	**3,0%**	**3,5%**	**1,6%**	**0,9%**
Steuern	2,2%	0,9%	0,8%	0,3%	0,1%	0,3%
Konzernjahresüberschuss	**2,4%**	**1,0%**	**2,1%**	**3,1%**	**1,5%**	**0,6%**

Quelle: www.salgitter.de

Bei einer Marktbewertung von 413 Millionen Euro ist das schon einmal eine Sicherheitsmarge von 35 Prozent.[8] Die Bewertung des Ertrags würde also das Ergebnis der Bewertung des Vermögens stützen.

Dennoch steht die Ertragsbewertung im krassen Missverhältnis zur Bewertung der Substanz. Diese Diskrepanz und das sehr niedrige Kurs-Buchwert-Verhältnis sowie der hohe Wiederbeschaffungswert des Vermögens laden dazu ein, sich die Zahlen der Gewinn- und Verlustrechnung genauer vorzunehmen. Vielleicht sind die Gewinne atypisch niedrig, weil sich die Salzgitter AG auf der Talsohle eines Branchenzyklus befindet. Wenn wir höhere durchschnittliche oder normalisierte Gewinne ansetzen können (Grahams »Average Future Conditions«) wäre auch nach dem Ertragswertverfahren eine höhere Bewertung gerechtfertigt.

Normalisierungen und Berichtigung des Geschäftszyklus sowie außerordentlicher Vorfälle

Analysieren wir verschiedene Größen der Gewinn-und Verlustrechnung als Prozentsatz des Umsatzes, so finden sich keine Auffälligkeiten. Der Materialaufwand sinkt im betrachteten Zeitraum von 66,7 Prozent auf 64,8 Prozent, der Personalaufwand steigt von 17,3 Prozent auf 19,3 Prozent. Die Abschreibungen steigen von 3,5 Prozent auf 5,1 Prozent des Umsatzes, was immerhin einem Anstieg von ca. 50 Prozent entspricht. Dies könnte ein Hinweis auf eine konservative Bilanzpolitik des Unternehmens sein. Die Nettomarge schwankt zwischen 0,6 und 2,4 Prozent. Insgesamt gibt es in dem Zeitraum von 1998 bis 2003 keine Anzeichen für besondere Geschäftsvorfälle oder größere strukturelle Veränderungen.

Erste Normalisierung: durchschnittlicher Konzernjahresüberschuss. Der durchschnittliche Konzernjahresüberschuss der Jahre 1998 bis 2003 betrug 74 Millionen. Allein wenn man diesen durchschnittlichen Überschuss ansetzt, erhält man einen Wert der ewigen Rente von 1,6 Milliarden Euro:

V = 74 / 0,045 = 1.644

Die Sicherheitsmarge steigt auf satte 75 Prozent.

Zweite Normalisierung: durchschnittliche Nettomargen. Es ist ebenfalls hilfreich, eine normalisierte Nettomarge für den Stahlsektor insgesamt zu berechnen. Wenn ein Unternehmen dauerhaft unterdurchschnittliche Margen liefert, wird es wahrscheinlich irgendwann übernommen und ein besseres Management liefert zumindest durchschnittliche Margen.

Tab. 7.7: **Nettomargen verschiedener Stahlkonzerne, 1998–2003**[9]

Jahr	1998	1999	2000	2001	2002	2003
Salzgitter	2,367	0,953	2,131	3,142	1,452	0,590
Arcelor	3,060	-1,307	4,824	-1,050	-0,758	0,991
Acerinox	4,400	8,700	14,700	4,700	7,000	4,300
US Steel	5,620	0,804	-0,342	-3,420	0,865	-5,064
Nippon Steel	0,399	0,410	0,945	-1,085	-1,892	1,435

Quellen: www.aktien-analyse.de, eigene Berechnungen

Teilen wir die Margen für fünf Stahlunternehmen aus sieben Jahren durch die Anzahl der Beobachtungspunkte, erhalten wir eine normalisierte Marge von 2,36 Prozent. Bezogen auf einen Unternehmensumsatz von 4,842 Milliarden Euro im Jahr würde diese Marge einem Gewinn von 114,2 Millionen Euro entsprechen. Nun betrüge der Wert der ewigen Rente bereits 2,5 Milliarden Euro

V = 114,2 / 0,045 = 2,538

Dritte Normalisierung: durchschnittliche Stahl- und Eisenerzpreise. Alternativ zur recht einfachen zweiten Normalisierung könnte man auch tiefer in das Geschäft der Salzgitter AG einsteigen und mit durchschnittlichen Stahl- und Eisenerzpreisen rechnen. Im Jahr

2003 erzeugte die Salzgitter AG ungefähr 8,2 Millionen Tonnen Rohstahl.[10] Die Stahlpreise waren Mitte 2003 bereits seit einiger Zeit leicht angestiegen. Der sprunghafte Anstieg erfolgte allerdings erst Ende des Jahres, nach dem hier berechneten Einstiegszeitpunkt.[11] Aus den Mengen und den normalisierten Preisen der Rohstoffe sowie der Endprodukte ließe sich dann eine neue Marge berechnen. Damit wiederum könnten normalisierte Gewinne berechnet werden.

Ergebnis

Im Jahr 2003 war die Aktie der Salzgitter AG sowohl nach Substanzwert als auch nach normalisierten Ertragswertkriterien ein klarer Kauf. Die Sicherheitsmargen und Abschläge vom inneren Wert betrugen – je nach Betrachtung – bis zu mehr als 80 Prozent.

Getreu nach Martin Whitmans Diktum ist allerdings irgendetwas an jedem Investment falsch.[12] Im Fall der Salzgitter AG waren das die Pensionsrückstellungen, die fast 50 Prozent der Bilanzsumme ausmachten und zu denen sich das Unternehmen nur sehr spärlich äußerte. Hier lagen (und liegen) erhebliche Risiken verborgen.

Wann verkaufen?

Wenn Sie die Salzgitter AG im Jahr 2003 analysiert hätten, hätten Sie an einer traumhaften Kursentwicklung partizipieren und eine Wertsteigerung von über 900 Prozent auf Ihr Investment erreichen können.

Die Frage ist allerdings: Wann würde der Value-Investor aussteigen? Ein Kennzeichen des Value-Investing ist ein disziplinierter Verkaufsprozess. Der Value-Investor wird normalerweise deutlich vor dem Punkt verkaufen, zu dem der Aktienkurs in eine Übertreibungsphase mündet und seinen Höhepunkt erreicht.[13]

Abb. 7.3: **Kursverlauf der Aktie der Salzgitter AG Nov. 1996 – Nov. 2006**

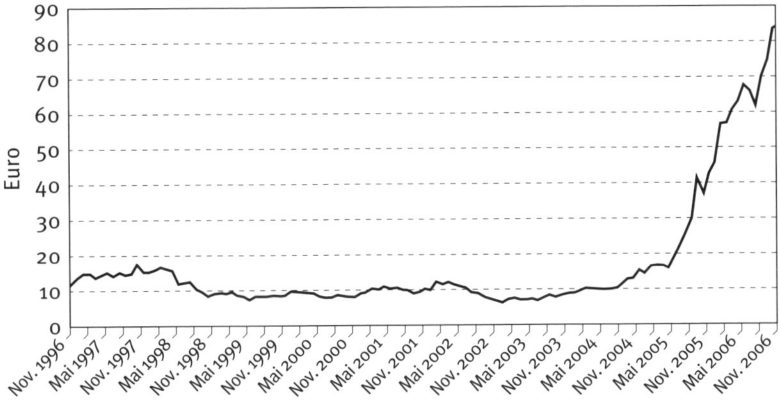

Quelle: www.salzgitter.de

Unternehmenswerte sind bewegliche Ziele. Viele Größen und Kennzahlen befinden sich in permanenter Veränderung. Wie sieht dies konkret bei der Salzgitter AG aus?

Tab. 7.8: **Bewertungskennzahlen der Salzgitter AG, 1998–2005**[14]

Jahr	1998	1999	2000	2001	2002	2003	2004	2005
Kurs-Gewinn-Verhältnis	12,38	24,28	7,40	4,55	8,44	16,43	2,86	2,06
Kurs-Umsatz-Verhältnis	0,29	0,23	0,16	0,14	0,12	0,10	0,12	0,24
Kurs-Cashflow-Verhältnis	12,89	3,51	4,56	5,61	22,67	2,10	2,00	3,71
Kurs-Buchwert-Verhältnis	1,47	0,97	0,57	0,60	0,57	0,48	0,62	0,87
Dividendenrendite (%)	3,44	6,89	4,38	2,58	4,46	4,18	2,17	1,43

Quelle: eigene Berechnungen

Das Kurs-Gewinn-Verhältnis sank durch die Explosion der Gewinne im Konzern trotz des gleichzeitigen Kursanstiegs nach 2003 auf extrem niedrige Zahlen. (Ähnliches gilt für das Kurs-Cashflow-Verhältnis.) Das Kurs-Umsatz-Verhältnis erreichte wieder in etwa das Niveau von 1998 bis 1999. Das Kurs-Buchwert-Verhältnis näherte sich 2005 wieder dem Wert von 1. Die Tatsache, dass Kurs-Buchwert- und Kurs-Umsatz-Verhältnis im Jahr 2005 normale Maße annahmen, wäre ein erster Indikator für einen Verkauf.

Die obigen Zahlen sind mit den Durchschnittskursen der jeweiligen Jahre gerechnet. Im Jahr 2005 begann die explosionsartige Entwicklung des Aktienkurses, der in diesem Jahr von ca. 14 Euro auf 45 Euro und damit über 200 Prozent stieg. Gegen Ende des Jahres lag damit das KGV bei 3,4, das KUV bei 0,4 und das KBV bei 1,4. Diese Werte sind dann im historischen Vergleich durchaus als hoch zu bewerten. Ab Mitte 2005 würde ein Value-Investor sehr ernsthaft über den Verkauf der Aktie nachdenken, dem Management für seine gute Arbeit danken und darauf warten, dass der Markt wieder einmal nach unten übertreibt. Der Value-Investor hätte also vielleicht bei 30, 35 oder 40 Euro verkauft und die gesamte Kursentwicklung bis 70 Euro im Jahr 2006 nicht mehr mitgemacht.

Ausnahmen davon wären durch eine sehr detaillierte Analyse der Stahlbranche gerechtfertigt, wenn mit hoher Sicherheit prognostiziert werden könnte, dass die Stahlpreise weiter steigen, die Erzpreise und sonstigen Kosten jedoch nicht in demselben Umfang.

Am 7.8.2006 gab die Salzgitter AG bekannt, dass sie ihren 17-prozentigen Anteil am Röhrenhersteller Vallourec SA veräußert habe.[15] Vorstandschef Wolfgang Leese äußerte gegenüber der *Financial Times Deutschland*, dass man neben dem Stahl- und Röhrensegment ein neues Geschäftsfeld aufbauen wolle, um die Abhängigkeit von der zyklischen Stahlkonjunktur zu verringern. »Heute sind 75 Prozent unserer Aktivitäten direkt vom Stahlzyklus abhängig.... Künftig sollen es nur noch 50 Prozent sein.« Das neue Geschäft würde dann 25 Prozent des Geschäfts des Gesamtkonzerns ausmachen. Für den Aufbau habe man eine Kriegskasse von insgesamt 2,3 Milliarden Euro.

Spätestens dies würden wohl die meisten Value-Investoren als Ausstiegssignal werten. Es sieht so aus, als ob zuerst das Geld da ist und dann eine Anlagemöglichkeit gesucht wird. Natürlich kennen wir nicht die wirklichen Pläne und Strategien des Managements, aber ein Schnäppchenkauf wie der der Mannesmannröhren-Werke im Jahr 2000 scheint nicht in Sicht.

Zwar hat das Management des Salzgitter-Konzerns in der Vergangenheit hervorragende Arbeit geleistet. Es ist gut möglich, dass der Aufbau des dritten Geschäftsbereichs gelingt. Dann wäre aber die Aktie der Salzgitter AG bei einer Abschwächung der zyklischen Konjunktur in den anderen beiden Bereichen bestenfalls fair bewertet. Neue Geschäftsbereiche sind – auch bei einem guten Management – immer mit mehr Risiko verbunden. Da gleichzeitig das weitere Wertsteigerungspotenzial kurz- und mittelfristig begrenzt ist, ist Grahams Grundvoraussetzung des Value Investing – Sicherheit des eingesetzten Kapitals bei einer angemessenen Rendite – nicht mehr gegeben.

---

1 www.salzgitter-ag.de/gb/2003/de/ch2/ch2_1/ch2_1_1/

2 Ebd.

3 s. Kap. 3

4 www.salzgitter-ag.de/de/content/investor/finanzberichte/archiv/2003/SzQ22003_d.pdf

5 S. Kapitel 3.

6 Interview mit Dr. Heinz-Jörg Fuhrmann, Finanzvorstand der Salzgitter AG. In: Der Privatinvestor, www.privatinvestor.de, 05.03.2005, S. 3–4.

7 S. Anhang 2.

8 Siehe Kapitel 5.

9 www.aktien-analyse.de

10 Unternehmenspräsentation der Salzgitter AG, 2003.

11 www.destatis.de/presse/deutsch/pm2004/p2230052.htm; www.ihk-koeln.de/Navigation/Standortpolitik/Wirtschaftspolitik/Anlagen/Praesentation_Dr._Buechner.pdf#search=%22preisentwicklung%20stahl%20langfristig%22

12 S. Kapitel 1.

13 Siehe Kapitel 3.

14 Die Kennzahlen weichen leicht von den anderen in dieser Fallstudie verwendeten Zahlen ab, da hier mit durchschnittlichen Jahreskursen gerechnet wurde.

15 www.salzgitter-ag.de/de/content/investor/infocenter_downloads/ad_hoc/archiv/2006/SZAG%20ad%20hoc%20Vallourec%20Verkauf%20d.pdf

8. Fallstudie Bijou Brigitte modische Accessoires AG

Betrachtungsjahr 2003, Stichtag der Suche: 31.11.2003

Im Jahr 1963 gründete der Hamburger Handelsvertreter und Kaufmann Friedrich Werner in seinem Wohnzimmer die Einzelfirma »Friedrich Werner Im- und Export« als Import- und Handelsunternehmen für Modeschmuck. 2006 leitete Werner das Unternehmen als Vorsitzender des Vorstands, 50,1 Prozent des Kapitals befinden sich weiterhin in den Händen der Familie Werner, Sohn Roland Werner ist mittlerweile ebenfalls im Vorstand des Unternehmens tätig.

Bijou Brigitte ist der »Modeschmuck-Aldi«.[1] Wahrscheinlich haben auch Sie schon einmal eine Filiale gesehen. Das Unternehmen verkauft trendige, aber kostengünstig hergestellte Artikel (Snobs würden einige der Produkte vielleicht sogar als »Ramsch« bezeichnen, was aber einen Value-Investor überhaupt nicht abschreckt): Ketten, Ohrringe, Gürtel, Haarschmuck, Armschmuck, Broschen, Ringe, Körperschmuck, Echtsilberschmuck, die Designer-Produktlinie »Senso di Donna«, Edelstein- und Bernsteinkollektionen, Mineralien und Fossilien, Kinderschmuck, Tücher, Handtaschen, Uhren, Sonnenbrillen, Herrenaccessoires, Mützen und Schals. Das Sortiment umfasst insgesamt ca. 9.000 Artikel. Die Zielgruppe besteht aus modebewussten, überwiegend weiblichen Kunden, die bezüglich Alter und Einkommensniveau nicht eingrenzbar sind. Ende 2003 betrieb Bijou Brigitte 571 Filialen in Deutschland, Österreich, den Niederlanden, Spanien, Polen, Portugal und Italien. Die Internationalen Tochtergesellschaften sind 100-prozentige Beteiligungen, die

Ladenlokale befinden sich ausnahmslos in gemieteten Räumlichkeiten mit einer Regelmietvertragsdauer von zehn Jahren zuzüglich einer Option auf weitere fünf bis zehn Jahre.

Bereits 1965 wurde eine maschinelle Eigenfabrikation und eine bundesweite Außendienstorganisation zur Händlerbetreuung aufgebaut. 1971 erhielt das Unternehmen seinen jetzigen Namen »Bijou Brigitte Inh. Friedrich Werner«, war allerdings weiter eine Personengesellschaft. Sechs Jahre später wurde mit dem Aufbau eines eigenen Filialsystems begonnen. 1987 wurde das Unternehmen in die »Bijou Brigitte modische Accessoires Aktiengesellschaft« umgewandelt, das Filialnetz auf mehr als 50 Ladengeschäfte erweitert. In Hamburg-Poppenbüttel entstand ein neues Produktions-, Lager- und Versandgebäude.

Zum 25. Firmenjubiläum am 8. Juli 1988 erfolgte die Börseneinführung in den geregelten Markt an der Hanseatischen Wertpapierbörse. Das Unternehmen führte Computer ein. Ein Jahr später wurden die ersten Auslandsfilialen in Österreich und den Niederlanden eröffnet, das Unternehmen betrieb mittlerweile 100 Filialen. Die Aktie wurde an der Wertpapierbörse Frankfurt am Main gelistet.

Werner verlagerte aus Kostengründen 1993 die gesamte Produktion ins Ausland und gründete ein Handelsbüro in Hongkong. 1994 wurden in den Filialen Computerkassen installiert. 1996 übernahm Werner den Modeschmuckwettbewerber »rubin GmbH« mit bundesweit 40 Filialen. Die Produktpalette wuchs. Ab 1998 werden die Filialen automatisch beliefert. 1999 wagte das Unternehmen den Schritt nach Spanien und Polen. Im Jahr 2000 begann mit der 300. Filiale die Expansion nach Ungarn. 2002 befand sich bereits ein Drittel aller Filialen im Ausland. Portugal und Italien kamen als neue Märkte hinzu.

Suchstrategie und Bewertungsmetriken

Ende 2003 befand sich das Unternehmen in einer Phase der raschen Expansion. Der Aktienkurs der Bijou Brigitte hatte zu diesem Zeitpunkt bereits eine fulminante Entwicklung hinter sich. Vom seinem Tief im November 1996 von umgerechnet 2,37 Euro war der Kurs bereits auf 34,95 Euro am 27.11.2003 gestiegen – das ist ein Kursanstieg von 1.465 Prozent. Dennoch hätte Bijou Brigitte in verschiedenen Suchstrategien auffallen können.

1. *»Obskur oder nicht wünschenswert« (Greenwald):* Obwohl die Filialpräsenz des Unternehmens bereits beträchtlich war, war das Unternehmen am Kapitalmarkt unbekannt und fiel damit in die Kategorie *»obskur«*. Das hing vielleicht damit zusammen, dass der Gründer-Unternehmer Werner seine ganze Energie dem Geschäft widmete und sich nicht weiter um Public und Investor-Relations kümmerte. Noch heute sind die Geschäftsberichte des Unternehmens von einer spartanischen Einfachheit. Buffett hätte seine helle Freude daran.

Tab. 8.1: **Bewertungskennzahlen Bijou-Brigitte von 1997–2003**

Jahr	1997	1998	1999	2000	2001	2002	2003
Kurs-Gewinn-Verhältnis	11,58	5,83	5,76	7,24	7,27	7,14	7,21
Kurs-Umsatz-Verhältnis	0,45	0,52	0,69	0,88	0,90	0,81	1,42
Kurs-Cash-flow-Verhältnis		4,95	5,24	6,08	6,74	5,93	6,14
Kurs-Buch-wert-Verhältnis	1,73	1,74	2,08	2,38	2,75	2,11	3,25
Dividenden-rendite (%)	8,00	8,97	7,94	5,36	6,68	5,82	3,00

Quelle: eigene Berechnungen

2. Damit zusammen hängt der *»Kleinfirmeneffekt«:* Obwohl die Filialpräsenz des Unternehmens bereits beträchtlich war, betrug die Marktkapitalisierung des Unternehmens bei einem Kurs von 34,95 Euro Ende November 2003 gerade mal 283 Millionen Euro. Das

Unternehmen war damit für die allermeisten Fonds uninteressant, da diese keine nennenswerten Positionen in Bijou Brigitte aufbauen konnten, ohne sofort den Kurs nach oben zu treiben. In einigen Börsenbriefen tauchte Bijou Brigitte bereits als Empfehlung auf.

3. »Billig«: das Unternehmen war 2003 zumindest nach den Ertragsmetriken billig: Das KGV betrug 7,2, die Dividendenrendite immerhin 3 Prozent.[2] Allerdings waren Kurs-Umsatz-Verhältnis und Kurs-Buchwert-Verhältnis schon deutlich angestiegen. Diese Schere kann nur durch eine stark gestiegene Kapitalrendite und stark gestiegene Nettomargen erklärt werden.

Tab. 8.2: **Margen und Renditen (in %)**[4]

Jahr	1997	1998	1999	2000	2001	2002	2003
Betriebsergebnismarge	7,42	12,41	521,48	19,40	19,14	17,37	29,73
Nettomarge	3,85	8,89	12,04	12,12	12,40	11,30	19,77
Eigenkapitalrendite	14,91	29,79	36,21	32,95	37,82	29,58	45,07
Gesamtkapitalrendite	7,94	16,68	23,70	22,49	24,78	20,84	33,12

Quelle: eigene Berechnungen

4. Hervorragende Margen und Kapitalrenditen: Und tatsächlich setzten die Margen und Kapitalrenditen bei Bijou Brigitte im Betrachtungszeitraum zu einem unvergleichlichen Höhenflug an. Bereits im Jahr 1997 lag die Nettomarge bei für ein Einzelhandelsunternehmen sehr hohen 3,85 Prozent. Bis 2003 stieg sie auf sagenhafte 19,77 Prozent, die Eigenkapitalrendite auf 45 Prozent und die Gesamtkapitalrendite auf 33 Prozent. Hohe Kapitalrenditen können für sich genommen ebenfalls eine Suchstrategie sein.[3]

Das Phänomen der steigenden Margen zeigt, dass das Unternehmen irgendetwas richtig machen muss: Es wird nicht nur größer, sondern auch immer besser. Der geringe Unterschied zwischen Eigen- und Gesamtkapitalrendite weist zudem darauf hin, dass Bijou Brigitte kaum verschuldet ist und das Wachstum weitestgehend aus dem eigenen Cashflow finanziert hat, was ebenfalls ungewöhnlich für ein Handelsunternehmen ist.

Wie fantastisch das Unternehmen dasteht, lässt sich im Vergleich mit einigen ausgewählten Handelsunternehmen zeigen. KarstadtQuelle hatte im Beobachtungszeitraum 1997 bis 2003 Nettomargen um ein Prozent, Bijou Brigitte durchschnittlich über zehn Prozent – das ist das Zehnfache – also 900 Prozent mehr als bei KarstadtQuelle. 2003 schoss die Nettomarge bei Bijou Brigitte dann sogar auf fast 20 Prozent.

KarstadtQuelle ist für den Handel eher typisch als untypisch, bei Baumärkten sieht es ähnlich, bei der Metro AG nur leicht besser aus. Am vergleichbarsten sind vielleicht die Konzept-Läden von Benetton, aber auch dieses Unternehmen bleibt deutlich unter den Margen von Bijou Brigitte.

Tab. 8.3: **Nettomargen im Handel**[5]

Jahr	1997	1998	1999	2000	2001	2002	2003
Bijou Brigitte	3,9	8,9	12,0	12,1	12,4	11,3	19,8
Benetton Group	8,0	7,6	8,4	9,9	7,1	-0,5	5,8
Karstadt	0,7	1,1	1,4	1,6	1,5	1,0	0,7

Quellen: www.aktien-analyse.de, eigene Berechnungen

5. *»Buffett-Unternehmen«:* Bijou Brigitte wäre ein Unternehmen ganz nach dem Geschmack Warren Buffetts. Allerdings kann sich Warren Buffett nicht an Bijou Brigitte beteiligen, da das Unternehmen auch 2006 bei 1,6 Milliarden Euro Marktkapitalisierung schlicht zu klein für ihn ist. Nur wenn die Familie Werner ihm ihren Anteil von 50,01 Prozent komplett verkaufen würde, wäre ein Einstieg für Buffett sinnvoll.

Tab. 8.4: **Bijou Brigitte im Buffett-Test**[6]

Kategorie	Buffett-Kriterium	Erfüllung
Geschäftsmodell und Strategie	Ist das Geschäft sehr einfach zu verstehen?	☑ Ein einfacheres Geschäftsmodell gibt es kaum: günstiger Modeschmuck wird im Ausland produziert und in gemieteten Filialen verkauft.
	Hat das Unternehmen eine beständige Unternehmens- und Finanzgeschichte?	☑ Seit über 40 Jahren leitet Friedrich Werner, der das Unternehmen von null aufgebaut hat, Bijou Brigitte. Der Nachfolger kommt aus der Familie.
	Hat das Unternehmen gute langfristige Aussichten?	☑ Durch seine mittlerweile erreichte Größe kann Bijou Brigitte sehr kostengünstig arbeiten, Konkurrenz ist in Europa nicht in Sicht.
Managementqualität	Agiert das Management rational im Sinne der Eigentümer?	☑ Das Management ist in diesem Unternehmen noch Eigentümer. Bislang deutet alles darauf hin, dass das Management sehr wertorientiert gearbeitet hat.
	Ist das Management offen mit seinen Aktionären?	☑ Die Geschäftsberichte des Unternehmens sind dünn – und enthalten gerade deswegen das Wesentliche, ohne es hinter viel Zahlen und Worten zu verstecken.
	Widersetzt sich das Management dem institutionellen Imperativ? (Ausdehnung der Geschäftsaktivitäten auf weniger profitable Bereiche, um zu wachsen.)	☑ Werner ist – genau wie die Aldi-Brüder – für seine extreme Knauserigkeit bekannt. Bijou Brigitte betreibt genau einen Geschäftsbereich. Neue Auslandsmärkte sind innerhalb kürzester Zeit profitabel.

Finanzkriterien	Hohe Eigenkapitalrendite	☑ Hervorragend und steigend.
	Hohe Gewinnmargen	☑ Hervorragend und steigend.
	Schafft jeder vom Gewinn einbehaltene Euro mindestens einen Euro Aktionärswert?	1996 bis 2006: Faktor 9,27: Es wurde ein extrem hoher Wert für die Aktionäre geschaffen.*
	Wie sehen die Owner's Earnings aus? Wachsen diese mindestens im Gleichklang mit den Gewinnen?	Berechnung später.
Wertermittlung	Was ist der Wert des Unternehmens?	Berechnung später.
	Kann es mit einem deutlichen Abschlag zum inneren Wert erworben werden?	Berechnung später.
* S. Kapitel 5		

Quelle: eigene Darstellung

Anzuwendende Methoden

Ende 2003 betrug die Bilanzsumme des Unternehmens 98,4 Millionen Euro, der Börsenwert bereits ca. 330 Millionen Euro. In der Bilanz des Handelsunternehmens Bijou Brigitte kann sich kaum unterbewertete Substanz verstecken: Alle Filialen sind angemietet[7] und die Produktion ist ausgelagert.[8] Damit besteht der Substanzwert zu Wiederbeschaffungskosten aus dem laufenden Lagerbestand, der Firmenzentrale und der EDV-Ausstattung. Bei dieser Situation dürfte der Substanzwert zu Wiederbeschaffungskosten deutlich unter dem Börsenwert liegen, eine Schätzung des Wiederbeschaffungswerts dürfte weniger hilfreich sein als eine Schätzung des Ertrags.

Somit wäre als Basisschätzung ein *Ertragswert* anzusetzen, der ggf. normalisiert werden muss. In einem zweiten Schritt ist zu überprüfen, ob für die Wertermittlung *Gewinnwachstumsraten* angesetzt werden können, die deutlich über denen des Bruttosozialprodukts liegen und eine höhere Bewertung rechtfertigen.

Bewertung des Ertrags

Wenn ein Ertragswert anzusetzen ist, der deutlich über dem Wert des Vermögens liegt, ist zunächst zu prüfen, ob ein Franchise im Sinne von Buffett vorliegt. Nur wenn das Unternehmen dauerhafte Wettbewerbsvorteile besitzt, ist ein Ertragswert, der deutlich über dem Substanzwert (zu Wiederbeschaffungskosten) liegt, gerechtfertigt.

1. Besteht ein Franchise? Bei Microsoft haben wir uns dieser Frage über den Marktanteil genähert und gefragt, ob dieser stabil ist. Das war – trotz aller Kritik an den Produkten von Microsoft – in den Kernbereichen der Fall. Zudem wies das Unternehmen auch stabile Margen auf. Wir konnten also bei Microsoft davon ausgehen, dass ein Franchise vorliegt.

Bei Bijou Brigitte ist das Thema Marktanteil nicht so einfach zu beantworten. Das Unternehmen hat eine völlig neue Kategorie und damit einen neuen Markt geschaffen, der mit dem Unternehmen expandierte (genauso wie Aldi den Discount-Markt erst geschaffen hat). Insofern können wir davon ausgehen, dass ein Franchise vorliegt. Bei Aldi dauerte es Jahrzehnte, bis ein Lidl heranwuchs. Selbst wenn es bei Bijou Brigitte schneller gehen wird, dürfen wir doch von einem recht dauerhaften Franchise ausgehen.

2. Nomalisierung des Ertrags: Dieser Punkt entfällt weitgehend, da das Geschäft von Bijou Brigitte recht konjunkturunabhängig ist. Zudem ist das Unternehmen in den letzten zehn Jahren jedes Jahr gewachsen; da kann man kein Jahr als »normal« ansehen. Am ehesten wäre noch der Gewinn des aktuellen Jahres als »normaler Gewinn« anzusetzen. Im Jahr 2003 wären dies 34,4 Millionen Euro gewesen. Bei Kapitalkosten von 4,5 Prozent wäre Bijou Brigitte demzufolge mit

$$V = 72 / 0{,}045 = 764 \text{ Mio. €}$$

zu bewerten. Diese Zahl überschreitet den Marktwert von 234,9 Millionen Euro, den Bijou Brigitte Ende 2003 erreichte, um mehr als das Dreifache. Anders ausgedrückt: Die Sicherheitsmarge betrug 200 Prozent. Die Aktie war Ende 2003 ein klarer Kauf.

Es wäre zu überlegen, was Bijou Brigitte bei durchschnittlichen Ergebnismargen wert wäre. Ein Vergleich des Unternehmens mit einigen Wettbewerbern zeigt die außerordentliche Qualität des Unternehmens. Mit einer Marge von annähernd 20 Prozent im Jahr war das Unternehmen um 50 Prozent besser als der nächstbeste Wettbewerber und um annähernd 2.700 Prozent besser als Karstadt.

Zwischen 1997 – als Bijou noch annähernd handelstypische Margen hatte – und 2003 wuchs die Nettomarge, als ob jemand den Turbobeschleuniger angeschaltet hätte. Zusammen mit dem gleichzeitigen rapiden Umsatzwachstum ist so die enorme Schaffung von Aktionärswert zu erklären.

Über die Gründe lassen sich verschiedene Vermutungen anstellen: Am wahrscheinlichsten ist, dass das strikte Kostenbewusstsein des Eigentümers und Größenvorteile (z. B. im Einkauf und der EDV) den Prozess getrieben haben. (Seit 2003 sind die Margen übrigens weiter gewachsen und betrugen 2005 im Einzelhandel ansonsten unerreichte 25 Prozent.)

Nun ist keine Entwicklung dauerhaft. Auch bei Bijou Brigitte werden über kurz oder lang die Margen zurückgehen. Dies kann aus verschiedenen Gründen passieren:

- Das Kostenbewusstsein des Managements lässt nach.
- Die Verbrauchergewohnheiten ändern sich.
- Wettbewerber entdecken den Markt und versuchen verstärkt, hineinzudrängen.

Von diesen drei Punkten erscheint mir der zunehmende Wettbewerb als der wahrscheinlichste, wobei Bijou Brigitte über starke Wettbewerbsvorteile nach Greenwald verfügt: Kostenvorteile auf der Angebotsseite (Einkauf, Kostenbewusstsein, Verzicht auf Werbung), gekoppelt mit Kundengewohnheiten.[9]

Dennoch könnte ein großer Einzelhandelskonzern sich von den traumhaften Margen des Unternehmens angezogen fühlen und zum Beispiel Filialen in die Nähe der Bijou Brigitte-Filialen setzen. Auch McDonald's und Burger King oder Aldi und Lidl sind ja oft Seite an Seite zu finden. Irgendwann dürfte so etwas auch bei Bijou Brigitte auf die Margen drücken.

Ein möglicher Wettbewerber ist **Claire's Stores** (ISIN: US1795842061) in den USA. Das Unternehmen hat ein ähnliches Konzept und betreibt bereits einige Filialen in Europa. Insgesamt ist Claire's Stores mit nahezu 3.000 Filialen im Jahr 2005 deutlich größer als Bijou Brigitte. Nun ist Größe oft nicht mit Qualität gleichzusetzen, aber hier hat Bijou Brigitte langfristig doch einen ernstzunehmenden Wettbewerber.[10]

Tab. 8.5: **Entwicklung der Filialzahlen 1992–2004 von Claire's Stores**

Jahr	Anzahl der Filialen	Umsatz pro Quadratfuß	Umsatz pro Laden	Kapital-umschlag	Netto-marge
2006	3.050	477	$ 475,000	2.9	12.60 %
2005	2.984	476	$ 468,000	2.9	11.40 %
2004	2.935	413	$ 415,000	3.0	10.20 %
2003	2.912	370	$ 357,000	3.0	7.80 %
2002	2.875	339	$ 326,000	2.9	4.53 %
2001	2.873	347	$ 332,000	2.5	7.22 %
2000	2.887	379	$ 365,000	3.4	12.27 %
1999	1.941	348	$ 340,000	2.6	11.36 %
1998	1.725	328	$ 314,000	2.9	11.70 %
1997	1.560	320	$ 301,000	3.0	10.31 %
1996	1.359	296	$ 273,000	3.1	8.70 %

1995	1.232	294	$ 263,000	3.2	7.70 %
1994	1.087	293	$ 265,000	3.3	8.40 %
1993	1.038	269	$ 244,000	3.1	5.90 %
1992	995	279	$ 248,000	2.3	2.20 %

Quelle: http://www.clairestores.com/phoenix.zhtml?c=68915&p=irol-store_growth

Der Durchschnitt der oben aufgeführten Margen von Bijou Brigitte und den Wettbewerbern des Unternehmens ist 7,1 Prozent. Der Durchschnitt der Nettomargen von Bijou Brigitte aus den Jahren 1997 bis 2003 ist 11,5 Prozent. Wenn wir von dieser Marge ausgehen, hätte Bijou Brigitte im Jahr 2003 bei einem Umsatz von 164 Millionen immer noch 18,9 Millionen Euro Gewinn gemacht.

Der Wert des Unternehmens würde nach Buffett

$$V = 18{,}9 / 0{,}045 = 420 \text{ Mio. €}$$

betragen. Bei einer Marktkapitalisierung von 234,9 Millionen Euro wäre dies immer noch eine Sicherheitsmarge von 44 Prozent. Selbst bei normalisierten Margen wäre Bijou Brigitte im Jahr 2003 ein klarer Kauf gewesen.

Bewertung des Wachstums

Lassen Sie uns die Betrachtung nun auf einen Zeitpunkt nach Ende des Geschäftsjahres 2005 verlagern. Wir hatten gesehen, dass Bijou Brigitte 2003 bereits dann ein klarer Kauf gewesen wäre, wenn wir keinerlei Wachstumskomponente angenommen hätten. Wäre das Unternehmen auch 2005 noch ein Kauf, wenn man eine – konservativ berechnete – Wachstumskomponente einbeziehen würde?

Bijou Brigitte ist rasant gewachsen: Von 1997 bis 2006 versechsfachte sich der Umsatz, die Zahl der Mitarbeiter verdreifachte sich und die Zahl der Filialen stieg um mehr als das Dreifache. Von 1997 bis 2003 – unserem Betrachtungszeitraum – hatte sich der Umsatz ungefähr verdreifacht, die Zahl der Filialen und Mitarbeiter verdoppelt.

Abb. 8.1: **Bijou Brigitte: Umsatz, Filialen und Mitarbeiter**

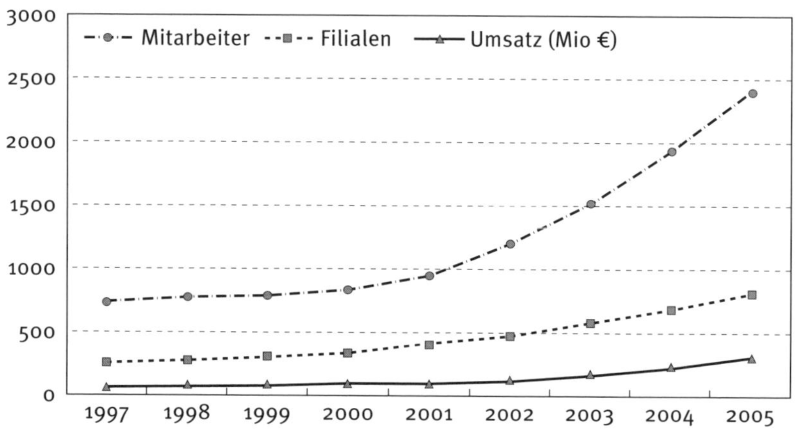

Quelle: www.bijou-brigitte.de, eigene Darstellung

Abb. 8.2: **Bijou Brigitte: Kennzahlen pro Mitarbeiter und pro Filiale**

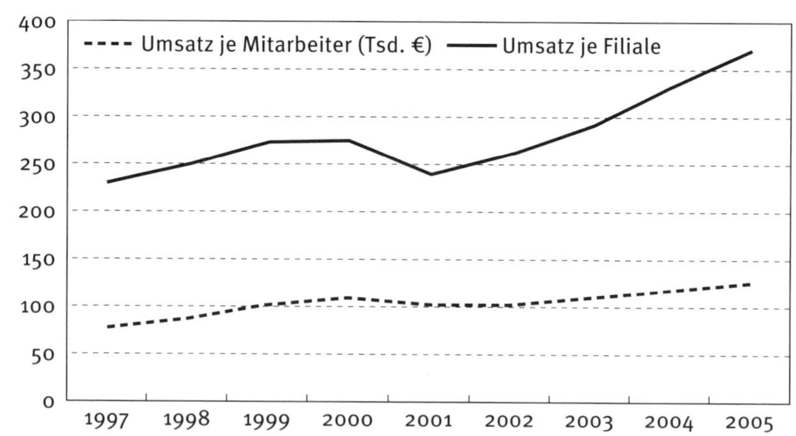

Quelle: www.bijou-brigitte.de, eigene Darstellung

Tab. 8.6: **Owner's Earnings von Bijou Brigitte (Tsd. €)**

Jahr	**1997**	**1998**	**1999**	**2000**	**2001**	**2002**	**2003**	**2004**	**2005**
Bilanzgewinn	2.527	4.183	7.209	11.439	14.966	19.450	34.419	47.704	72.783
Owner‘s Earning	2.168	7.533	9.169	7.300	5.039	5.172	27.517	42.267	53.646
Wachstum Bilanzgewinn p.a.:			1996-2003	54,5%	1996-2005	52,2%			
Wachstum Owner‘s Earning p.a.:			1996-2003	52,7%	1996-2004	49,3%			

Quelle: eigene Berechnung

Dieses Wachstum geht mit einer gleichzeitigen Effizienzsteigerung einher. Sowohl der Umsatz je Mitarbeiter als auch der Umsatz je Filiale stieg im Betrachtungszeitraum an.

Wachstum ist nur dann sinnvoll, wenn dadurch auch Aktionärswert geschaffen wird. Buffett verwendet hierzu verschiedene vereinfachte Verfahren, die für Unternehmen wie Bijou Brigitte geradezu wie geschaffen sind.

Wachsen die Owner's Earnings ebenso wie die ausgewiesenen Gewinne? Buffett interessieren vor allem die Owner's Earnings, also der freie Cashflow, der den Aktionären zur Verfügung steht. Unternehmen können auch wachsen, indem sie sehr hohe Investitionen tätigen. Diese Investitionen gehen dann erst nach und nach über die Abschreibungen in die Gewinn-und-Verlustrechnung ein und führen zunächst zu einer (meistens ungesunden) Erhöhung der Gewinne.

Bijou Brigitte hat eine fantastische Entwicklung der Owner's Earnings: Von 1997 bis 2003 wuchsen diese um durchschnittlich 54,5 Prozent p.a., von 1997 bis 2005 um 52,2 Prozent. Das Unternehmen hat wenig Abschreibungen und auch relativ wenig Kapitalbindung, da alle Ladenlokale gemietet sind. Dennoch müssen im Zuge der Expansion natürlich mehr Vorräte angeschafft werden, sodass die Owner's Earnings leicht unter den ausgewiesenen Gewinnen liegen.

Verzinsen sich die einbehaltenen Gewinne angemessen? Von 1998 bis 2003 hat das Unternehmen ca. 75 Millionen Euro einbehalten, damit aber einen zusätzlichen Börsenwert von 234,9 (2003) – 25,1 (1998) = 209,8 Millionen Euro geschaffen. Der Zuwachs von 135 ist das 2,8-Fache der einbehaltenen Gewinne. Obwohl hier nicht der Zeitraum von zehn Jahren betrachtet wurde, den sich Buffett anschaut, sieht es sehr deutlich danach aus, dass Bijou Brigitte ein Wertgenerator war. Betrachtet man den Zehnjahreszeitraum von 1997 bis 2006, so kommt bei Bijou Brigitte sogar ein Faktor von über neun heraus. Diese Zahl ist extrem hoch, Buffett gibt sich zufrieden, wenn jede einbehaltene Summe Börsenwert in derselben Höhe generiert.[11]

Insgesamt kann kein Zweifel daran bestehen, dass das bisherige Wachstum von Bijou Brigitte für die Aktionäre profitabel und sinnvoll war.

Die Grenzen des Wachstums

Bei *Nettomargen* von 25 Prozent im Jahr scheinen die Grenzen des Wachstums erreicht. Vorsichtige Rechner hätten sicherlich bereits im Jahr 2003 bei einer Nettomarge von 19,8 Prozent kein weiteres Wachstum mehr angenommen. Von hier an kann das Unternehmen nur noch seine Margen verteidigen. Wahrscheinlich ist ein langsamer Erosionsprozess, wobei allerdings bei dem starken Franchise von Bijou Brigitte davon ausgegangen werden kann, dass dieser Prozess wirklich langsam vonstatten geht.

Tab. 8.7: **Wachstum der Filialenanzahl von Bijou Brigitte**

	1999	2005	durchschnittl. Wachstum (% p.a.)
USA		2	
Deutschland	270	343	4,07
Niederlande	4	62	57,90
Spanien	2	243	122,55
Ungarn		13	
Polen	2	21	47,98
Portugal		21	
Tschechien		13	
Italien		60	
Frankreich		14	
Griechenland		6	
Österreich	10	16	7,46
Summe	**288**	**814**	**16,37**

Quelle: www.bijou-brigitte.de, eigene Berechnungen

Bijou Brigitte kann also nur durch die *Eröffnung weiterer Filialen* oder durch den Aufbau neuer Geschäftsfelder wachsen. Den Aufbau neuer Geschäftsfelder würden Value-Investoren zunächst einmal grundsätzlich kritisch sehen, denn bei neuen Geschäftsfeldern begibt sich das Management auf ein Spielfeld, auf dem es keine Wettbewerbsvorteile hat. Sollte Bijou Brigitte mit einer solchen Strategie beginnen, wäre das ein starkes Verkaufssignal.

Aber wo liegen die Grenzen dieses Prozesses? Diese Frage ist entscheidend, wenn wir den Wert von Bijou Brigitte ermitteln wollen. Bijou Brigitte ist europäischer Marktführer. Einen Hinweis kann das Wachstum der Zahl der Filialen in einzelnen europäischen Ländern geben. In Deutschland betrug es zum Beispiel zwischen 1999 und 2005 nur vier Prozent pro Jahr. Die Expansion der Filialenzahl wird also schon lange durch die europäischen und nicht mehr durch die deutschen Märkte getragen. Im Jahr 2005 betrug der Auslandsanteil am Umsatz bereits 58 Prozent.

Hilfreich ist, dass Bijou Brigitte die Zahlen für die einzelnen Länder klar und deutlich ausweist. Wenn das Unternehmen in ein neues Land geht, sind diese Aktivitäten meist ab dem ersten, spätestens aber ab dem zweiten Jahr profitabel. In Polen fiel nach dem zweiten profitablen Jahr im dritten Jahr noch mal ein Verlust an, seitdem ist auch Polen profitabel.

Am weitesten fortgeschritten ist dieser Prozess in Spanien. Die Betrachtung des Zeitraums von 2000 bis 2005 zeigt, wie profitabel die Expansion in Spanien war.

Tab. 8.8: Expansion von Bijou Brigitte in Spanien

Spanien	2000 in Tsd. Euro	2001 in Tsd. Euro	2002 in Tsd. Euro	2003 in Tsd. Euro	2004 in Tsd. Euro	2005 in Tsd. Euro
Umsatz	**3.720**	**11.065**	**28.905**	**50.466**	**70.468**	**89.056**
Jahresüberschuss	549	1.210	3.604	9.845	15.778	21.438

Quelle: www.bijou-brigitte.de

Bijou-Brigitte-Gründer Werner sieht in Europa Raum für insgesamt 2.000 Filialen. Das hieße, dass sich der Umsatz von Bijou Brigitte theoretisch noch um den Faktor 2,5 vom Niveau des Jahres 2005 (gut 800 Filialen) aus steigern könnte.

Zunächst einmal erscheint dies durchaus plausibel, Frankreich ist unterentwickelt, England überhaupt nicht beackert und selbst in Ländern wie Italien, wo die Expansion derzeit rasch voranschreitet, besteht gemessen an Deutschland und Spanien noch ein großes Potenzial. Auf den zweiten Blick würde zumindest der konservative Value-Investor seine Zweifel haben. Es zeigt sich, dass der Wettbewerber Claire's Stores in Großbritannien und Irland sowie in Frankreich stark vertreten ist. Insgesamt betreibt Claire's Stores in Europa ungefähr so viele Filialen wie Bijou Brigitte.

Tab. 8.9: **Geografische Verteilung der Filialen von Claire's Stores**

North America	2.106
Austria	28
Belgium	1
France	201
Germany	17
Holland	10
Japan	172
Spain	15
Switzerland	53
U.K. and Ireland	447

Quelle: http://www.clairestores.com

Bis 2006 kaufte Claire's Stores Wettbewerber, um sie dann zu integrieren. Seit 2006 eröffnet man aber auch eigene neue Filialen. 2007 sollen 100 neue Filialen hinzukommen.

Bislang sind sich Claire's Stores und Bijou Brigitte noch nicht ernsthaft in die Quere gekommen. Beim derzeitigen Expansionstempo ist aber davon auszugehen, dass dies in Europa bald der Fall sein könnte. Die von Gründer Friedrich Werner genannte Anzahl von 2.000 Filialen in Europa erscheint zwar möglich, aber für den konservativen Value-Investor doch zu hoch gegriffen. Und wenn das Unternehmen gegen zunehmenden Wettbewerb expandiert, würden die Margen leiden – das wäre gerade kein wertorientiertes Management.

Wenn wir von einer Verdopplung der Filialen in Europa ausgehen, dann könnte Bijou Brigitte 1.600 Filialen betreiben und damit – wenn die jetzigen Größen halten – ca. 600 Millionen Euro erzielen.

Die derzeitige Nettomarge des Unternehmens beträgt traumhafte 25 Prozent. Die durchschnittliche Marge der letzten zehn Jahre beträgt 15 Prozent. Im Jahr 1997 war die Marge auch schon einmal bei 3,9 Prozent. Gehen wir von den durchschnittlichen Margen der letzten zehn Jahre aus, könnte Bijou Brigitte in Europa bei einem möglichen Umsatz von 600 Millionen Euro (= 1.600 Filialen) einen Nachsteuergewinn von 90 Millionen Euro erzielen. Wenn wir von einer langsameren Erosion der Marge auf 20 Prozent ausgehen (was nicht unwahrscheinlich ist), betrüge der Gewinn in Europa 120 Millionen Euro.

Tab. 8.10: Wert von Bijou Brigitte bei 1.600 Filialen

Angenommene Marge	Gewinn	Fairer Wert des Unternehmens
15 %	90 Mio. €	2,0 Mrd. €
20 %	120 Mio. €	2,6 Mrd. €
25 %	150 Mio. €	3,3 Mrd. €
August 2006: 814 Filialen, 25%	72 Mio. €	1,7 Mrd. €

Quelle: eigene Berechnung

Bei einer konservativ geschätzten Marge und realistisch (aber nicht konservativ) geschätzten 1.600 Filialen betrüge die Sicherheitsmarge noch 15 Prozent. Für einen Kauf ist das wahrschcinlich zu wenig. Der sehr konservative Investor würde wahrscheinlich nicht mehr in Bijou Brigitte investieren. Zudem kann der intrinsische Wert erst in der Zukunft realisiert werden – bei 150 Filialen pro Jahr würde die Expansion noch gut fünf Jahre dauern.

Im Jahr 2005 wagte Bijou Brigitte den Schritt in die USA und eröffnete zwei Filialen in Florida. Es ist dem Unternehmen durchaus zuzutrauen, dass es sich in diesem größten und härtesten Markt der Welt etabliert. Sicher ist es nicht. Wenn es gelingt, eröffnen sich weitere sehr große Wachstumsperspektiven.

Renditeerwartung nach Bruce Greenwald: Die Gewinnrendite betrug bei einem Gewinn von 72 Millionen Euro und einem Börsenwert von 1.600 Millionen Euro 4,5 Prozent. Ein Drittel wurde als Dividende ausgeschüttet, also 1,5 Prozent. Das Unternehmen reinvestiert drei Prozent seiner Gewinne. Die Eigenkapitalrendite beträgt bei Bijou Brigitte erstaunliche 45 Prozent.

Solange die Filialenexpansion wie bislang fortschreiten kann, wird die Eigenkapitalrendite in etwa gleich bleiben. Wenn wir allerdings davon ausgehen, dass der Prozess der Filialenexpansion langsam schwieriger wird, setzten wir hier vielleicht 30 Prozent an.

Wenn wir von Kapitalkosten von zehn Prozent und einer Rendite auf die reinvestierten Gewinne von 30 Prozent ausgehen, ist der Faktor für die Einbeziehung der reinvestierten Gewinne in die Renditeerwartung 3 (= 30 / 10).

Die organische Wachstumsrate betrug vielleicht fünf Prozent. In den vergangenen Jahren waren Umsatz und Gewinn pro Fläche stark gesteigert worden; irgendwann wird dieser Prozess aber an seine Grenzen stoßen. Nach dieser einfachen Rechnung betrug die Renditeerwartung im Jahr 2005 15,5 Prozent.

Renditeerwartung Bijou Brigitte =

1,5 % (Dividende) + 3 % * 3 (einbehaltene Gewinne mal Quotient aus Rendite der reinvestierten Gewinne und Kapitalkosten) + 5 % (organische Wachstumsrate) + Option (Expansion in die USA) = 15,5 %

Eine Renditeerwartung von 15,5 Prozent zuzüglich einer möglichen Option liegt deutlich über der des Aktienmarkts insgesamt. Nach der Greenwald-Formel wäre Bijou Brigitte ein Kauf. Allerdings hängt dieser Kauf stark an der Tatsache, dass das Wachstum – wenn auch mit leicht verringerter Profitabilität – fortgesetzt werden kann.

Wann kaufen? Wann aussteigen?

Derzeit (September 2006) wäre Bijou Brigitte für strenge Value-Investoren bestenfalls eine Halteposition. Geht man davon aus, dass die Expansion noch einige Jahre zu den jetzigen traumhaften Renditen fortgesetzt werden kann (was ein vorsichtiger Value-Investor nicht tun würde), dann kann man auch über einen Kauf der Aktie nachdenken – und das trotz annähernd 3.000 Prozent Wertsteigerung für die Aktie.

Ein *Kauf* wäre Bijou Brigitte, wenn sich der Schritt in die USA als erfolgreich erweisen sollte. Hier würde der Value-Investor sich allerdings nicht auf die (generell guten) Länderberichte des Unternehmens verlassen, sondern in den Filialen vor Ort selber seine Nachforschungen betreiben:

- Welche Artikel werden angeboten?
- Wie sind die Preise der Artikel im Vergleich zu Europa?
- Wie hoch ist die Besuchsfrequenz im Vergleich zu Europa?
- Was wird gekauft? (Das kann man natürlich nur wie ein Detektiv beobachten.)

Sie müssten sich also einige Tage in den Filialen in Florida herumtreiben, wenn Sie es mit einem Investment ernst meinen.

Ein *Verkauf* wäre Bijou Brigitte, wenn die Margen drastisch zurückgehen oder die Filialenexpansion zum Stillstand kommt oder beides. Ebenso wäre der Aufbau eines »weiteren Geschäftsfelds« ein Warnsignal. Wahrscheinlich werden die Margen in den nächsten Jahren nicht drastisch zurückgehen, aber langsam erodieren, da die Expansion an ihre Grenzen stößt. Diese Prozesse sollte man beobachten.

Nachtrag: der drastische Kurseinbruch vom Oktober 2006

In der Woche vom 9. Oktober 2006, als diese Fallstudie bereits geschrieben war, fiel die Aktie von Bijou Brigitte wie ein Stein um mehr als 30 Prozent von ca. 215 Euro auf 160 Euro. Was war geschehen?

Das Unternehmen hatte lediglich gemeldet, dass das organische Umsatzwachstum bei 0,8 Prozent stagnieren würde. Nun hatte ich bereits im vorletzten Abschnitt geschrieben: »*In den vergangenen Jahren waren Umsatz und Gewinn pro Fläche stark gesteigert worden; irgendwann wird dieser Prozess aber an seine Grenzen stoßen.*« Dies geschah nun. Das (profitable) Filialwachstum ging demgegenüber ungebremst weiter.

Zunächst einmal würde die Stagnation des Umsatzes lediglich bedeuten, dass die Renditeerwartung nach Greenwald von 15,5 Prozent plus Option auf 11,3 Prozent plus Option sinkt – und das beim alten Kurs von über 200 Euro. Ein Kurseinbruch von derartig dramatischen Ausmaßen wäre überzogen, denn das Unternehmen wies weiterhin leicht überdurchschnittliche Renditeerwartungen auf.

Die Stagnation könnte allerdings so gedeutet werden, dass das Unternehmen Probleme mit seinem Sortiment bekommt und den Geschmack des Publikums nicht mehr so gut wie früher trifft. Wenn dies der Fall ist, könnten die Gewinne pro Filiale sogar zurückgehen. Damit wäre das Gewinn»wachstum« negativ.

Wahrscheinlich ist, dass bei einem (fundamental guten und durchaus fair bewerteten) Modewert die Momentum-Investoren kalte Füße bekommen haben und panikartig ausgestiegen sind. Bei 160 Euro war das Unternehmen im Oktober 2006 durchaus attraktiv bewertet, falls nicht weitere negative Nachrichten folgen (was allerdings nach dem ersten Warnsignal nicht ganz auszuschließen ist). Unter ca. 140 Euro wäre für mich im Herbst 2006 eine ausreichende Sicherheitsmarge gegeben.

1 www.bijou-brigitte.com
2 S. Kapitel 3.
3 S. Kapitel 3.
4 Quelle: Geschäftsberichte von Bijou Brigitte.
5 Quelle: www.aktien-analyse.de
6 Vick, S. 260.
7 www.bijou-brigitte.com/Unternehmen/Firmenportrait/c_67_101.php?main_page=bb_company_portrait
8 www.bijou-brigitte.com/Unternehmen/Geschichte/c_67_102.php?main_page=bb_history
9 S. Kapitel 5.
10 www.clairestores.com/phoenix.zhtml?c=68915&p=irol-overview
11 S. Kapitel 6.

Teil II:
Anhänge

9. Verzinsung, Abzinsung, Zinseszins und die Bestimmung von Barwerten

Bei jedem Vermögensgegenstand, der eine Reihe von zukünftigen Einzahlungen abwirft, bzw. bei dem ggf. weitere Investitionen notwendig werden, tritt die Problematik auf, den heutigen Wert dieser Zahlungsreihe (= Barwert) zu bestimmen.

Für Aktionäre stellt sich das Problem etwas vereinfacht dar: Sie werden durch eine einmalige Auszahlung beim Erwerb der Aktie belastet. Danach erhalten Sie laufende Dividendenzahlungen (falls Dividenden gezahlt werden) sowie einen Erlös bei der Veräußerung der Aktie. Weitere Einzahlungen Ihrerseits als Aktionär sind nicht vorgesehen, es sei denn, das Unternehmen führt eine Kapitalerhöhung durch und Sie zeichnen diese mit. (Value-Investoren sind Kapitalerhöhungen gegenüber grundsätzlich zunächst skeptisch. Unternehmen sollten normalerweise Geld an ihre Aktionäre ausschütten, nicht zusätzliches Geld einsammeln.)

Verzinsung (Aufzinsung, Compounding) und Zinseszins

Zukünftige Zahlungen sind weniger wert als der Besitz der gleichen Menge Geld zum jetzigen Zeitpunkt. Denn wenn Sie eine Summe von 1.000 Euro jetzt anlegen würden, hätten Sie in einem Jahr die Summe von 1.000 Euro + Zinsen ($r * 1000$) zur Verfügung. Bei einem Zinssatz von 10 Prozent wären das also 1.100 Euro.

$$1.000\text{ € jetzt} = (1 + r) * 1.000\text{ € in einem Jahr}$$

In einem Jahr können Sie (1 + r) * 1.000 Euro anlegen und hätten in zwei Jahren (1 + r) (1 + r) * 1.000 Euro zur Verfügung. Auf die Zinsen von 100 Euro erhalten Sie im nächsten Jahr ebenfalls Zinsen (= Zinseszinsen), sodass die Summe in zwei Jahren auf 1.210 Euro angewachsen ist.

$$(1+r) * 1.000 \text{ € in einem Jahr} =$$
$$(1+r)(1+r) * 1.000 \text{ € in zwei Jahren}$$

Bei einem Zinssatz von 10 Prozent würde sich eine Summe von 1.000 Euro im Laufe der Jahre wie folgt verzinsen:

Tab. 9.1: Verzinsung einer Summe von 1.000 € bei 10 %

Jahr	Verzinsungsfaktor	Verzinsungsfaktor	Summe
1	$(1 + r)$	1,10	1.100,00
2	$(1 + r)^2$	1,21	1.210,00
3	$(1 + r)^3$	1,33	1.331,00
4	$(1 + r)^4$	1,46	1.464,10
5	$(1 + r)^5$	1,61	1.610,51
6	$(1 + r)^6$	1,77	1.771,56
7	$(1 + r)^7$	1,95	1.948,72
8	$(1 + r)^8$	2,14	2.143,59
9	$(1 + r)^9$	2,36	2.357,95
10	$(1 + r)^{10}$	2,59	2.593,74

Quelle: eigene Berechnung

Dabei werden die absoluten Anstiege durch den Zinseszinseffekt im Laufe der Zeit immer höher. Zehn Prozent entsprechen in etwa der durchschnittlichen Verzinsung der Aktienmärkte über einen langen Zeitraum. Bei 20 Prozent Verzinsung – die auf der ganzen Welt nur eine Handvoll Superstars dauerhaft erreicht, wäre der Anstieg natürlich erheblich schneller:

Tab. 9.2: **Verzinsung einer Summe von 1.000 € bei 20 %**

Jahr	Verzinsungsfaktor	Verzinsungsfaktor	Summe
1	$(1 + r)$	1,20	1.200,00
2	$(1 + r)^2$	1,44	1.440,00
3	$(1 + r)^3$	1,73	1.728,00
4	$(1 + r)^4$	2,07	2.073,60
5	$(1 + r)^5$	2,49	2.488,32
6	$(1 + r)^6$	2,99	2.985,98
7	$(1 + r)^7$	3,58	3.583,18
8	$(1 + r)^8$	4,30	4.299,82
9	$(1 + r)^9$	5,16	5.159,78
10	$(1 + r)^{10}$	6,19	6.191,74

Quelle: eigene Berechnung

Für die Berechnung des Zinseszinseffekts gibt es eine Faustformel, die bei Zinssätzen bis zu 15 Prozent recht gut, bis 20 Prozent leidlich funktioniert. Der Verdoppelungszeitraum einer zu x Prozent angelegten Summe ist gleich der Zahl 72 geteilt durch den Zinssatz in Prozent.

Verdoppelungszeitraum = 72 / Zinssatz in Prozent

Bei einem Zinssatz von zwölf Prozent betrüge der Verdoppelungszeitraum eines Vermögens zum Beispiel genau sechs Jahre (= 72 / 12).

Tab. 9.3: **Verdoppelungszeiträume**

Verzinsung	Verdoppelungszeitraum (Jahre)	
	Faustformel	Exakt
2 %	36	35,00
3 %	24	23,45

4 %	18	17,67
5 %	14,4	14,20
6 %	12	11,90
7 %	10,3	10,24
8 %	9	9,01
10 %	7,2	7,28
12 %	6	6,12
15 %	4,8	4,96
20 %	3,6	3,80

Quelle: eigene Berechnung

Abzinsung (Diskontierung, Discounting)

Bei der Bewertung zukünftiger Zahlungen stellt sich das Problem umgekehrt. Nun stellt sich nicht die Frage, wie viel eine heutige Summe in der Zukunft wert ist, sondern wie viel eine zukünftige Zahlung heute wert ist.

Auch dabei helfen die Überlegungen zur Verzinsung: Zukünftige Zahlungen sind weniger wert als der Besitz der gleichen Menge Geld zum jetzigen Zeitpunkt. Wenn Sie in einem Jahr über eine Summe von 1.100 Euro verfügen können, wäre dieser Betrag bei einem Zinssatz von zehn Prozent heute nur 1.000 Euro wert. (Denn wenn Sie heute 1.000 Euro hätten und diese zu zehn Prozent anlegen könnten, hätten Sie in einem Jahr 1.100 Euro).

$$1.100\ € \text{ in einem Jahr} = 1.100\ € / (1+r) \text{ heute}$$

Eine Summe von 1.210 Euro in zwei Jahren wäre bei einem Kalkulationszinsfuß von zehn Prozent heute ebenfalls 1.000 Euro wert:

$$1.210\ € \text{ in zwei Jahren} = 1.210\ € / (1+r)\ (1+r) \text{ heute}$$

Bei einem Zinssatz von zehn Prozent würde sich eine Summe von 1.000 Euro im Laufe der Jahre wie folgt verzinsen:

1.100 € in einem Jahr = 1.100 € / (1 + 0,1) heute
= 1.000 € heute

Eine Summe von 1.210 € in zwei Jahren wäre heute ebenfalls 1.000 Euro wert:

1.210 € in zwei Jahren =
1.210 € / (1 + 0,1) (1 + 0,1) heute = 1.210 € / 1,21
= 1.000 € heute

Eine Summe von 1.000 Euro, die Sie nach x Jahren erhalten, ist dementsprechend heute wesentlich weniger wert. Bei einem Zinssatz von zehn Prozent betrüge der Barwert von 1.000 Euro, die Sie in fünf Jahren erhalten, heute 620,92 Euro. Wenn Sie dieselbe Summe in zehn Jahren erhalten, wären es sogar nur 385,54 Euro.

Tab. 9.4: **Barwert einer Summe von 1.000 €, die Sie nach x Jahren erhalten bei einem Zinssatz von 10 %**

Jahr	Abzinsungsfaktor	Abzinsungsfaktor	Summe
1	$1 / (1 + r)$	0,91	909,09
2	$1 / (1 + r)^2$	0,83	826,45
3	$1 / (1 + r)^3$	0,75	751,31
4	$1 / (1 + r)^4$	0,68	683,01
5	$1 / (1 + r)^5$	0,62	620,92
6	$1 / (1 + r)^6$	0,56	564,47
7	$1 / (1+ r)^7$	0,51	513,16
8	$1 / (1 + r)^8$	0,47	466,51
9	$1 / (1 + r)^9$	0,42	424,10
10	$1 / (1 + r)^{10}$	0,39	385,54

Quelle: eigene Berechnung

Bei einem Zinssatz von 20 Prozent macht sich die Abzinsung bereits extrem bemerkbar: Wenn Sie nach 10 Jahren 1.000 Euro erhalten würden, wäre diese Zahlung *heute* nur 161,51 Euro wert.

Tab. 9.5: **Barwert einer Summe von 1.000 €, die Sie nach x Jahren erhalten bei einem Zinssatz von 20 %**			
Jahr	**Abzinsungsfaktor**	**Abzinsungsfaktor**	**Summe**
1	$1 / (1 + r)$	0,83	833,33
2	$1 / (1 + r)^2$	0,69	694,44
3	$1 / (1 + r)^3$	0,58	578,70
4	$1 / (1 + r)^4$	0,48	482,25
5	$1 / (1 + r)^5$	0,40	401,88
6	$1 / (1 + r)^6$	0,33	334,90
7	$1 / (1 + r)^7$	0,28	279,08
8	$1 / (1 + r)^8$	0,23	232,57
9	$1 / (1 + r)^9$	0,19	193,81
10	$1 / (1 + r)^{10}$	0,16	161,51

Quelle: eigene Berechnung

Barwerte von Zahlungsreihen und Bewertungen von Investitionen

Nun stellt sich das Problem der Bewertung von Vermögensgegenständen nicht als einfaches Ver- oder Abzinsungsproblem dar, sondern als eine Reihe von Zahlungen zu verschiedenen Zeitpunkten. Alle Zahlungen müssen also einzeln abgezinst und dann summiert werden.

$$BW = c_0 + c_1 / (1 + r) + c_2/(1 + r)^2 + c_3 / (1 + r)^3 + \ldots.. c_n / (1 + r)^n$$

c_0 = Anfangsinvestition (z.B. Kauf der Aktie),
c_1 = Zahlung in einem Jahr,
c2 = Zahlung in zwei Jahren, usw.

c kann hierbei sowohl größer als Null sein (Empfang einer Zahlung, Einzahlung) als auch kleiner Null (Investition, Auszahlung). Für den speziellen Fall des Erwerbs einer Aktie ergibt sich zum Zeitpunkt Null eine Auszahlung und dann ein Strom von Einzahlungen (Dividenden und Verkauf der Aktie).

Abb. 9.1: **Beispiel für eine Zahlungsreihe**

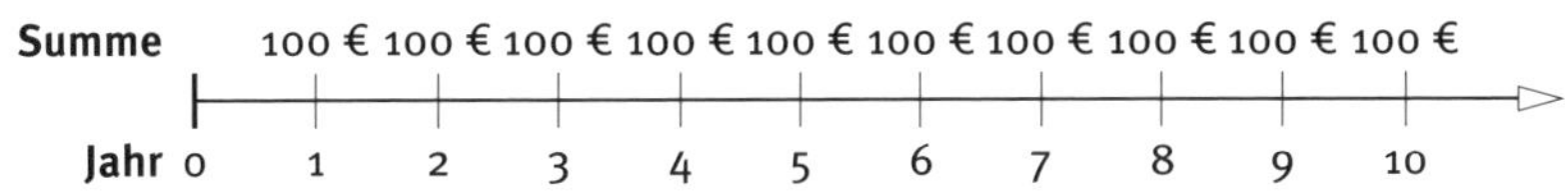

Quelle: eigene Darstellung

Merksatz zur Bewertung von Investitionen (Kapitalwertmethode)[1]

Ein Investment lohnt sich dann, wenn die Summe aller abgezinsten Ein- und Auszahlungen (also auch der zu berücksichtigenden Auszahlung für den Erwerb des Vermögensgegenstands) positiv ist.

$$BW > 0$$
$$BW = \Sigma\, c_t / (1 + r)^t$$
$$\Sigma\, c_t / (1 + r)^t > 0$$

Diese einfache Summenformel lässt sich auf alle Investments anwenden. Aktien, Anleihen, Immobilien und andere Vermögensgegenstände lassen sich als Zahlungsreihen darstellen. Unter den verschiedenen Methoden zur Bewertung von Investments ist der Barwert die einzige, die immer richtige Ergebnisse liefert.[2] Hierbei haben wir die Problematik des angemessenen Zinssatzes (und damit des Risikos), die in Anhang zwei behandelt wird, noch ausgeklammert.

Anleihen

Bei den meisten *Anleihen* (Renten, Obligationen, engl: Bonds) erhalten Sie eine jährliche (oder halbjährliche feste Zahlung), den *Coupon (c)*. Am Ende der Laufzeit der Anleihe erhalten Sie den *Nennwert* (N) der Anleihe zurückgezahlt. Alle Zahlungen, auch die Rückzahlung des Nennwerts, werden abgezinst.

$$KW = c_1 / (1 + r) + c_2 / (1 + r)^2 + c_3 / (1 + r)^3 + c_4 / (1 + r)^4 + c_5 / (1 + r)^5 + c_6 / (1 + r)^6 + c_7 / (1 + r)^7 + c_8 / (1 + r)^8 + c_9 / (1 + r)^9 + c_{10} / (1 + r)^{10} + N / (1 + r)^{10}$$

Bei einer zehnjährigen Anleihe mit einem Nennwert von 1.000 Euro und einem jährlichen Coupon von 100 Euro betrüge der Kapitalwert aller Zahlungen bei einem Zinssatz von fünf Prozent die Summe von 1.386,08 Euro. Grafisch dargestellt sieht das Ganze wie folgt aus: Die Zahlung, die Sie in einem Jahr erhalten, ist heute 95,24 Euro wert. Die beiden Zahlungen (Coupon und Nennwert), die Sie in zehn Jahren erhalten, sind heute 61,39 Euro und 613,91 Euro wert.

Abb. 9.2: Barwert einer zehnjährigen Anleihe im Nennwert von 1000 €, 100 € Coupon, Zinssatz 5 %

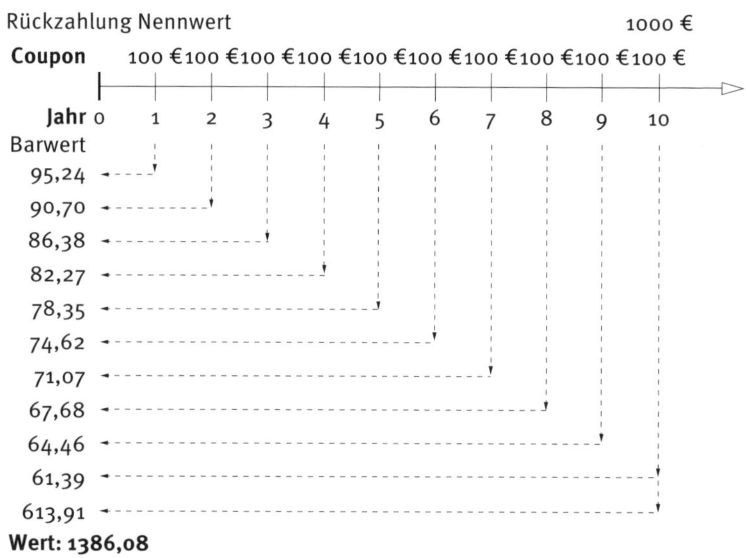

Quelle: eigene Darstellung

Wir haben mit fünf Prozent abgezinst. Das ist Ihr *Kalkulationszinssatz,* die Rendite, die bei einem Investment mit gleicher Risikostruktur alternativ erzielbar wäre (Kalkulationszinsfuß, Opportunitätskosten).[3] Es ist *nicht* die Rendite des Investments selber. Die Anleihe im obigen Beispiel wirft offensichtlich eine höhere Rendite ab als fünf Prozent, denn sonst betrüge der Barwert aller Zahlungen genau 1.000 Euro. Der Coupon läge zum Beispiel bei 50 Euro, denn eine Zahlung von 50 Euro in einem Jahr auf ein Investment von 1.000 Euro entspricht einer Verzinsung von fünf Prozent. (Die Rendite des Investments wäre der interne Zinsfuß oder die Internal Rate of Return, bei Anleihen auch Bond Yield genannt.)

Wenn Sie mit einem Kalkulationszinsfuß von fünf Prozent kalkulieren und die obige Anleihe mit einem Coupon von 100 Euro zum Nennwert von 1.000 Euro erwerben können, haben Sie ein Geschäft gemacht. Der Wert der zu fünf Prozent abgezinsten Zahlungsreihe beträgt 1.386,08 Euro, Ihr Investment nur 1.000 Euro. Der Kapitalwert Ihres Investments beträgt 386,08 Euro. Das Investment wäre lohnenswert.

Ewige Renten

Eine Sonderform der Anleihe stellen die sogenannten »ewigen Renten« dar. Hierbei wird der Nennwert niemals zurückgezahlt, der Gläubiger der Anleihe erhält für alle Zeiten eine jährliche (oder z. B. vierteljährliche) Zahlung. Diese Form der Anleihe ist durchaus in Gebrauch: Nach den Napoleonischen Kriegen konsolidierte zum Beispiel das Britische Empire seine Schulden durch die Emission ewiger Renten, die bis heute bedient werden. Diese Consolidation Loans wurden auch »Consols« genannt, eine bis heute im Englischen gelegentlich verwendete Bezeichnung für ewige Renten. Auch während des Tiefstands der Zinsen 2002 bis 2004 wurden wieder einige ewige Renten aufgelegt.

$$BW = c / (1 + r) + c / (1 + r)^2 + c / (1 + r)^3 + c / (1 + r)^4 + \ldots + c / (1 + r)^n$$

$n = \infty$, c ist immer gleich

Glücklicherweise lässt sich der Barwert einer ewigen Rente mit einer einfachen Formel bestimmen:

Barwert einer ewigen Rente

$BW = c / r$

Beweis:

Der folgende Beweis ist leicht nachzuvollziehen. Sie können die Herleitung aber gerne überspringen. Wichtig ist, dass Sie sich die obige Formel einprägen. Der Wert einer ewigen Rente vom Betrag c lässt sich wie folgt ausdrücken:

$$BW = c / (1 + r) + c / (1 + r)^2 + c / (1 + r)^3 + c / (1 + r)^4 + \dots + c / (1 + r)^n$$

Alle Zahlungen c haben dieselbe Höhe. Setzt man $c / (1 + r) = a$ und $1 / (1 + r) = x$ und setzt dies in die Ausgangsgleichung ein, dann erhält man:

$$(1)\ BW = a\,(1 + x + x^2 \dots\dots x^n)$$

Multipliziert man (1) mit x, dann

$$(2)\ xBW = a\,(x + x^2 + \dots\dots x^{n+1}) \text{ mit } x^{n+1 = 0,} \text{bei } n \to \infty$$

Subtrahiert man die Gleichung (2) von Gleichung (1), dann folgt:

$$BW\,(1 - x) = a$$

Nun kann man die Begriffe für x und a wieder einsetzen und erhält:

$$BW\,(1 - 1 / (1{+}r)) = c/(1 + r) \quad \text{mit } (1 + r) \text{ multiplizieren}$$

$$BW\,(1{+}r) - BW = c \;\Rightarrow\; BW + BWr - BW = c$$

$$BWr = c$$

$$BW = c / r$$

Der Barwert einer endlichen Rente

Die zehn Couponzahlungen der Anleihe im obigen Beispiel können Sie auch als endliche Rente von zehn Zahlungen ansehen. Auch solche endlichen Renten lassen sich mit Hilfe der Formel für unendliche Renten berechnen. Der Barwert eine Rente, die vom Jahr 1 bis zum Jahr t läuft ist gleich der Differenz aus einer ewigen Rente und einer ewigen Rente, die im Jahr (t + 1) einsetzt.

Nachfolgend sind drei Zahlungsströme abgebildet, (1) eine ewige Rente, (2) eine ewige Rente, die im Jahr (t + 1) einsetzt und die Differenz (1) – (2). Der Wert (2) lässt sich ebenfalls sehr leicht berechnen, es ist der Wert einer ewigen Rente c / r die im Jahr (t + 1) einsetzt. Damit muss sie lediglich mit dem Faktor $(1 + r)^t$ abgezinst werden.

Abb. 9.3: **Barwert einer endlichen Rente**

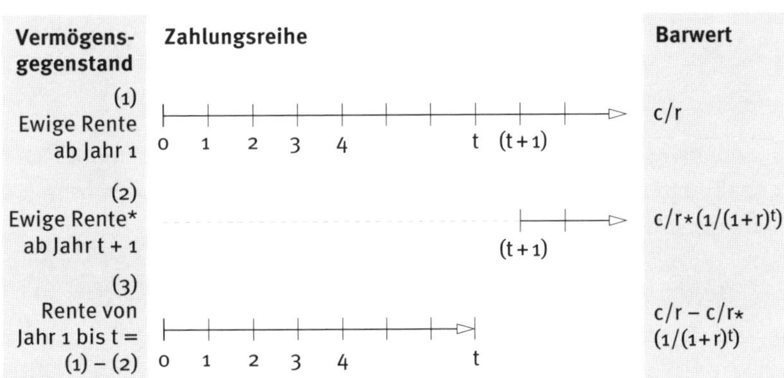

Quelle: eigene Darstellung

Barwert einer endlichen Rente

$$BW = c / r - c / r * ((1 / (1 + r)^t)$$

Der Barwert einer ewigen Rente mit konstanter Wachstumsrate

In der Wirtschaft wird oftmals von Wachstum ausgegangen. Für viele Unternehmen ist Gewinnwachstum ein wichtiges Ziel. (Value-Investoren stehen Gewinnwachstum nicht grundsätzlich negativ gegenüber, sie sind aber zunächst einmal skeptisch, ob das Wachstum sich auch realisieren lässt.) Auch zur Bestimmung des Barwerts einer ewigen Rente mit konstanter Wachstumsrate g gibt es eine einfache Formel:

Barwert einer ewigen Rente mit konstanter Wachstumsrate

$$BW = c / (r - g)$$

Beweis:

$$BW = c_1 / (1 + r) + c_2 / (1 + r)^2 + c_3 / (1 + r)^3 + c_4 / (1 + r)^4 + \ldots + c_n / (1 + r)^n$$

Bei der ewigen Rente mit konstanter Wachstumsrate haben die Rentenzahlungen $c_1, c_2, c_3 \ldots c_n$ nicht dieselbe Höhe, sondern wachsen jeweils um einen bestimmten Prozentsatz oder Faktor g.

$$BW = c_1 / (1 + r) + c_1(1 + g) / (1 + r)^2 + c_1 (1 + g)^2 / (1 + r)^3 + c_1 (1 + g)^3 / (1 + r)^4 + \ldots + c_n (1 + g)^{n-1} / (1 + r)^n$$

Setzt man $c_1 / (1 + r) = a$ und $(1 + g) / (1 + r) = x$ und setzt dies in die Ausgangsgleichung ein, dann erhält man:

$$(3)\ BW = a (1 + x + x^2 \ldots..)$$

Multipliziert man (3) mit x, dann folgt:

$$(4)\ xBW = a (x + x^2 + \ldots..)$$

Subtrahiert man die Gleichung (4) von Gleichung (3), dann folgt:

$$BW\,(1 - x) = a$$

Nun kann man die Begriffe für x und a wieder einsetzen und erhält:

$$BW\,(1 - (1 + g) / (1 + r)) = c / (1 + r) \quad \text{mit } (1 + r) \text{ multiplizieren}$$

$$BW\,(1 + r) - BW(1 + g) = c$$

$$BW\,(r - g) = c$$

$$BW = c / (r - g)$$

Beispiel:

Für das Jahr 2006 erwarten die Analysten bei der BASF AG durchschnittlich einen Gewinn von 6,4 Euro je Aktie. Setzt man Kapitalkosten von 10 Prozent an und geht man von einem langfristigen Wachstum von 3 Prozent aus (etwas weniger als das Welt-Bruttosozialprodukt), betrüge der Wert der BASF-Aktie

$$BW = 6{,}4 / (0{,}1 - 0{,}03) = 6{,}4\,(0{,}07) = 91{,}53 \text{ Euro.}$$

Mit einem Kurs von 68 Euro im November 2006 wäre die Aktie der BASF dieser Rechnung zufolge unterbewertet.

Das übliche (Ertragswert-)Verfahren zur Bestimmung des Werts von Unternehmen und Aktien

Die meisten Finanzanalysten benutzen zur Ermittlung von Unternehmenswerten ein zweistufiges Verfahren. In seiner Struktur ist dieses Verfahren der Bewertung einer Anleihe ziemlich ähnlich.

Über einen gewissen Prognosezeitraum – meistens fünf bis zehn Jahre – werden die Margen, Mengen, Gewinne und Cashflows des Unternehmens prognostiziert. Hieraus erhält man dann – je nach angewendetem Verfahren – Gewinn- oder Cashflow-Schätzungen für die nächsten Jahre. Diese würden dem Coupon bei einer Anleihe entsprechen.

Für die Zeit nach dem Prognosezeitraum wird dann meistens eine ewige Rente – entweder mit oder ohne konstante Wachstumsrate – angenommen. Dies würde bei der Rente der Rückzahlung des Nennwerts entsprechen. Der Wert dieser ewigen Rente muss dann noch auf den heutigen Tag abgezinst werden, und fertig ist die Wertermittlung für das Unternehmen.

Die folgende Tabelle enthält die Bewertung eines gesamten Unternehmens, das nach dem ersten Jahr 100 Euro Gewinn macht, mit zehn Prozent Kapitalkosten, fünf Prozent Gewinnwachstum, einem Prognosezeitraum von zehn Jahren und danach einer Wachstumsrate der ewigen Rente von zwei Prozent. Diesen Unternehmenswert müssten Sie noch durch die Anzahl der Aktien teilen, um den Wert einer einzelnen Aktie zu ermitteln.

Natürlich – und hier liegt die Problematik des Value-Investing – schwanken die Gewinne bei den meisten Unternehmen (und damit bei den Aktien) und sind nicht gleichbleibend wie die Couponzahlungen bei Anleihen.[4]

Tab. 9.6: Zweitstufiges Verfahren zur Bewertung einer Aktie

Jahr	AZF	Gewinn	Barwert	Rente im Jahr 11 (wächst mit 2 %)	Wert der ewigen Rente bei 10 % Kapitalkosten und 2 % Wachstum (Wert im Jahr 10)	Barwert der ewigen Rente
0	1					
1	1,10	105,00	95,45			
2	1,21	110,25	91,12			
3	1,33	115,76	86,97			
4	1,46	121,55	83,02			
5	1,61	127,63	79,25			

6	1,77	134,01	75,64			
7	1,95	140,71	72,21			
8	2,14	147,75	68,92			
9	2,36	155,13	65,79			
10	2,59	162,89	62,80	166,15	2076,85	800,71
Zwischensumme:			781,18			800,71
Wert der Aktie:						1581,89
AZF = Abzinsungsfaktor						

Quelle: eigene Berechung

Value-Investoren sehen das (allgemein übliche) zweistufige Verfahren oftmals kritisch, da sie sehr kritisch bezüglich der Möglichkeit von Schätzungen sind und sich lieber auf einstufige, noch robustere Verfahren verlassen.

1 Es gibt andere Formen von Anleihen, z. B. die sogenannten Nullcouponanleihen (Zero Coupon Bonds), bei denen keine Coupons gezahlt werden, sondern die gesamte Rückzahlung in einem Betrag am Ende erfolgt.

2 Zum vertieften Studium empfehle ich Olfert, Klaus/Reichel, Christopher: Finanzierung. Ludwigshafen am Rhein 2005 (Kap. 1.3) und Buckley, Adrian/Ross, Stephen/Westerfield, Randolph/Jaffe, Jeffrey: Finanzmanagement europäischer Unternehmen. Frankfurt am Main 2000.

3 In Anhang 2 gehe ich darauf ein, wie Sie den Kalkulationszinsfuß bestimmen.

4 Mehr zur Problematik zweistufiger Verfahren in Kapitel 6: »Wachstumsunternehmen im Value-Portfolio«.

10. Das Problem der Kapitalkosten

Um ein Unternehmen zu betreiben oder einen Vermögensgegenstand zu erwerben, wird Kapital benötigt. Wie jede Ressource hat auch Kapital seine Kosten. Allerdings spalten sich am Problem der Kapitalkosten die Geister. Kapitalkosten – Zinsen – sind immer maßgeblich durch Zukunftserwartungen beeinflusst. Die besten Finanztheoretiker haben sich an diesem Problem die Zähne ausgebissen. Letztlich lassen sie sich nicht wissenschaftlich berechnen, da es sich hier schon fast um ein metaphysisches Problem handelt, das nur pragmatisch lösbar ist.

Einfach definiert sind Kapitalkosten die Opportunitätskosten des Kapitals, also die Rendite, die Sie maximal erzielen könnten, wenn Sie Ihr Kapital in eine alternative Investitionsmöglichkeit stecken, die dasselbe Risikoprofil wie die zu beurteilende Investitionsmöglichkeit hat.

Kapitalkosten =

Opportunitätskosten des Kapitals = Rendite, die man bei einer alternativen Investitionsmöglichkeit mit gleichem Risikoprofil maximal erzielen kann

Wenn Sie zum Beispiel für 200.000 Euro eine McDonald's-Franchiselizenz erwerben können und gemäß Ihren Analysen und Prognosen 20.000 Euro Ertrag auf Ihr eingesetztes Kapital erhalten können, wäre das eine Rendite von zehn Prozent. Wenn Sie aber gleichzeitig die Möglichkeit haben, ein Franchise der schnell wachsenden Sandwich-Kette Subway mit demselben Geschäftsrisiko für 200.000 Euro zu erwerben und dort 30.000 Euro Ertrag auf Ihr Kapital zu erwirtschaften, wären das 15 Prozent Rendite. (Das Subway-Investment wäre also die bestmögliche alternative Verwendungsmöglichkeit für Ihr Kapital.)

Nach einem Jahr verkaufen Sie das Franchise wieder für denselben Betrag. Somit wären für das erste Projekt 15 Prozent Kapitalkosten anzusetzen, der Kapitalwert des Projekts wäre unter diesen Voraussetzungen negativ, Sie würden nicht in das McDonald's-Franchise investieren.

Beurteilung einer Investition in ein McDonald's-Franchise mit Hilfe des Barwerts und des Opportunitätskostenzinssatzes

Zu beurteilende **Investitionsmöglichkeit A:** Erwerb eines McDonald's-Franchise für 200.000 €, 20.000 p. a. Ertrag, Rendite = 10%

Alternative B: Erwerb eines Subway-Franchise mit dem gleichen Risikoprofil für 200.000 €, 30.000 € p. a. Ertrag, Rendite = 15%

Beurteilung der Investitionsmöglichkeit A mit Hilfe des Opportunitätskostenzinssatzes B (15%):

KW =	−200.000 +	200.000 / (1 + 0,15) +	20.000 / (1 + 0,15)
	Auszahlung für Erwerb	Erlös Verkauf abgezinst	Erlös Rendite abgezinst
KW =	−200.000 +	173.913,00 +	17.391,30
KW =	−8695,70		

Der Kapitalwert ist negativ, also wird Alternative A verworfen. In diesem Fall ist die Beurteilung einfach, da das Ergebnis sofort abzulesen ist. Bei längeren oder komplizierteren Zahlungsreihen ist der Barwert mit Hilfe des Opportunitätskostenzinssatzes letztlich die beste Methode, zu überprüfen, ob eine Investition eingegangen werden sollte.

Probleme bei der Ermittlung von Kapitalkosten

Bei der praktischen Ermittlung der Kapitalkosten treten verschiedene grundsätzliche Probleme auf, die dazu führen, dass Kapitalkosten immer nur ungefähr ermittelt werden können.

Rendite-Risiko-Profile: Bei der Analyse von Aktien und Wertpapieren stellt sich das Problem aber nicht in einer so einfachen Form. Da es immer um *zukünftige Renditen* und *zukünftige Erträge* geht, sind diese *immer unsicher*, manchmal mehr, manchmal weniger. Das grundlegende, fast schon »metaphysisch« zu nennende Problem, das nach meiner Auffassung auch in 100 Jahren in der Finanzmarkttheorie nicht gelöst werden kann, ist die Tatsache, dass wir beim Investieren immer Annahmen für die Zukunft treffen müssen und dass diese letztlich nicht »bewiesen« werden können. Von daher ist es für den Value-Investor wichtig zu wissen, welche Annahmen er trifft, um zumindest die Grenzen seiner Kalkulation zu kennen. Komplizierte Mathematik, wie sie in der heutigen Finanzmarkttheorie leider üblich ist, lenkt nur von diesem grundsätzlichen Nachdenken über die Zukunft ab.

Risikonutzen: Es können entweder immer nur Investmentalternativen mit exakt demselben Risikoprofil bei unterschiedlichen Ertragsprofilen oder solche mit denselben Renditen bei unterschiedlichen Risiken bewertet werden. Das hängt damit zusammen, dass verschiedene Individuen das Risiko unterschiedlich bewerten. In der Sprache der Wissenschaft: Sie haben unterschiedliche Risikoeinstellungen (die sich mit der Risko-Nutzen-Funktion messen lassen).[1]

Stellen Sie sich vor, ein Ihnen unbekannter Investor erhält die Summe von 100 Euro mit einer Wahrscheinlichkeit von 70 Prozent oder er erhält 120 Euro mit einer Wahrscheinlichkeit von 60 Prozent. Beide Alternativen können nicht »objektiv« verglichen werden, da es auf die subjektive Bewertung des Risikos durch den entsprechenden Investor ankommt.

In der Praxis dürfte es aber so gut wie nicht möglich sein, zu einer bestimmten Aktie eine Alternative zu finden, die exakt das gleiche Risikoprofil aufweist, denn auch hier geht es wieder um zukünftige Renditen und Zahlungen. Und die sind unsicher und damit letztlich nur grob vergleichbar.

Starke Abhängigkeit der Barwerte von den gewählten Kapitalkosten: Wie bereits in Kapitel vier dargelegt, ist es für die Bewertung einer

Investition oder Kapitalanlage entscheidend, mit welchen Kapitalkosten (= geforderten Renditen) Sie kalkulieren. Gerade bei Investitionen mit langem Anlagehorizont können schon geringe Unterschiede in den Kapitalkosten das Ergebnis stark beeinflussen. Eine ewige Rente von 10 Euro hätte zum Beispiel bei Kapitalkosten von sechs Prozent und einer Wachstumsrate von drei Prozent einen Wert von 333 Euro. Steigen die angenommenen Kapitalkosten nur ein Prozent und sinkt die angenommene Wachstumsrate um ein Prozent, betrüge der Wert der ewigen Rente bei sieben Prozent Kapitalkosten und zwei Prozent Wachstum nur noch 200 Euro.

Möglichkeiten der Ermittlung von Kapitalkosten

Trotz der oben aufgeführten grundsätzlichen Probleme – und des nach Ansicht des Verfassers dieses Buchs theoretisch unlösbaren Problems der Bestimmung von Kapitalkosten – müssen wir für die Praxis natürlich Kapitalkosten näherungsweise ermitteln, um überhaupt Investitionsrechnungen und Bestimmungen von inneren Werten durchzuführen.

Angebot und Nachfrage: Theoretisch können Angebot und Nachfrage für ein bestimmtes Anlageobjekt genutzt werden, um den gängigen Marktzins (Kapitalkosten) zu ermitteln. Aber gerade bei Kapital sind Angebot und Nachfrage sehr flüchtig. In der Sprache der Ökonomen würde das heißen: Die Angebots- und Nachfragefunktionen sind bei Kapital sehr instabil. (Lenin hätte gesagt: »Das Kapital kennt kein Vaterland.«)

Da viele Vermögensgegenstände aber eine sehr lange Lebensdauer haben, stellt sich die Frage, ob die aktuelle Angebots- und Nachfragefunktion auch repräsentativ für die Lebensdauer des Anlageobjekts ist. Genau das bestreiten Value-Investoren.

Historische Kapitalkosten und Risikoprämien des Aktienmarkts: Eine Möglichkeit der Bestimmung von Kapitalkosten ist es, die Renditen von Vermögensklassen der Vergangenheit zu bestimmen (ex post). Diese in der Vergangenheit beobachteten Renditen werden nun als

Annäherung für die Renditen genommen, welche Investoren für die entsprechenden Risikoklassen auch für die Zukunft fordern (ex ante).

Nach landläufiger Vorstellung – aber nicht für Value-Investoren – sind Aktien immanent riskanter als Staatsanleihen, da die Kurse von Aktien oftmals stärker schwanken. In diesem Fall wäre das Risiko als statistische Volatilität der Kurse des entsprechenden Wertpapiers definiert. (Martin Whitman würde sagen, dass es derartige Marktrisiken nicht gibt, sondern ausschließlich spezifische Risiken der einzelnen Wertpapiere.)[2] Dieses höhere Risiko lassen sich die Investoren am Aktienmarkt durch höhere Renditen gegenüber Anleihen (sowohl in der Ex-post-Betrachtung als auch bei den erwarteten Renditen) bezahlen. Die Renditedifferenz wird Risikoprämie genannt.

Die empirische Kapitalmarkttheorie ermittelt die Risikoprämien für den Aktienmarkt, indem sie ein möglichst gutes Substitut für risikofreie Anlagen sucht, so den risikofreien Zinssatz ermittelt und diesen dann von den beobachteten Renditen der anderen Vermögensklassen abzieht.

$$r = r_m - r_f$$

r = Risikoprämie des Markts
r_m = Marktrendite
r_f = risikofreier Zinssatz

Üblicherweise werden bei einer solchen Betrachtungsweise die Gesamtrenditen des Aktienmarkts (Kurssteigerungen und Dividendenzahlungen) und die Renditen von »sicheren« Staatsanleihen (Couponzahlungen und Kurssteigerungen) ermittelt. Für die USA wird als Substitut für den risikofreien Zinssatz die Verzinsung des US-Treasury-Bills, der kurz laufenden Schuldverschreibung des Bundes, genommen. Die amerikanische Regierung hat in den ca. 230 Jahren ihrer Existenz noch nie die Zahlungsunfähigkeit erklärt, daher werden diese Anleihen als risikolos angesehen, zumal sie nur eine kurze Laufzeit von zumeist 90 Tagen haben. (Als Value-Investor sollte man aber immer über mögliche Trendbrüche nachdenken. Ich halte es für durchaus möglich, dass die amerikanische Bundesregierung zahlungsunfähig wird.)

Anleihen und Aktien liegen in der Struktur der Zahlungsströme gar nicht so weit auseinander. Erstens weisen beide einen laufenden Zahlungsstrom auf: bei Anleihen die Couponzahlung, bei Aktien die Dividende. Allerdings ist die Dividende bei Aktien von der wirtschaftlichen Lage abhängig: Sie kann wachsen, schrumpfen oder ganz ausfallen. Zweitens weisen sowohl Aktien wie auch Anleihen eine größere Zahlung in der Zukunft aus, wenn die Anleihe zurückgezahlt oder die Aktie verkauft wird. Wenn Sie Aktien langfristig halten und zum Beispiel an Ihre Enkel vererben wollen, bestimmt sich ihr innerer Wert als ewige Rente der Dividendenzahlungen sowie aus dem Dividendenwachstum (ewige Rente mit konstanter Wachstumsrate).

Tab. 10.1: **Langfristige jährliche Durchschnittsrenditen verschiedener Anlageklassen**

Vermögensgegenstand	Langfristige Durchschnittsrendite nominell	Langfristige Durchschnittsrendite inflationsbereinigt/real
U.S. Treasury Bills (1926–2000)*	3,9	0,8
U.S. Government Bonds (1926–2000)**	5,7	2,7
U.S. Corporate Bonds (1926–2000)***	6,0	3,0
DAX-Aktien (1949–2005)[3]	12,2	9,8
DAX-Aktien (1962–2005)	7,5	4,7
EuroStoxx50 (1986–2005)[4]	10,1	6,7
U.S. Blue Chips (1926–2000)	13,0	9,7
U.S. Small Caps (1926–2000)	17,3	13,8

* Kurz laufende Staatsanleihen (Laufzeit meistens 90 Tage)
** Staatsanleihen mit einer längeren Laufzeit (> 1 Jahr, meistens drei, zehn oder 30 Jahre)
*** Unternehmensanleihen

Quellen Brealy/Myers, S. 155, Deutsches Aktieninstitut, Ibbotson Associates

Wie Sie aus der obigen Tabelle ersehen können, haben Aktien in den USA mit 13 Prozent in dem langen Zeitraum von 1926 bis 2000 eine deutlich höhere Rendite erzielt als Treasury Bills und als lang laufende Anleihen. Die Risikoprämie für Blue Chips läge bei 9,1 Prozent, die für Small Caps sogar bei 13,4 Prozent.

Es bestehen prinzipiell zwei Möglichkeiten der Bestimmung von Kapitalkosten für Aktien aus der Ex-post-Betrachtung heraus:

1. Langfristige Durchschnittsrendite des entsprechenden Marktindex (Blue Chips, Small Caps) oder

2. Langfristige durchschnittliche Risikoprämie des entsprechenden Marktindex im Vergleich zu Anleihen + aktuelle Rendite der Anleihen

Methode eins ist sehr einfach zu handhaben, Methode zwei hat den Vorteil, dass sie auch auf eine Veränderung des Zinsniveaus eingeht.

Problematik der Ex-post-Betrachtung und mögliche Trendbrüche: Letztlich sind die Kapitalkosten eine bewegliche Größe, es besteht keine Möglichkeit, zu bestimmen, welche Renditen »der Markt« wirklich in der Zukunft erzielen wird. Auch die Mehrzahl der Marktteilnehmer kann ja mit ihren Renditeerwartungen falsch liegen. Die Renditen der Vergangenheit sind damit nur ein sehr grober und manchmal irreführender Anhaltspunkt.

Es besteht weitgehender Konsens, dass eine Rendite von 13 Prozent auf amerikanische Standardaktien (bzw. eine Risikoprämie von neun Prozent zum T-Bill) als Erwartungswert für die Zukunft wohl zu hoch ist. Der Zeitraum von 1926 bis 2000 schließt den langen Nachkriegsboom von 1950 bis 2000 ein (das halbe Jahrhundert, in dem auch Warren Buffett sein Vermögen gemacht hat). Aus verschiedenen Gründen dürfte sich eine derartig hohe Wertsteigerung der Aktienmärkte über einen derartig langen Zeitraum nicht wiederholen, zumindest nicht in den westlichen Industrienationen:

- In der zweiten Hälfte des zwanzigsten Jahrhunderts wurde die Aktie auch für breite Bevölkerungsschichten ein zunehmend wichtigeres Anlageobjekt, zuerst in den angelsächsischen Ländern, später auch in Kontinentaleuropa.
- Die westlichen Industrienationen bauten den Sozialstaat auf. Zumindest in den USA erfolgte die Alterssicherung dabei auch über Pensionsfonds, die massiv in Aktien investieren oder über private Investments in Aktienfonds. Auch das erhöhte die Nachfrage nach Aktien. In den USA ist diese Entwicklung weitgehend abgeschlossen, in Europa läuft sie noch.
- Die Dynamik der wirtschaftlichen Entwicklung hat sich zumindest teilweise aus den westlichen Industrienationen nach Asien und in die OECD-Staaten verlagert. Das dürfte sich bremsend auf die Wachstumsraten für die westlichen Industrienationen auswirken, an denen letztlich auch die Aktienkursentwicklung hängt.

Ist eine Risikoprämie für Aktien überhaupt gerechtfertigt? Im Jahr 2005 machte eine Kontroverse zwischen Prof. Richard Stehle, Ph. D., Humboldt-Universität zu Berlin, und Prof. Dr. Ekkehard Wenger, Universität Würzburg, von sich reden.[5] Beide Kollegen sind in der Finanzwelt bekannt. Richard Stehle machte sich unter anderem dadurch einen Namen, dass er die Renditen eines hypothetischen DAX bis 1948 zurückrechnete, der kantige Wenger attackiert auf Hauptversammlungen gerne Managements, wenn diese aus seiner Sicht inkompetent und unehrlich sind. Er wurde in den neunziger Jahren zum ausgesprochenen Schrempp-Kritiker.

Stein des Anstoßes war der von Stehle in einem Gutachten für das Institut der Wirtschaftsprüfer festgestellte Basiszins von fünf Prozent (risikofreier Zins) sowie die Risikoprämie von 5,5 Prozent, die nach Wenger »weit überhöht« ist. Wenger attackierte seinen Kollegen in seiner gewohnt heftigen Art als »Heuschrecken-Berater«. Seine Kritik ist aber wie gewohnt scharfsinnig und fundiert.

Hohe Zinssätze (Kapitalkosten) begünstigen Firmenkäufer, die nachher die verbliebenen Kleinaktionäre zwangsabfinden. Ab einem Aktienbesitz von 95 Prozent können nämlich Firmenkäufer die verbliebenen Kleinaktionäre aus dem Unternehmen herausdrücken (Squeeze-Out) und müssen dafür eine Abfindung zahlen, die durch einen unabhängigen Wirtschaftsprüfer berechnet wird. Je höher die anzusetzenden Kapitalkosten sind, desto geringer ist der Wert der Abfindung, die sich normalerweise durch einen Ertragswert berechnet.

Stehle hatte auf historische Renditen des Aktien- und des Anleihenmarkts von 1954 bis 2004 zurückgegriffen. Die fünfziger Jahre waren aber noch die Zeit des Wiederaufbaus und Wirtschaftswunders, in welcher der deutsche Aktienmarkt durchschnittlich 7,5 Prozent p.a. mehr als der Weltindex erzielte. Diese höheren Renditen gehen direkt in die historischen Kapitalkosten ein. Es spricht einiges dafür, diesen Zeitraum entsprechend der Forderung Wengers auszuklammern.

Zweitens nimmt Stehle zur Berechnung der Risikoprämie den REXP, der Renten mit einer durchschnittlichen Laufzeit von sechs Jahren umfasst. Sinken die Zinsen – was von 1981 bis 2004 der Fall war, steigen die Kurse dieser Papiere weniger als diejenigen von Aktien oder lang laufenden Anleihen, weil sie einen kleineren zeitlichen Hebel haben. Damit überschätzt Stehle nach Wenger die Risikoprämie.

Insgesamt kommt Wenger zu dem Schluss, dass gerade einmal Risikoprämien von 1,5 Prozent bis maximal zwei Prozent p.a. akzeptabel sind.

Risikoprämien und Kapitalmarkttheorie: Die klassische Kapitalmarkttheorie nach Markowitz und Sharpe definiert das Risiko einer Kapitalanlage ausschließlich als deren statistische Volatilität, also das Ausmaß der Schwankungen der Kurse. Diese wiederum wird durch die Standardabweichung σ bzw. die Varianz σ^2 gemessen. Je stärker der Kurs eines Vermögensgegenstands schwankt, desto höher ist nach dieser Auffassung das Risiko einer Kapitalanlage.

Die Kapitalmarkttheorie unterscheidet nun zwischen Marktrisiko und spezifischem Risiko einer Aktie. Das von Markowitz und Sharpe entwickelte Capital Asset Pricing Model (CAPM)[6] zeigt unter Zuhilfenahme einiger Annahmen, dass letztlich nur die Schwankung einer Aktie in Relation zum Gesamtmarkt, das sogenannte Beta (β), ausschlaggebend für das Risiko und damit die Risikoprämie dieser Aktie ist (wenn Sie Risiko ausschließlich als Volatilität verstehen).

$$R_{EK} - r_f = \beta\,(r_m - r_f)$$

Wenn die Kapitalmarkttheorie nach Markowitz und Sharpe richtig sein sollte, lassen sich aufgrund dieses einfachen Zusammenhangs die Kapitalkosten für einzelne Aktien ermitteln.

Value-Investoren teilen diese Definition des Risikos für eine Aktie nicht und betrachten die historischen Volatilitäten als ein falsches und oftmals irreführendes Maß für das Risiko. Buffett weist in seinem klassischen Beispiel zu seinem Engagement bei der Washington Post darauf hin, dass Risiko etwas völlig anderes ist als Volatilität[7]: »Akademische Institute für Finanzierungslehre wollen das Risiko messen. Und sie wissen nicht, wie sie es machen sollen, also behaupten sie, dass Risiko gleich Volatilität ist. Ich habe oft das Beispiel der Aktien der Washington Post Company angeführt, als wir diese zuerst kauften: 1973 waren die Aktien fast um 50 Prozent gefallen, von 180 bis 190 Millionen Dollar für das ganze Unternehmen auf vielleicht 80 oder 90 Millionen Dollar. Deswegen war das Beta der Aktie natürlich gestiegen. Ein (Finanz-)Professor hätte Ihnen erzählt, dass ein Investment in das Unternehmen riskanter wäre, wenn Sie dieses zu einem Wert von 80 Millionen anstelle von 170 Millionen Dollar gekauft hätten. Darüber habe ich nachgedacht, seitdem sie es mir vor 25 Jahren erzählt haben. Ich habe es bis heute nicht begriffen.«[8] (In den folgenden 15 Jahren verfünfundzwanzigfachte sich Buffetts Investment.)

Praktiker-Methoden zur Bestimmung von Kapitalkosten

Warren Buffett macht es sich sehr einfach: Da er nur in ausgesuchte »Franchises« und damit sichere Geschäftsmodelle investiert, macht er keinen Unterschied zwischen Aktien und Anleihen und setzt als

Kapitalkosten die Rendite der zehnjährigen oder einer länger laufenden Staatsanleihe an.

Sollten die Zinsen extrem niedrig sein, wie zum Beispiel von 2002 bis 2006, so setzt Buffett langfristige Durchschnittsrenditen oder einfach einen leicht erhöhten Zinssatz an. Spätestens seit 2003 befinden wir uns in einer Phase sehr niedriger Zinssätze. Es darf daran erinnert werden, dass die Umlaufrenditen in Deutschland Ende der siebziger Jahre auch schon einmal um die zehn Prozent und in den USA und England sogar schon fast bei 20 Prozent lagen.

Abb. 10.1: **Umlaufrendite am deutschen Anleihemarkt 1997–2006**

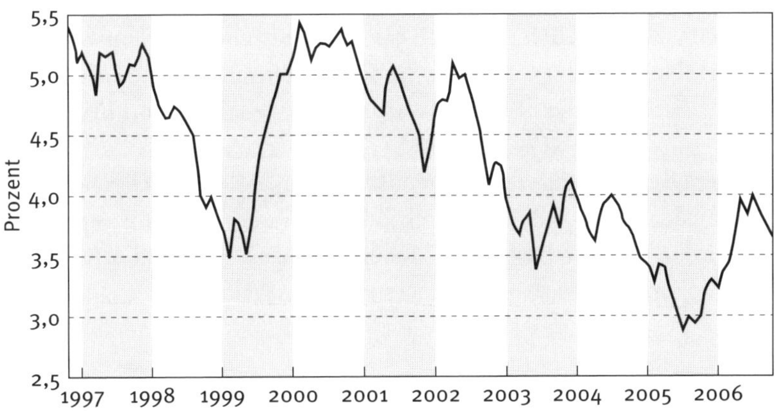

Quelle: www.onvista.de

Bruce Greenwald stellt zwei alternative Methoden zur Ermittlung der Kapitalkosten vor. Zum einen addiert er zur Gewinnrendite des Aktienmarkts die Inflationsrate. Durch die Gewinnrendite wird die Verzinsung eines Investments am Aktienmarkt angegeben. Die Inflationsrate wird hinzuaddiert.

Kapitalkosten für den Aktienmarkt =
Gewinnrendite des Markts + Inflationsrate
= 1 / Markt-KGV + Inflationsrate

Zum anderen addiert er zur Dividendenrendite die langfristigen Wachstumserwartungen. Damit bezieht sich Greenwald auf die in Kapitel sechs erläuterte Gordon-Gleichung. Die Dividendenrendite steht dem Aktionär sofort zu. Die langfristige Wachstumsrate des Markts wird durch die Verzinsung der einbehaltenen Gewinne bestimmt. In dieser Wachstumsrate ist die Inflation bereits enthalten.

Kapitalkosten für den Aktienmarkt
= Dividendenrendite des Markts + langfristige Wachstumsrate der Volkswirtschaft

Berechnung für den DAX, September 2006: 2006 betrug das KGV des DAX in etwa 13, die Gewinnrendite lag also bei 7,7 Prozent. Bei einer Inflationsrate von 1,0 Prozent (September 2006) betrüge nach dieser Rechnung die Renditeerwartung für den deutschen Aktienmarkt 8,7 Prozent. Nehmen wir eine etwas höhere, durchschnittliche Inflationsrate an, dann läge die Renditeerwartung bei vielleicht zehn Prozent.

Bei der Berechnung der Kapitalkosten einzelner Aktien nimmt Greenwald einfach die Marktrenditen und zieht ein bis zwei Prozentpunkte ab (für besonders sichere Aktien) bzw. addiert ein bis zwei Prozentpunkte (bei besonders riskanten Aktien).

Sicherheitsmargen (= Risikoprämien) für Aktien nach Ben Graham

Value-Investoren versuchen nicht, makroökonomische Größen vorherzusagen, weil sie dies als Zeitverschwendung ansehen. Bestenfalls machen sie sich ein Bild über die wahrscheinlichen langfristigen Trends bei den Zinssätzen und der Inflationsrate. Man konnte zum Beispiel im Sommer 2006 argumentieren, dass nach 25 Jahren fallenden Zinsen und Inflationsraten langsam der Wendepunkt erreicht war und diese Größen nun tendenziell wieder steigen würden. Obwohl dies plausibel ist, ist es keinesfalls sicher: Gemessen an den Zinssätzen und Inflationsraten des neunzehnten Jahrhunderts waren die entsprechenden Größen im Jahr 2006 durchaus noch durchschnittlich bis leicht überdurchschnittlich.

Man kann aber die Renditen der lang laufenden Anleihen mit den Renditen des Aktienmarkts vergleichen. Graham hierzu: »Bei Aktien, die unter normalen Bedingungen zu Investmentzwecken gekauft werden, liegt die Sicherheitsmarge darin, dass die Gewinnrendite deutlich über der Rendite der entsprechenden Anleihen liegt.«[9]

In der 1972er Ausgabe von *The Intelligent Investor* führt er hierzu aus: »In früheren Ausgaben haben wir die folgenden Zahlen herangezogen: Nehmen Sie an, dass in einem typischen Fall die Gewinnrendite (Earnings Power) neun Prozent beträgt und die Rendite der Anleihen vier Prozent. Dann hat der Aktieninvestor einen jährlichen Renditevorteil von fünf Prozent ... das ist eine erhebliche Sicherheitsmarge … Das Investieren in normale Aktien ist unter diesen Bedingungen nicht besonders schwer und man benötigt keine besonders hochwertigen Einsichten und Voraussichten, um erfolgreich zu sein … Das Problem unter den Bedingungen von 1972 liegt in der Tatsache begründet, dass die Gewinnrendite nun deutlich geringer als neun Prozent ist. [… und die Anleihenrenditen höher als vier Prozent waren, Anm. d. Verf.] … Der Investor täte gut daran, so gelassen wie er kann, zu erkennen und zu akzeptieren, dass das alte Paket von guten Gewinnmöglichkeiten bei letztlich geringen Risiken [am Aktienmarkt, Anm. d. Verf.] nicht mehr länger verfügbar ist.«[10]

Im Herbst 2006 lagen die Gewinnrenditen des deutschen Aktienmarkts bei ca. acht Prozent, die Umlaufrenditen der Anleihen bei unter vier Prozent: Für den deutschen Investor war 2006 – trotz eines Anstiegs des DAX um 170 Prozent seit März 2003 – das schöne Paket von guten Gewinnchancen bei letztlich geringen Risiken noch verfügbar.

---

1 Neumann, John von/Morgenstern, Oskar: Theory of Games and Economic Behaviour. (Princeton 1944)
2 S. Kapitel 1.
3 www.dai.de/internet/dai/dai-2-0.nsf/dai_publikationen.htm
4 Ebd.
5 Wenger, Ekkehard: Verzinsungsparameter in der Unternehmensbewertung – Betrachtungen aus theoretischer und empirischer Sicht.. In: Fair Valuations – Moderne Grundsätze zur Durchführung von

Unternehmensbewertungen. Konferenzunterlagen zu einer Veranstaltung von Center for Financial Studies, SdK und Die Aktiengesellschaft am 15. Juni 2005 in Frankfurt/Main. Stehle, Richard: Empirische Untersuchungen zur Frage CAPM vs. Steuer-CAPM – Ein Literaturüberblick mit ersten Ergebnissen für Deutschland. In: Fair Valuations – Moderen Grundsätze zur Durchführung von Center Financial Studies, SdK und Die Aktiengesellschaft am 15. Juni 2005 in Frankfurt/Main.

6 Markowitz, Harry: Portfolio Selection. In: The Journal of Finance Vol. 7, March 1952, S. 77–91, Sharpe, William: Capital Asset Prices: A Theory of Market Equilibrium under Conditions of Risk. In: The Journal of Finance, Vol. 19, September 1964, S. 425–442.

7 Excerpts by Warren Buffett as guest lecturer at Stanford Law School, March 23, 1990, reprinted in Outstanding Investor Digest, Vol. V, No. 3, April 18, 1990; www.kamny.com/load/publications/p03_eng.pdf; http://pages.stern.nyu.edu/~adamodar/pdfiles/eqnotes/marginofsafety.pdf

8 http://pages.stern.nyu.edu/~adamodar/pdfiles/eqnotes/marginofsafety.pdf

9 Graham (2003), S. 514.

10 Ebd., S. 514–516.

Literaturverzeichnis

Bücher

Bogle, John: Bogle on Mutual Funds: New Perspectives for the Intelligent Investor. (New York 1994)

Bogle, John: Common Sense on Mutual Funds. (New York 1999)

Bogle, John: John Bogle on Investing: The First 50 Years. (New York 2000)

Brandes, Charles: Value-Investing Today. (New York 2004)

Brealey, Richard/Myers, Stewart: Principles of Corporate Finance. International Edition (New York 2001)

Brussee, Warren: The Second Great Depression. (Bangor, Maine 2005)

Buckley, Adrian/Ross, Stephen/Westerfield, Randolph/Jaffe, Jeffrey: Corporate Finance Europe. (London 1998)

Buckley, Adrian/Ross, Stephen/Westerfield, Randolph/Jaffe, Jeffrey: Finanzmanagement europäischer Unternehmen. (Frankfurt am Main 2000)

Buffett, Warren: Die Essays von Warren Buffett. Das Buch für Investoren. (Bonn 2003)

Buffett, Warren/Cunningham, Lawrence: The Essays of Warren Buffett: Lessons for Corporate America. (New York 2001)

Buzzel, Robert/Gale, Bradley: The PIMS Principles. (New York 1987)

Collins, Jim: Good to Great. Why Some Companies Make the Leap and Others Don't. (New York 2001)

Collins, Jim: Built to Last. Successful Habits of Visionary Companies. (New York 1994)

Cunningham, Lawrence: What is Value-Investing? (New York 2004)

Cunningham, Lawrence: Value-Investing. Investieren wie Buffett & Co. (München 2006)

Damodaran, Aswath: Investment Valuation. Tools and Techniques for Determining the Value of Any Asset. (New York 2002)

Day, Theodore/Wang, Xi/Xu, Yexiao: Investigating Underperformance by Mutual Fund Portfolios. (Dallas 2001)

Dimson, Elroy: Triumph of the Optimists: 101 Years of Global Investment Returns. (Princeton 2002)
Fisher, Philip: Die Profi-Investment-Strategie. Mit Philip A. Fishers Anlage-Regeln zum Erfolg. (Rosenheim 1999)
Galbraith, John Kenneth: Der große Krach. (Stuttgart 1963)
Galbraith, John Kenneth: The Great Crash 1929. (New York 1962)
Gelfarth, Volker: Die besten Anlagestrategien der Welt. Investieren wie Buffett, Lynch, Graham und Co. (München 2005)
Goldberg, Joachim/Nitzsch, Rüdiger von: Behavioral Finance. Gewinnen mit Kompetenz. (München 2004)
Graham, Benjamin/Dodd, David: Security Analysis. The Classic 1940 Second Edition. (New York 2002)
Graham, Benjamin: The Intelligent Investor. Revised Edition. (New York 2003)
Grant, Lindsey: The Collapsing Bubble. Growth and Fossil Energy. (Santa Ana, California 2005)
Greenblatt, Joel: The Little Book That Beats The Market. (Hoboken 2006)
Greenwald, Bruce: Competition demystified. A Radically Simplified Approach to Business Strategy. (New York 2005)
Greenwald, Bruce: Value-Investing. From Graham to Buffett and Beyond. (Hoboken 2001)
Hagstrom, Robert: Investieren mit Warren Buffett. Sichere Gewinne mit der Fokus-Strategie. (München 2000)
Hagstrom, Robert: Investing. The Last Liberal Art. (New York 2000)
Henderson, Bruce: Die Erfahrungskurve in der Unternehmensstrategie. (Frankfurt am Main 1984)
Henze, Jana: Was leisten Finanzanalysten? (Schriftenreihe: Finanzierung, Kapitalmarkt und Banken, Bd. 38, Hrsg.: Röder, Klaus/Locarek-Junge, Hermann/Wahrenburg, Mark). (Lohmar 2004)
Jean-Jaques, Dennis: The Five Keys To Value-Investing. (New York 2003)
Kotler, Philip: Grundlagen des Marketing. (München 2002)
Kindleberger, Charles: Manias, Panics and Crashes. A History of Financial Crises. (New York 1996)
Kruschwitz, Lutz: Finanzmathematik. (München 2001)
LeBon, Gustave: Psychologie der Massen. (Stuttgart 1973)

Lowe, Janet: Benjamin Graham. Leben, Gedanken und Anleger-Tips eines Wall-Street-Profis. (Bonn 1997)

Lowe, Janet: Die Graham-Mcthode. Benjamin Grahams Value-Investing Schritt für Schritt. (Rosenheim 2000)

Lowe, Janet: Warren Buffett Speaks. (New York 1996)

Lynch, Peter: Beating the Street. (New York 1994)

Lynch, Peter: One Up On Wall Street. (New York 1990)

MacKay, Charles: Extraordinary Popular Delusions and the Madness of Crowds. (New York 1967)

Malkiel, Burton: A Random Walk Down Wall Street. (New York 1996)

Neumann, John von/Morgenstern, Oskar: Theory of Games and Economic Behaviour. (Princeton 1944)

Neuner, Michael: Motive für Geldanlageentscheidungen privater Investoren. In: Bungard, Walter/Koop, Barbara/Liebig, Christian: Psychologie und Wirtschaft leben. (München 2004)

Ogger, Günter: Der Börsenschwindel. Wie Aktionäre und Anleger für dumm verkauft werden. (München 2001)

O'Higgins, Michael: Beating the Dow. (New York 2000)

Olfert, Klaus/Reichel, Christopher: Finanzierung. (Ludwigshafen am Rhein 2005)

Otte, Max: Der Crash kommt. (Berlin 2006)

Otte, Max: Investieren in Biotech-Aktien. (München 2001)

Otte, Max: Investieren statt sparen. Wie Sie mit Aktien alle 5 Jahre Ihr Vermögen verdoppeln. (München 2000)

Otte, Max: Der OnVista-Führer zur Aktienanalyse. (München 2002)

Palepu, Krishna/Bernhard, Victor/Healy, Paul: Introduction to Business Analysis & Valuation. (Cincinnati 1997)

Palepu, Krishna/Bernhard, Victor/Healy, Paul: Step-by-Step Business Analysis & Valuation. Using Financial Statements to Value Any Business. (Cincinnati 1999)

Perkins, Anthony/Perkins, Michael: The Internet Bubble. Inside the Overvalued World of High-Tech Stocks – And what you need to know to avoid the coming shakeout. (New York 1999)

Porter, Michael: Competitive Advantage. Creating and Sustaining Superior Performance. (New York 1998)

Porter, Michael: Competitive Strategy. Techniques for Analyzing Industries and Competitors. (New York 1998)

Probst, Hans-Jürgen: Bilanzen lesen leicht gemacht. GuV – gerätselt und verstanden? (Frankfurt am Main 2000)

Raab, Gerhard/Neuner, Michael: Motive für Geldanlageentscheidungen privater Investoren. In: Bungard, Walter/Koop, Barbara/ Liebig, Christian: Psychologie und Wirtschaft leben. Aktuelle Themen der Wirtschaftspsychologie in Forschung und Praxis. (München 2004)

Schenek, André: Überrenditen von Aktien-Neuemissionen – Determinanten der Performance von Initial Public Offerings am deutschen Markt. (Bad Soden/Ts. 2006)

Schwed, Fred: Where are the Customers' Yachts? (New York 1995)

Shleifer, Andrei: Inefficient Markets. An Introduction To Behavioral Finance. (New York 2000)

Simon, Hermann/Bilstein, Frank/Luby, Frank: Der gewinnorientierte Manager. Abschied vom Marktanteilsdenken. (Frankfurt am Main 2006)

Simon, Hermann: Die heimlichen Gewinner. (Frankfurt 1996)

Spremann, Klaus: Vermögensverwaltung. (München 1999)

Steinhardt, Michael: No Bull: My Life In and Out of Markets. (New York 2001)

Stock, Detlev: Zur Relevanz von CAPM-Anomalien für den deutschen Aktienmarkt. (Frankfurt am Main 2002)

Vick, Timothy: How To Pick Stocks Like Warren Buffett. (New York 2000)

Welch, Jack: Was zählt. Die Autobiographie des besten Managers der Welt. (München 2001)

White, Eugene: Crashes and Panics: The Lessons from History. (New York 1990)

Whitman, Martin/Shubik, Martin: The Aggressive Conservative Investor. (New York 2006)

Whitman, Martin: Value-Investing. A Balanced Approach. (New York 1999)

Wiehle, Ulrich: 100 IFRS Financial Ratios. (Wiesbaden)

Wiehle, Ulrich: 100 IFRS Kennzahlen. IFRS Financial Ratios. Dictionary Deutsch/Englisch. (Wiesbaden)

Wiehle, Ulrich: Unternehmensbewertung. Methoden. Rechenspiele. Vor- und Nachteile. (Wiesbaden 2005)

Wiehle, Ulrich: 100 Finanzkennzahlen. (Wiesbaden 2005)

Williams, John B.: The Theory of Investment Value. (Amsterdam 1964)

Artikel aus Zeitungen/Zeitschriften

Unbekannter Verfasser: Amerikanische Aktien im historischen Vergleich teuer. In: FAZ, 21.08.2004, Nr. 194, S.19

Unbekannter Verfasser: Coming Clean on Stock Options. In: The Economist, 27th April 2002, S. 75–76

Unbekannter Verfasser: Prozessauftakt gegen Deutsche Telekom. In: Die Welt, 22. November 2004. Online unter: http://www.welt.de/data/2004/11/22/364260.html

Benartzi, Shlomo/Thaler, Richard: Myopic Loss Aversion and the Equity Premium Puzzle. In: Quarterly Journal of Economics, No. 110, 1995, S. 73–92

Bondt, Werner de/Thaler, Richard: Does the Stock Market Overreact? In: The Journal of Finance, Vol. 40, July 1985

Bondt, Werner de/Thaler, Richard: Further Evidence on Invest Overreaction and Stock Market Seasonality. In: The Journal of Finance, Vol. 42, July 1987

Brauer, Greggory/Chang, Eric: Return Seasonality in Stocks and Their Underlying Assets: Tax-Loss Selling versus Information Explanations. In: The Review of Financial Studies, Vol. 3, No. 02, 1990

Brav, Alon/Gompers, Paul: Myth or Reality? The Long-Run Underperformance of Initial Public Offerings: Evidence from Venture and Nonventure Capital-Backed Companies. In: The Journal of Finance. Vol. 52, December 1997

Buffett, Warren: The Superinvestors of Graham-and-Doddsville. In:
Hermes, Magazine of Columbia Business School, 1984. Online unter: http://www1.gsb.columbia.edu/valueinvesting/research/public_archives/DOC032.PDF

Buffett, Warren: Excerpts by Warren Buffett as guest lecturer at Stanford Law School, March 23, 1990, reprinted in Outstanding Investor Digest, Vol. V, No. 3, April 18, 1990

Campbell, John/Grossman, Sanford/Wang, Jiang: Trading Volume and Serial Correlation in Stock Returns. In: The Quarterly Journal of Economics, Vol. 108, No. 04, November 1993

Carhart, Mark: On Persistence in Mutual Fund Performance. In: The Journal of Finance, Vol. 52, March 1997

Castner, Jens/Conrad, Hartmut: Für immer oben In: Euro am Sonntag, 23. April 2006

Chan, Louis/Jegadeesh, Narasimhan/Lakonishok, Josef: Momentum Strategies. In: The Journal of Finance, Vol. 51, December 1996

Chopra, Navin/ Lakonishok, Josef/Ritter, Jay: Measuring Abnormal Performance. Do Stocks Overreact? In: Journal of Financial Economics 31, 1992

Dreman, David/Berry, Michael: Overreaction, Underreaction and the Low-P/E Effect. In: Financial Analysts' Journal, Heft 51, July–August 1995

Döpke, Jörg/Pierdzioch, Christian: Brokers and Business Cycles: Does Financial Market Volatility Cause Real Fluctuations? In: Kredit und Kapital, Jg. 34/Heft 3, 2001

Fama, Eugene/French, Kenneth: Dividend Yields and Expected Stock Returns. In: Journal of Financial Economics 22, 1988

Fama, Eugene/French, Kenneth: Value versus Growth. The International Evidence. In: The Journal of Finance, Vol. 53, Dezember 1998

Fama, Eugene: Efficient Capital Markets: A Review of Theory and Empirical Work. In: The Journal of Finance, Vol. 25, May 1970

Fama, Eugene: Efficient Capital Markets: II. In: The Journal of Finance, Vol. 46, December 1991

Fama, Eugene: Market Efficiency, Long-Term Returns and Behavioural Finance. In: Journal of Financial Economics 49, 1998

Hens, Thorsten/Schenk-Hoppé, Klaus Reiner: Evolutionary Stability of Portfolio Rules in Incomplete. In: Journal of Mathematical Economics, 16. April 2003

Horne, Jocelyn/Nahm, Daehoom: International Reserves and Liquidity: A Reassessment. In: Kredit und Kapital, Jg. 34/Heft 3, 2001

Ikenberry, David/Lakonishok, Josef/Vermaelen, Theo: Market Underreaction to Open Market Share Repurchases. In: Journal of Financial Economics 39, 1995

Jegadeesh, Narasimhan/Titman, Sheridan: Returns to Buying Winners and Selling Losers: Implications for Stock Market Efficiency. In: The Journal of Finance, Vol. 48, 1993

Jensen, Michael: The Performance of Mutual Fund in the Period 1945–1964. In: The Journal of Finance, Vol. 23, May 1968

Kahnemann, Daniel/Riepe, Mark: Aspects of investors' psychology. In: Journal of Portfolio Management. Vol. 24/No. 04, 1998. Online unter: http://finance.math.biu.ac.il/readings/rsk_mang/aspects%20 of%20investor%20psychology.pdf#search=%22Aspects%20of%20 investor%20psychology%22

Kahneman, David/Tversky, Amos: On the Psychology of Prediction. In: Psychological Review No. 80 1973, S. 237–251

Kahneman, David/Tversky, Amos: Prospect Theory. An Analysis of Decision under Risk. In: Econometrica, No. 47, 1979, S. 263–291

Keppler, Michael: Risk is not the same as Volatility. (dt. Originalversion veröffentlicht in: Die Bank, November 1990, Nr. 11, S. 610–614)

Kothari, S.P./Shanken, Jay: Book-to-market, dividend yield and expected market returns: A time-series analysis. In: Journal of Financial Economics 44, 1997

Kotkamp, Stefan/Otte, Max: Die langfristige Performance von DAX-Dividendenstrategien. In: Kredit und Kapital, Jg.34/Heft 3, 2001

Lakonishok, Josef/Shleifer, Andrei/Thaler, Richard/Vishny, Robert: Window Dressing by Pension Fund Managers. In: The American Economic Review, Vol. 81, May 1991

Lakonishok, Josef/Shleifer, Andrei/Vishny, Robert: Contrarian Investment, Extrapolation and Risk. In: The Journal of Finance, Vol. 49, December 1994

Lakonishok, Josef/Shleifer, Andrei/Vishny, Robert/Hart, Oliver/Perry, Geroge: The Structure and Performance of the Money Management Industry. In: Brookings Papers on Economic Activity. Microeconomic, Vol. 1992, 1992

Leber, Hendrik/Muhle, Henrik: Einfache Value-Strategien schlagen meist den Markt. In: Inside VCH, Ausgabe 02, März 2003

Loomis, Carol: The tragedy of General Motors. In: Fortune, 6. February 2006

Malkiel, Burton: Returns from Investing in Equity Mutual Funds 1971 to 1991. In: The Journal of Finance, Vol. 50, June 1995

Markowitz, Harry M.: Portfolio Selection. In: The Journal of Finance, Vol. 7, March 1952

Matschke, Manfred Jürgen/Brösel, Gerrit: Unternehmensbewertung. Funktionen – Methoden – Grundsätze (Wiesbaden 2005)

Michaely, Roni/Thaler, Richard/Womack, Kent: Price Reactions to Dividend Initiations and Omissions: Overreaction or Drift? In: The Journal of Finance, Vol. 50, June 1995

Miess, Volker: Lohnt jetzt der Einstieg bei DAX, Dow Jones, Gold? Online unter: http://www.bild.t-online.de/BTO/tipps-trends/geld-job/topthemen/aktienfonds/DAX/dax-hoechststand/dax-hoechststand.html

Modigliani, Franco/Miller, Meton: The Cost of Capital, Corporation Finance and the Theory of Investment. In: The American Economic Review, Vol. 48, June 1958

Otte, Max: Hochzinsprodukte und Value-Aktien. In: Der Privatinvestor, Ausgabe 27/2005, 08.07.2005

Pontiff, Jeffrey/Schall, Lawrence: Book-to-market ratios as predictors of market returns. In: Journal of Financial Economics 49, 1998

Poterba, James/Summers, Lawrence: Mean Reversion in Stock Prices. Evidence and Implications. In: Journal of Financial Economics 22, 1988

Prozeßauftakt gegen Deutsche Telekom. In: Die Welt, 22. November 2004, Online unter: http://www.welt.de/data/2004/11/22/364260.html

Ritter, Jay: The Long-Run Performance of Initial Public Offerings. In: The Journal of Finance, Vol. 46, March 1991

Rosenthal, Leonard/Young, Colin: The Seemingly Anomalous Price Behaviour of Royal Dutch/Shell and Unilever N.V./PLC. In: Journal of Financial Economics 26, 1990

Sharpe, William: Capital Asset Prices: A Theory of Market Equilibrium under Conditions of Risk. In: The Journal of Finance, Vol. 19, September 1964

Shiller, Robert: Do Stock Prices Move too Much to be Justified by Subsequent Changes in Dividends? In: The American Economic Review, Vol. 71, June 1981

Shleifer, Andrei/Vishny, Robert: The limits of arbitrage. In: The Journal of Finance, Vol. 52, 1997

Shleifer, Andrei/Vishny, Robert: Equilibrium short horizons of investors and firms. In: American Economic Review Papers and Proceedings, Vol. 80, 1990

Stehle, Richard/Hartmond, Anette: Durchschnittsrenditen deutscher Aktien 1954–1988. In: Kredit und Kapital, Jg. 25/Heft 3, 1991, S. 371–411

Stehle, Richard/Huber, Rainer/Maier, Jürgen: Die Rückberechnung des DAX für die Jahre 1955 bis 1987. In: Kredit und Kapital, Jg. 29/Heft 2 1996, S. 277–304

Stehle, Richard/Wulff, Christian/Richter, Yvette: Die Rendite deutscher Bluechip-Aktien in der Nachkriegszeit – Rückberechnung des DAX für die Jahre 1948 bis 1954, unveröffentlichtes Manuskript, Humboldt-Universität zu Berlin, 1998

Stock, Detlev: Zur Tauglichkeit des Kurs-Gewinn-Verhältnisses für die Prognose von Aktienkursveränderungen – eine Replik. In: ZfB. Zeitschrift für Betriebswirtschaft, Nr. 3, März 2001, S. 321

Stock, Detlev: Winner and Loser Anomalies in the German Stock Market. In: Journal of Institutional Theoretical Economics. Vol. 146, No. 3, September 1990

Strauss, Gary: Controversial repricings of Stock Options on the rise. In: USA Today, 14.10.2002

Wetjen, Birgit: Renditeschwaches Einerlei. In: FORUM – MLP-Magazin für Private Finanzen/Heft 2, Juni 2006, S. 43. Online unter: http://www.mlp.de/homepage/servlet/contentblob/27562/data/s42.pdf

Westerheide, Peter: Einkommens- und Nachfrageeffekte von Zinsänderungen. In: Kredit und Kapital, Jg. 34/Heft 3, 2001

Artikel – Deutsches Aktieninstitut

DAI-Kurzstudie 1/1999: Privater Aktienbesitz in Deutschland: Aufwärtstrend setzt sich fort.

DAI-Kurzstudie 1/2000: Zahl der Aktionäre in Deutschland überschreitet 5 Millionen.

DAI-Kurzstudie 2/2000: Durchbruch bei der Aktienakzeptanz.

DAI-Kurzstudie 3/2000: Aktien und Aktienfonds stark gefragt. Spareinlagen 1999 erstmals rückläufig.

DAI-Kurzstudie 3/2001: Zahl der Aktionäre und Besitzer von Aktienfondsanteilen steigt weiter an.

DAI-Kurzstudie 1/2002: 2001 – Jahr der Reife für Aktionäre und Fondsbesitzer.

DAI-Kurzstudie 3/2002: Moderater Rückgang der Aktionärszahlen.

DAI-Kurzstudie 1/2003: Stabilisierung der Aktionärszahlen – aber keine Entwarnung.

DAI-Kurzstudie 2/2003: Stabilisierung der Aktionärszahlen – aber Nervosität im Anlegerverhalten.

DAI-Kurzstudie 2/2004: Vertrauensschaffung bedarf eines langen Atems.

DAI-Kurzstudie 1/2005: Zahl der direkten Aktienanleger gestiegen – Zahl der Fondsanleger rückläufig.

DAI-Kurzstudie 3/2005: Vertrauen in die Aktie wächst.

DAI-Kurzstudie 1/2006: Vertrauen in dic Aktie stabilisiert sich.

DAI-Kurzstudie 2/2006: Aktionärszahlen rückläufig – Steuerpolitik verunsichert Anleger.

Sonstige Artikel:

Unbekannter Verfasser: Stahlpreise erreichen Rekordniveau. Pressemitteilung des Statistischen Bundesamtes vom 17. Mai 2004. Online unter: www.destatis.de/presse/deutsch/pm2004/p2230052.htm

Berg, Nathan: Finance, psychology, economics and the design of successful institutions. Online unter: http://www.utdallas.edu/~nberg/ Berg_ARTICLES/Nathan%20Berg%20Shanghai%20Forum0511_REVISED_7_21_05.pdf

Buffett, Warren: The Superinvestors of Graham-and-Doddsville, Rede an der Columbia University 1984. Online unter: http://www1.gsb.columbia.edu/valueinvesting/research/public_archives/DOC032.PDF

Currier, Chet: Third Avenue Fund Chief Focuses on Management. Online unter: http://www.washingtonpost.com/wp-dyn/articles/A2611-2005Mar26.html

Ehrhardt, Olaf: Viel Lärm um nichts? Zur (Ir)Relevanz der Risikoprämie für die Unternehmensbewertung im Rahmen von Squeeze Outs. Bei: Fair Valuations, Frankfurt am Main, 15. Juni 2005

Erhorn, Hans: Neue EU-Richtlinien. Konjunkturprogramm für die Bauwirtschaft in Westeuropa? Auf der Value Intelligence Konferenz der Bayerischen Landesbank im Juli 2006

Festinger, Leon: Theorie zur kognitiven Dissonanz. (1957) Online unter: http://www.tu-braunschweig.de/Medien-DB/paed-psych/dissonanz.pdf#search-%22festinger%201957%22

Greenwald, Bruce: Case Studies: Adidas and Infineon. Auf der Value Intelligence Konferenz der Bayerischen Landesbank im Juli 2006

Greenwald, Bruce: The Valuation of Growth Stocks with a Value Approach. Auf der Value Intelligence Konferenz der Bayerischen Landesbank im Juli 2006

Hamella, Markus: BayernInvest – Authentische Value Fonds made in Germany. Auf der Value Intelligence Konferenz der Bayerischen Landesbank im Juli 2006

Haßler, Robert: Prinziporientiertes Investieren – Ein Konzept im Einklang mit dem Value-Ansatz? Auf der Value Intelligence Konferenz der Bayerischen Landesbank im Juli 2006

Hens, Thorsten/Schenk-Hoppé, Klaus Reiner: Survival of the Fittest on Wall Street. Online unter: http://www.evolutionaryfinance.ch/uploads/media/surv_of_the_fittest.pdf

Keppler, Michael: Risk is not the same as Volatility. Online unter: www.kamny.com/load/publications/p03_eng.pdf

Kirchberger, Klaus: Waldinvestments aus der Sicht eines deutschen Investors. Auf der Value Intelligence Konferenz der Bayerischen Landesbank im Juli 2006

Klinz, Reiner: Brauereien. Wird der Branchenpessimismus übertrieben? Auf der Value Intelligence Konferenz der Bayerischen Landesbank im Juli 2006

Leber, Hendrik/Muhle, Henrik: Der Einfluss von Marktzyklen und institutionellen Investoren auf den Erfolg von Value-Strategien. Frankfurt am Main, Dezember 2003

Leber, Hendrik/Muhle, Henrik: Einfache Value-Strategien schlagen den Markt, Frankfurt am Main, 27. Februar 2003 – Acatis Aktuell

Lee, Charles/Bhaskaran Swaminathan: Price Momentum and Trading Volume. Working Paper Cornell University, June 1998

Le Fort, Peter von: Baumärkte: Konsolidierung und höhere Margen in den nächsten drei Jahren? Auf der Value Intelligence Konferenz der Bayerischen Landesbank im Juli 2006

Mauboussin, Michael/Schay, Alexander: Ruminations on Risk. Beta Versus Margin of Safety (2001) Online unter: http://pages.stern.nyu. edu/~adamodar/pdfiles/eqnotes/marginofsafety.pdf

Miller, Bill: Fund Commentary. Online unter: http://www.leggmason. com/funds/knowledge/management/2006MillerCommentaryQ2.pdf#search=%22bill%20miller%22

Nicol, James: Introduction to Timberland Investment. Auf der Value Intelligence Konferenz der Bayerischen Landesbank im Juli 2006

Orgland, Magne: Active Indexing – Outperformance durch Länder- und Branchenselektion. Präsentation Wegelin & Co., Darmstadt, *23. September 2005*

Rehder, Stefan/Holl, Sebastian: Fusion Investing. Integration von Momentum und Value-Investing. Auf der Value Intelligence Konferenz der Bayerischen Landesbank im Juli 2006

Rehder, Stefan: Bayern LB Value Research & Advisory. Auf der Value Intelligence Konferenz der Bayerischen Landesbank im Juli 2006

Rehder, Stefan: Value Trends 2006/2007: Asset-, Länder- und Sektorallokation sowie aktuelle Stock Picking Ideen. Auf der Value Intelligence Konferenz der Bayerischen Landesbank im Juli 2006

Sager, Christina: Gebäudeenergiepass – Auslöser für Investitionen? Auf der Value Intelligence Konferenz der Bayerischen Landesbank im Juli 2006

Schireson, Clifford: Fixed Income. Falling Knives. Auf der Value Intelligence Konferenz der Bayerischen Landesbank im Juli 2006

Schulz, Anja/Stehle, Richard: Empirische Untersuchungen zur Frage CAPM vs. Steuer-CAPM. Ein Literaturüberblick mit ersten Ergebnissen für Deutschland. Bei: Fair Valuations, 15. Juni 2005, Frankfurt am Main

Shleifer, Andrei: Financial Markets Efficiency. Auf der Value Intelligence Konferenz der Bayerischen Landesbank im Juli 2006

Shleifer, Andrei: Investor Sentiment. Auf der Value Intelligence Konferenz der Bayerischen Landesbank im Juli 2006

Siklic, Natalia: Warten auf Godot. Online unter: http://fonds. spiegel.de/news/analysis.asp?cobrand=Spiegel&articleid=47366&validfrom=2006-08-25

Wadhwaney, Amit: Third Avenue Management. Auf der Value Intelligence Konferenz der Bayerischen Landesbank im Juli 2006

Wenger, Ekkehard: Verzinsungsparameter in der Unternehmensbewertung – Betrachtungen aus theoretischer und empirischer Sicht. Bei: Fair Valuations, 15. Juni 2005, Frankfurt am Main

Internetquellen

http://djindexes.com/mdsidx/index.cfm?event=showAverages (Dow Jones Indexes)
http://deutsche-boerse.com/dbag/dispatch/de/binary/gdb_content_pool/imported_ files/public_files/10_downloads/14_investor_relations/10_company/Deutscher_Corporate_Governance_Kodex.pdf (Deutscher Corporate Governance Kodex)
http://info.dws.at/at/content.nsf/doc/JUNR-5V9E86/$file/VerVP_Vermoegen.pdf (Verkaufsprospekt DWS Vermögensbildungsfonds)
http://pages.stern.nyu.edu/~adamodar/pdfiles/eqnotes/marginofsafety.pdf (Gegenüberstellung von Beta und Sicherheitsmarge)
www.2iqresearch.com/home/home.DE.htm (Unternehmens-Website)
www.adr.com (Website von J.P. Morgan zu American Depository Receipts)
www.aktien-analyse.de
www.aktiengesetz.de/inhalt.htm (Aktiengesetz als Onlineversion)
www.allianz.com (Unternehmens-Website)
www.berkshirehathaway.com (Unternehmens-Website)
www.bijou-brigitte.com (Unternehmens-Website)
www.bijou-brigitte.com/Unternehmen/Firmenportrait/c_67_101.php? main_page=bb_company_portrait (Unternehmensporträt Bijou Brigitte)
www.bijou-brigitte.com/Unternehmen/Geschichte/c_67_102.php? main_page=bb_history (Unternehmensgeschichte Bijou Brigitte)
www.brandes.com/institute (The Brandes Institute)
www.clairestores.com (Unternehmens-Website)
www.controllingportal.de/Fachinfo/Grundlagen/Kennzahlensysteme.html (Controlling Portal, Informationen zu Kennzahlensystemen)
www.dai.de (Deutsches Aktieninstitut)
www.daimlerchrylser.com (Unternehmens-Website)
www.destatis.de (Statistisches Bundesamt Deutschland)
www.econ.yale.edu/%7Eshiller/data/ie_data.htm (Statistische Informationen über den amerikanischen Aktienmarkt von Robert Shiller)
www.econ.yale.edu (Yale Department of Economics)

www.evolutionaryfinance.ch/index.php?id=6 (Präsentationen zum Thema Evolutionary Finance)
www.federalreserve.gov/BoardDocs/speeches/1996/19961205.htm (Rede von Alan Greenspan am American Enterprise Institute vom 5. Dezember 1996)
www.fiendbear.com/deatheq.htm
www.gurufocus.com
www.indexchange.com (Unternehmens-Website)
www.ihk-koeln.de/Navigation/Standortpolitik/Wirtschaftspolitik/index.jsp?navoid=200 (IHK Köln)
www.karstadt-quelle.de/download/karstadtquelle_konzern_geschaeftsbericht_2004_d.pdf (Geschäftsbericht der Karstadt Quelle AG 2004)
www.magicformulainvesting.com (Website zu Greenblatts Magic Formula)
www.pfizer.com (Unternehmens-Website)
www.pfizer.com/pfizer/download/investors/financial/10q_0811_2006.pdf (10Q – Onlineversion von Pfizer)
www.privatinvestor.de (Website der IFVE GmbH)
www.salzgitter-ag.de (Unternehmens-Website)
www.salzgitter-ag.de/de/content/investor/finanzberichte/archiv/2003/ SzQ22003_d.pdf (Zwischenbericht 1. Halbjahr 2003 der Salzgitter AG)
www.salzgitter-ag.de/de/content/investor/infocenter_downloads/ad_hoc/archiv/2006/SZAG%20ad%20hoc%20Vallourec%20Verkauf%20d.pdf (Ad-hoc-Meldung zum Verkauf von Anteilen der Salzgitter AG an Vallourec S.A.)
www.salzgitter-ag.de/gb/2003/de/ch2/ch2_1/ch2_1_1/ (Informationen zur Konjunktur am Stahlmarkt)
www.sec.gov/edgar/searchedgar/webusers.htm (U.S. Securities and Exchange Commission)
www.siemens.com (Unternehmens-Website)
www.thirdavenuefunds.com (Unternehmens-Website)
www.vanguard.com (Unternehmens-Website)
www.wifak.uni-wuerzburg.de/bwl4/namen/wenger2.htm (Universität Würzburg, Lehrstuhl für BWL, Bank- und Kreditwirtschaft)
www1.gsb.columbia.edu/valueinvesting/index.html (Columbia University, Heilbrunn Center for Graham and Dodd Investing)

Personenverzeichnis

A
Boesky, Ivan, 138
Bogle, John, 43, 46, 55, 64
Brandes, Charles, 39, 43, 55, 85 f., 90, 97, 130 f., 147
Buffett, Warren, 13, 15 f., 21 ff., 27, 30, 34 f., 39, 41-43, 48 f., 51 f., 54 f., 57, 64, 72, 88, 95, 105, 114, 120, 130 f., 147, 150, 167, 170 f., **178 ff.**, 187 f., 195, 197, **202**, 217, 223, 226, 229, 236 ff., 242, 253, 265, 277, 279 f., 282, 285, 288, 321, 324 f., 328

C
Carhart, Mark, 64, 89
Castner, Jens, 12 f., 16, 22

D
De Bondt, Werner, 76 ff., 86, 89, 97, 109, 131, 260
Dodd, David, 15 ff., 22, 29, 42 f., 54 f., 57, 147, 164, 195
Drucker, Peter, 226, 253

E
Ellis, Charles, 38

F
Fama, Eugene, 54, 76, 89, 221
Fisher, Philip, 179, 182, **223 ff.**, 253
Fuhrmann, Heinz Jörg, 255, 273

G
Goldberg, Joachim, 54, 67 f., 69, 79, 89
Graham, Benjamin, 12, 15 ff., 22, 26, 28 f., 37, 40, 42 f., 54 f., 57, 60, 61, 91, 112, 116 ff., 129, 131, **145 ff.**, 164 f., 171, 175, 179 f., 182, 189, 195, 197, 230, 246, 253, 268, 273, 326 ff.
Greenblatt, Joel, 22, 43, 116, 131
Greenwald, Bruce, 17, 29, 91, 95, 126, 130 f., 133, 135, 137, 147, 163 ff., 170, 172, 175 f., 206, 217 f., 220, 228, **247 ff.**, 252 f., 277, 284, 293 ff., 325 f.

H
Hable, Patrick, 114
Hagstrom, Robert, 54 f., 119, 131, 217
Heine, Max, 51
Hens, Thorsten, 46 f., 89
Henze, Jana, 84, 90
Hoberg, Peter, 102, 175

I
Icahn, Carl, 138

J
Jean-Jacques, J. Dennis, **51 f.**, 90
Jegadeesh, Narasimhan, 75, 89
Jensen, Michael, 28, 54, 64, 89

K
Kahn, Irving, 150
Kahnemann, Daniel, 70, 89
Kindleberger, Charles, 88, 219, 253
Kostolany, André, 66
Kotkamp, Stefan, 25, 54, 111, 130 f.

L
Lakonishok, Josef, 77, 89
Le Bon, Gustave, 71, 89
Leber, Hendrik, 104, 107, 122, 114, 151 f.
Lee, Charles, 87 f.
Leibniz, Gottfried Wilhelm, 74
Lynch, Peter, 43, 131, 225, 253

M
MacKay, Charles, 59, 88 f., 253
Malkiel, Burton, 43, 46, 55, 64, 89
Markowitz, Harry, 323 f., 328
Mehdorn, Hartmut, 230
Miller, Bill, 22, 43, 97, 195, 244, 253
Muhle, Henrik, 107, 112, 114
Munger, Charles, 22, 43, 182

N
Newman, Jerry, 148 f.
Newton, Isaac, 5
Nitzsch, Rüdiger von, 54, 67 f., 69, 79, 89

O

O'Higgins, Michael, 110 f., 131
Otte, Max, 11 ff., 16, 25, 54 f., 88 f., 111,

P

Palepu, Krishna, 123
Porter, Michael, 134, 164, 171 f., 174 f., 217
Price, Michael, 43, 51

R

Rentrop, Norman, 129
Reuter, Edzard, 32, 172, 229
Ricke, Kai-Uwe, 174
Rogers, Jim, 172, 217
Ruane, William, 147

S

Schambach, Stephan, 106
Schloss, Walter, 93, 147 f.
Schrempp, Jürgen, 32, 102, 172, 219, 226, 229, 322
Schumpeter, Joseph, 195
Sharpe, William, 323 f., 328
Shleifer, Andrei, 54 f., 77, 86, 89 f., 131, 253
Simon, Hermann, 131, 174 f., 217 f., 253
Soros, George, 43
Stehle, Richard, 112, 131, 322 f., 328
Steinhardt, Michael, 55

T

Thaler, Richard, 76 f., 86, 89, 97, 109, 131, 260
Titman, Sheridan, 75, 89

U

Utermann, Andreas, 82

V

Venter, Craig, 113
Vishny, Robert, 77, 89 f.

W

Welch, Jack, 225 f., 253
Wenger, Ekkehard, 29, 54, 322 f., 327
Werner, Friedrich, 275 f., 279 f., 291 f.
Werner, Roland, 275, 279
Whitman, Martin, 22, 43, 51, **52 f.**, 55, 61, 88, 131, 135 f., 270, 319
Williams, John Burr, **195**, 218, 253

Firmenverzeichnis

2IQ_Research, 114

A
Acatis, 91, 107 f., 129, 131, 150, 152
Aixtron, 220
Adecco, 128
Aldi, 226, 280, 282, 284
Allianz, 36, 55, 63, 82, 96, 111, 121, 177, 222
Altria, 96
American and Foreign Power, 195
American Express, 48, 170, 180 f., 223, 248 ff.
American Telephone 195
Apple, 169
Applera, 113

B
Banco Santander, 96
BASF, 33 f., 96, 226, 239, 311
Bayer, 48 f., 92 f., 98
BayernLB, 37, 40, 131, 164, 253
Beiersdorf, 202
Benetton, 279
Berkshire Hathaway, 16, 23, 131, 181 f.
Bijou Brigitte, 101, 110, 115, 121, 220, 239, **275 ff.**
BMW, 104, **153 ff.**, 172
BorgWarner, 122
Boston Consulting Group, 173, 227
BP plc., 122
Brandes Partners, 15, 22
Braun, von Wyss & Müller, 41, 91 f., 120, 129 f.
Burger King, 284

C
Cisco Systems, 45, 94, 130, 157
Claire's Stores, 284, 291 f.
Coca-Cola, 23, 48, 121, 134, 169 f., 177 ff., 223, 242
Combots, 145
Consolidated Gas, 195
Continental, 49 f.
CTS Eventim, 202, 220, 239 f.

D
DaimlerChrysler, 31 ff., 36, 55, 103, 121, 226, 228 f., 239
Deutsche Telekom, 33, 79 f., 97 f., 100, 111, 121, 157, 165, 174 f., 177, **184 ff.**, 196, 199 f., 239
Du Pont, 231 ff., 250
DWS Investment, 65, 89

E
E.ON, 222
eBay, 88, 176 f., 228 f., 243 ff.
Enron, 128

F
FederalExpress, 121
Flowtex, 128
Ford, 169
Freenet, 113, 145
Fresenius, 104

G
GEICO, 48, 170, 180, 223
General Electric, 225 f.
General Motors, 143 ff., 153, 164
Google, 177, 244, 246
Graham-Newman Corporation, 148
Greenwich Associates, 38

H
Henkel, 104
Hypo Real Estate, 50, 98
Hypo Vereinsbank, 98

I
Infineon, 55, 99 f., 103, 253
ING-DiBa, 121
Intershop, 106, 157

J
J. P. Morgan, 46

K
KarstadtQuelle, **150 ff.**, 165, 279, 283

L
Lanxess, 51, 98
Lazard Asset Management, 15
Legg Mason, 22, 244, 253
Lidl, 282, 284
Linde, 122
Lufthansa, 105

M
MainFirst, 120
McDonald's, 284, 315 f.
Merck, 49, 104
Metro, 55, 98, 104, 279
Microsoft, 121, 124, 169, 177 f., 182, 191, **200 ff.**, 222, 234, 237, 239, **250 ff.**, 282
MLP, 121
Mologen, 220, 222
MorphoSys, 220

N
Nestlé, 121
Nike, 240 f.
Nokia, 45
Norddeutsche Landesbank, 255 f.
Northern Pipeline Co., 148
Novartis, 121

O
OnVista, 113, 145 f., 325
Otto, 151

P
Parmalat, 128
PepsiCo., 98, 178, 242
Pfizer, **161 ff.**, 252
Phoenix Insurance, 195
Porsche, 73
Praktiker, 50 f., 55, 98
Preussag, 34, 98, 255 f., 260
Procter & Gamble, 97 f.
Puma, 115, 220

Q
Qimonda, 99

R
Rhön-Klinikum, 121
Rio Tinto, 122

S
Salzgitter, 34, 98, 239, **255 ff.**
Sanford Bernstein, 15
Sanofi-Aventis, 121
SAP, 104, 204
Schering, 48 f.
Schloss Associates, 22
Siemens, 36, 55, 96, 100
SinnerSchrader, 113
Solarworld, 220
South Sea Company, 59, 74
Starbucks, 121

T
Telefonica, 96
Third Avenue, 22, 40, 52, 55, 91, 164
TUI, 34, 98, 255, 260
Tweedy, Browne, 15, 22, 91, 93, 129

U
United Internet, 88, 110, 115, 121, 145, 199 f., 220

W
Wal-Mart, 134, 169, 177, 228 f.
Washington Post, 55, 180, 324
Worldcom, 128

Y
Yahoo!, 204, 244
Yum! Brands, 99

Stichwortverzeichnis

A
Abzinsung, 125, **299 ff.**
Abzinsungsfaktor, 42, 241, 303 f., 313
Ad-Hoc-Meldung, 66
Akquisition, 49, 102, 134, 228 f., 243 f.
Aktienfonds, 52, 74, 82 f., 89, 322
- Aktienfondsbesitzer, 74 f.
Aktiengewinnrendite, 108, 116
Aktienportfolio, 15
Aktienrückkauf, 48, 103, 108, 114 f., 247 f.
Aufzinsung, **299**
Average Future Conditions, 42, 127 f., 175, 189, 197, 268

B
B2B (Business to Business), 121
B2C (Business to Customer), 121
Baisse, 41, 61
Barwert, 241, **299 ff.**
Behavioral Finance, 29, 54, **66 ff.**
Benchmarking-Bewegung, 227
Beta, 324
Betriebsergebnis, 125, 185 f., 197 ff., 201, 204 f., 210, 213 f., 232, 243 ff., 265 f.
- Betriebsergebnismarge, 204, 210, 265
Blue Chip, 45, 49, 54, 63, 96, 221, 260, 320 f.
Börsenkapitalisierung, 101, 188, 190 f., 201 f., 216, 247, 250
Börsenwert, 34, 97, 109, 112, 145, 151, 168, 193, 201, 210, 234, 239, 281, 288, 293
Bottom-up, 93 ff.
- Bottom-up-Ansatz, 53
Buchwert, 107 f., 112, 138 f., 143, 157, 159, 163 f., 169, 182, 201, 217, 263
Buy-High-Sell-Low-Strategie, 74

C
CAPEX (Capital Expenditure), 187 f., 197, 238
CAPM (Capital Asset Pricing Model), 68, 324
Cashflow, 29, 35, 37, 106, 110, 123 ff., 143, 184, 187, 220, 232, 237 f., 240, 260, 279, 311
- Cashflow-Rechnung, 119, 127, 135, 183, 187 f., 242
- Net-Ccashflow, 125
- FCF (Free Cashflow), 238
- diskontierter Cashflow, 195
- freier Cashflow, 188, 238, 261, 288
Compounding, **299**
Consistent Earner, 122
Contrarian Investments, 90, 122
Corporate Governance, 32, 55, 102 f., 121
Corporate Governance Kodex, 55, 103, 131
Coupon, 305 ff., 312 f.
- Couponzahlung, 309, 312, 319 f.
Crash, 60, 81, 88, 147
- Börsencrash, 60, 145, 147

D
DAX (Deutscher Aktienindex), 33, 49, 58, 62, 74 f., 89, 112, 130 f., 259, 322, 326 f.
- DAX-Aktie, 62 f., 320
- DAX-Dividendenstrategie, 54, 111, 130
DAX-Konzern, 106
- DAX-Unternehmen, 25, 49, 74
- DAX-Wert, 25, 6e
Discounting, **302 ff.**
Diskontierung, **302 ff.**
Dividende, 32 f., 55, 96, 110, 117, 125, 148, 167, 230, 234, 238, 243 f., 247, 249 f., 293 f., 299, 305, 320
- Dividendenanteil, 231, 248
- Dividendenausschüttung, 55, 236, 251
- Dividendendiskontmodell, 195
- Dividendenkomponente, 233, 250
- Dividendenpolitik, 44
- Dividendenrendite, 32 f., 92 f., 97, 107 f., 110, 116 f., 145, 230, 233 f., 247, **248**, 250 ff., 271, 277 f., 326
- Dividendenstrategie, 25, 54, 110 f., 130
- Dividendenzahlung, 31, 60, 115, 195, 299, 319, 320
- Sonderdividende, 191, 202, 210, 213
DJIA (Dow Jones Industrial Average), 60
Dow Jones, 60, 81, 88 f., 110 f., 149

Du-Pont-Modell, 232, 234
Du-Pont-System, 231, 233 f., 250

E

EBIT (Earnings before Interest and Taxes), 125, 187 f., 194, 232
EDGAR-Datenbank, 65
Eigenkapital, 30, 108, 112, 117, 137, 141 ff., 151 f., 160 f., 163, 183, 185 f., 188, 190 ff., 202, 210, 212, 230 ff., 234 f., 238, 262, 265
- bilanzielles Eigenkapital, 30, 108, 134, 143 f., 152, 160, 193, 211, 232, 234, 260, 262
- Eigenkapitalgeber, 141, 145, 188, 191 f.
- Eigenkapitalkosten, 194, 247
- Eigenkapitalmarkt, 103
- Eigenkapitalquote, 104, 117, 210
- Eigenkapitalrendite, 30, 108, **113 f.**, **116**, 138, 171 f., 217, 230 ff., 236 f., 238, 248, 250, 278, 281, 293
- Wert des Eigenkapitals, 112, 137, 143, 163, 183, 186, 190 ff., 202, 210

Enterprise Value, **191 f.**, 197, 212
Entity-Verfahren, 191
Equity-Verfahren, 183, 210
Erfahrungskurve, 173, 217
Ertragskraft, 135, 182
Ertragswert, 37, 122, 125, 134, 137, **167 ff.**, 261, 265, 281, **282 ff.**, 323
- Ertragswertmethode, 37
- Ertragswertschätzung, 124
- Ertragswertverfahren, 268, **311 ff.**

EuroStoxx, 63, 320
EV (Enterprise Value), **191 f.**, 197, 212, 216
Ewige Rente, 125 f., 183, 188, 212, 228, 240 f., **307 ff.**, 312, 318, 320

F

Fama-French-Datenbank, 221
Finanzergebnis, 185 f., 199 ff.
Firmenwert, 134, 140 f.
Fonds, 11, 41, 43, 51 f., 64 f., 73, 75, 83 f., 99, 101, 108, 115, 120, 130 f., 278, 322
- Aktienfonds, 52, 54 f., 83, 89, 322
- Fondsgesellschaft, 22, 24, 50, 84, 130
- Fondsmanager, 13, 40, 44, 64 f., **82 ff.**, 97, 115, 24
- Hedgefonds, 21, 43, 60, 73, 140
- Hedgefondsmanager, 181
- Indexfonds, 27 f., 46, 64
- Investmentfonds, 108
- Private-Equity-Fonds, 73
- Technologiefonds, 7
- Value-Fonds, 100, 131, 161, 163, 252

Franchise, 47, 49, **170 ff.**, 182, 196, **201 ff.**, 210, **211 f.**, 212, 217, 223, 233 f., 237, 242, 244 ff., 250 ff., 261, 282, 289, 315 f., 324
Free Float, 101, 260
Fremdkapital, 104, 141 f., 160, 186 f., 191 ff., 197, 212, 265
Fundamentalanalyse, 42 ff., 47

G

GAAP (Generally Accepted Accounting Principles), 124, 136
Gesamtkapital, 192 f., 231 f.
- Gesamtkapitalrendite, 278 f.
- Gesamtkapitalumschlag, 231 ff., 235

Gewinnrendite, 108, **116 f.**, 232, 234, **247 ff.**, 293, 325 ff.
Glamour Stocks, 87
Goodwill, 134, 140, 161 ff.
Gordon-Gleichung, 232, **234**, 247, 250, 326

H

Hausse, 25, 41, 73
Heuristik, **67 ff.**, 78
- Repräsentativitätsheuristik, 67, **69**, 88
- Verankerungsheuristik, 67, **69**
- Verfügbarkeitsheuristik, **67 f.**

Hidden Champion, 104

I

IAS (International Accounting Standards), 136
Incumbents, 169
Index, 25, 27, 46 f., 64, 73, 75, 81, 85, 131
- Marktindex, 62, 83, 321
- Vergleichsindex, 82 f.

Index-Investing, 46, 64, 83
Indexzertifikat, 28, 64
Inflation, 42, 44, 52, 62, 138, 150, 157, 167, 221, 238, 250, 326
- Inflationsrate, 63, 183, 249, 325 f.

Innerer Wert, 39, 43, 92, 129, 148, 190, 224, 263 f., 270, 281, 318, 320
Insider, 35, 66, 100, 106, 114, 148
- Insiderinformation, 28, 54, 65
- Insiderkäufe, 108, **114**

Intrinsischer Wert, 40 f., 52, 61, 82, 92, 122, 130, 133 f., 164, 195, 293
Investments, 23, 28, 34 f., 44, 48, 51, 53,

61, 88, 93, 113, 115, 122, 129, 136, 148, 170, 176, 180, 182, 209, 229, 247, 305 ff., 322, 325
- Investmentstil 22, **41 ff.**, 51, 54, 225

K

Kapital, 22 f., 32, 35, 40, 54, 103, 105, 110, 130, 131, 135 ff., 146, 168, 170, 180 ff., 217, 228 f., 236, 246, 273, 275, 315 f., 318
- eingesetztes Kapital, 22 f., 32, 103, 135, 137, 146, 168, 170, 246, 273, 31ete
- Kapitalanlage, 25, 38, 318, 32ng
- Kapitalbedarf, 104, 122, 186, 191
- Kapitalerhöhung, 31, 103, 299
- Kapitalkosten, 54, 104, 110, 125 f., 135, 137, 168, 170, 183, 186 ff., 197, 201 f., **210 ff.**, 216, 228 f., 240 f., 247 f., 251 ff., 265, 282, 293 f., 311 f., **315 ff.**
- Kapitalrendite, 137, 139, 168, 170, 278
- Kapitalstock, 233, 235, 245, 248
- Kapitalumschlag, 317, 233, 235, 249, 28ck
- Kapitalwert, 306 f., 316

Kapitalmarkt, 15, 28 f., 44, 46, 57 f., 60 f., 66, 70, 90, 96, 102 f., 105, 114, 123 f., 136, 196, 213, 219, 236, 242, 248, 260, 277
- Kapitalmarkttheorie, 319, **323 f.**

KBV (Kurs-Buchwert-Verhältnis), 47, 77, 87, 107 f., 112, 118, 143, 160, 164, 185, 261 f., 268, 271 f., 277 f.
KCV (Kurs-Cashflow-Verhältnis), 47, 107 f., 110, 261, 271 f., 277
KGV (Kurs-Gewinn-Verhältnis), 12, 47, 49, 107 ff., 116, 118, 138 f., 145, 187, 221, 234, 248 f., 252, 261, 272, 277 f., 325 f.
Kleinfirmeneffekt, 108, **115 f.**, 277
Konzentrationsstrategie, 172
Kostenführerschaft, 123, 171, 263
Kurs-Buchwert-Verhältnis (KBV), 47, 77, 87, 107 f., 112, 118, 143, 160, 164, 185, 261 f., 268, 271 f., 277 f.
Kurs-Cashflow-Verhältnis (KCV), 47, 107 f., 110, 261, 271 f., 277
Kurs-Gewinn-Verhältnis (KGV), 12, 47, 49, 107 ff., 116, 118, 138 f., 145, 187, 221, 234, 248 f., 252, 261, 272, 277 f., 325 f.
Kurswert, 112

L

Large Cap, 97, 221 ff.
Leerverkauf, 61 f., 88 f.
Leverage, 217, 231 ff., 235

M

Margin of Safety, 37, 48
Markteffizienzhypothese, 27 f., 54
Marktindex, 62, 83, 321
Marktkapitalisierung, 97, 100 f., 106, 109, 115, 143, 193, 251, 260, 277, 279, 285
Marktstrategie, 34, 42, 119, **167 ff.**
Marktwert, 138, 143, 163, 190, 193, 238 f., 283
Mean Reversion, **75 ff.**
Mehrstimmrechtsaktie, 31
Mental Accounting, **67 f.**
Momentum, 46 f., **75 ff.**, 130
- Momentum Life Cycle, 246
- Momentum-Investing, 43
- Momentum-Investor, 46, 76, 295
- Momentum-Lebenszyklusmodell, **86 ff.**, 253
- Momentum-Markt 47, 76
- Momentum-Modell, 71
- Momentum-Strategie, 45, 47, 76

N

NEMAX (Neuer Markt Index), 73, 79, 145, 259
Net Working Capital, 117
Net-Net-Prinzip, 112, **145 ff.**, 164
Net-Net-Regel, 145
Neuer Markt, 39, 72, 113, 148
New Economy, 21, 58, 60, 106, 145, 148, 176, 207
Niederstwertprinzip, 124
Nischenstrategie, 171, **172**
Nifty Fifty, 21, 54

O

Offshoring, 49
Old Economy, 95 f., 260
Opportunitätskosten, 93, 306, 315 f.
Outsourcing, 49
Owner's Earnings, 237 f., 281, 287 f.

P

PIMS-Studie, 173, 227
Private Equity, 11, 21, 46 f., 73, 138
Profitabilität, 171, 227, 294

Q

Quality Growth, 122

R

Rendite, 11, 15 f., 21 ff., 30, 32, 34 f., 40, 46, 54, 57, 62 ff., 70, 83, 103, 110 f., 113, 116, 129 ff., 137 f., 146, 149, 167 ff., **170**, 179, 181, 187 f., 202, 228, 231, 233 ff., 246 ff., 250 ff., 273, 278, 293 f., 306 f., 315 ff., 321 ff., 325, 327
- Renditeerwartung, 234, **247 ff.**, 252 f., **293 ff.**, 321, 326

Risikoprämie, **318 ff.**, **326 ff.**

S

S&P-500-Index, 25, 85
Safety of Capital, 40
SEC (Securities and Exchange Commission), 65
Shareholder-Value, 102, 104
Short Selling, 61, 89
Sicherheit des Kapitals, 40
Sicherheitsmarge, **37 ff.**, 40, 48, 122, 148 f., 182, 263, 268 ff., 283, 285, 293, 296, **326 ff.**
Small Cap, 62 f., 221 ff., 320 f.
South Sea Bubble, 220
Spin-off, 48, 50 f., **98 ff.**, 260
Stammaktie, 156, 160
Stockpicking, 64
Stopp-Loss-Marke, 45
Strategielehre, 119, 134, 171 f.
Substanzwert, 37, 122, 124, **133 ff.**, 167, 170, 201, 264, 270, 281 f.
Südseeblase, 58 f.

T

TecDAX, 220
technische Analyse, 43 f., 46
TER (Total Expense Ratio), 65
Theorie der effizienten Kapitalmärkte, 15, 46
Theorie der effizienten Märkte, 44
Top-down, 93, **94**
Total Expense Ratio (TER), 6)
Total Shareholder Return (TSR), 34, 230 f., 237
TSR (Total Shareholder Return), 34, 230 f., 237
Turnaround, 122, 140

U

U.S. Corporate Bonds, 63, 320
U.S. Government Bonds, 63, 320
U.S. Treasury Bills, 63, 319 ff.
Überrendite, 15, 25 f., 41, 46, 53, 76, 107, 109, 111 f., 114, 131, 168, 172 f.
Umlaufrendite, 265, 325, 327
Umsatzrendite, 217, 231 f., 233, 235
Unternehmenswert, 37, 40, 44, 53, **122 ff.**, **133 ff.**, 191, 193, 212, 271, 311 f.

V

Value Stocks, 87
Value-Investing, 12, 15 f., **21 ff.**, 41, 43 f., 47, 51, 53 f., 57, 76, 82 f., 91, 97, 118 ff., 127, 130 f., 134 f., **146 ff.**, 164, 196, 217, 242, 270, 312
VC (Venture Capital), 46 f.
Venture-Kapital, 170
Verzinsung, 23, 25, 116 f., 234, **235 ff.**, **299 ff.**, 319, 325 f.
Volatilität, 52, 319, 323 f.
Vorzugsaktie, 31, 55

W

WACC (Weighted Average Cost of Capital), 192 ff., 212, 216, 265
Wachstumspotenzial, 43, 49, 221, 224
Wettbewerbsvorteil, 35, 48 f., 123, 134 f., 137 ff., 168 ff., **170 ff.**, 196, 206, 228 f., 282, 290
Wiederbeschaffungswert, 133, 135, 138, 153, 159 ff., 163, 168 f., 182, 211, 261, 263, 268, 281
Window Dressing, 83

Z

Zentrum für Value-Investing e.V., 29
Zerschlagungswert, **139 ff.**, 163 f.